本书为国家社会科学基金项目"当代视野下儒家'道德的政治'之内涵及其实现方式研究"结项成果，项目编号：12BZX032。

荆雨 著

儒家"道德的政治"之当代重探

An Inquiry of the Thought of Moral Politics of Confucian

中国社会科学出版社

图书在版编目（CIP）数据

儒家"道德的政治"之当代重探／荆雨著 . —北京：中国社会科学出版社，2019.5
ISBN 978 - 7 - 5203 - 4094 - 6

Ⅰ.①儒… Ⅱ.①荆… Ⅲ.①儒家—哲学思想—研究 Ⅳ.①B222.05

中国版本图书馆 CIP 数据核字（2019）第 036494 号

出 版 人	赵剑英
责任编辑	徐沐熙
责任校对	钱　江
责任印制	戴　宽

出　　版	中国社会科学出版社
社　　址	北京鼓楼西大街甲 158 号
邮　　编	100720
网　　址	http://www.csspw.cn
发 行 部	010 - 84083685
门 市 部	010 - 84029450
经　　销	新华书店及其他书店

印刷装订	北京君升印刷有限公司
版　　次	2019 年 5 月第 1 版
印　　次	2019 年 5 月第 1 次印刷

开　　本	710×1000　1/16
印　　张	24
插　　页	2
字　　数	335 千字
定　　价	108.00 元

凡购买中国社会科学出版社图书，如有质量问题请与本社营销中心联系调换
电话：010 - 84083683
版权所有　侵权必究

前　言

　　本书是在中西比较、传统向现代转化、当代中国社会问题审视的多重视域下，研究和揭示中国古代儒家德性政治的内涵，探讨传统儒家政治哲学与当代中国社会问题、政治文明建设实践相接轨的可能途径，并寻求以道德的政治引领和促进道德的社会建设的实践途径。本书的基本意义有以下几点：一是对儒家政治哲学本质的整体认识。儒家政治的"德治"或"德治主义"特征，一直遭到这样那样的批评，我们在"道德的政治"观念下对某些模糊的、似是而非的观念进行认识和澄清；二是对儒家道德教化是"强迫的道德"观点的回应。本书提出儒家道德政治对民众道德的引领是基于人性的、自由、自主的等观点；三是针对当代西方政治哲学"政治在道德上保持中立"以及"反至善主义"等主张，我们提出中国的政治（政府）应当关心民众的精神信仰、良知等问题，政治应该是道德的，是站在中国思想的立场上进行的理论回应；四是针对当代中国社会一些领域道德失范、诚信缺失，一些社会成员人生观、价值观扭曲的社会道德失坠、官员腐败的问题，我们积极寻求解决之道。本书在"道德的政治"思想涵盖下，对儒家政治哲学进行了积极地、创造性地理解，主张将"道德的政治"之精神渗入现代民主、法治的架构中，以"道德的政治"引领道德的社会、道德的民族之建设。这些都是深具理论意义和现实意义的。

　　本书由9章构成。第一章为：儒家"道德的政治"之思想内涵及其思想基础。我们从中西政治哲学关于"道德的政治"之不同主张出发，以现当代中国学者对于儒家"道德的政治"之实质的认识为基础，系统揭示儒家"道德的政治"之思想实质，并进一步讨论儒家"道德的政治"之实现方式及当代意义；第二章是对"道德的政治"观念之历史传统的梳理，我们从殷商时期"德"观念的出现起笔，讨论周代政治中的"敬德""保民"观念，进一步述及春秋时期"刑德并用"的政治思想，并结合出土简帛讨论孔子的刑德观念；第三章是在政权合法性视域下对儒家德性政治哲学内涵的进一步审视，在概要地分析"合法性"的政治哲学内涵及中国古代政权合法性思想的基础上，本章重点讨论儒家"民之父母"观念所蕴含的德性指向；第四章，我们讨论儒家"道德的政治"之思维与价值观基础，我们触及到政治哲学研究的"整体性思维"基础及儒家道德人格"成己—成人"的特征，说明儒家道德的政治思想的形成具有深厚的思维基础及人格理想根据；第五章：儒家之人性关怀及政治道德之养成，我们通过对先秦儒家人性观的解读，探讨儒家德性政治理想的特征，进而具体讨论儒家政治公德方面孔孟的思想主张、理论困局及荀子的突破等问题；第六章：天下有道——"道德的政治"之超越根据，本章首先概要分析了道家政治哲学中道、德之内涵及其所确定的自然、无为的政治主张，进而重点讨论了儒家思想中道、道统的内涵，并阐发"道德的政治"之超越根据的意义；第七章题目是"君子之治：'道德的政治'之存在论意义"，我们通过对君子政治的研究，揭示儒家"君子世界"政治哲学内涵以及儒家"君子政治"的现代意义；第八章——"道德的政治"之教化形态与社会道德的养成；第九章——"道德的政治"形成之社会形态与当代实现，我们将研究重点放到儒家乐教、礼法之教的研究以及"中国传统伦理本位的社会特征与道德政治之双向构成"上，努力揭示中国社会经济结构变化与"道德的政治"之当代建构的可能途径问题。

在本书中，作者提出了如下主要观点：

第一，针对当代西方政治哲学"政治在道德上保持中立"以及

"反至善主义"等主张，我们认为，中国没有强大的、系统的宗教组织和宗教势力与俗世之权力相对立，没有所谓的政教二分。中国人所谓个人的良知、良心等道德品质、宗教信仰等问题无法托付给超越的上帝，政府、政治、执政者便不能在良知、信仰问题上保持所谓的中立，而有责任对百姓的精神生活、精神信仰、道德良知等进行引导、引领和塑造。儒家提出"自天子以至于庶人，壹是皆以修身为本"的核心主张，其政治的根本目的是让所有人实现其道德本性，实现至善社会。我们须坚持儒家"道德的政治"的思想与理念，坚守政治的应然性与正当性，以"道德的政治"引领道德的个人、道德的社会、道德的民族之建设，使中国社会、中华民族成为以德相与、以德贯通的社会与民族。

第二，儒家政治不是以"力"施治的方式，不是对立的方式，而是以"德"的方式。儒家"道德的政治"不是仅仅治理众人，更非追求使天下人臣服的目标。"道德的政治"是以政治的方式表现的人之德性存在方式，是人的整体存在方式之表现。无论是君子，抑或是小人，"道德的政治"都指向人的一种德性的生活。就政治领域之家国、天下而言，天子、君主居于北辰之位，乃众人所仰视者，其是否有德，乃人性是否为善的见证。如其为善，则百姓以其为典范或风向，提升向善、行善之信心与动力。关于"道德的政治"的理解问题，多数研究者都把道德认作是政治的方法，并将道德与政治视作两件事情，在德治（等同于人治）与"法治"二元对立的视角下探讨二者的关系。我们坚持这样的认识，即在儒家"道德的政治"观念中，德是政之本，政是德之迹。"为政以德"的表面意思确实是以道德作为行政的手段，或者是以君主的道德作为表率，或者是区别于刑罚政治的恩惠的方式。无论前者还是后者，人们都易于停留在表面的认识上，即认为道德是政治的手段、工具。诚然，儒家政治哲学倡导执政者的道德表率作用，也主张政治的道德教化功能。但归根结蒂，儒家主张"天下归仁""止于至善"，认为政治的终极目标是要实现人人止于道德、事事止于道德的状态与境界。

第三，就人性实现方面而言，百姓的道德不是通过法律、制度等强迫性的手段所能实现的，而是要以君主（或执政者）的道德模范作用以及社会的良好氛围引导百姓自觉地追求其基于本性的道德之善。儒家传世经典及《郭店楚简》明确告诉我们：人民道德可以经由君主道德引导，而不能经由严厉的政治命令训诫或告知，不能强迫民众具足某种或某类道德。儒家"道德的政治"之修己—安人不是外在的道德规定，也非有违本性的道德强迫，而是在本原存在意义上有其根据的。由此，我们应从更高的层次及本质的方面来认识儒家"道德的政治"。在"道德的政治"中，为政者不是政治中的"过客"，道德政治的生活乃是执政君子的"存在的家"。在"道德的政治"观念下，政治不再是冷冰冰的制度规范、法律条文，不再是黑暗的阴谋权术，治者与被治者都在一个充满温情、友爱、希望、阳光的道德氛围中获得其存在的价值和意义的实现。儒家主张人在群体价值实现与人伦关系的完善中成为自己，儒家的人是融成己、成人、成物为一事的整体存在。有此整体性的"成人"观念，才有对于他人义务与整体责任的关切，才有西方观念中个人与社群隔绝不通、对立矛盾以及因对他人同情心不足而缺乏正义关怀等难题之纾解。在整体的道德世界观基础上，儒家特别强调整体和谐与德性实现。在以"修—齐—治—平"为代表的政治、人生理想中，人与人、个人与国家（政府）之间不是互相隔绝、互相对立甚至互相对抗的关系，而是互相联系、互相影响、互相构成的有机世界。天下人民共处于仁义道德之下，处在友爱关怀之中，这个民族、社会、国家才是一个富有吸引力、充满创造性能量的整体。这样的整体才能创造出辉煌的盛德大业。

第四，儒家重视执政者道德修养、政治美德建设的思想，对于当代官德建设具有积极的引导作用。一方面，我们应通过法律制度建设使其不能腐败、不敢腐败，把权力关进制度的笼子里；另一方面，我们需要通过官德建设让执政官员不想腐败、不愿腐败，让从政本身具有积极的意义。在儒家"君子政治"的思想中，君子是有仁、有义、有礼、有智、有信的。"道德的政治"是君子的生活方式和存在方式，亦是君子的德性实现方式。仁爱天下、爱民有德不只是消极的义务要求，更是积极的德性追求和理想实现。如果政府官员能以君子为典范，追求君子之德，那么便可以在政治行为中发挥积极的能量。在民主法治的政治框架中贯注德性的精神，发挥政府官员从政、行政的积极性具有不可忽视的意义。

第五，本书认为，道德的政治不单是具体的、历史的政治形态，不独是儒家政治哲学、中国古代政治哲学的特质。它虽然在古代儒家政治哲学中凸显，却是（或应是）古今、中西所有政治哲学的共同主张，也是（或应是）所有政治共同具有的普遍性特征和理念。故而，我们应当从普遍性政治理念与具体的方法两个角度去认识先秦儒家"道德的政治"思想。作为政治方法与手段，我们应该于不同时空条件下对之进行创造性转化，而不固守其具体主张；作为政治的理念与普遍的原则，"道德的政治"是任何时代、任何社会都可以追求和有望实现的。我们以"道德的政治"为核心进行的本质性认识，从整体上对儒家政治哲学的内涵及其思想实质进行了理解。这一研究深化和补充了儒家政治哲学研究的成果，一方面回应了西方政治哲学关于道德与政治关系的某些思想的挑战，坚持政治应当具有道德性、应当性等；另一方面也从学理上澄清了对于儒家德治思想的某些批评及表层的理解，提出儒家德治不只是方法更是目标和理念、儒家道德是自主的道德而非强迫性道德等观点。同时，本书是基于对当下中国的社会和政治问题的深切观察和感知而进行的研究，具有深切的现实意义。书中提出的观点，如关于君子政治的认识，政治是君子的生活方式和德性实现方式，具有较强的道德教育意义。如果政府官员能以君子为典范，追求君子之德，那么，他们便可以在政治行为中发挥积极的作用。在民主法治社会条件下，发挥政府官员从政、行政的积极性，对于社会主义政治文明建设，仍具有不可忽视的意义。

对于儒家"道德的政治"思想，我们可以从实质内涵、历史传统、构成方式、实现途径等方面进行研究，也可以从政治的思维基础、政治的超越原则、政治对人性的实现方式等方面进行研究。需要说明的是，儒家"道德的政治"理念在先秦时期创立并确定基本的规模，我们的研究以先秦儒家孔子、孟子、荀子为主，以大、小戴《礼记》以及新近出土和公布的郭店楚简、上博简的相关材料为辅，以传世文献与出土材料的二重证据来展开讨论。儒家政治哲学在汉代儒家董仲舒、宋明理学家朱熹及明清学者王夫之等人那里，在不同的时代背景下对此思想进行了不同的展开与论说。本书限于作者学识能力及时间精力等，未能进行全面系统的研究。

目 录

第一章 "道德的政治"之思想内涵及其思想基础 …………（1）
　第一节　中西关于"道德的政治"之不同主张 …………（2）
　　一　中国学者对于儒家"道德的政治"之实质的揭示 ………（2）
　　二　西方政治哲学关于"道德的政治"之不同主张 …………（7）
　第二节　儒家"道德的政治"之思想实质及其历史背景 ………（16）
　　一　儒家"道德的政治"理念的本质内涵 …………（17）
　　二　儒家"道德的政治"思想形成的社会历史背景 …………（22）
　　三　"庶富而教"：儒家"道德的政治"之根本目标 …………（30）
　第三节　儒家"道德的政治"之实现方式 …………（39）
　　一　"道之以德"："道德的政治"施行的内在理路 …………（39）
　　二　"为仁由己"："道德的政治"目标达致的自主性 …………（45）
　　三　儒家"道德的政治"思想的当代反思 …………（51）

第二章 "德"之演进及"道德的政治"观念之初定 …………（59）
　第一节　殷商时期"德"观念的出现及内涵变化 …………（60）
　　一　殷商时期天帝祖先信仰向道德伦理观念的发展 …………（60）
　　二　殷商时期"德"观念的出现与发展 …………（63）
　第二节　周代"敬德""保民"政治观念的表现 …………（67）
　　一　周初政治的"敬德""保民"思想 …………（67）

二　春秋时期"刑德并用"的政治观念 …………………… (71)
第三节　孔子的刑德观念及其发展 …………………………… (75)
　　一　上博简《鲁邦大旱》所见孔子的刑德并用观念 …… (77)
　　二　对孔子"德主刑辅"思想的综合认识 ……………… (84)

第三章　政权合法性视域下之"道德的政治"思想 …………… (88)
第一节　"合法性"概念的内涵及其内在价值指向 …………… (88)
　　一　"合法性"的内涵及基本理解 ……………………… (89)
　　二　中国古代政权合法性思想的基本观念 ……………… (93)
第二节　天命与德行并重之政治正当性思想 ………………… (99)
　　一　"唐虞之道"与圣王政治的理想 …………………… (99)
　　二　殷商时期以天帝、祖先神为中心的潜在合法性
　　　　观念 ……………………………………………………… (101)
　　三　敬德保民：周代政权合法性内涵的德性转化 ……… (104)
第三节　"民之父母"观念之政治正当性思想 ………………… (109)
　　一　《诗》《书》中"民之父母"的政治正当性思想 ……… (110)
　　二　明德与亲民：先秦儒家政权合法性思想的内涵 …… (113)
　　三　儒家"民之父母"观念的现代反思 ………………… (126)

第四章　儒家"道德的政治"之思维与价值观基础 …………… (130)
第一节　中国哲学整体性世界观的内涵 ……………………… (131)
　　一　中国哲学"整体性思维"的内涵 …………………… (132)
　　二　"天—地—人—我"一体的道德世界观 …………… (138)
　　三　儒家"修、齐、治、平"的政治共同体观念 ……… (144)
第二节　西方政治哲学关于个人与社群关系的争论 ………… (147)
　　一　罗尔斯与社群主义关于正义主体性质的争论 ……… (148)
　　二　哈贝马斯关于正义条件的主张及其启示 …………… (154)
第三节　成己—成人：道德政治中的人格实现 ……………… (156)
　　一　为仁由己：道德主体之挺立与人格尊严之追求 …… (156)

二　成己—成人的道德整体观与共同体意识……………………（165）

第五章　儒家的人性关怀及政治道德之养成……………………（176）
第一节　善恶之间：孟子、荀子人性论概要………………（177）
　　一　孟子前的人性论及其政治哲学内涵……………………（177）
　　二　孟子性善论及其蕴含的政治哲学主张…………………（180）
　　三　荀子性恶论基础上的理性选择…………………………（185）
第二节　孔孟儒家政治公德修养的心性路径………………（190）
　　一　义利之辨：孔孟公私观的思想主旨……………………（190）
　　二　孔孟儒家政治公德修养的心性指向……………………（196）
　　三　仁爱与孝悌：孔孟公私观的理论困局…………………（201）
第三节　荀子的礼法制度思想及对公私困局的突破………（206）
　　一　荀子突破孔孟理论困局的总体可能……………………（207）
　　二　荀子承认人之欲望并予以合理安顿的主张……………（210）
　　三　性恶论基础上的礼法制度主张…………………………（214）

第六章　天下有道——"道德的政治"之超越根据……………（219）
第一节　道法自然：道家政治哲学之自然性向……………（220）
　　一　道：作为政治之本原与根据……………………………（220）
　　二　德：自然的政治之内涵…………………………………（223）
　　三　无为、无名的政治主张…………………………………（226）
第二节　天下有道：儒家"道德的政治"之超越理想………（231）
　　一　儒家之道义追求及其政治理想…………………………（233）
　　二　超越而具体：三代之道的典范意义……………………（236）
　　三　儒家之"道"的超越性与普遍性…………………………（240）
第三节　"道尊于势"：儒家道统之政治超越性……………（245）
　　一　儒家道统思想及其政治超越性追求……………………（246）
　　二　士君子的政治追求及政治理想的实现…………………（250）

第七章　君子之治："道德的政治"之存在论意义 …… (256)
第一节　"君子"概念发展及德位关系的变化 …… (257)
　　一　《诗》《书》中"君子"德位内涵的变化 …… (257)
　　二　《周易》经、传中的"君子"内涵 …… (260)
　　三　《论语》中君子德、位之分合 …… (263)
　　四　君子德、位的特殊性 …… (270)
第二节　儒家"君子世界"的政治哲学内涵 …… (273)
　　一　君子的仁义世界 …… (273)
　　二　君子的德性世界 …… (277)
　　三　君子的礼法世界 …… (281)
　　四　儒家君子政治的现代意义 …… (290)

第八章　"道德的政治"之教化形态与法治路径 …… (293)
第一节　儒家乐教及其对于道德政治形成的意义 …… (294)
　　一　乐的内涵及其传承与起源 …… (295)
　　二　乐的结构与礼乐制度 …… (301)
　　三　乐的政治教化功能 …… (306)
第二节　隆礼重法：荀子"德性的法治"思想 …… (316)
　　一　荀子"德性的法治"形成之社会历史背景 …… (317)
　　二　荀子"德性的法治"哲学形成之思想逻辑 …… (319)
　　三　荀子政治哲学之理性精神与制度追求 …… (322)
　　四　隆礼重法："德性的法治"之制度要求与德性归趋 …… (328)

第九章　"道德的政治"形成之社会形态与当代实现 …… (335)
第一节　中国传统伦理本位的社会特征与道德政治之双向构成 …… (336)
　　一　中国传统伦理本位的社会特征 …… (336)
　　二　士绅自治——政权与社会的沟通桥梁 …… (339)
　　三　乡约体系——乡村善治的规范体系 …… (343)

四　书院文化——传统社会精英文化的枢纽 ………………（345）
第二节　中国社会经济结构变化与"道德的政治"之
　　　　当代建构 ……………………………………………（349）
　　一　近代中国传统社会结构的逐渐瓦解 ……………………（349）
　　二　社会主义时期社会结构的重构与发展 …………………（350）
　　三　中国特色社会主义理论对"道德的政治"的理论
　　　　吸收 ……………………………………………………（351）
　　四　"道德的政治"对当代社会道德建构的意义 ……………（352）

参考文献 ………………………………………………………（360）

后记 ……………………………………………………………（367）

第一章

"道德的政治"之思想内涵及其思想基础

儒家政治哲学为"德治"或"德治主义"①。这是学界基本一致的认识，也是从政治治理角度对儒家政治思想进行的概括。然而，儒家政治哲学所具有的德治特征，却也一直遭到这样那样的批评，或者认为其是人治、君主集权专制，与现代政治价值相违背；或者认为它是一种泛道德主义，其道德教化是"强迫的道德"，如此等等。即便是同情并维护儒家政治思想的学者如当代新儒家牟宗三、徐复观、李明辉、杜维明等人，亦都站在自由、民主、法治等现代政治价值基础上研究儒家政治思想，自觉或不自觉地把儒家政治思想传统与现代政治价值看作是相对的两方，并寻求二者之间的沟通，以至于牟宗三等提出"内圣开出新外王"等主张。

从政治哲学的思维向度看，无论从儒家"德治"的角度出发，还是从西方"正义"的角度出发，政治都是追求和实现"善治"的活动。在当代西方政治哲学领域，一些自由主义学者主张，政府应当在道德上保持中立，国家只能具有守夜人或交通警的职能。如罗尔斯认为，在现代民主社会条件下，政治与道德伦理必须保有截然两分的界限。因为道德伦理已然成为现代个人性的德行事件，它只能作为现代

---

① 本书对于儒家政治哲学的讨论基本限定在先秦儒家，对其他时期只是作为征引和辅助。先秦儒家政治哲学基本奠定了儒家"道德的政治"思想的基础，故本书统称为儒家政治哲学。

非公共生活世界的一种文化甚至是内在人格的价值资源而存在,而不能直接成为民主社会的公共理性来影响社会基本结构和制度的形成与运作①。有些学者基于西方政治哲学"政治在道德上保持中立"以及"反至善主义"等立场及主张,对于儒家"道德的政治"思想进行指责与批评。那么,处于中国传统政治哲学核心的儒家,如何回应"政府应当在道德上保持中立"的主张?如果政治关注道德,应以什么方式进行?以政治美德引导方式还是以制度伦理建构方式发挥作用?在现实问题的解决上,儒家政治哲学能提供哪些具有积极性和建设性的思想资源?在当代社会政治条件下,应如何对儒家"道德的政治"思想予以客观评价?这些是本章所欲回答的问题。

第一节 中西关于"道德的政治"之不同主张

无论是中国古代儒家的"德治"追求,还是西方政治思想的"正义"追寻,政治都是追求和实现"善治"的活动,都以追求"善"的实现为目标,虽然二者对于"善"的理解有不同之处。通过对《论语》与《理想国》的核心概念"仁"与"正义"进行比较,论者指出:二者在概念分层上都蕴含着个人层面和国家层面;在具体制度安排上既相似又有差别;在对未来社会的构想上分别期待的是伦理王国与正义之国。总之,前者是伦理中心主义,后者是道德理想主义②。这种区分部分地揭示了二者的关系,但并未揭示其实质的差别。

一 中国学者对于儒家"道德的政治"之实质的揭示

众所周知,以孔、孟、荀为代表的先秦儒家主张"为政以德""仁政""礼治",因之,儒家政治哲学被称为"德治"或曰"德治主义"。但无论是褒奖者或是诟病者,人们大多止步于这样的认识,

---

① 万俊人:《"德治"的政治伦理视角》,《学术研究》2001年第4期。
② 黎浩:《仁与正义——比较〈论语〉与〈理想国〉》,《五邑大学学报》(社会科学版)2005年第2期。

即把道德认作是政治的方法并进而探讨道德与政治的关系。如果将道德仅视作为政的方法，便在政治哲学研究中形成两种难以纾解的困境：一是将道德与政治视作两件事情，并在西方观念影响下有"政治独立于道德"的主张；二是以"德治"为传统儒家的政治主张而与现代"法治"观念对立，乃使"德治"与"法治"呈现水火不容之势。尤其关于后一问题，有些学者以"德治"为高，或以"法治"为上。见仁见智，纠缠于此，难分高下。在对先秦儒家思想认同的基础上，以及在中西政治哲学比较、互摄的视域下，现当代学者关于儒家政治哲学本质的认识，为我们对于儒家"道德的政治"的研究奠定了理论基础并提供了当代研究视域。学者在研究中揭示了儒家政治为"道德的政治"之思想实质，为我们接下来将要展开的研究提供了思想基础。同时，需要指出的是，前辈学者的相关研究也应当放在当代中国社会背景及理论背景下予以分析。

王国维在《殷周制度论》文中指出，周人制度之大异于商者，关键在于它能把君民、上下统一于道德，而合天子、诸侯、卿、大夫、士、庶民以成一道德之团体。他说："且古之所谓国家者，非徒政治之枢机，亦道德之枢机也。"[1] 王国维这里明确指出周代政治制度同商朝的本质不同在于，它是通过道德而将君臣上下联结、凝聚而成的一个道德的团体、道德的社会。他更进一步指出中国古代所谓国家的实质：不只是政治的、统治的机器，更是形成道德、团聚道德的共同体。梁启超则在《先秦政治思想史》书中指出儒家政治的本质："儒家之言政治，其唯一目的与唯一手段，不外将国民人格提高。""以目的言，则政治即道德，道德即政治。以手段言，则政治即教育，教育即政治。道德之归宿，在以同情心组成社会；教育之次第，则就各人同情心之最切近最易发动者而浚启之。"[2] 梁漱溟在其"伦理即宗教"的认识基础上揭示儒家政治的伦理性实质："不但整个政治构

---

[1] 王国维：《观堂集林》，河北教育出版社2003年版，第232—243页。
[2] 梁启超：《先秦政治思想史》，东方出版社1996年版，第101页。

造，纳于伦理关系中；抑且其政治上之理想与途术，亦无不出于伦理归于伦理者。"① 这亦是对儒家政治的精当认识：一方面，儒家政治就其构造上是所谓家国同构、父子兄弟关系亦是君臣关系；另一方面，儒家政治无论就理想而言还是实现途径而言都是以伦理道德为核心的。

现代新儒家学者徐复观对于儒家道德的政治极富同情意识。他集中关注了儒家政治哲学中"人治与法治的问题""儒家修己与治人的问题""中国古代自由社会的创发"等极富启发意义的问题。他认为："儒家的政治思想从其最高原则说，可以称之为德治主义。德治的出发点是对人的尊重，是对人性的信赖。……所以，治者必先尽其在己之德，因而使人各尽其秉彝之德。治者与被治者之间，乃是以德相与的关系，而非以权力相加相迫的关系……这是政治的目的，亦正是政治的极致。"② 徐复观先生从人性实现及人性的尊重方面理解和阐释儒家德治的政治哲学，既是对儒家德治哲学的高度概括，也包含着他本人对德治思想的期许。

李泽厚先生提倡实现新一轮的"儒法互用、礼法交融"。他倡言：儒学传统所重视的"人情"，应该在今后法律制度的建构和调整中，发挥某种建设性的作用。李泽厚说："中国儒学传统所重视的'情'——'人情'，作为社会存在和人际关系的一个实在方面，能否在今后的'公私生活'中，在今后的法律制度的建构和调整中，仍能开启某种建设性的作用呢？以亲子为轴心而展开的人际感情和人际关系，能否在未来社会中仍可扮演某种建设性的角色？所有这些，似乎并不是不值一顾的问题。"③ 郭齐勇先生认为，儒家主张的政治是"道德的政治"。他说："我们认为，人们恰好应当追求道德的政治而摒斥、批判不道德的政治。儒家的政治理念最强调的就是其应

---

① 梁漱溟：《中国文化要义》，上海世纪出版集团2003年版，第99页。
② 徐复观：《徐复观文集1》，湖北人民出版社2002年版，第111页。
③ 李泽厚：《历史本体论·己卯五说》，生活·读书·新知三联书店2006年版，第213页。

然，即正当性，其中我们不难分析出不脱离一定时空条件下的实质正义，儒家为此而不断为人民去争取与追求。儒家强调对人，特别是人民的尊重，其天下大同、天下为公的社会理想与社会正义观、公私义利观，其仁爱、民本、民富、平正、养老、恤孤、济贩、民贵君轻、兼善天下、和而不同、食货、仁政及德治主张、入世情怀、参与精神等，在今天还有极高的价值，是中国当下政改与民主政治建设的重要精神资源。"① 陈来先生从儒家政治哲学的特质方面直接将先秦儒家孔子的政治哲学概括为"道德的政治"，认为儒家政治的目标不仅是追求一个有秩序的社会，更重要的是实现一个善的、有道德心的社会。他指出："古代儒家强调政治德行对于政治过程的重要性，认为政治的本质就是道德教化，坚持以美德为政治的基础，以善为政治的目的，以仁贯通于政治的实践。这些思想在现代社会的政治制度条件下，仍然有其不可忽略的意义。"②

另有其他学者从政治施政对象的角度将先秦儒家政治思想概括为民本政治。有学者主张将早期儒家思想界定为政治伦理类型，是从伦理政治理论形态的文化意义角度进行的概括③。杨国荣指出，虽然孟子的政治思想，对道德主导性的反复论证，每每蕴含着过分突出道德作用的立场，在某些方面甚而表现出某种泛道德主义的倾向，但他注重人格在政治实践中的规范意义、强调"徒法不能以自行"、要求以善教制衡善政，等等，无疑对近代民主政治过分强化形式化、程序化及技术理性的偏向，可以在思维进路上形成某种纠偏的作用。④ 胡伟希认为，"将儒家社会乌托邦作为政治哲学的范导性原理，将西方传统自由主义的个人权利与个人自由作为构成性原理，这不仅是对于西

---

① 郭齐勇：《再论儒家的政治哲学及其正义论》，《孔子研究》2010 年第 6 期。
② 陈来：《论"道德的政治"——儒家政治哲学的特质》，《天津社会科学》2010 年第 1 期。
③ 任剑涛：《伦理王国的构造：现代性视野中的儒家伦理政治》，中国社会科学出版社 2005 年版，第 20 页。
④ 杨国荣：《儒家政治哲学的多重面向—以孟子为中心的思考》，《浙江学刊》2002 年第 5 期。

方自由主义政治哲学的重要补充与修正,也是中西政治哲学之合"①。任剑涛将儒家政治概括为"伦理政治",并认为在面对征服自然会造成资源枯竭,相互牵制会造成社会冷漠,期望互利会带来利益集团抗衡的令人不安的情况,"伦理政治的天人合一生态观、仁者爱人的社会观、老安少怀的政治状态祈求,伦理政治可能具有解决现代社会困局的价值"②。另有很多学者在德治与法治关系的思考中,探讨儒家政治哲学的现代性问题。此处不赘引。

现当代学者对儒家政治哲学的研究和定位无疑是恰当的和有建设性的。在此基础上,我们需要思考和解决以下问题:其一,在当代社会背景下,在社会经济、政治形势发生巨大变化的情况下,如何理解儒家政治哲学的实质内涵并探讨其现代转换的必要性和现实性问题?其二,在当代政治哲学的视域下,如何积极地、创造性地理解儒家政治哲学的本质特征,突破德治与法治二元论的思维模式以实现对其共通性理解,并将"道德的政治"之精神渗透进现代民主、法治的政治架构中?其三,如何深入了解儒家"道德的政治"在中国传统社会发挥作用的方式与特征,探讨其礼乐政治、君子政治、民本政治的内涵与方式,以寻求一条实现道德的政治、道德的社会、道德的世界之途径?其四,如何认识先秦儒家的圣王理想和君子人格的政治哲学意义并在当代政治文明、官德建设中提供积极的精神思想资源?

总之,对于作为中国传统政治哲学核心与奠基者的儒家政治哲学,我们应该时刻反思:"道德的政治"思想到底具有怎样的内涵和根本性特征?政治为什么应该是道德的?政治应以什么方式关注道德?以个人的政治美德还是制度伦理的建构方式发挥作用?在当代政治条件下,应如何对儒家"道德的政治"思想予以客观评价?基于此,我们的研究应该能够具有理论和现实的双重意义。欲回答和解决此类问题,我们需在"道德的政治"这一论域下对儒家政治哲学进

---

① 胡伟希:《作为政治哲学的儒家社会乌托邦》,《哲学研究》2007年第7期。
② 任剑涛:《伦理王国的构造:现代性视野中的儒家伦理政治》,中国社会科学出版社2005年版,第20页。

行全面而深入的解析。

二 西方政治哲学关于"道德的政治"之不同主张

西方古典政治哲学家如柏拉图（Plato）、亚里士多德（Aristotle）等都主张政治追求德性和善。虽然柏拉图在《理想国》中对正义的寻求没有最终的结果，乃至于最后只能提出形而上学的"理念"主张：正义的理念是所有事物（人类、城邦、法律、命令及行为）成为正义的原因。它们是自足的、永恒的存在[①]。然而，从苏格拉底（Socrates）开始的正义寻求却开始了西方政治哲学正义追求的永恒主题。西方政治哲学家总是通过对正义的解释来确定自己的政治价值主张。亚里士多德在很多方面不赞同他的老师柏拉图的主张，但萨拜因（George Holland Sabine）指出："亚里士多德的政治理想，在确立伦理目的作为国家主要目标方面，却与柏拉图政治理想非常一致。"[②]

我们可以亚里士多德为例看希腊古典政治哲学的德治追求：

亚里士多德主张，国家真正的目的应当包括其公民的道德进步，因为它应当是人们为实现可能最好生活而共同生活的联合体。亚里士多德认为，政治的目的是最高的善，更多地着重于造成公民的某种品质，即善良和美好的行为。亚里士多德实践哲学的全部目的是要对人类最优良的生活进行描述，同时希望理解，人类如何达到，至少是接近那种生活。在亚里士多德看来，一个城邦的幸福，不过是那组成城邦的众多个人的幸福，最优良、最正义的生活，是善的生活。而正义的形式之一，就是个人完善的美德。因此，最优良的生活，就是正义的生活；最优良的城邦，就是由正义的公民组成的城邦[③]。

承续苏格拉底及柏拉图的思想，亚里士多德的政治哲学继续追求

[①] ［德］列奥·施特劳斯：《政治哲学史》上，李天然等译，河北人民出版社1998年版，第51页。

[②] ［美］赛班：《西方政治思想史》，李少军等译，台北：桂冠图书出版有限公司1992年版，第110页。

[③] 转引自［英］克里斯托弗·罗等《剑桥希腊罗马政治思想史》，晏绍祥译，商务印书馆2016年版，第299页。

政治的正义。在亚里士多德那里,"正义是由那些在共同体中发挥其适当作用的人物们行使的。作为完善美德的正义,保证给予共同体其他成员的幸福以适当的关心和照顾;作为平等的正义,则保证那些可分配的物品和荣誉得到适当比例的配置"①。"在这里,正义被理解成在处理与他人的关系中完善的美德。此外,要把这种人格注入到公民心中,是法律的责任"。在亚里士多德那里,法律的目标意在城邦的幸福,也就是说,是公民的幸福,即公民的美德。因此,法律应当要求正义,并被理解成完美的美德。亚里士多德主张:"真正的政治家(即真正了解政治学的人)应将其绝大部分精力投入此项研究,原因是他想把公民变得善良和服从法律。"他认为,"在理想的城邦——它以成功向所有公民灌输美德为目标,然后由他们轮流履行政治任务——中,做一个好公民和做一个善人明显是相同的,所有公民的美德就是使城邦变成理想城邦的美德"。亚里士多德强调个人之善与城邦之善的统一性。他认为城邦应该有一个"共同的善"的目标,并且这个城邦应该是由一个具有实践智慧、能够实践此"共同的善"的人统治。在这样的城邦中,美德与幸福是同一的,也是能够得到培育的。"无论如何,有关个人美德和公民美德关系的讨论,肯定是再度强调了共同之善相对于个人之善所具有的重要性。只有在一个以共同之善为目标,且由一个具有实践智慧之人统治的城邦中,真正的美德,因此也就是真正的幸福,才能得到培育"②。

"城邦是若干家庭和村庄的共同体,追求完美的、自足的生活。我们说,这就是幸福而高尚的生活。由此可以得出结论,政治共同体的确立应以高尚的行为为目标,而不仅仅为了共同的生活。因此,凡是对城邦共同体有卓著贡献的人,与那些在出身方面同样是自由人或更加尊贵但是在政治美德方面却被人超出的人相比,理应在城邦中享有更加显赫的地位。"亚里士多德在这里确定提出作为政治共同体的

---

① [英]克里斯托弗·罗等:《剑桥希腊罗马政治思想史》,晏绍祥译,商务印书馆2016年版,第337页。
② 同上书,第299页。

第一章 "道德的政治"之思想内涵及其思想基础

城邦应该以追求高尚的行为为目标,而不能停留于只是共同地生活。这种对政治及生活的德性理解,在先秦儒家的孔孟荀那里都有其知音。亚里士多德不厌其烦地主张:"在理想的城邦中,所有公民都将是具有美德的(而且要有足够的自由和美德)。"当然,在让具有美德者掌权方面,他的理想城邦与柏拉图相像,但促使亚里士多德这样做的理由有着重要的差别①。

在现代西方政治哲学中,一方面,有马基雅维利(Machiavelli)著名的"政治无道德"的主张;另一方面则有卢梭(Rousseau)、康德(Kant)等主张道德的政治并直接使用"道德政治"一词。另外则是当代政治哲学对于道德和政治关系的不同层面的反思。当代西方自由主义主张政治应该独立于道德,即政府应在道德上保持中立,比如国家只能具有守夜人或交通警的职能②。这种观点亦可称为"反至善主义",即认为虽然美好生活的理想本身是有价值的,但是,促进和实现美好生活的理想却不是政府的分内之事。

在西方近现代政治思想史上,马基雅维利提出著名的"政治无道德"的言论。他的基本认识是:政治就是一场游戏,在这种角逐中,无所谓善恶,只有胜负之分。君主就应该善于运用阴谋、掌握力量、内心残酷而不是充满让人变得虚弱的仁慈和爱。仁慈和爱,对于国家来说是危险的。在这里,我们要知道,马基雅维利的"无道德的政治"主张奠基于他对西方传统政治主张的批评基础之上。马基雅维利认为古典学说的失败是由于把目标定得太高,因为他们把自己的政治学说建立在人类的最终抱负上,即享受品德高尚的生活以及建立一个致力于品德完善的社会的基础上,因而陷入困境之中。马基雅维利的"现实主义"的体现是把政治生活的标准自觉地降低,不是把人类完善的目标,而是把大多数人和多数社会在大多

---

① 参见[英]克里斯托弗·罗等《剑桥希腊罗马政治思想史》,晏绍祥译,商务印书馆2016年版,第339—349页。
② [英]以赛·亚伯林:《自由论》,胡传胜译,译林出版社2003年版,第195页。

数时间里所实际追求的目标作为政治生活的目标①。马基雅维利主义可以算作西方现代政治哲学的开端，也是西方政治哲学史上与中国传统尤其是儒家政治哲学最为相悖的一种思潮。儒家政治哲学尽管同时重视德礼与刑罚，但其政治行为的出发点是人的不忍人之心、仁爱之心。这与马基雅维利完全脱离道德与伦理而谈政治的观点形成了鲜明的对比。

在马基雅维利之后，霍布斯（Hobbes）是把道德从政治中分离开来的又一典型。但这并不意味着霍布斯反对政治关注道德。在霍布斯那里，他的目的有两点：第一，第一次把道德及政治哲学置于科学基础之上；第二，致力于公民之间的和平、和睦友爱的建立，并促使人类完成公民责任②。霍布斯认为人类政治的目标并非建立在人性天然为善、人性本有公正基础之上，而是建立在人就其自然本性而言为恶的基础之上。霍布斯否认人在本性上是社会性和政治性的善，而认为人之本性为恶。在霍布斯那里，从人的本性而来的三大自然原因——竞争、猜疑以及荣誉感引起人们之间的纷争，使自然的状态真正成了战争状态。这种战争是一切人反对一切人的战争。在这种状态中，人类的生活极度糟糕，贫困潦倒、孤苦无依、污秽不堪，时刻处于死亡的威胁中。霍布斯的政治国家理论就是奠基在此人性论基础上的契约论。处在战争状态中的人同时具有对死亡的恐惧、对舒适的渴望，以及对通过自己的劳作获得舒适生活的希望。这种渴望使理性的任务就成了寻找到一种办法摆脱这种战争状态。霍布斯提出的解决办法是人们共同缔结一个共同认可、共同遵守的组成文明社会的契约。为了保证契约为人人所遵守，霍布斯认为，不能指望借助任何道德的力量，而必须借助于人们对惩戒的恐惧和对奖赏的希求，有某种强制的力量——最高权威强迫所有缔约者履行契约。这样，霍布斯提出了他的强力的国家论——利维坦（Leviathan）理论。在《政治哲学史》关于

---

① ［德］列奥·施特劳斯：《政治哲学史》上，李天然等译，河北人民出版社1998年版，第451页。

② 同上。

霍布斯政治哲学的著者看来,"为个人权利服务的社会的、道德的以及政治的法规和制度比柏拉图和亚里士多德的乌托邦蓝图更行之有效"①。

卢梭深受柏拉图《理想国》的影响而提出的天赋人权、公共意志、社会契约等概念可谓是现代政治的雏形。卢梭主张将强力转化为权利,也即主张政治在道德上的证明。他说:"即使是最强者也决不会强得永远做主人,除非他把自己的强力转化为权利,把服从转化为义务。"② 从《人类不平等的起源和基础》对回归自然状态的向往,到《社会契约论》为现代政治重新构筑基础,卢梭经历了艰苦的理论探索过程,最后以这样的方式设置了政治的问题:"人是生而自由的,但却无往不在枷锁之中。"这句名言毫不含糊地宣判现代政治的基础是不合法的,必须重建政治的合法性。恢复被霍布斯、洛克(Locke)所忽略的政治中的道德要素,建立一种"道德的现代政治",同时又不剥夺人的自由,以此解决私利与公共善之间的冲突。这是卢梭的政治追求。

把政治制度的重要性看得大于道德,这是反思法国大革命给康德带来的最显著的观念转变,也是康德政治哲学的"下降思路"的标志性观点。人们看到,晚年的康德疏远由他自己揭示的高绝目标和理想主义话语,尽量避免在欲望和义务之间作激进的道德选择,而是采取了这样的观点:一个人即使不是一个道德良好的人,也会被强制而成为一个良好的公民的。因为良好的国家体制并不能期待于道德,倒是相反地,一个民族良好道德的形成首先就要期待于良好的国家体制。对于见证了大恐怖的康德来说,现在最重要的问题不再是政治的道德基础,而是保护公民权利的体制、宪法、共和制等具体事物。像卢梭设计的那种依靠教育来培养公共精神的政治方案是靠不住的,"由于人性的脆弱性",那种设计"所愿望的结果却

---

① [德]列奥·施特劳斯:《政治哲学史》上,李天然等译,河北人民出版社1998年版,第451页。
② [法]卢梭:《社会契约论》,何兆武译,商务印书馆1980年版,第13页。

是难以期待的"①。

也许是继承了康德的传统,马克斯·韦伯(Max Weber)集中关注政治与道德的关系问题,并提出从政治正当性的角度为政治支配提供服从的内在理据。韦伯认为,如果想保持作为一种暴力支配关系的国家秩序,就必须有被支配者对于支配者权威的服从。而这种服从要具有心理上的根据②。马克斯·韦伯在《以政治为业》的文章中谈到政治和道德的关系:"政治的运作,要依靠以暴力为后盾的权力这种十分特殊的手段,既如此,对于政治的道德要求,就真那么寻常不足道吗?"③ 事实上,韦伯面临的是十分困难的问题即,"当什么时候、在多大程度上,为善的目的可以使道德上有害的手段和副产品圣洁化,对于这个问题,世界上的任何理论都无法得出结论"。在韦伯看来,政治与道德的关系中最大的问题在于,通过"道德的"目的来使非道德的手段圣洁化、合理化。韦伯这样评论他生活的时代取得新政权的人物:"这些所谓新道德的大多数代表人物,他们之间的相互攻讦,同他们所批评的对手之间的攻讦,甚或同任何其他煽动家的道德,又有什么不同?"人们会说,不同之处在于他们有高贵的意图。但他们的对手也可以用同样的方式,以十分主观的、真诚的态度宣布,他们的终极意图也有着同样高尚的品格。韦伯说,我们这里讨论的是手段④。韦伯认为,在政治领域里,致命的罪过说到底只有两种:缺乏客观性和无责任心⑤。韦伯指出,从事政治的人必须认识到:恪守信念伦理的行为,即宗教意义上的"基督行公正,上帝管结果",同遵循责任伦理的行为,即必须顾及自己行为的可能后果,这两者之间有着极其深刻的对立。如果由纯洁的信念所引起的行为,导致了罪

---

① 参见张盾《"道德政治"谱系中的卢梭、康德、马克思》,《中国社会科学》2011年第3期。
② [德]马克斯·韦伯:《学术与政治》,冯克利译,生活·读书·新知三联书店2005年版,第56页。
③ 同上书,第105页。
④ 同上书,第108页。
⑤ 同上书,第101页。

恶的后果，那么在这个行动者看来，罪责并不在他，而在于这个世界，在于人们的愚蠢，或者在于上帝的意志让它如此。然而信奉责任伦理的人会说：这些后果应归因于我的行为。

韦伯说："正是在利用目的为手段辩护这个问题上，信念伦理必定会栽跟头。合乎逻辑的结果只能是，对于采取道德上有害的手段的行为，它一概拒绝。"[1] 马克斯·韦伯这里所探讨的政治与道德的关系，很明显带有其时代的烙印。他所针对的是其时代从事政治的人以激情为支撑，以信念伦理为目标，虽然从可能的后果来看毫无理性可言，却依然紧盯住他的信念之火不停燃烧，不要熄灭。众所周知，韦伯在伦理观上区分了信念伦理和责任伦理，他主张政治家应当具有的决定性意义的心理素质就是"恰如其分的判断力"。他认为这种判断力能够在现实难题作用于自己的时候，使自己保持内心的沉着冷静，并能保持与事与人都应有的距离。他认为，"政治人格"的强大，首先就是指拥有激情、责任心和恰如其分的判断力这些素质。相对于激情和道德信念而言，韦伯更提倡和珍视的是责任心以及恰如其分的判断力这些所谓的责任伦理元素。

在当代西方政治哲学领域，一些自由主义学者主张，政府应当在道德上保持中立，政府不应主张任何一种道德原则，国家只应具有守夜人或交通警的职能。罗尔斯（Rawls）认为，在现代民主社会条件下，政治与道德伦理必须保持截然两分的界限。因为道德伦理已然成为现代个人的德行事件，它只能作为非公共生活世界的一种文化的甚至是内在人格的价值资源而存在，而不能直接成为民主社会的公共理性来影响社会基本结构和制度的形成与运作[2]。

以赛亚·柏林（Isaiah Berlin）提出了两种自由的概念，通过对"积极自由"与"消极自由"概念的澄清，明确提出他的"消极自由"主张，即一个人不受任何阻碍地自由行动的领域。柏林说："对

---

[1] ［德］马克斯·韦伯：《学术与政治》，冯克利译，生活·读书·新知三联书店 2005 年版，第 109 页。

[2] 万俊人：《"德治"的政治伦理视角》，《学术研究》2001 年第 4 期。

自由的捍卫就在于这样一种排除干涉的'消极'目标中。用迫害威胁一个人，让他服从一种他再也无法选择自己的目标的生活；关闭他面前的所有大门而只留下一扇门，不管所开启的那种景象多么高尚，或者不管那些做此安排的人的动机多么仁慈，都是对这条真理的犯罪：他是一个人，一个有他自己生活的存在者。"① 虽然柏林没有提出道德与政治关系的具体主张，但他这里显然反对政治、政府或任何执行统治的人以道德高尚的名义侵犯人的选择的自由，侵犯个体的权利。他显然主张政治与道德相互剥离，同意并主张国家只具有"守夜人或交通警的职能"。柏林认为，"在'消极'自由观念的拥护者眼中，正是这种'积极'自由的概念——不是'免于……'的自由，而是'去做……'的自由——导致一种规定好了的生活，并常常成为残酷暴政的华丽伪装"②。

柏林的上述主张在他对"积极自由"观念的分析中进一步合理地展开。柏林认为，"自由"的"积极"含义源于个体成为其自己的主人的愿望。柏林说："我希望我的生活与决定取决于我自己，而不是取决于随便哪种外在的强制力。我希望成为我自己的而不是他人的意志活动的工具。我希望成为一个主体，而不是一个客体。"③ 柏林进一步指出，这种"成为某人自己的主人的自由与不受别人阻止地做出选择的自由"，即积极的自由与消极的自由，初看起来，似乎是两个在逻辑上相距并不太远的概念。但历史地看，这两种自由的观念却朝不同的方向发展，直至造成相互间的直接冲突。就积极自由的发展来看。为我自己做主的"我"最终很可能演变成一个"高级的""理想的""处于最好状态"的"真实的自我"。这个"真实的自我"有可能被理解成某种比个体更广的东西，如被理解成个体只是其一个因素或方面的社会"整体"：部落，种族，教会，国家，生者、死者与未出生者组成的大社会。这种实体于是被确认为"真正"的自我，它

---

① ［英］以赛亚·柏林：《自由论》，胡传胜译，译林出版社2003年版，第196页。
② 同上书，第200页。
③ 同上。

可以将集体的、"有机的"、单一的意志强加于它的顽抗的"成员"身上，达到其自身的因此也是他们"更高的"自由。柏林指出，这种代表"真实的自我"的人会相信："我对别人的强制是为了他们自己，是出于他们的而不是我的利益。于是我就宣称我比他们自己更知道他们自己需要什么。""当我采取这种观点的时候，我就处于这样的一种立场：无视个人或社会的实际愿望，以他们的'真实'自我之名并代表这种自我来威逼、压迫与拷打他们"①。柏林这里一方面反思并明显地反对"积极自由"观念，因为它最后导致的是对人的威逼、压迫与拷打，导致人的不自由；另一方面，柏林虽然没有明说，但他暗含着的意思是，反对任何人、任何政府以任何"真实自我"的名义对人的自由进行剥夺。他反对道德的政治主张。他最后总结说，"就'积极的'自由的自我而言，这种实体可能被膨胀成某种超人的实体——国家、阶级、民族或者历史本身的长征，被视为比经验的自我更'真实'的属性主体"，"强迫人们去做他们不愿意或不同意去做的事情""只能以某种高于他们自身的价值的名义"，但是"即使为着他们自己的利益，这样做实际上也是把他们当作次等人类，仿佛他们的目的远不如我的目的那样终极与神圣"②。

柏林等西方政治哲学家对于道德与政治关系的反思，具有对于20世纪世界政治观念及政治历史的反思和警觉的特点。他们认为，人类历史上，很多最残酷和最具有破坏性的政治行为都是打着道德的旗号，喊着为"你们的"善良生活着想的口号。马克斯·韦伯主张政治行为的出发点应该是审慎的、对可能后果精确计算的责任伦理，而不能是基于政治激情或道德信仰的动机伦理。柏林则在"消极自由"与"积极自由"的概念梳理中，坚持必须有一些不能被侵犯的个人自由领域的底线，坚持不能以任何所谓高贵的价值和目的如公平、正义、幸福、安全、和平等而牺牲个体的自由。

---

① ［英］以赛亚·柏林：《自由论》，胡传胜译，译林出版社2003年版，第202页。
② 同上书，第207页。

我们不必对西方政治哲学"道德上中立"的思想亦步亦趋，但也不能无视这种理论的存在，不能简单地否认它的合理性及其问题的意义。西方的政治传统主张政治和宗教要各自处理不同的事物，政治处理世俗事物，宗教负责精神良知事情。而在传统中国社会中，人的生活、生命价值特征则是以伦理、道德代宗教，人生活在伦理道德中以自足、自乐、自安。概括地说，中国没有强大的、系统的宗教组织和宗教势力与俗世之权力相对立，没有所谓的政教二分。中国人所谓个人的良知、良心等道德品质、宗教信仰等问题既然无法托付给上帝，政府、政治、执政者便不能在良知、信仰的问题上保持所谓的中立或漠然的态度。政府、政治、执政者有责任对百姓的精神生活、精神信仰问题引导、引领和塑造。梁启超言："以目的言，则政治即道德，道德即政治。以手段言，则政治即教育，教育即政治。道德之归宿，在以同情心组成社会；教育之次第，则就各人同情心之最切近最易发动者而浚启之。"① 实现此目标，完成此任务的最佳途径，是政治领袖的范导作用。作为政治领袖的执政者，必然要负责百姓伦理道德之事，负责百姓道德至善之实现与完成。当然，在思考道德与政治的关系的时候，或者说在我们提出"道德的政治"概念的时候，不能不有一个清醒的认识。我们在强调政治（政府、执政者）负有关心百姓道德的责任、具有道德的性质、追求道德的目的、采用道德的手段的同时，一定要注意澄清一些观念，即认为儒家道德是"强迫的道德"等认识。

第二节 儒家"道德的政治"之思想实质及其历史背景

　　为什么儒家政治哲学将政治的本质理解为道德的？其"道德的政治"思想提出和形成的原因是什么？概括地说，先秦儒家的道德政治

---

① 梁启超：《先秦政治思想史》，东方出版社1996年版，第101页。

思想是继承传统德治思想、在乡土伦理社会背景下并以对人性善恶的双重关注为理论前提而形成和提出的。其政治的根本目标是人人依其善良本性实现道德至善，即人人践行仁义、诚信美德，社会成为富有亲和力、凝聚力与创造力的政治整体。儒家德治的方法在于执政者以个人的道德及其所创造的道德气氛引导民众实现道德，以道德贯通于政治实践之中。"道德的政治"就其人格实现方式而言是"君子政治"，就其制度落实层面而言是"礼乐政治"，就其人性基础方面而言则为"性善的政治"。儒家圣人首先是如民之父母一般以仁心关爱百姓、心系百姓，其次则要具有孝悌、忠敬、尊礼、重法等具体德性内涵并以之作为道德政治的行政原则。先秦儒家对圣王美德的不断提倡与反复论说，是以人格典范的方式对道德政治普遍性原则的追求。先秦儒家"道德的政治"思想在社会伦理道德建设与政治文明建设中具有积极的意义，同时，其忽视法律、制度建设以及民众的政治主体意识缺失等，又是其历史与思想的局限所在。

一 儒家"道德的政治"理念的本质内涵

任何政治哲学家都会思考这样的问题：什么是政治？什么是好的政治？每个时代、每个民族的思想家都基于其时代条件提出了自己的主张。比如，孙中山先生认为："政就是众人的事，治就是管理，管理众人的事，便是政治。"[1] 就此问题而言，我们可以进一步提出问题：政治要管理众人的什么事？谁来管理？通过什么方式管理？政治的根本目的应该有内在和外在两种：一是外在的，从君主或政府的角度考虑，如何使天下臣服、使国家得到治理、天下安定。进一步就是思考通过什么手段达到"我"的目标的问题，是通过道德的、经济的，还是通过法律的、强制的手段等。这考虑的是什么手段更有效率即有长期有效性的问题。这样，其实所谓"民惟邦本""得民心者得天下""三代之得天下也以仁，其失天下也以不

---

[1] 燕继荣：《政治学十五讲》，北京大学出版社2013年版，第2页。

仁"等等,都是将"德"作为手段,将民作为永保社稷的工具,"以德服人"和"以力服人",都是通过什么手段使民服的问题。当然,从长期性考虑,以德服人是心服,更具"服"的长远性;以力服人,可能短期有效。如果统治力量、暴力不足或照顾不到,政治统治就不会安定,政权就会倾覆。二是内在的,即如何使社会国家达到一种最佳的存在方式,如何实现人与人、人与天在德性上的和谐的问题。

处于春秋末期的孔子对于政治的理解奠定了儒家"道德的政治"思想之基础。第一,孔子提出庶、富而教的政治主张,即在人口繁多、生活富裕的基础上教化百姓;第二,孔子提出"足食、足兵、民信之矣"的政治主张,即政治要实现百姓生活富足、国防力量强大的目标,在此基础上做到执政者与百姓之间的诚实互信、以德相与;第三,孔子提出"政者正也"的主张。如果说前面两点是孔子对于政治目标的经典表达,即政治不但要满足百姓的物质生活需要以及国家的国防力量强大,更要负责百姓的精神信仰以及教育、教化问题。那么后一点则代表着孔子对于政治本质的核心理解。"政者正也"是春秋时期主流政治观念,即认为政治的本质是规范、管理社会的行为。《左传·桓公二年》已经有"政以正民"的提法,《管子·法法》甚至也有"政者正也"的提法。但孔子的伟大之处在于把政治是规范、纠正、治理百姓的理解进行了创造性地转化。在孔子看来,政治的要点是执政者发挥其道德表率作用,以实现和促进整个社会的秩序合理及德行端正。政治的目标不仅是追求一个有秩序的社会,更重要的是实现一个善的、有道德心的社会[①]。

孔子主张"为政以德"。此主张的表面意思是,以道德作为行政的手段,或者是以君主的道德作为表率,或者是以区别于刑罚政治的恩惠的方式。无论前者还是后者,人们都容易停留于表面的认识上,

---

[①] 陈来:《论"道德的政治"——儒家政治哲学的特质》,《天津社会科学》2010年第1期。

第一章 "道德的政治"之思想内涵及其思想基础

认为道德是政治的手段和工具,用道德作为手段实现社会和谐、秩序安定。诚然,儒家政治哲学重视执政者的道德表率对于实现至善社会的作用,并主张政治具有道德教化功能。但"为政以德"更应该做如是理解:德不只是所谓德治主义的手段,实现德治便会收到立竿见影的效果。"以德"为政本身即具有其存在的价值,为政者在政治之"德"的实行中实现其自己。孔子说:"君子之仕也,行其义也。"这句话包含这样的意思即,为政者不是政治中的"过客","道德的政治"中的生活乃是执政君子的"存在的家"。

作为先秦儒家传道之书,《大学》提出了以修身为本的"平天下"的国家治理方式:"古之欲明明德于天下者,先治其国。欲治其国者,先齐其家。欲齐其家,先修其身。欲修其身者,先正其心。欲正其心者,先诚其意。欲诚其意者,先致其知。致知在格物。"儒家的"治"不是制服的意思,而是使天下有秩序;"平"也不是平定的意思,而是使天下太平安定,即孔子所说的安民、安百姓的意思。《大学》的总纲领是:"在明明德,在新民,在止于至善",即大人、执政者、君王加强自身道德修养(或选拔任用有德行能力的贤才),亲爱并教育教化百姓以提升其道德修养,最后达至人人实现其道德本性的至善状态。在这里,一方面涉及儒家道德政治的主要目标即提升百姓的道德修养;另一方面关涉到儒家德治的方法即执政者以自己的道德境界提升来教化百姓、提高其道德修养。归结起来,便是"自天子以至于庶人,壹是皆以修身为本",是目标与手段的合一。儒家将平天下的起点定位在执政者个人的道德实践,进一步深掘个人道德修为的始源,将个人内在最深层的德性活动及其逐步外显的过程显示出来,建构起格物、致知、诚意、正心、修身、齐家、治国、平天下的、由道德实践而至政治实践的行为整体。此德性修为实践是由内而外、由己身而至家国天下的整体行为。杨国荣先生在《儒家价值体系的历史衍化及其现代转换》中说:"止于至善与修身本是《大学》的两个基本主题,前者作为价值目标而为主体提供了总的行为导向,后者则为价值目标的实现提供了基本的出发点,从而使之避免流于虚幻抽象。"① 这是"天下"存在方式的所谓"自我—天下"的存在格局。

与《大学》相似，《中庸》提出"修道之谓教"的主张，即是说通过政治教化使百姓走上正确的人生道路，仁道或人道。孟子认为道德教化比政治制度更能获得百姓的忠敬。孟子教育的核心是伦理教育，既有促使家庭和睦的家庭伦理，如"谨庠序之教，申之以孝悌之义，颁白者不负戴于道路矣"。（《孟子·梁惠王上》）亦有促使邻里互助、社会安定和谐的公共伦理，如"乡田同井，出入相友，守望相助，疾病相扶持，则百姓亲睦"。《礼记·礼运》中有一段话基本可以代表儒家所向往的理想社会：

> 大道之行也，天下为公。选贤与能，讲信修睦。故人不独亲其亲，不独子其子，使老有所终，壮有所用，幼有所长，矜、寡、孤、独、废疾者皆有所养，男有分，女有归。货恶其弃于地也，不必藏于己；力恶其不出于身也，不必为己。是故谋闭而不兴，盗窃乱贼而不作，故外户而不闭，是谓大同。

此处描述了儒家理想的社会特征：它是一个无强盗乱贼、无阴谋权诈的秩序良好的社会；人尽其力、物尽其用、男子有正当职业、女人有家室归宿，这是一个经济安排妥当的社会；老者得其所终、幼者得到抚育、残疾病弱皆有所养，这是一个以物质富足为基础实现相对平等的社会；人人怀有公正之心、彼此亲爱和睦，这是以道德诚信沟通联接的社会。王国维曾言："且古之所谓国家者，非徒政治之枢机，亦道德之枢机也。使天子、诸侯、大夫、士各奉其制度、典礼，以亲亲、尊尊、贤贤，明男女之别于上，而民风化于下，此之谓治。"② 王国维的这句话指出儒家政治的实质，即国家不只是一个政治的机器，更是一个关涉道德、以道德为核心、以实现道德至善为目标的载

---

① 杨国荣：《儒家价值体系的历史衍化及其现代转换》，上海人民出版社2005年版，第189页。
② 王国维：《观堂集林》，河北教育出版社2003年版，第243页。

第一章 "道德的政治"之思想内涵及其思想基础

体。儒家道德政治的概貌为：就上层而言，执政者有亲亲之德、尊贤之礼、尊奉法律制度。就下层而言，百姓受君子的影响、教化而自然追寻道德、严守礼法。先秦儒家之政治理想，就个人而言是提升民众的道德修养与道德境界；就社会而言，是要组成一个人人具有仁爱、正义、礼让、明辨、诚信之德的社会整体。

宋代王安石的《周南诗次解》是这一道德共同体的另一体现："王者之治，始之于家，家之序，本于夫妇正，夫妇正者，在求有德之淑女为后妃以配君子也，故始之以《关雎》。夫淑女以有德者，其在家本于女工之事也，故次以《葛覃》。有女工之本，而后妃之职尽矣，则当辅佐君子求贤审官，求贤审官者，非所能专，有志而已，故次之以《卷耳》。"（《王荆公文集·周南诗次解》）在王安石看来，和谐有序的"王者之治"实现的根本表现在以家庭为核心的各有其德、各行其道的社会状态。

孟子曰："霸者之民，驩虞如也；王者之民，皞皞如也。杀之而不怨，利之而不庸，民日迁善而不知为之者。夫君子所过者化，所存者神，上下与天地同流，岂曰小补之哉？"（《孟子·尽心上》）在孟子的政治思想中，这种上下与天地同流之乐，是道德政治的精神境界和最高旨趣。儒家"道德的政治"的至善境界是民众欢愉、安乐、自得其乐的王者境界。孟子的理想社会是实现"王道"的社会，是"乐以天下，忧以天下"（《孟子·梁惠王下》）的社会。此社会是君民同心、具有向心力、凝聚力和创造力的、其乐融融的道德—政治—社会共同体。进一步，孟子说："今王发政施仁，使天下仕者皆欲立于王之朝，耕者皆欲耕于王之野，商贾皆欲藏于王之市，行旅皆欲出于王之涂，天下之欲疾其君者皆欲赴愬于王。其若是，孰能御之？"（《孟子·梁惠王上》）此以"德"贯通的社会，会吸引更多的人"愿意"在此社会之中生活并发挥其积极的作用。孟子说："广土众民，君子欲之，所乐不存焉；中天下而立，定四海之民，君子乐之，所性不存焉。"（《孟子·尽心上》）孟子认为，疆土广大、人民众多、统一天下、安定万民，这是现实君王的政治主张，但并不是儒家政治的根本目标。在孟子这里，政治的终极理想是人人依其本性实现道德至善。荀子言："君子治治，非治乱也。"(《荀子·不苟》)君子是依据礼义之治的理想来引领社会，而不是根据社会乱象只是采取行政的、刑罚的手段。这是儒家对于社会政治的根本主张。梁漱溟曾解说儒法二家的区别：儒家奔赴理想，而法家则依据于现实。

儒家主张："自天子以至于庶人，壹是皆以修身为本。""道德的政治"是人的一种德性的生活，无论君子或是小人。就政治领域之家国、天下而言，天子、君主居于北辰之位，乃众人所仰视者，其是否有德，乃人性是否为善的见证。如其为善，则百姓以其为典范或风向，提升向善、行善之信心与动力。"道德的政治"乃是人的整体存在方式之表现，是以政治的方式表现出的人的德性存在方式。在儒家看来，"道德的政治"是道德的社会、道德的宇宙的体现者；"道德的政治"又是促成道德的个人、道德的社会、道德的宇宙的发动机与枢纽。

二 儒家"道德的政治"思想形成的社会历史背景

恩格斯（Engels）指出："一切以往的道德归根到底都是当时社会经济状况的产物。"[①] 我们进一步要思考：为什么儒家如此重视政治的道德教化功能并追求止于至善的政治价值？先秦儒家"道德的政治"思想提出的社会历史背景与思想理论前提是什么？在中国古代"家国一体"的政治背景与社会背景下，以孝悌亲情、家庭伦理为基础的伦理德行是实现国家安定、社会有序的重要乃至核心的中坚力量。当弟子问孔子为什么不从政的时候，孔子引用《尚书》的"孝乎惟孝"句指出：从事孝悌伦理之事，即是在从政了，没有必要再从事所谓独立的政事。在孔子看来，没有独立于孝悌亲情、家庭伦理的独立的政治。换句话说，"政治权力不能代替氏族血缘的亲情，在古代政治中道德不能缺位，德与政不能分离。商纣王因无德而败亡，而

---

① 《马克思恩格斯选集》(第三卷)，人民出版社1995年版，第435页。

秦政因完全排除道德的作用而短命。因此，道德与政治的融合为一，是古代政治发展的必然形态"①。

（一）周初德治思想的基础

就思想的历史继承方面而言，儒家"道德的政治"思想是对传统政治思想尤其是西周德治思想的继承和发展。中国古代政治哲学从其发源处即已把政治指向君王道德与百姓道德的共同实现。《尧典》言：

> 曰若稽古，帝尧，曰放勋，钦、明、文、思、安安，允恭克让，光被四表，格于上下。克明俊德，以亲九族。九族既睦，平章百姓。百姓昭明，协和万邦。

《尧典》首先章明尧之德行：恭敬礼让、光照天下。进而，从天子个人修身开始，使九族和睦、百姓安定、万邦谐和。这是儒家对道德政治始源的描述，儒家道德政治由此开始。西周初期，实现以小邦代替大邦的政权转换之周人，在其"忧患意识"中极重道德观念的反思，认为道德是其支配殷人、统治天下的政治正当性之基础。此忧患意识在周初表现为，大量敬德、明德的观念出现在《尚书》《诗经》里面。徐复观说："周人建立了一个由'敬'贯注的'敬德''明德'的观念世界，来照察、指导自己的行为，对自己的行为负责，这正是中国人文精神最早的出现。"②

周人对"德"的重视必须在小邦周代替大邦殷的政治更替现实中来了解。从政治正当性角度说，中国古代政治哲学的正当性思想从周初开始便实现由天命向道德与民众视域的转换。周人认为获得并长期拥有政权既非依靠天命亦非依靠暴力所能实现，而是要依靠本身之德并以此来获得民众的支持。周人对于政治正当性的证明，首先仍然是

---

① 陈谷嘉：《中国路径中的君子世界》，《光明日报》2012年10月16日"国学"版。
② 参见徐复观《中国人性论史（先秦篇）》，上海三联书店2001年版，第21页。

寻求天命的支持。而另一方面，早在西周建立之初，道德就纳入了政治思考的范围并开启了道德与政治融合之程。周人是以"德"证成其政治统治的正当性。"以德配天"或者"德配天地"是由天的方面对"德"之价值的最初肯认。

同时，周人的正当性思想实现了从天命向德与民的转换，在天命之外寻求以统治者的道德获得天下百姓的衷心拥戴。在西周王朝的政治观念中，既崇尚天，也崇尚德。《诗经》多言天，而《尚书》多言"德"。"德"是国家最高统治者天子、君王的德行品格，也可以指处于统治地位的整个君子阶层的德行品格。殷周政权转换之际，周人"忧患"地得出这样的认识，即维持政权和政治的长期统治，单凭"天"的庇佑是不够的，还取决于代天行政的君王及其氏族团体的德行。周王朝建立之初，周人反思到，君主的德行是政治统治的最重要的因素。周人认为殷王朝的败亡，根本原因在于殷纣王失德。因此，虽然君王在王朝更替及进一步的国家统治中要发挥权力、武力的作用，但非权力性的因素即天子、君王本人的道德人格的作用显然更重要[①]。

在重视统治阶层之"德"的同时，周人则提出"天视自我民视，天听自我民听"的观念。天命落实下来而为民意，而民意则以统治者是否有德、是否惠民为关注的重心。获得民众支持的关键在于不仅要给百姓以物质上的好处，更要通过君王之德获得百姓衷心归往。《尚书·蔡仲之命》言："天命靡常，惟德是辅。民心无常，惟惠是怀。"政权合法性的保证，一是以德获得天命，一是以德获得民心。民心向背的根源在哪里？"惟惠是怀"，只要统治者对人民好，人民就真心归服，承认你的合法性。由此看来，西周时期政治思想"敬德"的具体所指主要即是"惠民"，满足人民的物质需要，维护人民生活的安定。否则，百姓便会携抱着妻儿哀告上天，上天哀怜百姓，便会转移政命，因为天意决定于民情。此时的"敬德"思想还没有更深刻

---

① 陈谷嘉：《中国路径中的君子世界》，《光明日报》2012年10月16日"国学"版。

第一章 "道德的政治"之思想内涵及其思想基础

更广泛的内涵，实际指的就是维护人民的利益，对人民负责。但这已是周初的德行与民本的思想萌芽，并成为后世儒家德性思想以及"贵民"思想的重要来源。先秦儒家则将政治正当性的关键直接系于君主之德，并借对"民之父母"观念的讨论提出好的政治应该是好恶与民同的用心的政治。孟子直言："三代之得天下也以仁，其失天下也以不仁"。尧、舜、禹之所以统一天下，是因为他们具有仁爱之心；桀、纣之所以丢掉天下，在于其不仁而失去民众、民心。孟子说："得天下有道，得其民，斯得天下矣。得其民有道，得其心斯得民矣。得其心有道，所欲与之聚之，所恶勿施尔也。"（《孟子·离娄上》）桀纣之所以丢掉天下，在于其失去民众、民心。得到天下的关键在于获得民众，获得民众的关键在于以爱民、亲民之德获得民心。此政治正当性问题我们会在后面具体论述。在此，我们可以概括地指出，儒家"道德的政治"亦表现为亲民的政治、君民一体的政治。

（二）儒家"道德的政治"思想之时代背景

先秦儒家"道德的政治"思想具有其时代背景，是在春秋战国时期统一天下背景下产生和形成的。《诗经·小雅·北山》有"溥天之下，莫非王土，率土之滨，莫非王臣"之说，体现了周人追求天下一家的观念。周以天下之大宗的地位封建诸侯，屏护周室。除分封姬姓诸侯外，夏商两朝之后裔，以及古代其他有名部族的后代，周人也为他们规划新封地或保留其旧的疆域。孔子所谓"兴灭国，继绝世"，即是说的此种政治分封制度。周人的封建诸侯，使政治格局由夏商两朝的诸侯承认天子，转换为周朝天子封立诸侯的局面。由此，中央王朝的凝聚力量在无形中增大。当时周天子与诸侯之间，似乎是一种比较松弛的关系，但周朝前期数百年间，却以特定的朝觐、聘问、盟会、婚姻等礼制使周王朝保持稳定、和谐。周之"天下"即呈现出一种各诸侯国独立、自由存在的统一、协调、和平的整体状态。《国语·周语》所言以甸服为中心，以侯服、宾服、要服、荒服而层层外推的局面，说明当时"天下"存在的范型是以周天子为中心而层层藩屏周室的状态。然而自周王室为避犬戎之乱，东迁洛邑后，出现共主衰微、列国内乱、诸侯兼并、戎狄横行等现象。此时天下和平的状态已不复存在。此后，春秋、战国时期的政治意识形态和政治形态的发展，出现"霸诸侯"和"王天下"的局面。齐桓、晋文诸霸业，以尊王、攘夷、禁抑篡弑、裁制兼并为标义，在政治名分上，虽然不具有周王室之尊严，是孟子所谓"以力假仁者霸"，然而就其政治事业的实际贡献上说，在保持天下的稳定与和平方面，则具有重要积极的意义。此时的天下是以周王为名义上的共主，以霸主为核心而形成的诸侯国的联盟，这是天下的一种意义上的存在。扩而广之，此诸夏同盟——中国，又与四方戎夷构成一个更大的天下格局。

中国台湾学者黄丽生认为中国古代的天下格局包含几个层面：就政治框架而言，"天下"是由第一层的"中央天子—四方诸侯"以及第二层的"中国—四方夷狄"总合而成的世界。在第一层中，天子是内，诸侯是外；在第二层中，含括天子诸侯的"中国"是内，四方夷狄是外。这种相对的内外关系，可以无限制地扩大，也可以分出无数的层次，其由内而外，层层外延乃成"天下"[①]，但春秋时代的霸业，一方面，朝向和平；另一方面，则朝向"团结"。一面是提倡弭兵的和平运动，一面则是诸侯国之间兼并活动的进行。从春秋初期的一百三十多国，到后期只有十二国，直到战国中晚期剩下七雄并峙。此时，霸诸侯的事业，再不为世所重，诸强国以"王天下"为其政治的理想与梦想。而"王天下"则具有代替周王室以重新统一天下的意思，首先是各国相互称王，而后更强大的国又称君主为"帝"。事实上，"在当时中国人的眼光里，中国即是整个世界，即是整个的天下。中国人便等于这世界中整个的人类。当时所谓'王天下'实即现代人理想中的创建世界政府。凡属世界人类文化照耀的地方，都统属于惟一政府之下，受同一的统治。"[②]

由此，春秋战国时期的统一天下的行动，是以周初封建"天下一

[①] 黄丽生：《儒家"天下"思想的内涵及其当代意义》，转引于《传统中华文化与现代价值的激荡》，社会科学文献出版社2002年版，第230页。

[②] 参见钱穆《中国文化史导论》，商务印书馆2000年版，第30—37页。

家"为基础提出的统一要求,以恢复此统一、恢复"道"的贯通为"名"获得合法性。春秋、战国时期的政治思想家拥有不同的天下观,形成各自不同的天下理念。老子是主张以无为取天下、无为治天下者。他主张以无事、不争、无为、反对用兵四者作为取天下的原则。在老子,小国寡民是其政治理想,其最理想的天下状态是在"小国寡民"状态下各安其位、相安无事所构成的自然、和谐、安定的世界。墨家提出"兼爱""非攻"的政治主张,法家则是富国强兵的主张。总之,西周至春秋、战国时期,政治追求的现实目标大概有三种:第一,拥有统治的正当性并希图政权永固;第二,拥有广阔疆土和众多百姓;第三,寻求秩序安定、天下太平。先秦儒家则超越上述诸目标,确定仁义为先的政治原则并提出"天下归仁""止于至善"的社会政治理念。

孔子生活之春秋末期,礼坏乐崩,子弑其父、臣弑其君的现象时有发生,君卿大夫纷纷怀抱"何为则民服"等目的,并欲采用"杀无道以就有道"的刑杀的强力手段。孟子等所生活的战国后期,亦是"民之憔悴于虐政,未有甚于此时者也"。(《孟子·公孙丑上》)而掌权的君王、公卿只是关注于"何以利吾国"等现实的、功利的问题。在当时各种政治功利主义、实用主义、刑治主义盛行的背景下,以孔子为开创者的先秦儒家倡导"为政以德",追求王道政治,并以"天下归仁"为政治的最终目标与终极理想。孟子说:"广土众民,君子欲之,所乐不存焉;中天下而立,定四海之民,君子乐之,所性不存焉。"(《孟子·尽心上》)儒家认为,通过争城掠地而实现的疆土广大、人民众多,这是君王现实的政治主张,但并不是儒家政治的根本目标。儒家政治的终极理想是人人依其本性实现道德至善。孔子政治思想的核心是仁爱天下、天下归仁。孟子倡导"老吾老以及人之老,幼吾幼以及人之幼"之境。荀子亦言"性伪合而天下治",主张人的本能欲望在社会礼义制度下得到实现和教养,实现天下太平。

虽然生当争城掠地、杀人盈野的战国时期,孟子却不主张以霸业的建立为政治理想。孟子主张行王道于天下，使天下在仁政、王道、君德的贯通与引导下，实现道德基础上的统一。当齐宣王问齐桓公、晋文公的霸业时，孟子主张谈论王道，宣称"仲尼之徒，无道桓、文之事者"。(《孟子·梁惠王上》)孟子认为政治之最高理想在于追求王道、王天下，而行王道的核心在于施仁政。孟子说："尧舜之道，不以仁政，不能平治天下。"(《孟子·离娄上》)进一步，王道、仁政的根本与易行之处在于：首先，这是百姓最需要仁政的时期："当今之时，万乘之国，行仁政，民之悦之，犹解倒悬也"(《孟子·公孙丑上》)；其次，孟子找到君王、统治阶层的仁政基础即，"以不忍人之心，行不忍人之政"；最后，推扩人心内在本有之善端至其亲戚朋友而至家国天下："老吾老，以及人之老；幼吾幼，以及人之幼，天下可运于掌"。(《孟子·梁惠王上》)亲亲、仁民、爱物。这是孟子所主张的王天下的至善途径。

归根结底，儒家政治哲学主张"天下归仁""止于至善"。"道德的政治"的最终目标与理想是要实现至善社会，达至人人止于道德、事事止于道德的状态与境界。儒家"道德的政治"不是仅仅治理众人，更非追求使天下人臣服的目标。儒家政治不是"力"的方式，而是"德"的方式。所谓"以德服人"是"中心悦而诚服也"，是君王或天子以其德行真正地感染人，使人真心地高兴并愿意跟随之。这种理解超越了所谓统治阶级与被统治阶级的对立思维方式。

先秦儒家认为实现道德至善本身便会带来天下秩序安定的实际效果。《论语·学而》载有若的话："其为人也孝悌，而好犯上者鲜矣；不好犯上，而好作乱者，未之有也。"儒家主张"孝悌为仁之本"，认为如果人人都从根本上具有孝悌之德，在家、国范围内便不会有犯上作乱的事情。《大学》言"齐家、治国、平天下"，社会秩序安定不只是治理众人以及通过强力使天下人臣服，而是要"自天子以至于庶人，壹是皆以修身为本"，上至天子、公卿，下至普通庶民百姓都以道德修身为根本。《大学》归结为："未有上好仁而下不好义者也，未有好义其事不终者也"。孟子亦提出："未有仁而遗其亲者也，未

第一章 "道德的政治"之思想内涵及其思想基础

有义而后其君者也。"(《孟子·梁惠王下》)从根本上确定政治的仁义原则,使天下人民具有仁义道德,最终会获得对君、亲之利的实际效果。此亦是国家安定、社稷常保的根本。齐景公发自内心地对孔子说:假如君不君、臣不臣,虽然有稻米粱粟,我也吃不到。暗示了上下颠倒、君臣易位的无礼、无德现象导致天下的昏乱局面。荀子非常现实地揭示以功利为政治原则的弊端:"絜国以呼功利,不务张其义,齐其信,唯利之求。内则不惮诈其民而求小利焉,外……,内不修正其所以有,而常欲人之有,如是,则臣下百姓莫不以诈心待其上矣。上诈其下,下诈其上,则是上下析也。"(《荀子·王霸》)在这点上,荀子与孟子的主张是基本一致的。

从以上论述可见:第一,从政治传统而言,中国古代政治从其发生处即有"正德、利用、厚生"的传统与要求。周人因其以小邦代大邦的原因多言德,主张"克明俊德",以德获得天命、保有天命。而在专言政事之《尚书》中,亦多言先王之德,对尧、舜、禹、汤、文王之德皆加称颂。对殷遗民的训诰中也非常赞赏商代先王的德行。在其时其人的观念中,政权转换之际起决定作用的因素是"德"。此思想从根源处决定了中国政治文化传统重视执政之德及人的德性生命实现的特征。第二,就中国传统社会的伦理特征而言,伦理道德是实现人之真实的最后归依。梁漱溟言:"中国的理想是'天下太平'。天下太平之内容,就是人人在伦理关系上都各自做到好处(所谓父父子子),大家相安相保,养生送死而无憾。"① 梁氏主张伦理有宗教之用,中国之家庭伦理,所以成一宗教替代品者,亦即为它融合人我,泯忘躯壳,虽不离现实而拓远一步,使人从较深较大处寻取人生意义。依梁漱溟所言,中国乃一伦理本位的社会,伦理有宗教之用,道德代替宗教。故在中国,伦理、道德具有究极存在的意义,人在其中便有踏实的、真实的存在之感,便可获得人生存在的究极意义,而无需超越绝对的上帝的帮助。第三,由孔子开其源,儒家基于对人的道

---

① 梁漱溟:《中国文化要义》,上海世纪出版集团2003年版,第99页。

德本质、仁义本性的认识，提出了"政者正也"的关于政治本质的主张。在儒家看来，"道德的政治"是人的本性的实现方式。圣贤、君子乃至一切人都以实现、实行"道德的政治"为其人生的终极意义所在。

三 "庶富而教"：儒家"道德的政治"之根本目标

由上所述，我们可以大概了解先秦儒家提出"道德的政治"思想之背景以及其政治理想之期许。西周时期的政治思想已具有执政者对百姓养之与教之的双重关注，即"政治"不但要解决经济问题，同时要解决民众的伦理、道德等精神生活问题。继承此政治传统，先秦儒家以教化百姓形成道德人格为根本，同时承认自然欲求的合理性及其对于百姓道德修养的基础作用。贺麟先生说："他们共同认为道德为目的，经济为工具，道德为立国之本，经济为治国之用。经济的富足与否可以影响一般国民道德的良莠，但少数有道德修养之士其操守却不受经济的影响。"[①] 这是对先秦儒家经济与道德的关系所做的精到概括。

（一）百姓物质富足、生活安定的政治目标

儒家"道德的政治"并非是一简单的"德治"手段。儒家政治之德是以仁为核心的政治道德体系，其施治的首要目标是富民、庶民、安民。百姓物质富足、生活安定为先秦儒家一以贯之追求的政治目标。儒家提出非常丰富和具体的富民、爱民主张。关注百姓的实际利益、爱民、节用、恭敬其职责、取信于民，以适当时节使用民力，这是政治的基本要求。

我们知道，孔子所言"为政以德"，"德"的具体施行都是针对人民百姓的，此种意义的德实际是仁德，即爱人之德、利民之德。《颜渊》篇载：樊迟问仁。子曰："爱人。"孔子亦曾讲过："泛爱众而亲仁。"（《学而》）可见，孔子之爱人是针对广大民众的，是对天

---

① 贺麟：《文化与人生》，商务印书馆1988年版，第25页。

第一章 "道德的政治"之思想内涵及其思想基础

下人的爱。《尧曰》篇记载孔子与子张讨论什么是好的政治，孔子提出"五美四恶"的原则。"五美"即"惠而不费，劳而不怨，欲而不贪，泰而不骄，威而不猛"。子张进一步问五种善政的内涵，孔子指出："因民之所利而利之，斯不亦惠而不费乎？择可劳而劳之，又谁怨？欲仁而得仁，又焉贪？君子无众寡，无小大，无敢慢，斯不亦泰而不骄乎？君子正其衣冠，尊其瞻视，俨然人望而畏之，斯不亦威而不猛乎？"(《论语·尧曰》）孔子政治思想的根本是关注百姓的实际利益，是"因民之所利而利之"。在《论语》中，孔子曾批评管仲不知礼，但却又肯定管仲的仁行，向弟子称赞管仲"如其仁，如其仁"。因为齐桓公平定天下，使百姓得享太平生活，都是源于管仲的辅佐："桓公九合诸侯，不以兵车，管仲之力也"（《论语·宪问》）；"管仲相桓公，霸诸侯，一匡天下，民到于今受其赐。微管仲，吾其被发左衽矣"。（《论语·宪问》）"博施济众"，最普遍地施恩惠给老百姓，周济他们生活的贫困不足，是尧舜的目标，亦是孔子仁爱天下的理想目标。子路向孔子问君子，孔子整体的回答是以修己、安人、安百姓为核心。君子必是在修己之同时亦安民、安百姓。孔子之志，"老者安之，朋友信之，少者怀之"。孔子之道，"道千乘之国：敬事而信，节用而爱人，使民以时"。爱民、节用、恭敬其职责，取信于民，在适当时节使用民力，这是儒家政治的基本要求。孔子为政的次序：庶、富、教。朱熹言："庶而不富，则民生不遂，故制田里、薄赋敛以富之。富而不教，则近于禽兽。故必立学校、明礼义以教之。"可见孔子既重视人民物质生活之改善又重精神生命之塑造。孔子之后，《大学》讲："民之所好好之，民之所恶恶之，此之谓民之父母。"百姓所好者，生活富足、安宁；所恶者，生活贫困、生命不保。故《大学》后面大谈兴民之利、财用，主张生财之大道是：生之者众，食之者寡，为之者疾，用之者舒，则财恒足矣。《大学》又提出"仁者以财发身，不仁者以身发财"，君王与民争利，结果就是丢弃自己的江山社稷，乃至生命。

孔子以后，先秦儒家都重视民生，比较突出的是孟子和荀子重视

· 31 ·

民生的主张。孟子倡"以不忍人之心，行不忍人之政"，提出非常具体的经济政策。他指出："老者衣帛食肉，黎民不饥不寒，然而不王者，未之有也。"（《孟子·梁惠王上》）对于百姓而言，物质生存是第一位的需求，而当时的百姓生活可谓"乐岁终身苦，凶年不免于死亡"。所以，如何保障人民的生活富足安乐成为孟子思想中最急迫的任务。如果连最基本的百姓生存都无法保证，则后续一切皆为泡影。孟子提出了承袭自周代的王制的建议：

> 不违农时，谷不可胜食也，数罟不入洿池，鱼鳖不可胜食也；斧斤以时入山林，林木不可胜用也。谷与鱼鳖不可胜食，材木不可胜用，是使民养生丧死无憾也。养生丧死无憾，王道之始也。五亩之宅，树之以桑，五十者可以衣帛矣；鸡豚狗彘之畜，无失其时，七十者可以食肉矣；百亩之田，勿夺其时，数口之家可以无饥矣。（《孟子·梁惠王上》）

这是孟子心中人人安居乐业的社会理想蓝图，可以说涉及到了农、林、牧、副、渔各个行业和领域。孟子这里强调了"以时"的重要性，是孔子"使民以时"的承续。孟子从各方面详细阐述了他的观点，核心目标就是让百姓有一定的产业，可以"养生丧死无憾"。在生活富足之后，引导百姓追求道德良善，百姓就会很轻松愉快地信从。论及"制民之产"具体如何实施？孟子继承传统，提出正经界、恢复井田制的主张。"夫仁政，必自经界始，经界不正，井地不均，谷禄不平。是故暴君污吏必慢其经界。经界既正，分田制禄可坐而定也。"（《孟子·滕文公上》）孟子欲以此理想制度对当时的土地制度进行一种改革。在保障公田的基础上，农民可以耕种自己的私田，以此调动其生产的积极性。"正经界"是为了均井田。孔子曰："不患寡而患不均，不患贫而患不安。"《季氏》是说君王不要担心自己的私利多少，而要思考百姓是否依其地位相对均等地拥有土地、财产。每个人都能相对平均地分得土地，就不会有不公之心，安心在自己的土地上劳作。以土地为养，就能吃饱穿暖，实现最基本的生活需求。

"制民之产"使百姓生活有了一定的保障，但是苛捐杂税也会让百姓生活艰难，故孟子认为君主还应"薄税敛"。孟子曰："易其田畴，薄其税敛，民可使富也。食之以时，用之以礼，财不可胜用也。民非水火不生活，昏暮叩人之门户，求水火，无弗与者，至足矣。圣人治天下，使有菽粟如水火。菽粟如水火，而民焉有不仁者乎？"（《孟子·尽心上》）孟子认为，把田地侍弄得井井有条，并减轻税收贡赋，就可以使百姓财富增加。以政府的名义规定按时食用，依礼消费，财物是用不尽的。圣人治理天下，要使粮食同水火那样多。粮食同水火一样多，百姓生活富足当然就会乐善好施，哪还会有不仁爱的呢？这也可以视作"天下归仁"的另外一种理解。孟子主张要向百姓征收十分之一、二十分之一的税收。孟子有一段话描述了轻赋税的社会效用：

> 市，廛而不征，法而不廛，则天下之商皆悦，而愿藏于其市矣；关，讥而不征，则天下之旅皆悦，而愿出其路矣；耕者，助而不税，则天下之农皆悦，而愿耕于其野矣；廛无夫里之布，则天下之民皆悦，而愿为之氓矣。（《孟子·公孙丑下》）

在市场里，提供空地储藏货物却不征收货物税；如果滞销，就依法征购，不让货物长久积压，天下的商人都会高兴，愿意把货物存放在你的市场；关卡只是稽查而不征税，那么天下的旅客都会高兴，愿意在你的道路上经过；对耕田的人实行井田制，只助公田而不收税，那么天下的农民都愿意在这里的田野种植庄稼；百姓在你的国家居住，没有人头税、土地税，天下百姓自然会高兴地在这里安家生活，愿意做你的臣民。天下的百姓都愿意成为你的国家的居民，邻国的百姓也会仰慕而来。此所谓"近者悦，远者来"，不战而屈人之兵。而这些都是轻赋税所带来的。百姓有了一定的产业，就可以安居乐业；轻赋税，就会民心安乐，所谓"王者之民，皞皞如也"（《孟子·尽心上》），社会秩序稳定，也就实现了"养生丧死无憾"。王道的实现绝不是徒有其名的口号，而是踏踏实实地给百姓所需求的，重视百姓所盼望的。只有满足了最基本的物质需要，才能谈及道德修养及精神建设。郭齐勇先生主张发掘儒家思想中的正义内涵，他认为："儒家和谐社会思想的一个重要内容或者基石，就是公平、公正、正义论。我们知道，没有抽象的公平正义，任何时空条件下的公平正义都是历史的、具体的。"儒家公平正义思想包含如下内涵：首先是"富民"与"均富"论。孔子治国安民的主张是"庶、富、教"，孟子主张保障老百姓的财产权；其次是养老、救济弱者、赈灾与社会保障的制度设计及其落实；再次是平民通过教育因任授官、参与政治的制度安排及作为村社公共生活的庠序乡校；最后是防止公权力滥用的思想①。其中，保障百姓的财产权，富民、均富等是基础、根本的主张。

荀子亦在承认百姓好利恶害的功利本性基础上，提出"养民之欲，给民之求"，重视百姓的物质生活富裕。荀子提出富国的根本方法是节用裕民："足国之道，节用裕民而善臧其余。节用以礼，裕民以政。彼裕民，故多余。裕民则民富，民富则田肥以易，田肥以易则出实百倍。上以法取焉，而下以礼节用之。"（《荀子·富国》）《荀子》中有非常多的重视民生的主张，在《王制》篇提出比孟子更为丰富的富民、安民主张，暂不多述。

（二）物质生活的富足对于百姓道德修养的基础作用

儒家认识到百姓"有恒产"才有"恒心"的道德形成逻辑，重视物质生活富足对于百姓道德修养的基础作用。孔子及儒家政治思想的根本主张是百姓人口繁多、生活富裕。在此基础上，才谈教民。《论语·子路》篇记载，冉有随从孔子到卫国，子曰："庶矣哉。"冉有曰："既庶矣，又何加焉？"曰："富之。"曰："既富矣，又何加

---

① 郭齐勇：《儒家的公平正义论》，《光明日报》2006年2月28日第12版。

第一章 "道德的政治"之思想内涵及其思想基础

焉?"曰:"教之。"李泽厚《论语今读》引《康注》:"盖未富而言教,悖乎公理,紊乎行序也。"①意思是,不在富民基础上施行的教化,有悖于人之常理。只有先富后教才是正常的次序。孔子认为"富而好礼"是有代表性的修养层次,即在富裕的基础上追求行为符合礼仪。孟子的认识最具代表性,他指出:"民之为道也,有恒产者有恒心,无恒产者无恒心。苟无恒心,放辟邪侈,无不为已。及陷乎罪,然后从而刑之,是罔民也。"(《孟子·滕文公上》)孟子认识到"恒产"对于"恒心"的基础作用,并痛心于统治者不负责百姓物质产业导致民无恒产和无恒心而违法犯罪等等后果。梁启超说:"政治目的,在提高人格,此儒家之最上信条也。孟子却看定人格之提高,不能离却物质的条件,最少亦要人人对于一身及家族之生活得确实保障然后有道德可言。"②孟子又说:"是故明君制民之产,必使仰足以事父母,俯足以畜妻子,乐岁终身饱,凶年免于死亡。然后驱而之善,故民之从之也轻。今也制民之产,仰不足以事父母,俯不足以畜妻子,乐岁终身苦,凶年不免于死亡。此惟救死而恐不赡,奚暇治礼义哉!"(《孟子·滕文公上》)孟子对君主进行直接批评,既基于对百姓辗转沟壑的痛苦现状,又缘于致使百姓没有道德修养的后果。

儒家认为对于人而言最根本的问题是生活的温饱、安定,只有这一最基本的问题解决了才能谈礼义道德的问题。孟子提出圣人富民教民的具体内容:"后稷教民稼穑,树艺五谷,五谷熟而民人育。人之有道也,饱食、暖衣、逸居而无教,则近于禽兽。圣人有忧之,使契为司徒,教以人伦:父子有亲,君臣有义,夫妇有别,长幼有序,朋友有信。"(《孟子·梁惠王上》)周人先祖后稷教会民众农耕畜牧,使其衣食富足,生产得以保障。在此基础上,再施以教化。否则百姓生活闲适而没有教养,就与禽兽差不多了。所以,圣人要教以人伦之道,使百姓知父子、君臣、夫妇、长幼、朋友之

---

① 李泽厚:《论语今读》,生活·读书·新知三联书店2008年版,第382页。
② 梁启超:《先秦政治思想史》,东方出版社1996年版,第97页。

道。所以在儒家这里，富民与教民都是治道所必须，而富民是教民的现实基础。

荀子继承孔孟思想提出了"富而后教"的理论："不富无以养民情，不教无以理民性。故家五亩宅百亩田，务其业而勿夺其时，所以富之也。立大学，设庠序，修六礼，明七教，所以道之也。《诗》曰：'饮之食之，教之诲之。五事具矣。'"（《荀子·大略篇》）不使民众生活富裕就不能熏养其性情，不教化百姓就不能合理地引导他们的本性。荀子在人性皆有欲求的认知基础上，提出先要满足其基本的主张。而在满足其物质欲求的基础上，又不能让百姓停留于这一物质欲求上，必须以礼养民、以礼导民。荀子主张：如果任由人性自然发展，对人个体自身并对人类社会整体是没有好处的。欲望的无穷追求和不得满足最终导致社会动荡，战祸连绵，社会整体之乱必是个人之祸。圣人为人类社会立仁义法正，是从人的根本上来考虑。在满足人性欲求之基础上，由伪而生之道德仁义、礼义法则才是人之为人的最完美的存在，"性伪合而天下治"。经过圣人制礼作乐、完美整合之后的人，才是最完美的存在。荀子认为礼是"养人之欲，给人之求"的，礼不是去除人的欲望和需求，反而是使人的欲望追求得到适当满足的根本。并且通过礼的"养"的方式，使人的欲求、情性得以熏养、升华，而不只是"口腹之欲"，恰如孔子所说的"富而好礼"的温润滋养状态。荀子引"民之父母"之《诗》，表达的就是其养与教并重的观念。

（三）儒家以教化百姓、天下归仁为政治的根本目标。

作为先期儒家传道之书并为宋儒朱熹所极为重视的《大学》，其总纲领是"在明明德，在新民，在止于至善"。意思主要是，大人[①]即执政者（君主）加强自身道德修养（或选拔任用有德行能力的贤才）、亲爱并教育教化百姓提升其道德修养，最后达至人人实现其道

[①] 朱熹认为"大学"讲的就是"大人之学"。参见（宋）朱熹《四书章句集注》，中华书局1983年标点本，第3页。

第一章 "道德的政治"之思想内涵及其思想基础

德本性的至善状态。在这里，一方面涉及儒家道德政治的主要目标即提升百姓的道德修养；另一方面关涉到儒家德治的方法即执政者以自己的道德境界提升来教化百姓、提高其道德修养。归结起来，便是"自天子以至于庶人一是皆以修身为本"。《中庸》所谓"修道之谓教"，是说通过政治教化使百姓走上正确的人生道路。孟子认为道德教化比政治制度更能获得百姓的忠敬。孟子教育的核心是伦理教育，既有促使家庭和睦的家庭伦理，如"谨庠序之教，申之以孝悌之义，颁白者不负戴于道路矣"（《孟子·梁惠王上》），亦有促使邻里互助、社会安定和谐的公共伦理，如"乡田同井，出入相友，守望相助，疾病相扶持，则百姓亲睦"[①]。荀子亦主张通过"圣王之治而礼义之化也"（《荀子·性恶篇》）来实现百姓公共生活之善。

关于儒家"道德的政治"思想，有一个普遍的误解，即认为儒家只讲道德仁义、不注重现实利益而流于空疏。由前所述我们知道，孔子在为政次序上已确定富民、足食为先的原则。在和子张讨论什么是"美政"的问题时，孔子认为，执政者关注百姓的实际利益，爱民、节用、恭敬其职责，这是良好政治的基本要求。"博施济众"是尧舜的目标，亦是孔子仁爱天下百姓的理想目标。误解的根本多由于孟子说过的一句话："王何必曰利？亦有仁义而已矣。"很多人据此句，简单地认为这是儒家"重义轻利"的体现。事实上，孟子所反对的"利"是梁惠王等"欲辟土地，朝秦楚，莅中国，而抚四夷"的个人私利，并非一般意义上的物质利益。另外，孟子反对的是国家由上到下的各级掌权者以"利"为政治总原则和唯一目标。孟子确定仁义为国家政治的首要原则，实质上意味着对天下公利、人民利益的关注。孟子认为，如果国家统治者不讲仁爱道义，只知追求和争夺自身的利益，最后便会产生篡国、弑君、国家倾覆的结果。孟子确定仁爱道义为国家政治的首要原则，必然意味着对天下公利、人民利益的关

[①] 郭齐勇、陈乔见：《孔孟儒家的公私观与公共事务伦理》，《中国社会科学》2009年第1期。

注。先秦儒家"道德的政治"有此富民、利民、爱民的主张，使其具有良好政治的最基本的要求，也使其不成为道德政治的乌托邦。《礼记》之《大学》《中庸》《王制》篇以及《荀子》中都有非常具体的富民主张。这是"道德的政治"必然具有的内容，也是任何政治必须遵循的根本原则。

　　我们可以认为，先秦儒家"道德的政治"之首要目标乃是百姓物质生活的富足与安定，其最终目标乃是人人实现其道德本性，践行仁爱、礼让、诚信、孝悌之德。儒家政治哲学的根本目标是"天下归仁"，即天下之人都在仁德的关照下实现其仁德，社会成为一个充满道德之善和积极活力的整体。此中，天子、君王之德无疑是关键的一环。王国维说："且其所谓德者，又非徒仁民之谓，必天子自纳于德而使民则之。"[①] 依照孔子，"政治"就是政治领袖在自己良好行为的影响之下，鼓励人民自觉实现道德人格。政治不是使众人服，而是天下太平。"天下治"乃秩序良好的意思。《大学》言"止于至善"，即天下百姓充分实现其自己，实现其善良本性。一方面，以君主个人的道德及其所创造的追求道德的气氛引导民众实现道德，以道德贯通于政治活动之中；另一方面，以礼规范人的行为使其形成仁爱之德。先秦儒家亦重视刑罚与法律的规范限制作用，但由于其以德为本的核心特征，使其对法治做出"法律儒家化"的理解。

　　总之，儒家"道德的政治"之根本目标是让所有人活得有尊严、有理想、有意义、有价值，而非陷于"上下交征利"的功利状态。进一步说，道德的政治不是具体的、历史的政治形态，不是儒家政治哲学、中国古代政治哲学的独有特质。它虽然在古代儒家政治哲学中凸显，却是（或应是）古今、中西所有政治哲学的共同主张，也是（或应是）所有政治共同具有的普遍性特征。

[①] 王国维：《观堂集林》，河北教育出版社2003年版，第243页。

第三节　儒家"道德的政治"之实现方式

儒家政治哲学的根本目标是使人人具有道德，使社会成为一个充满道德之善和积极活力的整体，其核心是以道德的方式引导民众追求道德仁义的目标和理想。孔子提倡"为政以德"，一方面是说以君主为代表的政治行为要具有道德的性质，起到表率作用；另一方面则是营造追求道德的氛围，使道德"化民成俗'为一种习惯和自觉性追求。由此，孔子及儒家政治的目标并非只是百姓的服从以及政治的、经济的管理，而是要更深远地导民向善。百姓的道德不是通过法律或行政命令等强迫的手段所能实现的，而是要以君主或执政者为核心，以其道德行为的模范作用以及社会的良好氛围引导百姓积极自觉地追求道德之善。这样一种"止于至善"的至高理想，要通过综合的、整体的社会及政治生态方能实现。

一　"道之以德"："道德的政治"施行的内在理路

儒家"为政以德"思想贯彻着以下思路：其一，仁义道德的形成必须是基于人性人心的自觉努力；其二，民众自主道德的形成必须通过君主真实的道德引导或道德氛围的营造而不能经由行政语言或法律法规的强迫；其三，君王不能只将道德作为行政的手段或表现给他人的形式，而是要"以修身为本"，真诚地践行道德；最后，儒家提出，作为政治及道德关键的君王不能是不仁之人，因为君王为恶所带来的后果是天下性的及灾难性的。

首先，儒家认为，作为国家政治代表的执政者，必须要负责百姓伦理道德之事，负责社会至善目标之实现。而实现此目标、完成此任务的最佳途径莫过于政治领袖自身的范导作用。孔子说："为政以德，譬如北辰，居其所而众星共之。"（《论语·为政》）执政者能以德为政，自可获得众星环绕、天下归往的局面。孔子提出，一旦统治者做到克己复礼，做到仁，天下百姓自然无不欣然归往且愿意从事于道德仁义之事。孔子主张君子应该做到"修己以敬""修己以安民""修己以安百姓"。修己以敬即敬德，安民、安百姓即保民。其实是以修己为根本所实现的安民、安百姓的目标。在孔子看来，为政者之德是人民实现其道德本性的表率。季康子问孔子，如何让百姓听从我的号召努力做到恭敬和忠诚，孔子的建议是："临之以庄则敬；孝慈则忠；举善而教不能，则劝。"（《论语·为政》）执政者做到恭敬有礼、孝悌慈爱，并在政治活动中做到选拔任用有德行的人、教化教养不具有才能德行的人，百姓自然会努力于道德修养。孔子提出了两方面的建议：一方面是政治的导向作用，另一方面是实际操作。季康子问孔子："如杀无道，以就有道，何如？孔子对曰："子为政，焉用杀？子欲善，而民善矣。"（《论语·颜渊》）执政者怎么能用杀伐的手段使百姓来"就有道"呢？一定是以其自身之德、以其自身的向善，引领百姓自觉向善。孟子的典型说法则是桀纣以其残暴的行为，促使百姓也成为残暴之民。

　　孔子说"为政以德"，表面的意思是，以道德作为行政的手段，或者是以君主的道德作为表率，或者是区别于刑罚政治的恩惠的方式。无论前者或是后者，人们都容易停留于表面的认识上，即认为道德是政治的手段、工具，通过道德的方式实现社会秩序安定。"为政以德"，不只是方法，而是从为人之本上做起。朱熹回答弟子关于"为政以德"的问题时，即告诫弟子不要拘泥于"以"字，"'为政以德'，只如为政有德相似。不是强去率他。须知道未为政前先有是德"[1]。王国维说："且其所谓德者，又非徒仁民之谓，必天子自纳于德而使民则之。"[2] 执政者是民众实现道德的表率，制度规范是实现道德的工具措施。欲使百姓实现其道德，必须是天子自己率先行德而使百姓效法。狄百瑞（William Theodore de Barry）在《儒家的困境》一书中说："在中国古代，包括孔子在内所有的思想家都知道，人们

---

[1] 参见（宋）黎靖德编《朱子语类》二十三，中华书局1986年标点本，第533页。
[2] 王国维：《观堂集林》，河北教育出版社2003年版，第243页。

会模仿自己的领袖。"① 在《礼记·哀公问》中,哀公问孔子什么是为政,孔子回答说:"政者正也。君为正,则百姓从政也。君之所为,百姓之所从也;君所不为,百姓何从?上好礼,则民莫敢不敬;上好义,则百姓莫敢不服;上好信,则百姓莫敢不用情。夫如是,则四方之民襁负其子而至矣。"这和先秦儒家的经典《论语》《孟子》《大学》《中庸》以及《郭店楚简》的主张都是相近的,都是主张以君主、执政者的道德实践引领百姓追求道德,并且吸引百姓归往。陈来先生认为,"孔子把'正'的重点从民转移到执政者之身,这是古代政治思想的重要转变,其中在思想上、观念上预设了孔子对道德表率作用的根本信任,也建立起了政治与道德的根本关联"②。

我们可以将此观念依前人说法概括为:德是政之本,政是德之用。

其次,更重要的是,在为政者身上体现出来的"德",成为吸引人、引领人的理性目标与成德方向,执政者之德像天上最闪亮的北极星一样,为众人所仰慕。孟子言必称尧舜,言"圣人与我同类",乃使人相信道德、追求道德,相信自己是(或应该是)有道德的人,既有信心,又有必要。这是言同类意识的感召力量。儒家称颂尧舜之德:"唐虞之道,禅而不传……古者尧之与舜也,闻舜孝,知其能养天下之老也;闻舜弟,知其能事天下之长也;闻舜慈乎弟,知其能为民主也。"尧舜禅让、四岳推举遵循一种潜在的原则,即在位者必是知孝、知悌、仁慈之人,进而必是能"养天下之老""事天下之长",为天下利益而劳心者。君王有德,则民知所向。马一浮言:"盖民之好德,视吾心之所向而已。"③ 就政治领域之邦国、天下而言,天子、君主居于北辰之位,乃众人仰视者。其是否有德,乃人性是否为善的

---

① [美]狄百端:《儒家的困境》,黄水婴译,北京大学出版社2010年版,第325页。
② 陈来:《论"道德的政治"——儒家政治哲学的特质》,《天津社会科学》2010年第1期。
③ 参见滕复编《默然不说声如雷——马一浮新儒学论著辑要》,中国广播电视出版社1995年版,第258页。

见证。如其为善，则提升民众向善、行善之信心与动力。《大学》里有与此相似的言论：

> 一家仁，一国兴仁；一家让，一国兴让；一人贪戾，一国作乱。其机如此。此谓一言偾事，一人定国。尧舜帅天下以仁，而民从之；桀纣帅天下以暴，而民从之；其所令反其所好，而民不从。是故君子有诸己而后求诸人，无诸己而后非诸人。所藏乎身不恕，而能喻诸人者，未之有也。故治国在齐其家。

这是《大学》所主张的家齐而后国治，其重点强调的仍然是治国的根本在于君王、君子之德的重要性。"所谓平天下在治其国者，上老老而民兴孝，上长长而民兴弟，上恤孤而民不倍。是以君子有絜矩之道也。"君主端正自身，百姓也会趋善而从，反之则"枉己者，未有能直人者也。"（《孟子·滕文公下》）朱熹言："上之人既有以自明其明德，时时提撕警策，则下之人观瞻感发各有以兴起其同然之善心，而不能已耳。"[1] 儒家典籍皆重视君王的表率作用：

> 上者，民之表也。表正，则何物不正？故君先立于仁，则大夫忠而士信，民敦，工朴，商悫，女憧，妇悾悾。（《大戴礼记·主言》）

君主是臣民的仪表和典范。仪表、范型先正，则以其为规范的众庶百姓则都会归于正；如果君主率先做到了仁，那么大夫会忠、士会信，民、工、商皆会各司其职、各具其德。

> 子曰："下之事上也，不从其所令，从其所行。上好是物，下必有甚者矣。故上之所好恶，不可不慎也，是民之表也。"（《礼记·缁衣》）

---

[1] 参见（宋）黎靖德编《朱子语类》十六，中华书局1986年标点本，第318页。

第一章 "道德的政治"之思想内涵及其思想基础

民众所尊崇的是在上者的德性和德行，而不是他们所制定的政令，执政者所好恶的，臣下百姓更是会加倍的好恶。所以作为执政者，必须要谨慎其德行。

> 君者仪也，民者影也仪正而景正；君者槃也，民者水也槃圆而水圆；君者盂也，盂方而水方。……君者，民之原也，原清则流清，原浊则流浊。（《荀子·君道》）

这都是从执政者的德行对于百姓的引导作用来说的。执政的君主、君子是庶民百姓的榜样和行为的源头，是百姓行为的典范。子贡曰："君子之过也，如日月之食焉；过也，人皆见之；更也，人皆仰之。"（《论语·子张》）君子的特殊之处在于，君子之过，百姓会看到；君子改过从善，百姓也会看到。"过"与"改过"都会成为具有政治与德行引导力的典范。荀子言君臣上下皆以礼相待：

> 请问为人君？曰：以礼分施，均遍而不偏。请问为人臣？曰：以礼待君，忠顺而不懈。请问为人父？曰：宽惠而有礼。请问为人子？曰：敬爱而致文……古者先王审礼以方潢周浃于天下，……故君子恭而不难，敬而不鞏（战栗），贫穷而不约，富贵而不骄，并遇变态而不穷，审之礼也。（《荀子·君道》）

其三，儒家基于道德自主性之政治教化主张。儒家注意到人的道德人格形成的自觉性与自主性的特征，在此基础上提出其政治教化主张。孔子倡言"为仁由己"，孟子主张圣人道德是"由仁义行，非行仁义也"，（《孟子·离娄下》）都强调仁义道德的形成乃人之自觉自律而非外在强制。除了大家所熟知的孔子"道之以德，齐之以礼"的主张外，处于孔孟之间的郭店楚简多处言及导民、教民的思想，如"民可使道之，而不可使知之。民可道也，而不可强也"（《尊德义》);"上不以其道,民之从之也难。是以民可敬道也,而不可掩也";"君子之于教也,其道民也不浸,则其淳也弗深矣。是故亡乎其身而存乎其辞,虽厚其命,民弗从之矣"。(《成之闻之》)简文所说语句,与《论语·泰伯》所载孔子"民可使由之,不可使知之"的话意思非常相近。关于孔子这句话,人们或对孔子有愚民思想予以批评,或以不同的断句并曲为之说:"民可;使由之;不可,使知之。"事实上,儒家经典郭店简已经明确告诉我们:人民道德可以经由君主道德引导,而不能经由严厉的政治命令训诫或告知,强迫民众具有某种或某类道德。

　　王夫之说:"或疑明德固无太过之虑,若新民,安得不以过为防?假令要民为善,教格过密,立法过峻,岂非太过?然使但向事迹上论,则明德亦将有之。如去私欲而至于绝婚宦,行仁而从井救人,立义而为宰辞粟,亦似太过。"① 船山虽似不太赞同"新民防太过"之说。但从他这里所说的"新民"与"明德"皆可有过的立意。我们可以发现,古人对于新民,对于以道德教化民众及以法律防范百姓是持审慎的态度的。"教格过密""立法过峻",都不是最恰切的做法。即便个人道德修养提升,亦不可太过,追求偏至。

　　其四,儒家主张德礼为主、政刑为辅治理国家。孔子说:"道之以政,齐之以刑,民免而无耻;道之以德,齐之以礼,有耻且格。"(《论语·为政》)我们以此分析其德治教化的内涵。关于此句的意思,朱熹言:"圣人之意,只为当时只用政刑治民,不用德礼,所以有此言。谓政刑但使之远罪而已;若是格其非心,非德礼不可。圣人为天下,何曾废刑政来?"② 依此,笔者认为,我们不要将政、刑与德、礼视作对立的关系,而要将其视作递进的关系。一方面,孔子在现实的层面上承认政、刑的作用,以政、刑治国,发挥其规范社会秩序的作用;另一方面,孔子认识到以政、刑治国尚有不足,须以根于

---

① (清)王夫之:《读四书大全说》(上册),中华书局2009年标点本,第4页。
② 参见(宋)黎靖德编《朱子语类》二十三,中华书局1986年标点本,第546页。

人性的道德引导并以具有传统基础和生活根源的礼俗规范民众，才能实现其道德至善的目标。对于欲实现"天下归仁焉"的孔子来说，教养之，德化之，使民皆有道德人格之建立，乃理想之政治范型。可以说，在儒家这里，许多依赖法规、强制之处，都可以代之以人际的感召、表率、理解与信任。徒倚法律并不能保证道义的贯彻，甚至还会破坏它；而以具有道义信念的贤人治国，却有法律不及之效，甚至本身就是理想行政的标志。特别是，为官从政还被看成是士君子的一种人生与社会使命[1]。近人萧公权亦认为："孔子之治术有养、教、治三途，养、教之工具为德、礼，治之工具为政、刑。德、礼为主，政刑为助。"[2] 儒家道德的政治，就内在之德说是德治；就外在形式说，是礼治。在提倡政治道德的同时，儒家非常重视礼"经国家，定社稷，序民人"的重要作用。可以说，在中国古代社会，"系统化、制度化的礼几乎包纳着一切社会政治规范"[3]。孟子主张："仁言不如仁声之入人深也，善政不如善教之得民也。善政，民畏之；善教，民爱之。善政得民财，善教得民心。"（《孟子·尽心上》）。在先秦儒家"道德的政治"观念下，德治与法治并非水火不容的关系，都可以成为使民向善的途径和手段。赵敦华先生认为儒家德治的基本要求是：统治者以德性服人，以德性教人，他认为："孔孟提倡的德治主义以两类价值律为指导，一是以'忠恕'为名义的道德律（金律和银律），一是以'直'为名义的铜律。"[4] 儒家的德治主义，是以道德律为指导，谋求统治者和被统治者的整体利益。

二 "为仁由己"："道德的政治"目标达致的自主性

上文我们概要地谈到了儒家"为政以德"的理路，分析了儒家

---

[1] 阎步克：《阎步克自选集》，广西师范大学出版社1997年版，第164页。
[2] 参见萧公权《中国政治思想史》，台北联经出版事业公司1982年版，第62、64页。
[3] 刘泽华：《政治学简明读本》，南开大学出版社2001年版，第332页。
[4] 赵敦华：《中国古代的价值律与政治哲学》，《北京大学学报》（哲学社会科学版）2005年9月第5期。

"道德的政治"之所以选择德治的原因,也说明了儒家"道德的政治"整体目标下,可以融德治与法治为一、实现德礼与政刑的共同治国作用。下面,我们沿着道德自主性这一问题做进一步解说。

(一)为政以德的表率作用

儒家主张君主的政治行为要具有道德的性质,以"择善而固执之"的德性追求起到民之表率的作用。孔子讲:"为政以德,譬如北辰,居其所而众星共之。"(《论语·为政》)关于"为政以德"的主张,一方面,我们可以理解为统治者以物质的方式惠爱天下百姓、吸引天下百姓主动归往。孟子便提出,如果哪个国君做到实行仁政、不嗜杀人,那么天下百姓归往于人君就像水向下流一样,不可阻挡。这是从物质恩惠方面理解"德"。另一方面,孔子更强调执政君王以"择善而固执之"的政治行为和德性追求起到表率作用。这其中可以引申出两个问题:其一,为什么执政者需要具有德性?其二,执政者之德为什么能够产生这样的引领作用?就第一个问题而言,在政治领域之邦国、天下中,天子、君主居于北辰之位,乃众人仰视者。其是否有德,乃人性是否为善的见证。如其为善,则提升民众向善、行善之信心与动力。如其为不善,则不但民失所望,而且会将其恶广播于众。孟子主张"惟仁者宜在高位。不仁而在高位,是播其恶于众也"。(《孟子·离娄上》)就第二个问题而言,为政者之德是人民实现其道德本性的表率。在为政者身上体现出来的"德",成为吸引人、引领人的理性目标与成德方向,执政者之德像天上最闪亮的北极星一样,为众人所仰慕,使人相信道德、追求道德,相信自己是(或应该是)有道德的人,既有信心,又有必要。

先秦儒家多言执政者道德行为的表率作用。郭店简《缁衣》篇有两句:"上好仁则下之为仁也争先","子曰,下之事上也,不从其所命而从其所行"。《论语·颜渊》:"君子之德风,小人之德草。草上之风必偃。"君子之德,必有风行草偃的效果,引领百姓自觉向善。孔子说:"上好礼,则民莫敢不敬;上好义,则民莫敢不服;上好信,则民莫敢不用情。"(《论语·子路》)作为国家的统治者,其职责就是通过自己的道德行为引导百姓趋向于道德。人民之德（在政治哲学领域内）的形成，一方面是在家庭内部形成的，即所谓家庭伦理。《大学》言："所谓平天下在治其国者：上老老而民兴孝，上长长而民兴弟，上恤孤而民不倍，是以君子有絜矩之道也。"

就执政者的作用而言，执政者的表率作用是无可替代的。孟子也提出"君仁莫不仁，君义莫不义，君正莫不正，一正君而国定"的主张。（《孟子·离娄上》）孟子言必称尧舜并主张"圣人与我同类"，这是言同类意识的感召力量。其意在使人相信道德、追求道德，从而提升其道德向善的自觉和信心。子曰："居上不宽，为礼不敬，临丧不哀，吾何以观之哉？"（《八佾》）孔子指出执政者若内心没有"敬""哀"之德，那还怎么以他为榜样呢？如果没有这些内在的德性，其外在表现出来的行为也只能是虚假的、装腔作势的，不能够为人所信服和敬仰，更不能起到引导人的作用。因此，为政者就是要内修自身德性，以起到导人向善的榜样作用。在中国古代社会，简单地亲族聚居、家国一体的社会状态下，这种上行下效，君主、执政者个人的道德品行能影响一家、一国的作用是可能的。

（二）化民成俗的道德氛围

儒家提出，君王能通过个人道德的表率与教化作用创造一个"不赏而民劝"的人人向善的氛围，使道德"化民成俗"为一种习惯和自觉性追求。孔子主张"为政以德""道之以德"，首先是君王之德的个人表率作用，在于用"德"来引导民众向善。但此引领、教化作用，更在于创造一个"不赏而民劝"的人人向善的氛围。以君主、君子之德，兴起百姓向德、向善之风。《大学》言：

> 一家仁，一国兴仁；一家让，一国兴让；一人贪戾，一国作乱；其机如此。此谓一言偾事，一人定国。尧舜帅天下以仁，而民从之；桀纣帅天下以暴，而民从之。

在《大学》作者看来，处于统治阶层核心的"一家"如果能把仁义、礼让作为政治追求的目标，便能带动一国之民皆追求仁义道德。作为最高执政者，其道德表现必然会形成上行下效的气氛而兴起人之善志。所以《大学》作者又说："所谓治国必先齐其家者，其家不可教而能教人者，无之。故君子不出家而成教于国：孝者，所以事君也；弟者，所以事长也；慈者，所以使众也。康诰曰'如保赤子'，心诚求之，虽不中不远矣。未有学养子而后嫁者也！"朱熹言："上之人既有以自明其明德，时时提撕警策，则下之人观瞻感发各有以兴起其同然之善心，而不能已耳。"① 关于执政者的道德对于百姓的影响，梁启超言之最为明确："儒家深信同类意识之感召力至伟且速，谓欲造成何种风俗，惟在上者以身先之而已。"他又说："儒家固希望圣君贤相，然所希望者，非在其治民莅事也，而在其'化民成俗'。"②

梁启超两次提到化民成俗、造成风俗，意思是，儒家以德为政关键在于一定要养成全国人之合理的、向善的习惯。如果不这样，朝制一法律，暮颁一条告，不唯无益而徒增其害。所以，欲使民众具有道德之善，必须经由化民成俗的方式，使民向善，绝非用强迫的手段。所谓化民成俗意味着，先秦儒家为政以德关键在于一定要基于百姓道德自觉的基础上，养成全国人之合理的、向善的习惯。孔子说："道之以政，齐之以刑，民免而无耻；道之以德，齐之以礼，有耻且格。"（《论语·为政》）我们不应将政刑与德礼视作对立的关系，而要将其视作递进的关系。以政、刑治国当然有其规范社会秩序的作用，但尚有不足，须以根于人性的道德引导并以具有传统基础和生活根源的礼俗规范民众，才能实现其道德至善的目标。"'有耻且格'，则表明孔子对政治的理解中，政治的目标不仅是追求一个有秩序的社会，更重要的是实现一个善的、有道德心的社会。'道之以德'，应当指推行道德教化，提升人民的道德意识水平，以引导人民的良善行为。这是

---

① 参见（宋）黎靖德编《朱子语类》十六，中华书局1986年标点本，第318页。
② 梁启超：《先秦政治思想史》，东方出版社1996年版，第100页。

讲道德教化的意义。"① 所以，孔子以居住之地有仁厚之风俗为美。荀子《劝学》篇强调"故君子居必择乡，游必就士，所以防邪僻而就中正也"。

（三）反求诸己的德性内省

先秦儒家认识到："民之父母亲民易，使民相亲也难"（郭店简《六位》），塑造国民道德人格不是容易的事。虽然君主做得很好，但结果也许并不如其所愿，即百姓不具有君主所希望的道德。先秦儒家也不主张"强迫的道德"，而是主张君主反思其自身仁义之德是否真诚。孔子认为"为政在人"，孔子说："其身正，不令而行；其身不正，虽令不从。上好礼，则民莫敢不敬；上好义，则民莫敢不服；上好信，则民莫敢不用情。"这里的"莫敢"并不是执政者的威严使人民惧怕，而是为政者以自身的人格修养树立威信，感化人民。他多次指出统治者应反思："不能正其身，如正人何？"朱熹在《论语集注》中引范氏的解释："未有己不正而能正人者。"② 朱熹回答弟子关于"为政以德"的问题时，即告诫弟子不要拘泥于"以"字，"为政以德""只如为政有德相似。不是强去率他"③。《大学》作者紧随孔子提出"其所令反其所好，而民不从"的主张。其言："是故君子有诸己而后求诸人，无诸己而后非诸人。所藏乎身不恕，而能喻诸人者，未之有也。"此句仍是强调君王欲追求天下人有德，必须先从自身做起，这是《大学》及儒家所非常重视的"恕道"。孟子曰："爱人不亲，反其仁；治人不治，反其智；礼人不答，反其敬。行有不得者皆反求诸己，其身正而天下归之。"（《孟子·离娄上》）

如此，在先秦儒家这里，"为政以德"不是只作为统治教化百姓的行政方法和外在手段，而是在"仁者人也"的层次上视之为做人

---

① 陈来：《论"道德的政治"——儒家政治哲学的特质》，《天津社会科学》2010年第1期。
② （宋）朱熹：《四书章句集注》，中华书局1983年标点本，第184页。
③ 参见（宋）黎靖德编《朱子语类》二十三，中华书局1986年标点本，第533页。

的根本。儒家言修己、治人，事实上，治人即是修己，从事政治行为是人的价值实现所在，是德性生命存在的方式。为政的行为有其修己的道德价值。不修己，无法实现治人。不对人的道德本性有切身的理解与体会，难以符合人的方式去治人。在郭店楚简《教》中有"上不以其道，民之从之也难。是以民可敬导也，而不可掩也；可御也，而不可牵也。故君子不贵庶物，而贵与民有同也。秩而比次，故民欲其秩之遂也。富而分贱，则民欲其富之大也。贵而能让，则民欲其贵之上也。反此道也，民必因此重也以复之，可不慎乎？故君子所复之不多，所求之不远，窥反诸己而可知人。故欲人之爱己也，则必先爱人；欲人之敬己者，必先敬人。"① 可见，从统治者自身做起，"向内用力"是先秦儒家的共同主张。

荀子也有同样的认识，他将为政者的这种威信称之为"道德之威"，为政者的威严不是来自于他的权力，而是来自于其正己之道德，即其人格力量。他说："礼乐则修，分义则明，举措则时，爱利则形，如是，百姓贵之如帝，高之如天，亲之如父母，畏之如神明。故赏不用而民劝，罚不用而威行，夫是之谓道德之威。"（《荀子·强国》）执政者修养德性，施行仁政，则百姓就会像父母一样亲近他，像敬畏上帝、神明一样敬畏他。赏罚都是自觉遵从，这就是执政者的道德之威。

（四）不仁者在高位的警醒

先秦儒家从消极方面提醒统治者无德会产生的后果。一者，儒家提出"上不以其道，民之从之也难"，以及"其所令反其所好，而民不从"（郭店简《成之闻之》）。君主不以自身的道德实践教化百姓，而命令百姓具有道德修养，百姓是不会听从的；二者，如果君主行为不善，它产生的消极影响会更深广，是"不仁而在高位，是播其恶于众也"。（《孟子·离娄上》）不但民失所望，而且会像桀纣在位一样影响天下人，将其恶广播于众。针对季康子担心贼寇之事，孔子说："苟

---

① 李零：《郭店楚简校读记》，北京大学出版社2002年版，第211页。

子之不欲，虽赏之不窃。"(《论语·颜渊》)民众做盗贼之恶是由于季康子有欲望并争夺政治地位。《大学》引《诗》"节彼南山，维石岩岩，赫赫师尹，民具尔瞻"后说："有国者不可以不慎，辟则为天下僇矣。"如果国君不戒慎明德，会有丧家亡国的恶果。孟子亦从反面说明了为政者的德性对人的影响："惟仁者宜在高位。不仁而在高位，是播其恶于众也。上无道揆也，下无法守也，朝不信道，工不信度，君子犯义，小人犯刑，国之所存者幸也。故曰：城郭不完，兵甲不多，非国之灾也；田野不辟，货财不聚，非国之害也。上无礼，下无学，贼民兴，丧无日矣。"《孟子·离娄上》)只有仁德之人才适合在执政之位，没有仁德却登上执政之位的人，是贻害百姓。上无道，则下不尊法制，乱民贼子兴起，社会混乱，国家必然会有灭亡的结果。

三　儒家"道德的政治"思想的当代反思

儒家政治哲学向称"德治"。儒家的"德治"思想实质是以"道德的政治"为指向的价值追求与价值理想。以孔孟荀为代表的先秦儒家对政治的理想、普遍性之道以及政治德性的构想和讨论，可以说就是"关于社会政治生活的应然性判断或价值的判断"[①]。虽然先秦儒家及其所提倡的政治思想受到过各国君王的尊重，但却很少能按其实践，甚至被认为是"迂远而阔于事情"的不切实际的主张。从这个意义上说，先秦儒家政治哲学在其产生之初，已经作为一种原生性的价值理想而存在。《论语》讲："天下之无道也久矣，天将以夫子为木铎。"(《论语·八佾》)即是强调儒家及其政治哲学的价值理想性。因此，我们不能以后来的政治实践去否定先秦儒家政治思想之价值理想的合理性。相反，我们应当重新审视先秦儒家政治哲学思想在价值层面与理想层面的合理性，发掘其本有的价值及其当代意义。

（一）儒家"道德的政治"思想内涵的积极与消极意义

第一，先秦儒家"道德的政治"理念有助于对儒家政治哲学本质

[①] 孙晓春：《先秦儒家王道理想述论》，《政治学研究》2007年第4期。

的认识并对当代中国政治文明建设提供积极的思想资源。儒家政治哲学被称为德治或曰德治主义，这是现当代学者对之所做基本一致的概括。无论褒奖者还是诟病者，多数都把道德认作是政治的方法，将道德与政治视作彼此外在的两件事情。由此衍生出来的问题是，多数学者将"德治"归结为古代儒家的"人治"主张，与现代"法治"观念对立。笔者认为，在先秦儒家"道德的政治"观念中，德是政之本，政是德之迹。先秦儒家在重视德治的基础上并不否认和排斥法律的作用。那么，我们便应该寻求德治与法治相融的途径与方法，在积极建设和完善现代法律制度的同时，发挥儒家重视乡土人情、人伦道德、道义担当、家国利益的德性作用，吸收儒家政治哲学的民本原则、仁爱原则、道义原则、公正均平原则，使当代中国真正建设成为在客观、公正、清明的政治、法律制度下，家庭稳定和睦、人际关系和谐、个人价值实现的充满亲和力、凝聚力和创造力的社会整体。先秦儒家重视"德"在政治、社会中的作用，重视"德"在密切社群、谐和家庭、联结个体等方面的积极作用，此点对于对治理当代社会道德冷漠、人际疏远的社会沉疴，具有不可替代的地位。

第二，儒家"道德的政治"思想有助于我们回应当代西方自由主义的某些主张。当代西方自由主义主张政治应该独立于道德，即政府应在道德上保持中立，比如国家只能具有守夜人或交通警的职能[1]。这种所谓"反至善主义的"观点认为，虽然美好生活的理想本身是有价值的，但是促进和实现美好生活的理想却不是政府的分内之事。事实上，政治以追求至善为目的，这是中西方古典政治哲学的共识。古希腊政治思想家柏拉图以正义为城邦政治的理想，亚里士多德认为国家的真正目的应当包括公民的道德进步并重视公民良好习惯的养成[2]。在先秦儒家看来，政治的目的是让所有人实现其道德本性，政治或政府要对百姓的道德、伦理、精神生活负责任。这仍应是当代政

---

[1] ［英］以赛亚·伯林：《自由论》，胡传胜译，译林出版社2003年版，第195页。
[2] ［美］乔治·霍兰·萨拜因：《政治学说史（上册）》，盛葵阳等译，商务印书馆1986年版，第111页。

第一章 "道德的政治"之思想内涵及其思想基础

治尤其是中国政治（政府）的根本职责。

第三，儒家重视执政者道德修养、政治美德建设，对于当代官德建设具有积极的作用。在当代政治文明建设过程中，德治与法治相辅相成、缺一不可。一方面，我们应通过法律制度建设使其不能腐败、不敢腐败，把权力关进制度的笼子里；另一方面，我们需要通过官德建设使其不想腐败、不愿腐败。儒家讲"君子不器"，政治是君子的生活方式和德性实现方式。如果政府官员能以君子为典范，追求君子之德，那么便可以使他们在政治行为中发挥积极的能量。在民主法治社会条件下，发挥政府官员从政、行政的积极性，仍具有不可忽视的意义。

第四，关于儒家"道德的政治"思想之历史有效性问题。儒家"道德的政治"思想是在中国古代宗法血缘社会条件下形成的，中国传统家国同构的政治社会决定了儒家政治为"道德的政治"的特征。此种"政治、伦理、宗教"合一的社会政治形态，是否仍然适合于当代中国？韦政通认为，在古代宗法制度中，政治大小集团不过是若干大小宗族的化身，国君、世卿、士大夫无异是权限不等的家长。只有在这样的亲密团体中，在上者个人的道德才能产生直接的效应。但他同时指出："在春秋时代，这套想法不是空中楼阁，但后来一直试图保持这一套就成为乌托邦了。"① 此说法确实值得认真思考。当代中国社会的政治、经济、社会生活正处在大改变之中，在工业化、都市化、市场化的过程中，出现了家庭变小、血缘纽带松弛、乡土观念削弱等等状况。如何在新的时代背景下批判地继承先秦儒家"道德的政治"思想？需要我们进行具体研究和深入思考。我们应当从普遍性政治理念与具体的方法两个角度去认识先秦儒家"道德的政治"思想。作为政治方法与手段，我们应该于不同时空条件下对之进行创造性转化，而不固守其具体主张；作为政治的理念与普遍的原则，"道德的政治"是任何时代、任何社会都可以追求和实现的。

---

① 韦政通：《中国思想史（上）》，上海书店出版社1999年版，第59页。

第五，在先秦儒家"道德的政治"观念中，政治清明与否完全寄托于执政者的个人道德状况，没有一客观法律予以限制。先秦儒家政治哲学从积极方面关于君、臣道德的作用，关于道德建设等主张可以说是做到了极致；而对于君权、相权的限制方面却是其局限所在。执掌政治权力的是道德品质高尚的圣君贤相，固然有可能做到政治的清明、社会的公正。但若君相不是道德高尚者，而是昏君和贪官污吏呢？先秦儒家从圣王理想、道义原则等进行了道德的限制，孟子甚至提出"闻诛一夫纣也"的警告。但是这种"道德的限制"或"精神的限制"能否起到实际的作用，仍然要依靠君主是否有德、是否接受这种限制。虽然先秦儒家也谈到法的作用，但其法治更是一种刑律的惩罚，而不是客观化的法律制度建设，其德主刑辅的观念毕竟造成其对于法治观念的轻视。虽然，先秦儒家如孟子也注意到君主不仁会播其恶于众，而其对君王之德的更多关注则使其没有像西方政治哲学那样进一步探讨客观化的政治法律制度，造成中国古代政治所谓"只有治道没有政道"的困局。现代政治中，制度的完善、政体的合理及法律的严密和严格实施无疑是更为根本的。

第六，需要重点指出的是，在儒家"道德的政治"思想中，民是处于被动的而非主动的地位。虽然先秦儒家提出"民为邦本""民贵君轻"的观念，重视人民的德性实现和道德教化，但是，在他们那里，民只能是处于"治于人"的被动地位，是被教育、被教化的，未能发展成为所谓"政治的主体"①，并给予现实君王及政治权力足够的限制。另外，就人的德性实现而言，在古代宗法伦理社会背景下，先秦儒家所欲实现的道德修养都是在五伦关系中所要求的伦理道德，是所谓个人性私德。在当代社会中，古代道德伦理中的某些观念无疑还具有一定的积极意义。但是，我们要注意到：在脱离开所谓"熟人社会"后，如何培养对"他者"的道德以及现代性的公民道德？如何培养所谓社会性道德，如自由、权利、平等、公平等观念？

---

① 此点为当代新儒家牟宗三等多人所提出。

先秦儒家确实缺少这方面的资源。

在揭示先秦儒家政治哲学之积极意义的同时,我们必须清醒地认识到,儒家"道德的政治"思想因其时代的限制和思想本身的原因所具有的局限性,须对其进行创造性地转化。

(二)先秦儒家"道德的政治"价值理想的当代意义

首先,从世界历史进程来说,作为先秦儒家"道德的政治"价值理想的重要内容,"仁""义""礼""德性"等价值理想,对于当今人类的发展以及政治发展都具有重要意义。按照马克思(Marx)对人的发展"三阶段"的理解,当代人类发展所进入的世界历史进程处于"以物的依赖为基础的个人独立性"阶段,人类发展的下一阶段是人的"自由个性"阶段。人的"自由个性"实质是人的自我依赖阶段,即个体不再依赖人的关系以及外物而获得其个性与自由,这实质是儒家讲的"各正性命"。马克思关于人的发展第三阶段的思想实质上是一种价值理想,对于当代人的发展而言具有指导意义。儒家的"各正性命"思想也是一种价值理想。这种价值理想的核心价值是"正","正"从人的发展来说是"正己",即人成为自己。从各种事情的方面来说是"正名",即各种事情都符合自身的本质。从政治哲学的角度来说,政治要主动地适应历史发展的客观进程,引领符合历史进程的价值方向,促进这些价值的实现。因而,人成为人,事情成为其自身,也即"正",正是当代政治所要引领和促进的价值。当今时代,虽然和平与发展是两大主题,但在资本对整个世界的统治下,政治、经济、文化帝国主义仍然存在,世界各国的关系远远没有达到先秦儒家追求的"和谐"价值理想。基于儒家思想的"和谐世界"主张仍是指导未来世界各国关系发展的价值尺度。因而,先秦儒家"和"的价值理想对于当今时代的意义是不言而喻的。

其次,从政治学方面来说,当代的所谓现代政治学是以西方政治学为主导的。现代政治学有一个基本的观念,即政治在道德上是中立的。这种政治学以建立有效的治理制度为核心,而将关注执政者的道德素质视为古典政治学理论弃之不顾。从西方伦理学的发展来看,德性伦理学对规范伦理学的反动以及对古代伦理学的回归,已经预示着政治学理论也将开始关注执政者的道德素质问题。麦金泰尔(MacIntyre)看到了好的制度并不足以解决全部问题,还需要有好人才行,因而他主张伦理学向古希腊"德性"传统的回归。西方的"德性"传统在根本上是从属于追求知识的"理性"传统的,还不是真正意义上的人的"德性"。"德性"从其本质上讲是传统中华文化的精髓,是以先秦儒家思想为核心的。"德性"作为先秦儒家的价值理想正是以关注和提升执政者的道德素质为核心的。如果西方伦理学的发展所预示的政治学的发展将以关注执政者的道德素质为新的方向,那么先秦儒家关于执政者"德性"的价值理想正是这种变化所指向的价值。这也正是先秦儒家"德性"价值理想的当代意义所在。

再次,从中西文化比较的方面来看,以往的讨论思路通常是区分中国文化中有的和没有的,在这种区分的基础上通常认为中国文化中有的是传统或古典的,而没有的是现代的。在这种区分和判断基础上得出的结论往往是中国传统文化是缺乏当代意义的。应当说,在比较的意义上分梳有与没有,没有问题。但这种分梳往往拘泥于实体层面,没有在价值层面进行深入分析。如果从价值的层面进行比较,应当说,中国文化特别是先秦儒家文化中并不缺乏现代价值。仅从西方现代以来的三大核心价值——自由、平等、博爱来说,抛开这些价值所形成的具体条件及文化传统因素,在先秦儒家思想中,这些价值都是存在的。"从心所欲不逾矩"中蕴含的自由,"有教无类"及"人人皆可为尧舜"中蕴含的平等,"仁"中蕴含的博爱可以说与西方追求的三大价值并无实质区别。中国传统文化之所以在当代仍有吸引力,其根本原因在于其中蕴含的那些具有超时空性的价值。可以说,从价值的层面看先秦儒家思想,并不缺乏现代及世界性成分,先秦儒家思想中缺乏的,是在现代社会背景下实现他们所追求的价值理想的具体知识与技术,这既需要向西方文化学习,也需要当代中国人的创造。

最后,从中国的当代发展来说。当代中国的政治实践已经在实践着先秦儒家的价值理想。这正是对中国传统文化的继承，也是当代中国特色中的中国传统文化因素之所在。比如，中国共产党的"为人民服务"的宗旨，科学发展观"以人为本"的核心理念，虽然首先是马克思主义的价值追求的具体体现，但从对中国文化的继承来说也可以说是儒家民本价值理想的体现。再比如，当代中国政治对道德的重视，可以说是根源于儒家政治价值理想的。党的十八大报告中提出的"要坚持依法治国和以德治国相结合"，"要坚持党管干部原则，坚持五湖四海、任人唯贤，坚持德才兼备、以德为先"等论述，都是重视道德在政治中的价值的体现，也可以说是与儒家政治哲学中的价值理想相一致的。再有像"和谐社会""小康社会"以及"不断满足人民日益增长的美好生活需要"等社会发展目标，从思想来源上也都源于儒家的价值理想。这些正在被实践的价值，虽然在其现实来源及表述上并不是传统的，但在价值的实质上是一致的。这种正被实践着的价值所具有的当代意义是显而易见的。当代中国在积极建设和完善现代法律制度的同时，要发挥儒家重视乡土人情、人伦道德、道义担当、家国利益的德性作用，吸收儒家政治哲学的民本原则、仁爱原则、道义原则、公正均平原则等，使当代中国真正建设成为在客观、公正、清明的政治法律制度下，家庭稳定和睦、人际关系和谐、个人价值实现的充满亲和力、凝聚力和创造力的社会整体。

综合本章论述，我们可以得出以下结论：西方政治哲学中有一个概要的说法："上帝的归上帝，恺撒的归恺撒。"西方政治哲学主张政教分离，主张分开世俗政治权力和宗教精神权力。换句话说，将政治（即"恺撒—肉体生活—世俗权力）和宗教（上帝—精神生活—精神权力）分开处理。但中国自古以来的传统是中国百姓以伦理、道德代宗教，生活在伦理道德中自足、自乐、自安。中国没有强大的、系统的宗教组织与宗教势力与俗世之权力相抗衡，没有所谓的政教二分。所谓个人的良知、良心等道德品质、宗教信仰的问题便无法托付给上帝，政府、政治便不能在良知、信仰问题上保持所谓的中立。政府、政治有责任对百姓的精神生活、精神信仰问题引导、引领和塑造。作为政治领袖的执政者，必然要负责百姓伦理道德之事，负责百姓道德至善之实现与完成。实现此目标，完成此任务的最佳途径，是政治领袖的范导作用。一方面，为政者之德是人民实现其道德本性的表率；另一方面，更重要的是，在为政者身上体现出来的"德"，成为吸引人、引领人的理性目标与成德方向，执政者之德像天上最闪亮的北极星一样，为众人所仰慕，使人相信道德、追求道德，相信自己是（或应该是）有道德的人，既有信心，又有必要。故孟子言"圣人与我同类""言必称尧舜"。

"道德的政治"思想是对儒家政治哲学在整体上的本质把握。在"道德的政治"观念之下，治者与被治者都在一个充满温情、友爱、希望、阳光的道德的氛围中获得其存在的价值和意义。政治不再是冷冰冰的制度规范、法律条文，不再是黑暗的阴谋权术。在儒家看来，政治的目的是让所有人活得有尊严、有理想、有意义、有价值，而非停留于"上下交征利"的功利状态。天下人民共处于仁义道德之下，处在友爱关怀之中，这个民族、社会、国家才是一个富有吸引力、充满创造性能量的整体。这样的整体才能创造出盛德大业。我们在将"恶"关起来的同时，更要凝聚和释放人内心中本有的"善"，使其在社会、政治行为中成为一种积极的力量。

第二章

"德"之演进及"道德的政治"观念之初定

在中国文化的早期发展中,"德"字的出现及德之观念的发展,是颇值得研究的问题。而此道德观念对于中国文化的德性精神气质的发育养成,对于中国古代道德政治观念的形成亦具有相当重要的奠基意义。在人类文化的早期阶段,氏族部落的群体生活及社会的稳定和秩序主要依靠自然神灵、宗教信仰、习俗传统等维系。随着人类实践活动与社会活动的不断发展,随着个人行为在族群中的影响越发突出,才逐步产生出关于个人行为乃至个性品德褒贬的观念。中国古初文明中的"德"是与宗教性质的巫觋文化紧密联系的,具有感通天人、预知未来吉凶祸福的意思。这种在巫君统一的"王"身上所具有的神圣气质(韦伯称之为"克里斯玛",即英文Christma)在现实中具有团聚众人、引领众人的作用,是以后政治领域及儒家"德"之道德引领作用的来源。

西方古希腊文化更多关注的是城邦正义、勇敢、节制、智慧等品格,而古代中国则更关注仁义、孝悌、慈爱、诚信等道德规范。《尚书》的《尧典》与《舜典》中肯定的德行多为政治德行,是对政治实践中的政治行为进行的评价。我们倾向于认可这样的说法,即"'敬德'的观念和强调是周文化的一个显著特征,但敬德的观念的产生在古代政治文化的传统中可能有其渊源。从早期禅让的政治文化传统,到夏商两代,在君权神授观念的同时,也都保留一种由君主领袖的美德和才智来建立政治合法性的传统"[①]。本章我们将在概要梳理中国文化早期宗教信仰等精神观念的历史发展及特征的基础上，分析中国早期"德"观念出现及其内涵、特征的变化，分梳在刑、德共治理念中德治观念突显的逻辑。希望通过此思想史的梳理，更充分地理解儒家"道德的政治"思想在中国文化中的地位及其意义。

第一节 殷商时期"德"观念的出现及内涵变化

中国古代文化经历了一个漫长的演进过程。夏、商、周三代文化发展的基本趋势是自然宗教观念逐步理性化的过程：由夏以前的巫觋文化发展为祭祀文化，又由在殷商时期达到高峰的祭祀文化发展为周代的礼乐文化。夏、商、周三代文化因革损益，大同而小异。夏代的文明，因为史料不足的缘故，难以确知。河南安阳殷墟甲骨卜辞是殷商时期历史与文化研究的比较可靠的材料。作为中国古初文明的代表，殷商时期的宗教与政治观念呈现出的是由自然宗教向道德伦理观念发展的轨迹。

一 殷商时期天帝祖先信仰向道德伦理观念的发展

殷商宗教观念具有以帝或天为至上、以祖先崇拜为核心以及重人事等典型特征。殷人重神，在行动上是凡事占卜，以祭祀、求告、崇拜的方式来求助于祖先、神明。陈梦家说："就卜辞的内容来看，殷代的崇拜还没有完全形式化。这表现于占卜的频繁与占卜范围的无所不包，也表现于'殷人尚鬼'的隆重而繁复的祭祀，也表现于铜器、玉器、骨器等器物上所雕铸的动物形象的森严（不同于西周时代的温和与中庸）。但是，祖先崇拜的隆重，祖先崇拜与

[①] 陈来：《古代宗教与伦理》，生活·读书·新知三联书店1996年版，第293页。

第二章 "德"之演进及"道德的政治"观念之初定

天神崇拜的逐渐接近、混合,已为殷以后的中国宗教树立了规范,即祖先崇拜压倒了天神崇拜。"① 陈来先生在关于殷周时期宗教与伦理的研究中指出,殷商宗教是自然宗教而尚未进至伦理宗教阶段。他认为,"正是由于巫觋文化发展为祭祀文化,一方面,有了后来由祭祀礼仪衍生出的整个规范体系——礼;另一方面发展了祭司阶层,即分化的祝、宗、卜、史"②。晁福林先生认为,殷人的神灵世界里占有主导的、最重要地位的是祖先神,而不是帝,殷代神权崇拜的重点在于祖先神。殷人对于祖先征服自然、创建和发展商王朝的巨大功绩的赞颂是在占卜、祭祀、祷祝时磬响铙鸣、鬼影幢幢的浓厚迷信氛围中进行的,它是殷代重人事思想的曲折反映③。可见,殷人的观念是在重神、尚鬼的氛围中逐渐伸展和发展着其重人事的主张。

我们注意到,殷商时期的"上帝"崇拜体现了农业社会的需要,具有非常强烈的现实性功能。他们崇拜的最高主宰——上帝,是掌管着云、雨、风等天时,并以天时影响着地上年成的最高权威。上帝既可以给人间降幅,也能够给人间降灾祸。在殷人那里,上帝(上天)、先祖与人世君王具有紧密的联系:先公先王死后升天,成为陪伴上帝左右的臣工;人间君王通过祭祀,祈求他们的先公先王;上帝再通过先公先王的中介,对人王的祈求做出反应。殷人祭祀上帝及祖先的行为具有极强的目的性和现实性。他们的宗教祭祀行为的目的主要是保佑人间风调雨顺、农业生产顺利进行,是一种自然的福佑行为,即所谓祈天邀福。据《吕氏春秋·季秋纪》篇记载:"昔者汤克夏而正天下。天大旱,五年不收。汤以身祷于桑林,曰:'余一人有罪,无及万夫;万夫有罪,在余一人。无以一人之不敏,使上帝鬼神伤民之命'。于是剪其发,磨其手,以身为牺牲,用祈福于上帝。民乃甚说,雨乃大至。"商汤认识到自然灾害源于人的罪过而使天神降

---

① 陈梦家:《殷墟卜辞综述》,科学出版社1956年版,第561页。
② 陈来:《古代宗教与伦理》,生活·读书·新知三联书店1996年版,第105页。
③ 晁福林:《论殷代神权》,《中国社会科学》1990年第1期。

罪于人间，于是"以身为牺牲"为天下人祈福。值得注意的是，这里已具有天子为天下万民担当的意识，也可以称之为一种道德责任意识。韦政通先生说："综观殷人的文化，虽还没有发现道德意识和道德观念，但封建宗法、农业和祖先崇拜已开始为后世的伦理道德奠定了社会的和心理的初步基础。"① 由此可见，殷人对上帝的崇拜和对祖先的祭祀活动，虽然具有目的性和功利性指向，但主要还是一种朴素的宗教信仰，尚未成为明确的、自觉的伦理规范和伦理观念。但是，这种祖先祭祀文化及其产生的宗教礼仪为西周的伦理观念和礼乐文化奠定了基础，并与西周宗教伦理文化一同构成了儒家思想的来源。

　　殷商宗教观念中另一比较重要的现象是巫及巫术的存在。殷商时期的政治观念与其祖先崇拜、上帝崇拜观念是密切联系着的，其首要的表现就是现实的君王同时又是宗教的领袖。陈梦家指出，在殷商时期"古者宗教领袖即是政治领袖"。他说："由巫而史，而为王者的行政官吏。王者自己虽为政治领袖，同时仍为群巫之长。卜辞中常有王卜、王贞之辞，乃是王亲自卜问，或卜风雨，或卜祭祀、征伐、田游卜辞中王亲自卜问的事还有天时之事、边鄙之事及祸疾之事。王又亲舞求雨、亲占所梦，凡此都是王兼为巫之事。"由此可知王也是巫。在很多占卜活动中，王又是最后的决定者。由此，殷商时期，既有专门的职业巫师，也有王兼职做巫的②。如此，则殷人的王者，一方面是政治领袖，另一方面为群巫之长。他们既拥有和垄断了天人交通的权力，同时也拥有和控制了统治世界的权力。在上古时代率领氏族、部落、酋邦，作为家长的政治首领，不但需要具备无比的勇力、刚毅的性格，而且更要求具有超人的智慧，以预见未来，指导行动。据《国语·楚语下》记载：

---

① 韦政通：《中国思想史》，上海书店出版社2003年版，第21页。
② 陈梦家：《殷墟卜辞综述》，科学出版社1956年版，第533页。

昭王问于观射父曰:"周书所谓重、黎使天地不通者,何也?若不然,民将能登天乎?"对曰:"非此之谓也。古者民神不杂。民之精爽不携贰者,而又能斋肃衷正,其智能上下比义,其圣能光远宣朗,其明能光照之,其聪能听彻之,如是则明神降之,在男曰'觋',在女曰'巫',是使制神之处位次主,而为之牲器时服。"

"民神杂糅"即家为巫史、人人作享的状态,应该是原始宗教、文化的最初存在状态。而"民神不杂"状态中的专业化巫觋应该是祖先信仰与天地崇拜的祭祀仪式中的专门职业人员是沟通天人的具有神秘、神圣能力的人。这些做巫觋的人,必须是精神清爽、智慧超群、耳聪目明的人,关键是明神降临其身,能与神沟通的人。这里的巫觋人员所必须具备的资质已包含后世所理解的内圣之"德"的内涵。

二 殷商时期"德"观念的出现与发展

有学者指出卜辞中没有一个关于道德智慧的术语,或者说殷人信仰的上帝与人世的伦理无关,在殷商对神鬼的恐惧崇拜,与周人对天的尊崇敬畏之间,有着很大的道德差别,其宗教形态没有任何道德理想的出现,看不到伦理价值,看不到理性智慧[1]。这种认识揭示了殷商宗教伦理的一定特征,具有一定的合理性。但我们也须注意,即便在祭祀卜辞中没有道德词语或观念出现,并不意味着殷人的政治、伦理思想中便没有道德的观念。因为,卜辞毕竟是卜筮、祭祀的宗教崇拜活动的记载,应该并未完全体现殷人的全部观念尤其是政治、伦理观念。同为西周典籍的《诗经》和《尚书》对政治道德的强调程度也不同。

---

[1] 陈来:《古代宗教与伦理》,生活·读书·新知三联书店1996年版,第115、149页。

为回答"德"的出现问题,我们首先应该到殷墟卜辞中进行考察。根据古文字学家的看法,"德"字在甲骨文中是存在的。甲骨文中有"德"字的初文,这个字从彳从直。温少峰考察殷代"德"的观念时,认为四条卜辞中可以有字读为"德"。他认为,"若德"如同文献中的"善德""顺德";"元德"犹如"首德""大德";"不德""改德"类似于"否德"①。晁福林先生认为,可靠的文献记载和甲骨卜辞材料都表明,"德"的观念在商代确实已经出现。甲骨文"德"写作从行从横目之形,其所表示的意思是张望路途,人们看清了路而有所得。他认为,甲骨卜辞中的"德"有两个特点:其一,甲骨文"德"字没有"心"旁,这应当是在说明"德"的观念其时还没有深入到人的心灵层次,和后来关于"内得于心为德"的定义不同。其二,从甲骨卜辞的记载看,殷人所谓的"德"更多的是"得"之意。在殷人看来,有所"得"则来源于神意,是神意指点迷津而获"得"②。

我们考察传世文献《尚书》的相关部分,证明殷商时期有"德"的概念及相关思想观念。"德"与有关德行的观念见于《尧典》的有:"克明俊德以柔九族"以及"否德忝帝位",俊德即是美德,否德即鄙弱的德行。陈来先生认为《尧典》与《舜典》中有关的论述,可能是在殷商晚期流行的③。我们认为这个判断是可以接受的。《尚书·商书》中四篇有"德"字,凡14见,其中《盘庚》篇10见。综合而言,《商书》中关于"德"的内涵大概可以分为三类。第一类表示人的基本品行,虽未言美德,但包含美德的意思,主要有:"夏德若兹,今朕必往"(《汤誓》);"肆上帝将复我高祖之德"(《盘庚》);"民有不若德,不听命,天既孚命王厥德"。(《高宗肜日》)

---

① 温少峰:《殷周奴隶主阶级"德"的观念》,转引自《中国哲学》第8辑,生活·读书·新知三联书店1982年版。

② 晁福林:《先秦时期"德"观念的起源及其发展》,《中国社会科学》2005年第4期。

③ 陈来:《古代宗教与伦理》,生活·读书·新知三联书店1996年版,第292页。

第二章 "德"之演进及"道德的政治"观念之初定

第二类则从"德"的反面,以"荒德""败德""非德""爽德"等表达对"德"的背离,具有否定含义,如《微子》篇有"我用沈酗于酒,用乱败厥德于下"的说法。而此类悖德的用法则多见于《盘庚》篇,如:"非予自荒兹德,惟汝含德,不惕余一人";"作福作灾,予亦不敢动用非德";"有爽德,自上其罚汝";"用降我凶德嘉绩于朕邦"等。第三类则以积极含义的"施德""积德""用德""敷德"等,表达对政治之德的努力与实践,《盘庚》:"汝克黜乃心,施实德于民,至于婚友,丕乃敢大言,汝有积德。""用罪伐厥死,用德彰厥善。""式敷民德,永肩一心。"这些观念同周人对殷人的看法是适应的。周人认为,殷商之先祖汤及以下诸王是有德的,且以德获得了天命。但殷之后王如纣则丧失了这些政治美德,同时丧失了天命和政权。而这些对"德"的认识特征,同周初文诰中有关"明德""若德""非德""敏德""元德""敬德""酒德"之类的观念已比较接近。

关于"德"的内涵,晁福林认为,在殷商时代,"德"即得到之"得",意指得到"天"的眷顾与恩惠。具体说来,商人之"德(得)"是从两个方面获取的:一是"天命",二是"高祖"。可以说殷商时代的"德",实际上是其天命观、神意观的一种表达,人们赞美"德",就是在赞美天命和先祖的赐予。殷人以为能够得到天和先祖的眷顾而有所得,这就是"德"。"德"的观念尚未从天命神意的观念下解放出来,更没有转入人的内心层次。可以说,商代的天命神意观念下的"德"与真正的道德观念形成,尚有很远距离[①]。李泽厚认为,"'德'的产生大概最先与献身牺牲以祭祀祖先的巫术有关,是巫师所具有的神奇品质,继而转化成为个氏族的习惯法规。德是由巫的神奇魔力和循行巫术礼仪规范等含义,逐渐转化成君王行为、品格的含义,最终才变为个体心性道德的含义"。他还认为:"由巫术

---

① 晁福林:《先秦时期"德"观念的起源及其发展》,《中国社会科学》2005年第4期。

力量逐渐演化成为巫术品德，即是'德'的内向化或内在化，而最终成为首先要求于政治首领的个体品德力量。这也就是后世道德的张本。"① 这两种说法都可视作对殷人"德"观念的合理论说。前一种说法表明殷人的道德观念没有脱离其原始宗教崇拜观念的原始特征。后一种说法则体现出殷商时期的"德"具有原始巫术礼仪及世俗道德伦理的综合性特征。

除此普遍性的"德"的观念之外，我们还应注意到，殷人具有丰富且具体的道德观念，如"孝"。《吕氏春秋·孝行览》载："商书曰'刑三百，罪莫重于不孝'。""孝"为最高的道德行为，不孝则要受到刑律的处罚。殷人祖先崇拜的观念极为丰富，其祭祀祖先的制度和礼仪也已相当发达，与之相应的"孝"的观念应该已经出现。周公指责商纣王为"元恶大憝，矧惟不孝不友"（《尚书·康诰》），证明殷人已有孝与友的道德规范，否则周公便不能有如此指责。《尚书·太甲》明确提出："奉先思孝，接下思恭，视远惟明，听德惟聪。"此处，孝、恭、明、聪都是对人的德行要求，首先对待先祖要孝。当然，殷人的道德规范较之周人少了许多。这既可能反映殷人的道德伦理观念尚未成熟，也可能是文献不足的原因。

殷商时期既具有普遍性的"德"的观念，亦具有具体的道德规范。殷周之际的剧烈变革以及小邦代替大邦的忧患意识的突出，使周人"敬德""明德"的观念十分突出，周人建立了一个由"敬"贯注的"敬德""明德"的观念世界。但我们应该认识到，如果殷人没有"德"的观念，周人很难凭空出现"德"的思想。"敬德"的观念和强调是周文化的一个显著特征，但敬德观念的产生在古代政治文化的传统中应该是有其渊源的。早期禅让的"唐虞之道"中，德与民是潜在的王权合法性根据。到夏商两代，在"君权神授"观念存在的同时，也传留了一种由氏族领袖、天子的美德和才智来建立政权合法

---

① 李泽厚：《历史本体论·己卯五说》，生活·读书·新知三联书店2003年版，第164页。

性的传统。虽然，殷人的道德观念在其神鬼观念的掩映下，仍具有原初性、模糊性的特征，但由殷商肇其端经由周代而大大发展的重德、敬德观念却成为中国文化、中国哲学最为核心的特征。

第二节　周代"敬德""保民"政治观念的表现

中国古代政治哲学从其发源处开始即已把政治指向君王道德与百姓道德的共同实现。《尧典》言："克明俊德，以亲九族，九族既睦……谐和万邦。"从天子个人修身开始，以九族和睦、万邦谐和为政治的宗旨。西周初期，实现以小邦代替大邦的政权转换之周人，在其"忧患意识"中极重道德观念的反思，认为道德是其支配殷人、统治天下的政治正当性之基础。此忧患意识在周初表现为，大量敬德、明德的观念出现在《尚书》《诗经》里面。如徐复观先生所说，"周人建立了一个由'敬'贯注的'敬德''明德'的观念世界，来照察、指导自己的行为，对自己的行为负责，这正是中国人文精神最早的出现"[1]。就思想的历史继承方面，儒家道德政治的思想是对传统政治思想尤其是西周德治思想的继承和发展。

一　周初政治的"敬德""保民"思想

"周因于殷礼"，周初礼乐祭祀传承了殷商的祭祀文化。但是周人的祭祀已经不是纯粹的宗教性的"祈天邀福"，而具有更多的伦理色彩，即周人对祖先的崇敬所崇拜和祭祀的对象是有功德的祖、宗。《礼记》记载："《祭法》注引杨复曰：禘、郊祖、宗，乃宗庙之大祭。禘者，禘其祖之所自出，而以其祖配之也。郊者，祀天以祖配食也。祖者，祖有功。宗者，宗有德。"[2] 对于具体的功德方面，《祭

---

[1]　参见徐复观《中国人性论史（先秦篇）》，上海三联书店2001年版，第21页。
[2]　（清）孙希旦：《礼记集解》，中华书局1989年标点本，第1192页。

法》的结尾总论略有提及："夫圣王之制祭祀也，法施于民则祀之，以死勤事则祀之，以劳定国则祀之，能御大灾则祀之，能捍大患则祀之。……此皆有功烈于民者也。及夫日、月、星、辰，民所瞻仰也，山林、川谷、丘陵，民所取财用也，非此族也，不在祀典。"圣王祭祀制度的原则是：用法、制度治理民众的受祭祀；不惜牺牲性命躬行职责受祭祀；辛劳安邦定国受祭祀；能防御、抵抗自然灾害、重大祸患受祭祀。这些都是为民做出重大贡献的。从这段论述中可见，受祭祀的祖先的功德都是相对于民之所需方面而言的，可以说都是奉献与民生的政治之德。可见，西周的祭祀文化中已经有了重民的思想。

周人一开始就是从"小邦周"代替"大邦殷"的合法性方面来思考其政治德性。故周代早期文献中出现的德及具体德目大都体现于政治领域。换而言之，周代早期的"德"大都与政治道德有关。周初倡德，以"小邦周"代替"大邦殷"的周人，怀有深深的忧患意识。此忧患意识促使周人对于自身责任的自觉以及对政治行为的谨慎。这种谨慎与努力，在周初是表现在"敬""敬德""明德"等观念里面。徐复观认为："周初文献中的'德'字原义是指直心而行的负责任的行为，并不带有好或坏的意思；"只有在'德'字上面加上'敬'字或'明'字时，才表示是'好'的意思。后来'德'才演进而为好的行为的意思。又因好的行为多是与人以好处，乃引申而为恩惠之德。"[①] 由此，我们知道周初作为好的行为之"德"多表现为"敬德""明德"；另外，德又有恩惠之义。但是，如前面所说，虽然"德"在最初没有很明确表示是好的意思，但"德"却一定意指"好的行为"的意思，否则，所谓败德、失德等否定性批评就是没有意义的。在周人重德的政治思想背景下，大量敬德、明德的观念出现在《尚书》《诗经》《周易》《春秋》里。在周初的政治思想中，周人明确认识到君主个人行为的道德性与政治的道德性对维持政权稳定的作用。此时，代表性的语句有，"惟不敬厥德，乃早坠厥命"（《召

---

① 参见徐复观《中国人性论史（先秦篇）》，上海三联书店2001年版，第21页。

第二章 "德"之演进及"道德的政治"观念之初定

诰》);"肆惟王其疾敬德,王其德之用,祈天永命"(《召诰》);"天亦哀于四方民,其眷命用懋,王其疾敬德"(《召诰》);"王敬作所,不可不敬德"(《召诰》);"王疾敬德"(《无逸》)。如此等等。

确实可以说,周代是一个尚德的时代,周人的世界是一个尚德的世界。由此,由周初思想之奠基,中华文化乃成为一个尚德的文化、成为传统的礼仪之邦。杨向奎先生根据西周至春秋时期德礼相通、以德代礼的状况认为:"这说明当时对于德的理解,包括礼物及规范行为。由礼物的含义而有德之施惠于人,由规范的含义而有'德俭而有度,登降有数'。"① 这从实存的方面丰富了对"德"的理解,亦为本书关于政治道德的理解提供了证据。陈来先生具体分析"敬德"与"明德"等之后,认为:"早期文献中的德之具体德目,大都体现于政治领域,或者说,早期的'德'大都与政治道德有关。在君主制下,政治道德当然首先是君主个人的道德品行和规范。君主的个人品德在政治实践中展现为政治道德。周人明确认识到君主的个人德行与政治的道德性格对维持政治稳定性的重要作用。周人一开始就是从'小邦周'(对于'大邦殷')的道德性来确立其取代商殷的合法性。"②《诗经》有一句说:"假乐君子,显显令德,宜民宜人。受禄于天,保佑命之,自天申之。"(《诗·大雅·假乐》)"假乐君子"是指成王,在后面有对其"显显令德"以及"德音秩秩"的称赞。虽然,德的内容与后世会有不同,但却奠定了以德来要求君子即德位统一的基础。在《诗·大雅·荡》中则具体从政权获得的角度言及德之重要:

荡荡上帝,下民之辟。疾威上帝,其命多辟。天生烝民,其命匪谌。靡不有初,鲜克有终。文王曰咨,咨汝殷商!曾是彊御,曾是掊克;曾是在位,曾是在服。天降滔德,女兴是力。文

---

① 杨向奎:《宗周社会与礼乐文明》,人民出版社1997年版,第340页。
② 陈来:《古代宗教与伦理》,生活·读书·新知三联书店1996年版,第296页。

> 王曰咨，咨女殷商！而秉义类，彊御多怼。流言以对，寇攘式内。

此诗是讲商如何失去天命、失去天下，周如何获得天命、获得天下。商人曾经以其有德、强大而代替夏获得天命眷佑，获得天子之位，但同时也因为"不明尔德"，不用贤人、不用典刑才最后倾其天命，失去天下。如孟子所言"三代之得天下以仁，其失天下以不仁"。周代政治的德行在《诗》《书》中常常以文王之德的方式表现。晁福林认为：关于文王这方面的美德，先秦时期的文献资料所反映的大略有以下五项：其一，惠保小民；其二，勤政节俭；其三，与民同乐；其四，孝敬；其五，恭祭先祖。这些品德集于文王一身，所以他能够成为上古时代理想的君主楷模。这些德操，与天命之"德（得）"有所不同，它并非来自于天，而是文王自身所具有者。不唯如此，文王的高尚德操还是他膺受天命的前提条件。为什么上帝要将天命交付给文王呢？就是因为他有高尚德操，相比而言，商纣王则只有恶德丑行而已。在周人的观念中，这就是商周之际天命转移的根据所在。从反复称颂文王之德的情况看，当时的道德观念已与殷商时代有了较大转变①。《尚书·洪范》中有天赐大禹"九畴"的记载："初一曰五行，次二曰敬用五事，次三曰农用八政，次四曰协用五纪，次五曰建用皇极，次六曰乂用三德，次七曰明用稽疑，次八曰念用庶征，次九曰飨用五福，威用六极。"

从《洪范》的这段内容可以看出：一是对农业生产及物质生活方面的重视；二是对政治及执政者政治德行的重视。五事与庶征的内在关联性显示出执政者修德的最终目的，即得到上天的福佑，使天象和顺、降福于人间。可见，在周人的政治观念中，第一重视的是民生，第二重视的统治者个人的品性、智慧和政治德行。学者提出："古代

---

① 晁福林：《先秦时期"德"观念的起源及其发展》，《中国社会科学》2005年第4期。

道德是以仁爱为中心词的道德，而现代道德则以正义为指向。以正义为中心的道德所要解决的问题是社会秩序运行的良好，而仁爱为中心的道德则可以指向更高存在及其秩序。在现代，道德不再是个人自我臻于善境的日常性要求的传达，不是个人德性的完善，而是社会维持自身而设置的法规纪律，因此它几乎不再是个人的内在需要。而这正是现代道德的根本困境所在。"①

笔者认为，由于中国古代社会以家族、氏族为核心的村落聚居的存在特征，使其政治德行总是以家庭伦理、个人道德为基础生发扩充而至家国天下的政治德行，其表现的方式即孔孟所言"孝悌为仁之本"，以及"亲亲、仁民、爱物"的主张。而一般而言的西方古代社会是以个人—城邦、个人—上帝、个人—国家为特征的，其思想中没有像中国这样浓厚的围绕家庭的道德伦理关怀。古希腊的经典德目为节制、勇敢、智慧等，基督教伦理则恰以放弃对家庭父母之爱为获得上帝之爱的前提，这与儒家以孝悌亲情为基础推及家国之德是明显不同的。

二 春秋时期"刑德并用"的政治观念

关于周代"明德"思想，我们还须注意到以下特征。如下所引，明德多是与慎罚共同出现的，"克明德慎罚"（《康诰》）；"先王既勤用明德，怀为夹，庶邦享作。兄弟方来，亦即用明德，后世典集，庶邦丕享"（《梓材》）；"自成汤至于帝乙，罔不明德恤祀"（《多士》）；"惟天不畀不明厥德"（《多士》）；"以至于帝乙，罔不明德慎罚"（《多方》）；"克慎明德"（《文侯之命》）。萧公权认为在《尚书》之《大诰》《多士》《多方》《康诰》《酒诰》中，可以感觉到周人的开国气象中，肃杀之威多于宽厚之德②。我们亦同意这样的说法即，周人重德、敬德观念，一方面是相对于殷末由于滥刑而至亡国的历史经验；另一方面，作为殷商之小邦并取而代之的周人，

---

① 陈赟：《从仁爱到正义：道德中心词语的现代转换及其困境》，《人文杂志》2004年第4期。
② 萧公权：《中国政治思想史》，台北联经出版事业公司1982年版，第67页。

在其实际政治行为中表现出"刑繁"的特征。所以，我们可以认为，周人倡导政治道德是其政治的理想；在敬德、明德的理想背后则是承自于殷商的用刑的政治实践。实际上从西周建国之初到春秋时期，刑与德在政治生活中是并存的。杨向奎先生认为："《尚书》中《周诰》代表周公一代统治者之思想体系，而《吕刑》仍保留巫史相传的典章制度，这制度有奴隶社会的意识形态，多严刑酷法，遂为后来法家张本。"① 这事实上可以说明周初至春秋时期德刑并存共用的状况。

　　明德慎罚是《尚书》政治思想的中心，亦成为周人对待德与刑的基本观念。一方面，所谓"明德慎罚"即对于人民尽量施以恩惠之德，宛如背负赤子之爱；另一方面，对于犯罪者慎重裁决，即宛如治疗病者那样地予以引导。而周初提倡用明德慎罚的政策，是为了达到如何巧妙地治理被征服人民的目的。春秋时人理解为："明德，务崇之之谓也；慎罚，务去之之谓也。"（《左传·成公二年》）即高扬"德"的价值与地位，使刑罚存而不用或刑罚根本不需要存在。"明德慎罚"思想之德与罚两者的采用，到《左传》则演变为德刑两用论。春秋时期思想家继续周初人的观念，重视政治实践中德行的一面，对于从事实际的政治活动的"牧民"者提出德行的要求。德行既是君主或诸侯的个人德行，同时亦是这些统治者的政治德行。政治思想家充分认识到德行对于政治秩序稳定的重要性，《左传》《国语》中有大量君臣对话，讨论以德治国的政治思想，如《左传》"德以施惠"（成公十六年）、"恤民为德"（襄公七年）"德不失民"（昭公二十四年）"务德而安民"（哀公十年）。诸侯首先主张以德服人，而不是以力服人、以兵服人。另外，德在对外关系中，是指一种宽大为怀、和平为重、有实力而不欺人的做法和态度。以德和远人，在春秋时代已经是一个传统了。德是当时诸侯国之间关系的重要规范原则之一，无德不可以伐人，无德不可以和戎，无德不可以主盟。诸侯又认

---

① 杨向奎：《宗周社会与礼乐文明》，人民出版社1997年版，第340页。

第二章 "德"之演进及"道德的政治"观念之初定

为王朝的真正合法性来自于明德,即美善而光明的道德①。《史记·管晏列传》记载:"管仲既任政相齐,以区区之齐在海滨,通货积财,富国强兵,与俗同好恶。"故其称曰:"仓廪实而知礼节,衣食足而知荣辱,上服度则六亲固。四维不张,国乃灭亡。下令如流水之原,令顺民心。俗之所欲,因而予之;俗之所否,因而去之。"由此知管仲治齐乃以"从其俗"为重要内容,而"从其俗",即是"与俗同好恶","俗之所欲,因而予之;俗之所否,因而去之"。政令不违背民心所需所想,"令,顺民心",则发号施令若流水到达平原,受到民众的广泛欢迎和主动遵循。

在《国语》中,我们也发现在春秋时期的政治话语中,有大量关于德行的讨论。如《国语·周语下》单襄公评论晋公子周时,认为公子周身上体现了十六种德行,即敬、忠、信、仁、义、智、勇、教、孝、惠、让、慎、成、端、正、为国休戚。这些德行中,有些是与他人和社会有直接关联的"社会性德行"有些则是与他人和社会无直接关联的"个人性德行"。相对于周初,思想家更加广泛地讨论了德的范围与内容及类别。这显示出,在其时以德治国、以德治民已经不是一种抽象的理想,而是有众多具体而微的德行规范与具体要求。随着政治实践的深入,政治思想家认识到为政需要德与刑两种举措,在治国观念的提出中以刑、德并举。当然,此时德的范围远远超出只具有赏与恩赐意义之"德"的范围,如:

德以柔中国,刑以威四夷。(《左传·僖公二十五年》)
德刑政事,典礼不易,不可敌也。……伐叛,刑也;柔服,德也,二者立矣……德立刑行,政成事时,典从礼顺,若之何敌之。(《左传·宣公十二年》)
德以施惠,刑以正邪。(《左传·成公十六年》)

---

① 陈来:《古代思想文化的世界》,生活·读书·新知三联书店2002年版,第216—219页。

曹人请于晋曰：……君惟不遗德刑，以伯诸侯，……(《左传·成公十六年》)

御奸以德，御轨以刑……刑德不立，奸轨并至。(《左传·成公十七年》)

君子谓郑庄公：失政刑矣，政以治民，刑以正邪。既无德政，又无威刑，是以及邪。(《左传·隐公十一年》)

上引数例都是主张在国家政事中刑、德并用，认为刑、德并立的国家是不可战胜的。《左传》中所载的霸者，被描绘为能够巧妙地掌握德与力的人。伐诸侯之叛者谓之刑，服而舍之，服者怀之之谓德，并以德行兼备者为理想。我们认为，"用其德"可以从《国语·齐语》获得理解。

其一，《国语·齐语》，桓公曰："安国若何？"管子对曰："修旧法，择其善者而业用之，遂滋民，与无财，而敬百姓，则国安矣。""择其善者而业用之"即"用其德"，任用贤德之人。

其二，《国语·齐语》，正月之朝，乡长复事。君亲问焉，曰："于子之乡，有居处好学、慈孝于父母、聪慧质仁、发闻于乡里者，有则以告。……于子之乡，有拳勇股肱之力秀出于众者，有则以告。……是故乡长退而修德进贤，桓公亲见之，遂使役官。"注谓："役，为也。"此处也是主张使贤德之人为官。而我们从此处知道，"德"既指有道德，有仁义、孝慈之意，又指有智慧、有能力之意。

其三，《国语·齐语》，"桓公令官长期而书伐，以告且选，选其官之贤者而复用之"。伐，注谓："功也。"任用贤德之人，于一年之后，考察其功绩，选用其中有贤德者而再次任用。有此治国、为政之策的实施，则《国语·齐语》又进一步记述其效果："是故匹夫有善，可得而举也。匹夫有不善，可得而诛也。政既成，乡不越长，朝不越爵，罢士无伍，罢女无家。夫是故民皆勉为善。""乡不越长"注谓："乡里以齿，长幼不相逾也。""朝不越爵"，注谓："贤、不肖之爵不相越也。""罢士无伍，罢女无家。"注谓："罢，病也。"无行曰罷。无伍，无与为伍也。家，夫称家也。由此我们知道《国语·齐语》是通过任用、擢升有贤德之人为官，惩罚或不任用无德之人，而在国家内形成一种人人努力从事于善，人人努力建功立业的环境。由此环境、氛围又进一步熏陶民众进贤修德，这是通过积极的"用其德"使男、女都能够被激励、被诱导而积极向善。"民皆勉为善"即帛书《黄帝四经》所说"男女劝勉"。帛书又说："德者爱勉之也。"即是如管子所主张者，通过积极的用"德"的方式实现国家安定，社会秩序积极向上的政治局面。由此，其"用其德"的政治主张，我们便不能简单称之为"德治"。《国语·越语下》："王其且驰骋弋猎，无至禽荒；宫中之乐，无至酒荒。肆与大夫饮，无忘国常。彼其上将薄其德，民将尽其力。"禽荒，谓田猎过度而荒废国事；酒荒，谓饮酒作乐过度而不理朝政。"玩好嬺好"，《国语·越语下》有："玩好女乐。"注谓："玩好，珍宝也。""嬺好"指女乐。帛书中《经法·四度》篇有"女乐玩好"，都是源于《国语·越语下》。我们认为，理解帛书的"王术"，应根据《国语·越语下》的意思进行理解。《国语·越语下》韦昭注曰："使越王为此者，示不以吴为念。""言吴王见越驰骋射猎，不以为意，必不修德而纵私好，以尽民力。"[①] 由此可知，范蠡劝越王勾践在表面上饮酒作乐，驰骋田猎，以此迷惑敌人，而在内心里又深记国家之大事（国常），使饮酒作乐、驰骋田猎保持一定的限度，不要耽于玩乐而荒废了国事。

第三节　孔子的刑德观念及其发展

徐复观认为，儒家的政治思想，从其最高原则来说，可"方便称之为德治主义"。而德治之枢要在于："治者与被治者间，乃是以德相与的关系，而非以权力相加相迫的关系。德乃人之所以为人的共同

[①] 参见上海师范大学古籍整理研究所校点《国语》，上海古籍出版社1998年标点本，第651页。

根据。人人能各尽其德，即系人人相与相忘于人类的共同根据之中，以各养生而遂性，这正是政治的目的，亦正是政治的极致。而其关键端在于治者的能先尽其德。"① 在黄老道家的代表作《黄帝四经》中，则是以"德"为用、以效果言"德"，是不同于儒家的以德为根本的德治主张。

长期以来，研究中国古代思想史的学者，都将儒家政治思想称为"德治主义""礼治主义"或"人治主义"。就具体的刑与德关系而言，论家基本认定孔子的主张是"重德轻刑"或"德主刑辅"。如认为孔子政治思想之主旨为冶道德、人伦、政治于一炉，致人、己、家、国于一贯之仁；孔子之治术有养、教、治三途，养、教之工具为德、礼，治之工具为政、刑。德、礼为主，政刑为助②。孔子将德、礼与政、刑分离开来，最明显表现在其在《论语·为政》所记载孔子的言论："道之以政，齐之以刑，民免而无耻；道之以德，齐之以礼，有耻且格。"何晏《论语集注》皇侃疏引郭象云："政者，立常制以正民者也。"以政、刑治民，则民极欲免于刑而心无益于德之建树；养教之以德与礼，则民不为是因其不耻，乃有善与不善之分界。对于欲实现"一日克己复礼，天下归仁焉"的孔子来说，教养之，德化之，使民皆有道德人格之建立，乃理想之政治范型。孔子如此主张，既是其继承周公之政治理想之表现，又是春秋时代以德治国的时代精神的表现，也可能是源于殷政宽大，周政繁苛的现实。萧公权总结孔子为政之本为："孔子虽无背周从殷之意，然其主张重德礼之教化，轻政刑之督责，殆亦受此历史背景之影响也。尊奉时君之制度，缩减其应用之范围，增加其道德之意义，而寓改进于守旧之中，孔子治术之纲领，盖已略尽于此。"③ 对于政、刑与德、礼的关系，孔子在现实的层面上承认政、刑的作用，但在理想层面上主张以德、礼治国，"为政以德""天下归仁"是孔子"一以贯之"的政治主张和政治理想。

---

① 徐复观：《徐复观文集1》，湖北人民出版社2002年版，第111页。
② 参见萧公权《中国政治思想史》，台北联经出版事业公司1982年版，第62、64页。
③ 萧公权：《中国政治思想史》，台北联经出版事业公司1982年版，第68页。

第二章　"德"之演进及"道德的政治"观念之初定

一　上博简《鲁邦大旱》所见孔子的刑德并用观念

《上海博物馆藏战国楚竹书（二）》的第三篇为《鲁邦大旱》。此篇短文，只有寥寥的200余字，记叙的是春秋时期鲁国发生旱灾，鲁哀公向孔子征询对治之策，孔子表达对此事的见解并与子贡进行讨论之事。杨朝明先生认为这应发生在鲁哀公十一年到鲁哀公十六年（前484—前479）这六年的时间段内①。本篇简文的重要意义在于有几处集中出现孔子谈刑德的语句，我们可以进一步理解孔子的刑与德的观念。为便于理解，将简书释文抄录于下面：

> 鲁邦大旱，哀公谓孔子："子不为我图之？"孔子答曰："邦大旱，毋乃失诸刑与德乎？唯"（简1）
>
> 之可（何）哉？孔子曰："庶民知说之事鬼也，不知刑与德。女（如）毋爱圭璧币帛于山川，政（正）刑与德"（简2）
>
> 出遇子贡，曰："赐，而闻巷路之言，勿乃谓丘之答非与？"子贡曰："否也。吾子女重命其与。女（如）夫正刑与德以事上天，此是哉。女（如）夫毋爱圭璧"（简3）
>
> 币帛于山川，毋乃不可。夫山，石以为肤，木以为民，如天不雨，石将焦，木将死，其欲雨或甚于我，或必寺乎名乎？夫川，水以为肤，鱼以（简4）
>
> 为民，如天不雨，水将涸，鱼将死，其欲雨或甚于我，或必寺乎名乎？孔子曰："呜呼"（简5）
>
> 公岂不饭粱食肉哉也，亡如庶民何。（简6）②

《鲁邦大旱》一文的大意如下：鲁国发生大旱，鲁哀公向孔子问对策，孔子认为鲁国发生旱灾恐怕是执政者治国的刑、德失误所引

---

① 杨朝明：《上博竹书〈鲁邦大旱〉管见》，《东岳论丛》2002年第5期。
② 参见马承源主编《上海博物馆藏战国楚竹书》（二），上海古籍出版社2002年版，第203页。

起。孔子向哀公建议两点：一是应和庶民祈说鬼神的意愿，舍得祭品求雨；二是要端正、加强刑、德之治，正确实施刑、德两种治国之术。孔子从哀公那里出来遇见子贡，问子贡自己的回答是否正确。子贡认为，让执政者正确实施刑、德，这是正确的。但进行祭祀求雨恐怕就不太妥当。他认为山、川比人更需要雨，所以不用祭祀山川以求雨。就我们所关注的刑、德问题，讨论以下几点：

第一，简书中刑、德思想是否是孔子的思想。马承源主编先生认为《鲁邦大旱》的长度和文字书法与《孔子诗论》《子羔》完全一致，可能属于同一编的不同内容。他认为，此篇是孔子如何应对天灾的一个很重要的见解[①]。杨朝明先生经过对史籍所载孔子与哀公关系的考察，认为《鲁邦大旱》中哀公向孔子问政的可信性是没有什么疑问的。[②] 我们在前面的论述中，一方面知道春秋时期刑、德并用的观念存在于政治思想家的主张中，作为春秋末期的思想家，孔子可能接受这一观念；另一方面，在孔子的思想中，孔子虽在理想层面上，主张"为政以德"，但在现实的层面上，仍承认刑对于德的辅助作用。所以，我们认为，《鲁邦大旱》中孔子有刑、德并提的思想是可能的。

第二，孔子对哀公的回答，反映了春秋时期对于灾变的两种态度，一种是"说"祭，承认民间的信仰，一种是"正刑与德"体现对于灾异落实于人事的理性主义与人本主义的思想。《国语·周语上》虢文公对宣王不籍千亩之谏的说法即是"表现了当时文化的'一般信仰'。即当时的政治家、贵族和知识人，都把'悦于神'与'和于民'当作最重要的政治信条和统治方针。"[③] 事实上孔子的主张表明其对前代思想"温和的转化"的特征。一方面，承认庶民对山川之神祭祀的现实合理性；另一方面，继承春秋时期的理性主义的传

[①] 参见马承源主编《上海博物馆藏战国楚竹书》（二），上海古籍出版社2002年版，第203页。

[②] 杨朝明：《上博竹书〈鲁邦大旱〉管见》，《东岳论丛》2002年第5期

[③] 陈来：《古代思想文化的世界》，生活·读书·新知三联书店2002年版，第116页。

第二章 "德"之演进及"道德的政治"观念之初定

统,而主张执政君主正其刑、德之治。春秋时期的开明的政治思想家对于天灾、怪异、鬼神,都已经逐步用一种理性主义的或以人为本的思想进行解释。如《左传·昭公二十六年》载:晏子主张以修德改政来防避灾害,反对用祭祀来对应星象的变异。陈来先生认为:"晏子并没有否定星象学本身,如他也认为'彗以除秽',这是他所在的时代的知识限制。但是在彗星出现时,他所主张的措施完全从政治过程本身考虑,摆脱了祭祀文化的局限,而其修德利民的主张正是体现了前儒家的特色。"[1] 鲁地发生旱灾,用牺牲币帛玉器祭祀山川同遇大旱焚巫尪一样应该是一个有远古来源的风俗。臧文仲对焚巫尪也持理性主义的态度:夏大旱,公欲焚巫尪。臧文仲曰:"非旱备也。修城郭、贬食、省用、务穑、劝分,此其务也。巫尪何为?"(《左传·僖公二十一年》)臧文仲不相信巫尪能为旱,也不相信焚巫尪能解决旱灾的问题。所以他强调,防备旱灾最根本也最有效的办法是以人事为本,修成郭,省食用,务稼穑。所以臧文仲是"用务实的地官意识来抗衡神秘的天官传统"[2]。春秋时期类似的观念与主张,《左传》与《国语》里面多有,陈来先生多有研究,请参看该书。孔子认为鲁国旱灾的原因"恐怕是由于刑德不当引起",并主张"正刑与德",正是绍继了之前的理性主义的文化传统。

第三,"正刑与德"的内涵是什么?是否具有所谓天人感应的内涵,其内涵的具体意义是什么?孔子提出"毋乃失诸刑与德乎"及"正刑与德"。关于孔子主张的意义,学界有不同的认识。一种是,竹书整理者马承源先生认为:"孔子明确提出需要加强刑德之治,而不必用瘗埋圭璧币帛的惯例向山川神灵作求雨之祭。"[3] 马先生又认为,刑与德在上古以为是治国的根本,但历史条件不同,其涵义性质也不同,并引《韩非子·二柄》与刘向《说苑·政理》作

---

[1] 陈来:《古代思想文化的世界》,生活·读书·新知三联书店2002年版,第110页。
[2] 同上书,第112页。
[3] 参见马承源主编《上海博物馆藏战国楚竹书》(二),上海古籍出版社2002年版,第203页。

解。《韩非子·二柄》:"明主之所导制其臣者,二柄而已矣。二柄者,刑、德也。何谓刑、德?曰杀戮之谓刑,庆赏之谓德。为人臣者畏诛罚而利庆赏,故人主自用其刑、德,则人臣畏其威而归其利。"《说苑·政理》谓:"治国有二机,刑、德是也。王者尚其德而希其刑,霸者刑德并凑,强国先其刑而后其德。夫刑、德者化之所由兴也。德者,养善而进阙者也;刑者,惩恶而禁后者也。故德化之崇者至于赏,刑罚之甚者至于诛。"马承源认为"失诸刑与德乎"意思是"由大旱所引起的问题,解除之道不是在于加强刑、德之治吗?"如此理解虽然没有什么不妥,但是并没有将孔子此处的刑、德问题说透彻。对于旱灾,孔子主张加强刑德之治,"正刑与德",以政治理性对待自然界的灾异,这是孔子源自于传统的政治主张。但是孔子如此主张的背后有没有其他思想背景或原因?孔子认为对待自然灾害的办法是"正刑与德",而刑与德对于自然灾害的发生有没有直接或间接的原因?事实上,孔子说:"邦大旱,毋乃失诸刑与德乎?",即是在引导哀公思考导致大旱的真正原因,意思是"我们国家发生这么大的旱灾,恐怕是刑、德之治有阙失吧?""毋乃……"当为"恐怕……"。若"今君德无乃犹有所阙"(《左传·僖公十九年》)。意思即是"恐怕是我们的国君在修德方面还有欠缺"。此种解释是常例。孔子很含蓄地指出国家发生旱灾的原因是刑德之治有阙失。同时,孔子指出解决的办法是"正刑与德"。"正刑与德"一方面是指只要国家秩序正常,社会安定,则自然灾害不会给人类社会带来很大的祸乱,这是一般的意见;另一方面,孔子既认为国家发生旱灾的原因是国家刑、德之治的实施有欠缺,那么解决之道就是正刑、德,使刑、德的实施恢复到正确的轨道上来。这是从根本上解决旱灾发生的根源的问题,是所谓正本清源。如此则孔子这里又存在着天地自然的灾害与人间的行为、人事相关,即所谓天人感应的观念。如此的思想是否是孔子的思想?是否与孔子的一贯思想相违背?

刘乐贤先生认为,孔子是将大旱的出现归咎于刑德之失,"这种

第二章 "德"之演进及"道德的政治"观念之初定

将天灾与政治相联系的说法，与古代的天人感应说相合"①。刘先生对于《鲁邦大旱》所出现的具有"天人感应"意味的思想进行讨论：一是认为《中庸》中存在类似观念；二是认为《论语》中孔子对于鬼神只是持阙疑态度，对无害于政教的鬼神祭祀应当是不排斥的。同时认为孔子对于天命观念是深信不疑的，认为孔子遇"迅雷风烈必变"，以疾风迅雷为上天之怒，已与视灾异为天怒所致的后世说法相当接近。"由此看来，《鲁邦大旱》所载孔子言论确有可能是出自孔子思想，《中庸》所记天人感应和鬼神观念也应与孔子思想具有渊源关系。"② 笔者同意刘先生所做的分析，但是我们认为，若欲了解和理解《鲁邦大旱》中，孔子认为人间政治与天时、自然灾害有关系的思想，首先要回到春秋时期前于孔子的政治思想家的思想中，而不是向后寻找根据。孔子遇"迅雷风烈必变"，是对于其前人的天人思想的部分继承，而不是与"视灾异为天怒所致的后世说法相当接近"。在春秋时期得以高扬的政治理性主义思想与人本主义思想恰恰是在天人感应的思想背景下发展起来的，与当时理性主义与人本主义并存的即是天人感应的观念。兹举两例，例一，据《左传·宣公十五年》载，伯宗曰："……天反时为灾，地反物为妖，民反德为乱，乱则妖灾生。"天有灾，地有妖，人有乱。而天上出现的灾，地上出现的妖，都是源于人间的乱。社会人事失常为乱，乱就会引起天灾地妖。所以，最根本的是要维护社会的道德原则和保持社会的正常秩序。这里对待天灾、地妖首先是注意人事的正常，政治的修明，是一种理性主义的讲法。但是，同时认为人事乱则妖灾生，人事昏乱是妖灾发生的根源，"这就是一种感应论的讲法了"③。

又《左传·昭公八年》载，八年春，石言于晋魏榆，晋侯问于师旷曰："石何故言？"对曰："石不能言。或凭焉。不然民听滥也。抑臣又闻之曰：'作事不时，怨讟动于民，则有非言之物而言'。今宫

---

① 刘乐贤：《上博简〈鲁邦大旱〉简论》，《文物》2003年第5期。
② 同上。
③ 陈来：《古代思想文化的世界》，生活·读书·新知三联书店2002年版，第87页。

室崇侈，民力凋尽，怨讟并作，莫保其性。石言，不亦宜乎？"陈来先生认为师旷的解释体现的也是一种批判的民本主义和人本主义，并认为："从思维的方式上讲，师旷也表达出类似的看法，即人的社会的政治秩序和道德秩序如果被破坏，就会相应地在自然界引起一些特殊的现象，这些现象可能是超自然形态的，但这些现象发生的根源在社会人事的混乱，其中最主要的是统治者的奢侈和老百姓的苦难。"[1]以上两例春秋时期政治思想家的观念，都是在理性的民本主义或人本主义中包含着天人感应的思想。古代思想家认为天人一体，认为人间的混乱无序或政治的失误会在天地、自然界那里以灾异的形式表现出来。君主要做的不应只是祭祀之类的事情，而主要应当反省政治上是否有过失，如果有，则努力地修复改正，使政治正常有序，自然界自然会恢复正常。孔子此处的刑、德观念应作如是理解。

第四，我们要思考的是，孔子认为"鲁邦大旱"的原因是"失诸刑与德"，主张解决之道在于"正刑与德"。然则，刑德之失，失在哪里？如何才是"正"的？孔子没有说明，我们只能探讨他的可能的意思。《左传·襄公二十六年》载声子言："归生闻之：善为国者，赏不僭而刑不滥。赏僭，则惧及淫人；刑滥，则惧及善人。若不幸而过，宁僭无滥。……古之治民者，劝赏而畏刑，恤民不倦。赏以春夏，刑以秋冬。"《左传》此处的赏与刑即是孔子所说的德与刑。郭店楚简有"赏与刑，祸福之阶也"。是说赏和刑的正确实施与否，能够导致祸与福的不同。并且，刑、德变为赏与刑，使其更成为具体的治国的两种手段。由《左传》所载可知，德、赏与刑有当与不当之别。赏之不当，"赏僭"，则会施及行为不端的人；刑之不当，"刑滥"，则会殃及好人。所以善于治理国家的君主"赏不僭而刑不滥"，赏与刑都要适当、适度。《左传·隐公十一年》，君子谓："郑庄公失政刑矣。政以治民，刑以正邪。既无德政，又无威刑，是以及邪。"这里是说德与刑缺乏的弊端，也是指德与刑实施程度的不当。刑、德

---

[1] 陈来：《古代思想文化的世界》，生活·读书·新知三联书店2002年版，第88页。

第二章　"德"之演进及"道德的政治"观念之初定

不正的另一种表现可能是刑、德实施顺序的不当。上面"赏以春夏，刑以秋冬"的实施顺序，可能是一种赏、刑与天地四时之序相应的思想主张。而与次序相反的实施顺序，则是刑德的不当。当然，我们做这样的推断如不辅之以其他佐证，是不能使人信服的。

我们认为，这种观念是古已有之的政治领域的规则。帛书《黄帝四经》的刑德思想中即主张"春夏为德，秋冬为刑。先德后刑以养生"。(《十六经·观》)

春秋时期，时代精神的发展表现为在"天官传统"与"地官意识"的紧张与对立中[①]，地官意识与天官思维相抗衡，并逐渐压倒天官思维的历史过程。春秋时人发出"天道远，人道迩"的呼声时，知识精英们所着力主张的，是使人们从人、天不分的原始混沌、统一中挣脱出来，建立人的自主性与主体性。此时，人道、人类社会的运作规则和设计成为运思的中心，时代精神的主旨在于彰显人的价值、贬抑天之价值。虽然社会精英思想的发展趋势是人文精神的挺立、人的价值的彰显，但这也恰恰说明当时社会一般人群（甚至包括知识精英自身的一部分）尚处于天道帷幕的遮盖之下，说明天道作为宰制人的对象与人处于对峙状态，天道主宰人间的蒙昧意识在社会的朴素意识中尚占有较大部分的社会意识空间。只有子产之类的率先觉醒者，才发出了这样的呼声与倡导。单襄公言："吾非瞽史，焉知天道？"瞽史是专门从事于天道的观察与体认的特殊人群或曰专门职业者。将自己同这一人群分开，也即是同这一蒙昧、神秘的意识形态划分界限，树立人类理性的地位。

身处此历史过程中的孔子，以对于天的道德伦理义和自然义的理解，坚持世俗的政治理性和道德理性。但孔子并没有对天道的具体规则、法则进行论说，也没有对天、天道如何影响人间政治行为进行论述。马王堆汉墓出土帛书《要》篇载孔子言，"《易》我后其祝卜矣，

[①] 按照陈来先生的意见，"地官意识"，是指世俗的政治理性和道德理性。"天官传统"指类似卡西尔所说的神秘的神话思维，其中心是以神灵祭祀为核心的宗教意识。参见陈来《古代思想文化的世界》，生活·读书·新知三联书店2002年版，第13页。

我观其德义耳也。"又载："后世之疑丘者，或以《易》乎！吾求其德而矣，吾与史巫同涂而殊归者也。"夫子明言其于《周易》所重视的是其中所涵蕴的德性意义，而不是占筮之类，体现了孔子道德理性、政治理性的张扬。由此，以"道德"的方式理解世界宇宙成为儒家思想的基调。

二 对孔子"德主刑辅"思想的综合认识

以上我们概要讨论了周初至春秋时期政治思想中的刑德思想，并结合上博简《鲁邦大旱》中孔子的刑德思想讨论了孔子政治思想中所存在的刑德思想的内涵。通过上面的讨论，我们试图说明，刑德并用观念从周初建国起即有其源头，经过春秋至战国初期的发展，刑德思想的内涵逐步具体和明确，由抽象的原则性的东西最终确定为具有可操作性的两种相辅相成的治国手段。

在先秦儒家德与刑的关系即德治与法治的关系问题上，学者一般认为：孔子及先秦儒家主张德主刑辅，重视德治，轻视或排斥法治。朱熹说过："圣人之意，只为当时只用政刑治民，不用德礼，所以有此言。谓政刑但使之远罪而已；若是格其非心，非德礼不可。圣人为天下，何曾废行政来？"[①] 郭齐勇先生在其《"德治"语境中的"亲亲相隐"》一文中这样论述儒家的"德主刑辅"："'德主刑辅'并非意味着伦理与刑律的对立，在儒者看来，'无非教也'。'德'为教，'刑'也是教。'德'与'刑'其实是同一的，二者都是为了'教'。"[②] 从总体上看，儒家的刑德观是从本末关系来说的。而其所主张的"德主刑辅"则是从功用上来说的，即德与刑都可以作为实行政治统治的方法和手段。"刑"也同"德"一样具有教化的作用。既然是功用，那"刑"的功用是什么？子曰："名不正，则言不顺；言不顺，则事不成；事不成，则礼乐不兴；礼乐不兴，则刑罚不中；

---

① 参见（宋）黎靖德编《朱子语类》二十三，中华书局1986年标点本，第546页。
② 郭齐勇、龚建平：《"德治"语境中的"亲亲相隐"》，《哲学研究》2004年第7期。

第二章 "德"之演进及"道德的政治"观念之初定

刑罚不中,则民无所措手足。"(《论语·子路》)孔子认为,刑罚得当,百姓才可知道行为的规矩;而"刑罚"的基础是礼乐之"教",礼乐之教没有做好,刑罚就不合理。子曰:"不教而杀谓之虐。"(《论语·尧曰》)。教,一方面是让民众有道德自觉,另一方面则是让其懂得制度规范、刑罚措施。否则,没有教化百姓,等他违犯了刑律直接处死,那便是虐民。孟子直承孔子的意思称为"罔民"。孟子说:"民之为道也,有恒产者有恒心,无恒产者无恒心。苟无恒心,放辟邪侈,无不为已。及陷乎罪,然后从而刑之,是罔民也。焉有仁人在位罔民而可为也?"(《孟子·滕文公上》)孟子认为,老百姓没有固定的资产和职业,就不会有基于安定生活之上的稳定的笃定的道德追求,这是自然的;没有固定资产即便教化其道德仁义,"民之从之也难";而如果没有这两样东西,百姓就会违犯社会的纲常秩序,什么事情都会做;等到他最后触犯刑律,然后严厉地惩罚他,这就是陷害百姓。所以,刑罚一定以养和教为基础,这是儒家的一贯主张。韦政通先生也说过:"法律只惩戒已然的事实,道德则重视行为的动机。前者是他律的,后者是自律的,法律一旦内化为生活的习惯,也就可以变成自律的。"[1] 在儒家这里,刑罚本身也是一种教化方式,因为它主张"奖善惩恶"。当然,刑罚是导人向善的一种外在形式,这种外在形式一旦成为习惯,人就会像遵守礼的规范一样遵守法律,形成内在的规约,并成为自觉的习惯,如荀子所说是化民成俗。

关于孔子思想中的刑与德的关系,笔者认为,我们不要将政、刑与德、礼视作对立的关系,而要将其视作递进的关系。先秦儒家在主张以君主之德引导民众向善的同时,也承认(孔孟)甚至重视(荀子)法律、刑罚在政治过程中的作用。当然,其法治、刑罚主张并不停留于惩罚和威吓,而是要在法律制度之下贯通德化的作用。一方面,在现实的层面上重视以政、刑治国,发挥其规范社会

---

[1] 韦政通:《中国思想史》,上海书店出版社2003年版,第867页。

秩序的作用；另一方面，以根于人性的道德引导、以具有传统基础和生活根源的礼俗规范民众，才能实现其道德至善的目标。通过分析孔子刑、德思想，我们对于孔子思想中之"德"也有了进一步的认识，即孔子"德"思想是从一种宗教的迷雾中冲出来的道德理性。尊崇天德、天道，以天、天道之品行和规律为人的行为立法并奠定标准的思想，在孔子、老子等人那里都有体现。在先秦儒家"道德的政治"观念下，所谓德治与法治并非水火不容，都可以成为使民向善的途径和手段。

继承孔子思想，先秦儒家的孟子、荀子等皆有德治与法治共用的主张。孟子说："徒善不足以为政，徒法不能以自行。"（《孟子·离娄上》）先秦儒家中的荀子则是德治与法治结合的思想典型，他常以礼义与刑罚并提："故为之立君上之势以临之，明礼义以化之，起法正以治之，重刑罚以禁之。"（《荀子·性恶篇》）荀子以为人之性恶，圣人应以礼义师法化民为善。在并非所有人都肯服善从教的情况下，从教者固可以用礼乐教化，不从教者便须威之以刑罚。荀子已言及礼法之分并已承认刑罚在社会秩序维持上的特殊功能。"以善至者待之以礼；以不善至者待之以刑"（《荀子·富国篇》）这样才能禁暴惩恶，维持社会秩序。当然，先秦儒家虽然承认或重视刑罚、法律的作用，最后他们还是进行了"法律的儒家化"[①]。孔子提出"必也使无讼"，孟子主张："仁言不如仁声之入人深也，善政不如善教之得民也。善政，民畏之；善教，民爱之。"（《孟子·尽心上》）。《大戴礼记·盛德》篇认为："凡淫乱生于男女无别，夫妇无义。婚礼聘享者，所以别男女，明夫妇之义也。故有淫乱之欲，则饰婚礼聘享也。"对于争斗、淫乱等犯法、乱纪的事情，不能只是用刑罚去惩罚、刑杀，而是要从源头处施以礼义教化。

在此需要重点指出的是，虽然孔子常常刑、德并提，但刑、德并

[①] 瞿同祖：《中国法律与中国社会》，中华书局2003年版，第319页。

提的"德"只是一种治理的方法,而其"道德的政治"思想表现于全部的思想主张中。另外,刑、德并提的"刑",也只是一种治理的处罚手段,并不能归为一种法治主义的主张。所谓德治主义和法治主义的内涵要丰富得多。

第三章

政权合法性视域下之"道德的政治"思想

政治正当性或政权合法性是现当代西方政治哲学的重要概念，而其思想的源头大概产生于古希腊罗马时期。公元前416年夏米洛斯人与雅典人展开的关于正义问题的辩论，也许是人类有文字记载以来第一次关于政治正当性的公开辩论①。那么，中国古代有无政治正当性思想？如果有，产生或表现于何时？笔者认为，在中国早期历史上，以小邦周代替大邦殷的周人曾集中反思政治正当性问题，并以道德说明其支配殷人进而统治天下的正当性。西方政治哲学之政权合法性思想的提出与基本内涵有其特殊的背景，它的提出为中国古代政治哲学研究提供很好的视域及问题意识。为此，我们首先概要介绍西方政治哲学中洛克（Locke）、卢梭（Rousseau）、韦伯、哈贝马斯（Habermas）等人关于合法性的主张，明晰政权合法性思想的内涵及背景，以此确定继续研究的问题和论域。在此基础上，我们将探讨关于中国古代政权合法性思想研究的基本原则及其意义，尤其重点讨论"民之父母"观念所蕴含的政治正当性思想。

第一节 "合法性"概念的内涵及其内在价值指向

"合法性"是一现当代政治哲学、法哲学的概念，英文为 legiti-

---

① 周濂：《现代政治的正当性基础》，生活·读书·新知三联书店2004年版，第2页。

macy，又可译为"正当性"。政权合法性也可称为政治正当性，政治的合法性可能包含合法律性、程序性的问题，但不仅是合法律性的问题。政权合法性思想是西方政治哲学中一个非常重要的问题。

一 "合法性"的内涵及基本理解

马克斯·韦伯说："就像历史上以往的制度一样，国家是一种人支配人的关系，而这种关系是由正当的（或被视为正当的）暴力手段来支持的。要让国家存在，被支配者就必须服从权力宣称它所具有的权威。人们是否服从，为什么服从？这种支配权有什么内在的理据和外在的手段？"[①] 韦伯的意思是说，如果想使国家秩序保持，就必须有被支配者对于支配者权威的服从。但是，被支配者为什么服从？"不难理解，在现实中，服从是由极强烈的惧怕或希望决定的——惧怕魔法的理论或掌权者的报复，希望得到这个世界或来世的奖赏"[②]。除此之外，对政治权威的服从还应该有其他"十分不同"的原因。政治权威必须为自己的支配提供"内在理据"，即合法性的证明。韦伯认为存在三种正当支配类型，即"传统的""超凡魅力的"和"法治的"。石元康先生在《天命与正当性》一文中，对哈贝马斯关于"正当性"的概念及韦伯的三种统御类型进行了细致的分析。在此基础上，他对中国古代天命与正当性思想进行了分析，并认为中国古代政治统御的类型属于"克里斯玛"（即超凡魅力）型[③]。我们此处不欲对此三种类型进行分析，也不想把中国古代政治简单归入其中的任何一种。我们在此想要提醒的是：在韦伯看来，无论权力的分配方式如何，都要具备让人接受的具有心理学基础的"权威"，即我之所以服从他，不仅是因为害怕他胳膊比我粗，还因为我有意识地，或下意

---

① [德]马克斯·韦伯：《学术与政治》，冯克利译，生活·读书·新知三联书店2005年版，第56页。

② 同上书，第57页。

③ 石元康：《天命与正当性：从韦伯的分类看儒家的政道》，《开放时代》1999年第6期。

识地从内心里感到有必要服从他。这种政治分析的内涵是:"一个政权有无存在的机会,不在于它是'民主'还是'独裁',而在于它是否得到了民众的认同。"① 这是所谓"得民心者得天下"的证明方式。

卢梭关于"最强者的权利"的讨论即是关于政权合法性的思考。卢梭说:"即使是最强者也决不会强得永远做主人,除非他把自己的强力转化为权利,把服从转化为义务。由此就出现了最强者的权利。这种权利表面上看来像是讥讽,但实际上已经被确定为一种原则了。可是难道人们就不能为我们解释一下这个名词吗?强力是一种物理的力量,我看不出强力的作用可以产生什么道德。向强力屈服,只是一种必要的行为,而不是一种意志的行为。它最多也不过是一种明智的行为而已。在哪种意义上,它才可能是一种义务呢?"②

这样的理解有"power"即力量、权力、武力的意味。如果理性发展到一定阶段,每个被统治者都自然地会提出这样的问题:我/我们为什么应该接受你的统治?卢梭已经向我们表明,"你应该服从权力"的诫命是多余的,它没有给统治提供任何合理的根据。权力就像强盗手里拿着的手枪,使你战战兢兢、哆哆嗦嗦地把钱包拿出来,无论你内心是多么地不情愿。所以服从权力只是意味着向强力的屈服,只是为避患或权宜之计,而不是一种"意志的行为"。只有当统治权力被确定为"权利"时,统治权力才具有合法性,即他人有服从他的义务,他对别人的支配、统治是可以被人愿意地接受的。任何国君在建国之后都不会再希望以武力、强力控制他的国家和臣民。"即使是最强者也决不会强得永远做主人,除非他把自己的强力转化为权利,把服从转化为义务。"基于这样的考虑,政权合法性的获得与证明,是使众人心甘情愿接受统治的唯一途径。姚大志先生探讨了契约论与政治合法性的关系,他认为:"作为纯粹理论理性,社会契约论提供了关于国家合法性的合理证明。在这种证明中,只有获得了人民

---

① 参见[德]马克斯·韦伯《学术与政治》,冯克利译,生活·读书·新知三联书店1998年版,第119页。
② [法]卢梭:《社会契约论》,何兆武译,商务印书馆1980年版,第13页。

的普遍赞同，国家权威才是合法的，其基本政治法律制度才是正义的。作为纯粹实践理性，社会契约论表达了一种关于现代民主社会的理想。"①

政权是正当的、合理的，所以反对或推翻它就是不合理的。但如果政权不具有合法性，那么被统治者起而反抗就是可以的。卢梭说："因为只要形成权利的是强力，结果就随原因而改变；于是，凡是凌驾于前一种强力之上的强力，也就接替了它的权利。只要人们不服从而能不受惩罚，人们就可以合法地不再服从。而且，既然最强者总是有理的，所以问题就只在于怎样做才能使自己成为最强者。"② 如果权力本身没有获得合法性，那么，人们没有服从的义务。或者说，任何人都可以不违背道义原则地起而推翻不合法、不正当的权力。虽然可能会触犯强者的制度、法律，因为权力本身即为不合法的，是通过强力而施行的强迫，不服从并非不合法。政权合法性的拥有，一方面可以使统治者心安理得地进行统治，被统治者心甘情愿地接受统治；另一方面，统治者可以宣布任何反对或推翻政权的企图或行为是阴谋、暴乱。那么，是否获得正当性就可以一劳永逸地拥有并稳坐江山？历史事实证明，答案是否定的。革命者或打天下者总会宣称前朝已经丧失正当性而自己拥有正当性，作为权力拥有者也总会竭力保持自己的正当性，并宣称自己拥有正当性。没有任何统治者会主动宣称自己丧失了正当性，而把手中的权力拱手相让。关键在于对正当性的理解和证明。合法性能够使人们自愿接受政治权威的统治。

我们可以进一步理解为：政权的合法性是指政治权力、政治权威的合法性，即某人或某集团掌握国家强力进行管理、发布号令的合法性（正当性）。某人或某集团拥有合法性，意味着他或他们有权利执掌国家权力，即所谓"劳心者治人"之"治人"的权利。当某人宣

---

① 姚大志：《契约论与政治合法性》，《复旦学报》（社会科学版）2003年第4期。
② ［法］卢梭：《社会契约论》，何兆武译，商务印书馆1980年版，第13页。

称其有"治人"的权利时，意味着他的宣称对象有受治的义务。换而言之，是指我们在一个共同约定、认同的原则、法则之下，对彼此所处地位以及围绕此地位之事物的认可。我因此原则而具有权利，你因此原则而负有义务。这种原则规定了什么样的人或集团拥有统治的权利，即进行统治是正当的，应该具有什么样的身份，（这是客观的）他应该做什么，应该具有什么样的品德，应该怎样。由于此原则是你我都认同的、约定的，所以对于被治者而言，接受统治是义务，是自愿的，而非迫于强力的。任何统治集团，即使是入侵者，如果想保持统治的长期稳定都要宣称并证明其政权的合法性。

在当代政治哲学中，哈贝马斯将罗尔斯（Rawls）的正义问题转变为合法性的问题："正当性意谓着对于一个政治秩序所提出的被肯认为对的及公正的这项要求实际上存在着好的论证，一个正当的秩序应是得到肯认。正当性意谓着政治秩序之被肯认之值得性。"[①] 其实，无论正义也好，合法性也好，其目的都是为某种社会秩序提供合理的辩护，合法性是政治秩序之被认同的证明。对哈贝马斯而言，政治秩序的最合理的证明是所有人的一致同意。这种一致同意虽然在现时政治生活中是无法达到的，但却是政权合法性的最佳证明。哈贝马斯的这种一致同意主张又与卢梭契约论有其渊源。戴木才指出："政治的正当性与'优良的生活'，在不同的时空条件下具有不同的内容和形式。近代信仰契约制度的正当性成为现代政治文明的正当性基础，理性的形式原则在政治实践中逐渐取代了诸如自然和上帝一类的物质原则。"[②]

实际上，如姚大志先生所说，"为了保证得到遵守，任何制度都必须拥有权威。区别在于：在古代社会，制度的权威基于神话、宗教或形而上学；在现代社会，赋予制度以权威的东西是合法性。这样的

[①] 转引自石元康《天命与正当性》，《开放时代》1999年第6期。
[②] 戴木才：《政治的正当性及其形态演化》，《中共中央党校学报》2004年8月第8卷第3期。

第三章 政权合法性视域下之"道德的政治"思想

理解无疑是恰当的"[1]。笔者在这里想要讨论的是，在中国古代的政治思想中，政治制度的权威既有其宗教、神话、形而上学的根源，又有其对合法性的诉求。事实上，周初关于天命与正当性的观念，既揭示了正当性的实质，又提出如何保持正当性的努力方向。

二 中国古代政权合法性思想的基本观念

中国古代政权合法性思想不是如何治理国家的技术层面的所谓"治道"问题，而是使国家政权获得内在认同的根本问题，不但是新旧政权更替之际的关注点，更是对如何保持社会政治秩序稳定的前提性思考。

（一）中国古代政权合法性思想研究的前提性认识

关于中国古代政权合法性思想，笔者有如下认识：

其一，政权合法性是为政治权威提供的内在理据或曰合法性的证明，是政权巩固、社会稳定的前提和基础。通过何种方式、依据何种原则宣称和拥有政权的合法性，是政权巩固、社会稳定的前提和基础。一种政治权力是否是正义的或正当的，即一个政权有无存在的机会，不在于它是"民主"还是"独裁"，而在于它是否得到了民众的认同。所谓"得民心者得天下"，不但是得天下的手段，而恰恰是守天下的原则，即只有获得天下百姓之心，天下百姓诚心归往，政权才能真正社稷常保。但是，"得民心"的方式和原则是什么？我们需探寻之。

其二，政权合法性是把"权力"转为"权利"，并宣布反抗为非法的一种方式。政权是正当的、合理的，所以反对或推翻它就是不合理的。但如果政权不具有合法性，那么被统治者起而反抗就是可以的。服从权力只是意味着向强力的屈服，只是为避患或权宜之计，而不是一种"意志的行为"。只有当统治"权力"被确定为"权利"

---

[1] 姚大志：《哈贝马斯与政治合法性》，《同济大学学报》（社会科学版）2005年6月第16卷第3期。

时，统治权力才具有合法性，即他人有服从他的义务，他对别人的支配、统治是可以被人愿意地接受的。"即使是最强者也决不会强得永远做主人，除非他把自己的强力转化为权利，把服从转化为义务。"（卢梭语）基于这样的考虑，政权合法性的获得与保持，也即是使众人心甘情愿接受统治、获得统治的权利的意愿和努力。如果权力本身没有获得合法性，那么，人们没有服从的义务。或者说，任何人都可以不违背道义原则地起而推翻不合法、不正当的权力。虽然可能会触犯统治者的制度或法律。但是，"如果权力本身即为不合法的，是通过强力而施行的强迫，不服从并非不合法。所以，政权合法性的拥有，一方面可以使统治者心安理得地进行统治，被统治者心甘情愿地接受统治；另一方面，统治者可以宣布任何反对或推翻政权的企图或行为是阴谋是暴乱"①。

其三，在中国古代，使人们自愿服从政治权威的因素，既有宗教、传统、形而上学的根源，又有其对政权合法性的认同。为了保证得到遵守，任何制度都必须拥有权威。区别在于：在古代社会，制度的权威基于神话、宗教或形而上学；在现代社会，赋予制度以权威的东西是合法性。关于中国古代政权合法性（或政治正当性）的专门研究，多从天、天命、天理等超越的方面阐述。陈赟在《中国古典思想中的政治正当性问题》文中认为政治的正当性的基础是以民意为中心的天命，他说："古代思想之所以对政治正当性的诉求采用了天命论的形式，并非出于宗教神学方面的原因，其实质在于强调天命秩序是以民众为基础的政治—社会秩序。作为个人，即使是君主，也必须顺应而不能违背这种秩序。换言之，作为天子的君主也必须接受这种秩序的限制。所以，这样一种天命论在古代思想中也具有限制君权的意义。"② 这样的理解无疑是恰当的。但笔者在这里想要讨论的是，在中

---

① 荆雨：《从政治正当性视角看儒家"民之父母"思想的内涵及其当代意义》，《古代文明》2012 年第 1 期。
② 陈赟：《自发的秩序与无为的政治——中国古典思想中的政治正当性问题》，《社会科学》2003 年第 1 期。

第三章 政权合法性视域下之"道德的政治"思想

国古代政治思想中，制度的权威既有其宗教、神话、形而上学的根源，又有其对合法性的诉求。事实上，周初关于天命与正当性的观念，既揭示了正当性的实质，又提出如何保持正当性的努力方向。即，正当性的获得不是一劳永逸的事情，需要在统治进程中不断地证明，因而需要受到不断的验证。周人说："周虽旧邦，其命维新。"周虽然是一个小邦，但它却因其德行获得了新的天命。因而其取商而代之，是合法的、正当的，它的政权具有合法性。这既推翻了殷人永远拥有合法性的理论根基，更为重要的是确立了周人自己的合法性根本——有德，并进一步确立了合法地永保社稷的原则——修德。以敬德保民获得政权合法性，不止局限于君主个人，而是扩展到整个统治阶层。

其四，我们认为，中国传统政权合法性以敬德保民为其政权合法性思想的实质，在不同历史时期有不同的表现形态。关于中国古代政权合法性（或政治正当性）的专门研究，多从天、天命、天理等超越的方面阐述。合法性最初通过天命、祖先崇拜的方式确立，再通过德的方式，通过爱民、保民而进一步得以保全；以具体的法天行为而使政治行为具有合法性。任剑涛先生分析认为，《易经》中，政治正当性的终极价值依据是由最具权威的上天保障的，以超越的"道"与"理"的方式确保政权之合法性[①]。两宋时期的思想家则在其理学思想系统中，以理、天理等方式追求和保证政治的合理性。孙晓春认为："两宋时期的思想家用形而上学的方式理解和把握了'天'与天道，把'必然之天'从可感意义上的'天'分离开来，为可感世界建构了一个逻辑的前提，从而在更抽象的水平上理解和把握了普遍的道德原则，也在更高的层次上理解和把握了政治的合理性。"[②]

其五，中国古代比较有代表性的方式则是以民众认同的方式确保其合法性，如"民为邦本，本固邦宁"等主张，其中贯通着的都是敬德与保民的精神。这种主张以儒家为代表，并集中体现于儒家"为

[①] 任剑涛：《政治正当性判准的历史建构——从政治哲学角度看〈易经〉》，《学术研究》2004 年第 3 期。
[②] 孙晓春：《两宋天理论的政治哲学解析》，《清华大学学报》2004 年第 4 期。

民父母"观念中。在儒家"为民父母"的观念中,君王、天子获得百姓衷心拥戴的根本不是依靠暴力强权而是要依靠自身的德行。作为百姓的父母,不唯要照顾子女的衣食住行,更须关注子女的精神、心理健康,保证他们心理、精神上的积极、阳光,保证他(她)们日迁于善。我们应恰当理解中国古代政权合法性思想并保持其中的优良传统,践行"为民父母"精神,以积极心态参与政治、为民服务,克服其中的某些弊端。从政权合法性的角度进行自我反思和自我约束,也是当代中国政治文明、政治正义建设的关键所在。

其六,我们对中国古代政权合法性思想的认识,不能简单站在现代的立场,尤其不能以当代西方的合法性思想对其进行简单的分析和批评,而应以客观地了解的方式分析其中所蕴含的合理因素并阐释其于今日政治哲学建构所能提供的建设性的资源。一方面,在相关专家学者研究的基础上,深入理解政权合法性的思想内涵,提出由"权力"向"权利"转化所实现的德性转换主张;另一方面,全面研究中国古代政权合法性思想,对相关有失公允的观点予以回应,使中国古代政权合法性思想的研究趋于深入和系统。

(二)中国古代政权合法性思想的基本形态及其发展逻辑

在此基础上,我们要进行如下的思考:第一,如何对中国古代政权合法性思想进行贯通性的研究?第二,中国古代政权合法性思想经过了怎样的演变?第三,其演变或表现形式背后具有怎样的逻辑、特征与内在原则?第四,中国古代政治哲学中敬天、重道、明德、爱民等合法性思想能否进行现代的转化?由此,我们须在学界关于政权合法性探讨的基础上,对中国古代政治哲学尤其是儒家政治哲学的政权合法性思想进行系统研究,揭示中国古代政权合法性思想"以个人之德为核心"的内涵及特征,并探索其实现现代性转化的必要与可能。

1. 中国古代政权合法性思想的基本形态

概要而言,中国古代政权合法性思想呈现如下的基本形态及其发展逻辑:其一,殷周之际,以天命为核心的政权合法性思想,通过对祭祖、祭天、敬天等宗教性方式表达其对政治合法性的要求;进一步，在"兄终弟及"到"嫡长子继承"的政治制度中亦在家族政治继承权的转换中蕴含着对政权合法性追求的变化。其二，先秦儒家由对天命的温和地转化，体现出以德与民为核心的政权合法性思想，其不断探讨"唐虞之道""民之父母"及尧舜禅让的问题，足证其政权合法性思想的儒家德性特征。当然，孔子之后战国时期儒家如孟子、荀子的"为民父母"观念的政权合法性思想亦体现出其具体历史背景及独特内涵。其三，西汉初年，儒者与黄老道家则围绕"汤武革命"问题进行关于政权更替的合法性与正当性。在董仲舒天人关系理论中，在阴阳、五行图式中体现出其以先天构成的宇宙图式约束君王的政权合法性思想的建构特征。其四，宋明理学时期，理学家关于道尊于势、以理限势、王霸之辩等问题的反复论辩亦是其对政权合法性思想的形上学层面的探究，理学家重溯道统的努力具有政治合法性追寻的意义。其五，对明末清初黄宗羲"原君"等对君权进行限制的政权合法性思想进行分析，对其以民、学校等对君权进行限制的早期启蒙思想特征予以揭示。

2. 中国古代政权合法性思想的基本问题

中国古代政权合法性思想虽然具有不同的表现形态，但其中大体上具有一些内在的原则或理据，这些内在原则是判断不同时代政权合法性的基本标准。中国古代政权合法性思想的发展显示出的发展逻辑是：由天而人、由外而内、由上而下、由超越而内在。具体而言。其基本问题可以从以下几方面概括：

第一，中国古代政权合法性思想之仁爱原则及心性证成方式。不同时代政权合法性思想表现形态虽不同，但其中皆贯彻着仁爱原则。能够具有并体现仁爱原则的政权才是合法的、正当的，谓之仁政、王道；反之则为暴政、荒政，君主谓之残贼之人、独夫、一夫，失去天下所有人的支持。仁爱思想是历代儒者的核心主张，我们将在政权合法性的问题意识下探讨此原则并予以揭示；儒家"为民父母"思想是仁爱原则的最集中体现，我们将对此一政权合法性思想予以研究；仁爱原则能否得以贯彻，端在君主及大臣是否具有仁爱之心，由"不忍人之心"方可行"不忍人之政"。因此,我们将剖析以"明明德""格君心之非"等心性修养途径为政权合法性落脚点主张的优势与缺弱。

第二,中国古代政权合法性思想之道义原则及行道主体的特征。政权之有道与无道,是判断政权是否具有合法性的重要原则。然则,道的内涵是什么?谁来代表道义的原则?如何保证其所说即为道义?我们研究并揭示道义原则作为政权合法性思想的超越原则在不同时代的体现;研究并揭示道所具有的基本内涵及其对政权合法性所提出的不同限定;我们将研究作为行道主体的"士"的主、客观特征,并确定由于有"志于道"之士的弘毅追求,通过对君臣关系进行研究,我们将揭示中国古代大臣的"以道事君,不可则止""大臣""不召之臣""帝者师"的存在特征。以此确保中国古代政权合法性的思想便不是无人理睬的旁白,而具有强有力的道义约束性。

第三,中国古代政权合法性思想之中道、正义原则及践行方式。我们在此着力研究中国古代政治哲学经典《尚书》《春秋左传》中的中正平和之道,以及刚柔并济、宽猛相济等思想;在此基础上探讨儒家中庸、中和、中道等思想以保证其政权合法性的实现的实践方式;接下来,我们对儒家"政者正也"的公正思想进行研究,探讨其以"正""正名"方式践行政权合法性思想的进路;最后,我们在义利关系的框架内,探讨中国古代政治哲学以百姓之利为君王之义的合法性原则。吴根友即是从"道义论"的角度探讨了孔子政治哲学的治权合法性问题[1]。

第四,中国古代政权合法性思想具有自己的独特性,具有重视内在德性的优点以及制度法律合法性建构缺失的不足。我们认为,在当代语境下,此合法性思想可以且必须进行现代性转化,转化的可能途径是:传统以民为本思想如何既重视民众的物质利益又关注民众的思想自由;民不但是施政的对象,又是政治的主体;如何对现实的政治

---

[1] 吴根友:《道义论——简论孔子的政治哲学及其对治权合法性问题的论证》,《孔子研究》2007年第2期。

权力予以现实的限制,而不止停留在精神的层面,或依赖执政者的自觉;如何建构政权合法性的法律原则,即建立所谓"中国的政道"。

第二节 天命与德行并重之政治正当性思想

中国古代政权合法性(或称政治正当性)的观念经过长期的发展过程,其根源可以追溯到尧舜禹时期。从周初开始,中国古代政治哲学的正当性思想已实现由天命向道德与民众视角的转换,即认为获得并长期拥有政权既非依靠天命神权也非依靠暴力所能实现,而是要依靠本身之德并获得民众的支持。周王朝立国之初,周人在"忧患意识"中思考其政治统治正当性及长期性的问题。在此思考中,周人实现了由传统天命向德行及民众的转换。周人提出"天视自我民视,天听自我民听"的观念,使天命落下来而为民意。而民意则以统治者是否有德、是否惠民为关注的重心。获得民众支持的关键在于给百姓以物质上的好处,并通过君王之德的方式获得百姓衷心归往。《诗》《书》中"民之父母"观念,以"君德"言"君位",即以内在品德为其政治统治提供正当性的证明。

一 "唐虞之道"与圣王政治的理想

尧舜禹时期没有明确思考政权合法性的问题,也没有确立政权合法性的原则,但据古史传说,圣王以德作为传位的根据。后继者的确立是经由四岳的共同推举,推举的根据仍在于是否有德。《尚书·尧典》:

> 帝曰:咨,四岳,朕在位七十载,汝能庸命,朕巽位。岳曰:否德忝帝位。曰:明明扬侧陋。师锡帝曰:有鳏在下,曰虞舜。帝曰:俞,予闻,如何?岳曰:瞽子,父顽母嚚象傲,克谐以孝。烝烝乂,不格奸。帝曰:我其试哉。

据此可知，在欲考察舜之前，尧与臣下还考察过尧子丹朱及其他廷臣，结果都被否定。可见天子之位的传承，在尧与四岳这里是非常慎重的，是须依据一定原则而确定的。这种原则是什么？虽没有明确说明。但据此处的记载，考察与称颂舜的内容无非是他虽处在不和谐的家庭环境，仍能做到孝，而没有流于奸邪。后世儒家将尧舜相与之事称之为"唐虞之道"："唐虞之道，禅而不传……古者尧之与舜也，闻舜孝，知其能养天下之老也；闻舜弟，知其能事天下之长；闻舜慈乎弟，知其能为民主也。"① 所以，尧舜禅让，四岳推举遵循一种潜在的原则，即在位者必是知孝、知悌、仁慈之人，进而必是能"养天下之老""事天下之长"，为民做主、为民父母、为天下利益而"劳心者"。钱穆言："尧禅舜，舜禅禹皆以德，不以力。……抑且禅让亦出公意。尧禅舜，亦须岳牧咸荐。四岳九牧，乃当时中央政府外许多地方政府之首长，代表其他地方政府，而表示其公众之意见。"②

在"唐虞之道"中，德与民成为潜在的政权合法性根据。大概可以说，此即是"以德与民论证政权合法性"的思想根源。《尚书》对尧、舜、禹皆高扬其德行，尤其是其使九族和睦、万邦和谐的政治美德。孔子、孟子等先秦儒家皆倾力描述三代之德。孔子在《论语》中多次盛赞尧、舜、禹，他说："大哉尧之为君，惟天为大，惟尧则之。"（《泰伯》）"巍巍乎！舜禹之有天下也。"（《泰伯》）"无为而治者，其舜也与。"（《卫灵公》）"禹，吾无间然矣。菲饮食，而致孝乎鬼神；恶衣服，而致美乎黻冕；卑宫室，而尽力乎沟洫。"（《泰伯》）孟子更是侧重于对舜的德行进行称说，甚而引起广泛争论。所以，我们认为，虽然所谓"唐虞之道"可能是先秦儒家通过历史叙事的方式阐发其政治理想。但其以尧、舜、禹开始的叙事却仍传达出三代时期以德获得天子之位的信息。换句话说，"唐虞之道"虽未直接从政治正当性角度进行论说，但却显示了中国古代以德获得天子之

---

① 李零：《郭店楚简校读记》，北京大学出版社2002年版，第95页。
② 钱穆：《晚学盲言》，广西师范大学出版社2004年版，第143页。

位及政治正当性的特征及其传统。

二 殷商时期以天帝、祖先神为中心的潜在合法性观念

从政权合法性的角度来说,殷人是以祖先崇拜的形式表达其合法性的声明的。在殷人看来,祖先拥有超自然的能力。这种超常的神圣能力不但表现在此岸世界中,而且表现在彼岸世界中。

殷商时期的祖先崇拜观念首先表现为一种图腾崇拜观念。此观念反映了殷人对外界与自身关系的原始思考。商族以"玄鸟"为自己氏族的图腾,并以与玄鸟有关的神话形式塑造自己部落的起源。关于玄鸟及殷商的始祖诞生神话,《史记·殷本纪》记录的较为详细:"殷契,母曰简狄,有娀氏之女,为帝喾次妃。三人行浴,见玄鸟堕其卵,简狄取吞之,因孕,生契。"这是《史记》所记殷人始祖——契降生的神话。大意是,有娀氏之女——简狄,在野外沐浴时,因为吞下玄鸟所堕下的卵而怀孕并生下殷的始祖契。把自己的始祖认作是由神鸟所生,在商人观念中是十分严肃的事情。《诗·商颂·玄鸟》有近似的说法:"天命玄鸟,降而生商,宅殷土芒芒。"此处,商族与玄鸟的关系更为直接。胡厚宣认为:"图腾崇拜是在原始人联合成为早期氏族的家长式集团的时期里产生的,这种集团由于起源于共有的女祖先,因而彼此又常常统一地结合在一起。早期商族以玄鸟为图腾,便是荒诞地把这一部落的人,说成是起源于玄鸟。而照《诗经·商颂》的传说,又恰恰是把女祖先有娀和鸟图腾统一地结合起来。"[1] 关于殷商以鸟为图腾,在古文献中另有记载。《左传·昭公十七年》郯子说:"我高祖少皞挚之立也,凤鸟适至,故纪于鸟,为鸟师而鸟名。"少皞挚即商的始祖契,在他立国的时候,正当凤鸟来临,所以他要纪于鸟,所有二十四官都是以鸟为名。这是商代鸟图腾的最明显和最典型的例证。

在殷人的观念中,祖先拥有超自然的能力,他们不但在此岸世界拥有超常的能力,而且还在彼岸世界中拥有超常的能力。殷人的祖先

---

[1] 胡厚宣、胡振宇:《殷商史》,上海人民出版社2003年版,第120页。

崇拜具有这样的特征：祖先虽然死了，但其灵魂依旧存在，地位、权威、享受、情感都和活着的时候一样，也一样能降祸或赐福给子孙，所以子孙要以虔敬之心祭祀祖先，请他们来享。他们虔诚地相信，死去的祖先既可以保佑自己又可以降灾祸于自己。在殷人看来，无形的神鬼的世界是和现实有形的世界同样地实在，而且这两个世界关系极密切。殷人对待作为操纵他们一切吉凶祸福的鬼神世界的主角——祖先，需要不断的馈飨和贿赂。"王室对祖先的祭祀，其名目之众多，次数之频繁，贡献之丰盛都非我们所能想象。祭祀的时日、数目、方法，有时连牝牡、毛色，都要凭卜人预先向所祀的祖先请示。"① 由殷人祭祀的繁盛、内容之丰富可以想见，殷人的祖先崇拜，更多功利性祈天邀福的特征。从资料反映的情况看，殷人不断地赞颂祖先，歌唱祖先的丰功伟绩。如："昔有成汤，自彼氐羌，莫敢不来享，莫敢不来王，曰商是常。"（《商颂·殷武》）人们颂扬祖先，是因为祖先为其部族创造了丰功伟业，而且还随时随地保佑着自己的后人，"降福无疆"，给后人带来福祉。就这一点看，殷人观念中其与祖先神的情感色彩重于理性色彩。为了维护部族的利益，人们要依照先祖的成规办事，以图利族利民②。

此类神话传说意在说明：殷人的祖先与神圣性的"天"和"帝"有密切的关系。殷人通过这种方式为自己部落的权威奠定了基础。这种方式可以从两方面理解：一方面，说明殷人以祖先崇拜的方式确立自己的合法性；另一方面，反映出殷人合法性的说明必须使祖先与至上神——上帝联系起来。因为，每个部落或氏族都拥有自己的祖先神，祖先作为部落或氏族集团的保护神具有其有限性。我们知道，《诗经》里同样有周人始祖降生与上帝有联系的说法。因此，欲获得普世性的王权或者使王权在普遍的范围内获得拥护即获得其合法性，便须获得更普遍的神灵的护佑与支持。商王宗族肯定懂得，他需要那

---

① 参见张荫麟《中国史纲》，上海古籍出版社1999年版，第9页。
② 同上。

第三章　政权合法性视域下之"道德的政治"思想

些与自己没有血缘关联的集团和个人的忠诚与支持。随着商王朝的影响以或深或浅的方式在辽阔的地域上扩展开来，他就不仅要依赖于他的分支谱系，而且也依赖于其他集团的加盟。甚至还要依赖那些根本就没有血缘纽带，而是以利益为纽带的"官员"和"大臣"，并希望依靠以忠诚为基础的纽带，而不是以神圣亲属关系为基础的纽带。史华兹（Schwartz）谓："在自然的超自然能力——对它的关注远远超出了对于祖先的特殊关注——之中寻求其谱系的合法性的终极来源。尽管有证据表明即使不属于亲属系列的下级官吏偶尔也会参与王家的祖先祭祀仪式，但最终讲来，国王的中间权威存在于它与高高在上的神'帝'以及受'帝'管辖的一群神祇之间建立的关联之中。"① 这说明，在政权合法性的获得过程中，简单的祖先崇拜方式已经不能实现对普世性王权合法的证明，而必须寻求更积极有效的方式。虽然帝王会想尽一切方法使他的权威得到认同，并扩展他的神圣权力范围，但归根结底，与其说从祖先那里，还不如说从无所不包的权威"帝"那里，获得其终极合法性。

　　天、天命是中国古初文明的终极性观念。任何文明、文化都要有一个终极的、超越的根据，中华文明亦然。殷商时期，天是一个令人敬畏的、能够主宰自然风雨与人间祸福的至上神。当时，天多称为"帝"或"上帝"，帝能够令雨、令风、令灾害、令祸福。殷人通过龟甲、兽骨进行卜筮，以求获知天意。学界关于殷人有无"天""天命"观念争论颇多，此处不欲讨论。可以这样认为，无论殷人天与帝的观念区别有多少，首先是他们要确定一个至上神来确立自己统治的合法性。郭沫若认为周人关于天的思想也是因袭了殷人的，"因为如果不是殷人已经信仰天，周公就无法用天来加强自己的权威并威吓殷人"②。可以认为殷人肯定有一至上神的信仰。另外，殷人的上帝是和他的祖先崇拜联系在一起的。殷人将祖先崇拜与上帝崇拜结合起

---

① ［美］史华兹：《古代中国的思想世界》，程钢译，江苏人民出版社2004年版，第28—32页。
② 郭沫若：《郭沫若全集》历史编1，人民出版社1982年版，第332页。

来。人间的王还不能直接诉请于上帝,如殷王向上帝乞丰年或祈天气时,必须先请求于故世的先祖。因为只有先祖才能直接晋谒上帝,并转达人王的请求。殷王祈求时必举行祭祀仪式,但真正享祭的是先祖,不是上帝。韦政通指出:"从卜辞上帝不享这一事实,一方面可以使人想到上帝与人之间有很大距离;另一方面也可以使人想到殷人的帝很可能是先祖的统称,或是先祖观念的一个抽象。"① 可以这样认为,殷人的宗教思想体现了从只崇拜自己的祖先、只照顾自己子孙到普遍的上帝信仰的转变。

另外,我们需要注意到,殷人祖先崇拜的思想中虽然有政权合法性的潜在内涵,但这种内涵是极其微弱的。在殷人的观念中,他们虔诚地相信死去的祖先既可以保佑自己又可以降灾祸于自己。这说明,殷人的祖先崇拜,较少自觉地思考政权合法性,而更多功利性祈天邀福的特征。虽然商朝君臣也许具有重德与民的观念,如傅斯年认为周人重民思想应该其来有自,但这种自觉只有在西周初年才成为政治思想的主流。假如说,晚期商王朝试图将高高在上的神固定不变地与它自身的谱系拴在一起,那么,周朝初期的创建者们则谨慎地断言,高高在上的神超越于所有这类亲缘关系之上。

三 敬德保民:周代政权合法性内涵的德性转化

实现以小邦代替大邦之政权转换的周人,以其特有的忧患意识提出"皇天无亲,惟德是辅"的观念。徐复观认为,由《易传》"《易》之兴也,其当殷之末世,周之盛德耶? 当文王与纣之事耶"一句,周初的忧患意识的出现应该来自周文王与殷纣王之间的微妙而困难的处境。但此种精神的自觉,却正为周公、召公们所继承和扩大②。

(一)周人的合法性思考

可以说,只有在周初关于政权合法性的思考中,在周人以小邦代

---

① 韦政通:《中国思想史》,上海书店出版社2003年版,第20页。
② 徐复观:《中国人性论史(先秦篇)》,上海三联书店2001年版,第20页。

替大邦殷的既得之又患失之的"忧患意识"中，才会有此类责任意识与敬德意识的产生。《尚书》之《大诰》《康诰》《酒诰》《召诰》中充满着天命转换之际周人对自己执政权利的自觉与慎重。周公在《多士》中说："尔殷遗多士，弗吊旻天，大降丧于殷。我有周佑命，将天明威，致天罚，敕殷命终于帝。……非我小国敢弋殷命，惟天不畀，允罔固乱弼我，我其干求位？惟帝不畀。"

因为殷商政权不敬上天，天才降丧于殷，使其失去政权。而在此政权转换的过程中，周人只是顺从天意，代天实行对殷人的惩罚，使他们结束从上帝那里获得的天命。周人亦以自省的态度表示，不是我们要结束你们的政治天命，只是因为上天不再庇佑你们。傅斯年将《尚书》相关篇章的思想归结为正反两面："在反面则畅述殷王何以能保天之命，其末王何以失之；在正面则申说文王何以集大命于厥身。以此说说殷遗，将以使其忘其兴复之思想，而为周王之荩臣也；以此说说周人，将以使其深知受命保命之不易，勿荒逸以从殷之覆辙也；以此说训后世，将以使其知先人创业之艰难，后王守成之不易，应善其人事，不可徒依天恃天以为生也。"① 就政权合法性而言，实即包含对人、对己的两个方面：

一者，对殷之遗民，周人要进行政治正当性的宣称与证明，也即证明为什么我们现在成为天下共主是合理的，你们要真心地听从我们的号令。"此以革命之解告示殷遗，谓昔者殷先王能尽人事，故能膺天命，今既以淫逸遭天之罚"② 以此获得殷人的衷心归附，并获得政权的长期稳定。周人当然知道获得殷民理解和顺服的重要性。二者，对周人自己，周人要思考永远拥有天命即正当性的维系问题。对周人而言，商王朝灭亡的事实证明一个道理，即正当性的获得不是一劳永逸的事情，需要在统治进程中不断地维系，不断地受到检视。周公天命变易的理论对殷人有效，亦可应用于周人自己。即如周人所言，殷

---

① 刘梦溪编：《中国现代学术经典·傅斯年卷》，河北教育出版社1996年版，第82页。
② 同上书，第86页。

之丧失天命，是由于其末王不述祖德，荒于政事，耽于安乐。但是，如果殷多士中有人起而问曰："准公所言，若周之后王不能畏天显民，亦将臣服他姓乎？"周人如何回答这个难题？即使殷人没有人会这样问，周人也必忧患地意识到：大邦殷何其强大？尚能失其天命，失其政权，我有周亦会因失德而失天命，失其政权。所谓"殷鉴不远"，商亡的教训不远，吾辈不可不慎重。如果不想蹈殷商因失德而失天命（实质是失民，失民心）的覆辙，周人必须做到三点：一敬慎天命，恭谨严肃地行祭天之礼，在仪式中显示其虔诚的敬意；二，修身行德，有德与否成为政权合法性的实质性标准，进而有德与否成为是否拥有天命的判断标准；三，保民、爱民、尊重民意。

在此政权合法性思考之下，为了不重蹈殷纣覆亡之败绩、维护周人政治统治的长期稳定，周人极重视敬德与保民二事。成王年幼，周公摄政之初作《康诰》，提出要"明德慎罚，不敢侮鳏寡"。正是因为文王"明德慎罚"，天才将天命降于文王以及周氏族。《康诰》还有以下主张，"用康保民，弘于天，德裕有身，不废在王命"；"若保赤子，惟民其康"；"敬哉！天威棐忱，民情大可见"。周公告诫康叔，要"保民"，也就是使人民生活安定康宁。"如保赤子"，像保护孩子一样保护臣民，才能使百姓生活安康。

（二）从天命向道德与民心的观念转换

周人的正当性思想表现出从天命向德与民的转换，即在天命之外寻求以统治者的道德获得天下百姓的衷心拥戴。《尚书·皋陶谟》言："天聪明自我民聪明，天明畏自我民明畏。"《孟子·万章》引《秦誓》言："天视自我民视，天听自我民听。"天命杳渺难测，唯民意可知。周人的政治观念是：天意往往是通过人民的意愿表现出来的；满足人民的意愿，便会得到天的眷顾。周人此观念，使天命落下来而为民意，而民意则以统治者是否有德、是否惠民为关注的重心。

《尚书》之《大诰》《康诰》《酒诰》《召诰》诸篇，充满着天命转换之际周人对人、对己的自觉与慎重。周人深刻地认识到：一者，天命不会永远眷顾、支持一家一姓，既可以降临到某人或某个集团身

第三章 政权合法性视域下之"道德的政治"思想

上，也可以离开（弃）他或他们；二者，天命降临与否具有其内在的法则：有德者得天命，无德者失天命。周人可以理直气壮地说，商人失去了天命，因为他们失去了德行；周人获得了天命，因为他们具有德行。周人多言德，主张"克明俊德"，主张以德获得天命、保有天命。《尚书》中极言先王之德，对尧、舜、禹、汤、文王之德皆加称颂。西周政权对于统治正当性的证明，仍然是寻求天命的支持。同时，在其观念中，政权转换之际唯一贯通着的是"德"。可以说，西周初期的忧患意识与"敬德""明德"观念表现出，中国古初文明中的天与天命观念已经包含着道德性的人文自觉。也可以说，由于中国文化、中国哲学的开端即是关心个人与团体的道德，所以中国哲学的核心与特色就是对于人的生命、人的德性的自觉与反省，对德性有清楚而分明的观念。当然德性生命观念展开的进路有正面与反面的不同，有儒家与道家的殊途。概括分析，周人政权合法性或政治正当性的思考包含如下内容：

第一，天或天命是政权合法性的根据，所以周人重天。在《诗经》中周人上层对天的态度是非常庄严肃穆的，这是在殷人观念基础上的发展。在殷周之际及西周初建之时，天命仍然是统治合法性或说政治正当性的终极判准和最终根据。其时的主导观念是：哪个氏族团体得到天命，该氏族团体就获得统治权。比如，在《尚书》中的说法是，商汤进行政治统治是因为他获得了天命；周文王、周武王代替殷人进行统治也是因为他们获得了天命。商纣王临危高呼："我不有命自天乎？"周人亦说："周虽旧邦，其命维新。"都是以拥有天命自居。但是，殷商时期的天命观是具有宗教目的之"祈天永命"，西周时期的天命观则注入了更多的德性反思内容。孔子屡言天命，孟子亦集中讨论过政权是"天与之"还是"民与之"的问题，都是殷周天命观念的流布。

第二，天命靡常，惟德是辅。对殷人而言，殷人因其有德，而有天命，而有合法性，天下尊其为共主，为天子。亦因其失德而失天命，失其合法性。周人既有德，有天命，而有合法性。所以，多言明德、敬德。……《尚书》极言商先王之有德,纣王之无德,极言周文王之有德。纣既荒淫无道,废弃典刑,"残贼"之人,他的统治能给你们带来什么好处呢?周王既有德,重民,"民之所欲从之",有什么道理不服从他呢?周王朝创建者,以小邦周代替大邦殷,必须依此建立政权合法性的理据:一者,天命不常在一家一姓,"天命靡常",不会永远眷顾、支持一家一姓。天命是会转移的。它既可以降临某人或某个集团身上,也可以离开(弃)他或他们。二者,就某一姓氏、家族来说,天命当然不是常在不离、固定不变的,这是不常。但就天命降临与否来说,却内在地具有它的原则,即有德者得天命,无德者失天命。这又是有常。所以周人可以理直气壮地说,商人失去了天命,是因为他们失去了德行;周人获得了天命,是因为他们具有德行。所以周人说:"周虽旧邦,其命维新。"周虽然是一个小邦,但它却因其德行获得了新的天命。因而其取商而代之,是合法的,是正当的。它的统治、它的政权具有合法性。这既推翻了殷人永远拥有合法性的理论根基,更为重要的是确立了周人自己的合法性根本——有德,并进一步确立了合法地永保社稷的原则——修德。

韦政通先生认为,"天命既不是永久不变的,那么要巩固王权,要获得天长久的眷顾,唯一的办法就落在德上,所谓'若德裕乃身,不废在王命'",他同时指出:"虽然这个时候的德性要求还不是自发的,但因与王权的得失攸关,不自觉间已够强化道德的动机。"[①] 这即说明,周人在政权合法性思考的背景下,修德的意识是极强烈的。周人以此为自己的政治统治找到了合法性基础。但这还不是重要的。重要的是,周人由大邦殷的失败经验进行的反思:"皇天无亲,惟德是辅。"天命不是一成不变的,它只眷顾有德者,有德者得天命,无德者失天命。德是得天命进而得王权的根本。另一方面,周人重视民心向背,提出"民心无常,惟惠是怀"的主张,更实质地认识到如何"保民",如何获得民心。因为"合法性虽由天所命,但对人君有

---

① 韦政通:《中国思想史》,上海书店出版社2003年版,第27页。

德与否的现实判断者是民"①。在周人观念中,他们真诚地认为,天是授予他们政权的根源。但是,能否维持政权的长久和稳定,还需诸侯、百姓的支持。诸侯、百姓能够代表上天审视其有德与否,所谓"天聪明自我民聪明,天明畏自我民明畏"(《尚书·皋陶谟》)。

第三,周人认识到,政权合法性的获得,一方面在于宣称以德来获得天命的眷顾,有德即意味着爱民、重民。另一方面,周人亦实质地认识到,有德与否的现实判断者是民,"天视自我民视,天听自我民听"。天命杳渺难测,唯民意可知。进而,周人亦意识到:天命的降临与改易的执行者也是民,所谓"汤武革命,顺乎天而应乎人",是此意。如此,正权合法性的获得在于殷人及天下之人的民心归服。周人在其对正当性的诉求与宣称中,不能不反省到:统治合法性或曰普适性王权的拥有与保持皆为在德行基础上天命的下降与人民的支持。天命是政权合法性的旗帜,而政权的真正拥有或曰政权合法性的实质根源在于民众的拥戴。所谓"得民心者得天下,失民心者失天下"。

如何获得民众拥戴?莫如为民父母。下面我们将以"为民父母"为核心专题讨论周人及先秦儒家之政治正当性思想及其所蕴含的"道德的政治"观念。

第三节 "民之父母"观念之政治正当性思想

周人的政治思想多言德。周代执政者多主张"明德""克明俊德"等,并以"为民父母"作为其政治正当性之本。《诗经》及《尚书》中有"为民父母""天子作民父母"的主张。周人提出的"为民父母"观念包含着政权合法性的内涵。从政治正当性角度考虑,"为民父母"具有如下内涵:天子作为领导者、支配者,和百姓是一体的。既然和百姓是一体的,所以他的选择、行为必定是对(为)百

---

① 荆雨:《德与民:中国古代政权合法性之根据》,《社会科学战线》2008年第6期。

姓好的。既然是对（为）百姓好的，所以百姓赋予他完全的权利去做一切的事情、安排全部的社会政治活动，并自觉自愿地遵守他的安排。那么，何时统治者失去其权利，即人们不再遵从他、服从他（至少是在心里，所谓心不服）呢？是在统治者不再为民父母，不再为民着想，不再为民好（动机），也不再对民好（行为）时失去的。此时的统治者已是与民争利者，不再为民父母，民亦不再拥戴他。其已成为"残贼之人"，为"一夫"，完全失去民心，并因而失去政治正当性。所以，在政治正当性考量中，周人提出最具正当性的"民之父母"观念，以"民之父母"得民心、保天下。赵汀阳对于中国古代天下概念的理解中即强调"民心"。他认为，"天下"进而指所有土地上生活的所有人的心思，即"民心"，比如当说到"得天下"，"主要意思并不是获得了所有土地，而是说获得大多数人的民心。这一点很重要，它表明"天下"概念既是地理性的又是文化心理性的"[①]。

一 《诗》《书》中"民之父母"的政治正当性思想

殷周之际，在政治正当性问题的关注下，周人认为有德者得天命、民心，拥有政治正当性；无德者失天命、民心，失去政治正当性。在此背景下，周人提出"天子作民父母"观念，认为"民之父母"是天子爱民之德的集中表现，亦认为"民之父母"乃是政权拥有正当性并获得民众衷心拥戴、归往的根本，是政治统治拥有内在理据和道德证明的最恰切的方式。

（一）《诗经》中"民之父母"的政治正当性思想

"民之父母"在《诗经》中凡两见。一处为《诗经·大雅·泂酌》："恺悌君子，民之父母。"观此诗之意，召康公教成王以恺悌化庶殷也。即是如何对待殷商之遗民，获得其衷心服从。就"恺悌君子，民之父母"而言，在历代注解基础上可以理解为："恺"与"悌"所达到的效果分别是有如对待父亲那样的尊和有如对待母亲那

[①] 赵汀阳：《"天下体系"：帝国与世界制度》，《世界哲学》2003年第5期。

样的亲。人君具此二者，即可以称为民之父母①。对"恺""悌"的另外理解则是："恺以强教之，悌以悦安之。"② 作为民之父母，一方面是在物质生活上能使百姓安居；另一方面则是教化、教养百姓使其在道德、精神生活上有所提升，日新其德。除"恺悌君子，民之父母"外，《泂酌》篇另有"恺悌君子，民之攸归""恺悌君子，民之攸塈"二句，意思是，和乐平易的君子是民众归往、休息之所在。君子既为民之父母，当然为民所衷心拥戴、天下归往。王先谦云："由公刘居豳之后，别田而养，立学以教，法度简易，人民相安，故亲之如父母。及太王居豳，而从如归市，亦公刘之遗泽而有以致之也。"③《孟子·梁惠王下》亦言太王居邠，以民为怀，民"从之者如归市"之事。虽不言"民之父母"，但其行却恰是父母之行，所以天下百姓争相归附。另一处，《诗经·小雅·南山有台》言："乐之君子，民之父母。"亦以"民之父母"颂扬天子之"德音不已"。

（二）《尚书》中"民之父母"的政治正当性思想

"民之父母"在专言政事的《尚书》中有三处经典表达。本文不涉及《尚书》今、古文之争，只征引其中"民之父母"的文句，并分疏其内涵。第一，古文《尚书》中，孔颖达《尚书正义》之《泰誓中》篇作："惟天地，万物父母；惟人，万物之灵。亶聪明，作元后。元后作民父母。"宋代蔡沈《书经集传》之《太誓上》与上面所引同，解释为："大哉乾元，万物资始；至哉坤元，万物资生。天地者万物之父母也。……故能为大君于天下。而天下之疲癃残疾得其生，鳏寡孤独得其养。举万民之众，无一而不得其所焉。则元后者又所以为民之父母也。……天之为民如此，则任元后之责者，可不知所以作民父母之义乎？"又言："纣慢天虐民，不知所以作民父母也。"④

---

① 方旭东：《上博简"民之父母"篇论析》，转引自《上海博物馆藏战国楚竹书研究续编》，上海书店出版社2004年版，第257页。
② 陈子展：《诗经直解》，复旦大学出版社1983年版，第945页。
③ 同上。
④ （宋）蔡沈：《四书五经》（上），中国书店1985年标点本，第65页。

意思是，天为万物父母，万物各得其养、各得其所。天子、元后亦应以天为法，反思其作为民之父母的责任，爱民、养民。商纣王上不敬天，下不爱民，不作民父母，故天、人共弃之使其失去政治的正当性，为周所灭。第二，孙星衍《尚书今古文注疏》之《泰誓》篇有"天将有立父母，民之有政有居"一句①。值得注意的是，此处是武王伐纣时，诸侯劝战之言。周代替商，是天为民立有圣德之父母，使其有善政、有安居。天下诸侯认为，周武王作为民之父母是天之所立。此观念说明：天下共尊周王，其政治正当性为天下人所赋予。同时，亦体现出政治正当性的根据由天命向德行转换的特征：既为民父母，又为天所立。据《太誓》载，周武王乃作《太誓》，力数商纣王"用妇人之言""自绝于天""断弃先祖之乐"等罪状。质言之，不为民父母，失其德则失其政治正当性。武王伐纣乃"共行天罚"，周代替殷商有其正当性。第三，今文、古文之《洪范》篇皆有"天子作民父母，以为天下王。"注曰："大传说：圣人者，民之父母也。圣王曲备之者也。能生之，能食之，能教之，能诲之。"② 相对而言，"生之""食之"是母之德；"教之""诲之"是父之责。此与前引"恺以强教之，悌以悦安之"恰相呼应。荀子即从此两方面理解"恺悌君子，民之父母"，他说："彼君子者，固有为民父母之说焉。父能生之，不能养之；母能食之，不能教诲之。君者，已能食之矣，又善教诲之者也。"（《荀子·礼论》）只有作民父母，才能有天下人的归往，并真正具有政治正当性。

进而言之，中国古初文明的"民之父母"观念及其后的反思与解释，决定了中国古代政治对天下百姓"生之""食之"与"教之""诲之"的双重关注。"政治"不但要解决经济、政治等问题，同时要解决民众的伦理、道德、宗教等精神生活问题。孔子主张庶、富而教，是此意；王阳明认为《大学》"新民"应读"亲民"，亦是此意。

---

① （清）孙星衍：《尚书今古文注疏》，中华书局1986年标点本，第279页。
② 同上书，第306页。

第三章 政权合法性视域下之"道德的政治"思想

我们需进一步认识到：西周的"保民"思想，还应该是一种思维方式的转变。把政治的中心放到"民"上，强调的是君王对民的责任。但君王为什么要对民有如此责任？为什么如此重视民的意愿？因为民能够上通天意，能够向上天传达人王的政治表现，这也就是民对君王的监督。也就是说君民的关系是对等的，互为责任的。君有使民生活安定和乐的责任，民有监督君的政治行为的责任。这也为儒家"道德的政治"思想奠定了思想基础。从尧舜禹汤以来，重德保民思想是中国古代政治传统。陈来先生认为："从早期禅让的政治文化传统，到夏商两代，在君权神授观念的同时，也都保留了由君主领袖的美德和才智来建立政治合法性的传统。"① 或者这种发展过程可以反过来说，即在保留君权神授观念基础上，进一步发展的是重德保民的思想。并且，以敬德保民获得政权合法性，不但局限于君主个人，而是扩展到整个统治阶层。在这个意义上，我们认为，中国传统政权合法性不具有所谓"卡里斯玛型统治"的特征。另外，传统敬德保民思想尚具有朴素的特征，只有在政权合法性思考的"忧患意识"下，敬德保民才是积极的、自觉的、长期的。

二 明德与亲民：先秦儒家政权合法性思想的内涵

在周初政权合法性思想中，天命是其形式，德与民是其实质。夏勇先生认为周初"天命之改易取决于政权合法性，政权合法性又取决于人民的福祉，倘若统治者不能保民，便丧失了继续统治的权利"②。事实上，天命、人民福祉、政权合法性三者关系可理解为，失去人民福祉，则失去天命，失去天命则失去政权合法性。所以周人是在天命与人民的双重考虑下，安顿其统治的正当性。在周人思想中，敬德与保民为同一件事情。王之德即在安民。沿着周初思想的轨迹，先秦儒家直接以统治者之德来确定政权合法性。换句话说，统治者不再以天

---

① 参见陈来《古代宗教与伦理》，生活·读书·新知三联书店2009年版，第293页。
② 夏勇：《中国民权哲学》，生活·读书·新知三联书店2004年版，第9页。

命保障统治的正当,而径以修身成德成就其在位之合法性。大学首句,"大学之道,在明明德,在亲民,在止于至善",是此观念之集中体现。具体说,政权合法性思想在先秦儒家孔子、《大学》、孟子那里都有所体现。

(一)孔子天命观之"德性"转换及其意义

在孔子以前,无论是以祖配天还是以德配天,无论是祈天永命还是明德自新,中国文化中的天、帝都具有至上神的意义。相应于前期的宗教观念而言,中国哲学的出现是一个"温和地转化"过程,孔子及其后的儒家对天命观进行了"德性"转换。由天及天命的德性转换,才有儒家对于天子、君王以自身之德证明其政治正当性思想的关注。

孔子对于三代天命观念的大传统既有继承又有发展。孔子极重视天,多言知天、畏天、敬天。孔子说:"获罪于天,无所祷也。"(《八佾》)"道之将行也与,命也;道之将废也与,命也。"(《宪问》)"不知命无以为君子。"(《尧曰》)"君子有三畏:畏天命,畏大人,畏圣人之言。"(《季氏》)人的存在,不能没有神圣性,不能没有超越的根据和向往。孔子保留了天、天命的神圣性与超越性,提出人不能得罪上天,要求君子对天命要有所敬畏。君子畏惧"天命",其所畏的"天命",其实是对自己弘道责任的敬畏,非畏天命之责罚,是畏"道"之不行,畏"道"之不能担当,是自己的"戒慎恐惧"。"小人不知天命而不畏也,狎大人,侮圣人之言。"没有道德修养的小人则对天命无所畏惧,任性妄为。君子不但对天命要有所敬畏,而且要上知天命。"不知命无以为君子",程子曰:"知命者,知有命而信之也。人不知命,则见害必避,见利必趋,何以为君子?"

孔子以为自己的生命与天是相通的,所以他说:"不怨天,不尤人,下学而上达。知我者其天乎?"孔子认为自己的道德使命、文化使命是天所赋予的。孔子在危难之际,在生命受到严重威胁之时,在道义理想受到挑战之时,说:"天生德于予,桓魋其如予何?"(《述而》)"文王既没，文不在兹乎？天之将丧斯文也，后死者不得与于斯文也；天之未丧斯文也，匡人其如予何？"(《子罕》)杜维明先生如此评价："设想当时的孔子，一个毫无政权势力支持的知识分子，可以主动地、独立地慨然以承担华夏民族的文化传统自许，这是何等胸襟，何等气魄！"① 正是以天命为根据根源，孔子才将道德实践体验为天赋使命，尽人道即是行天命。孔子在个人的人生践履中体悟、体证天命。孔子"五十而知天命"，到了五十岁才有对天命的感知，天乃进入到他生命的根源里面，由此而使他常常感到他与天的亲和感、具体感，及对天的责任感、使命感，以形成他生命中的坚强自信。② 知天命与人格的完成密切相关。可以说，知天命乃是人格完成的必要条件。由此，孔子把对超越之天的敬畏与主体内在的道德意志结合起来，把外在的宗教性转化为内在的道德性。《诗经·大雅·烝民》："天生烝民，有物有则，民之秉彝，好是懿德。"孟子曾经引述孔子对此诗的解释："为此诗者，其知道乎！"(《孟子·告子上》)孔子肯定此诗为"知道之诗"，即肯定了天的价值本源的地位。天化生众民，为人类的始源，在此化生过程中，每一类事物都有自己的特性和规律。人类所秉之而为自己的类特性是对于美德的趋向，即天赋予人以善良的本性，天命下贯于人的心性之中。

在孔子那里，天的运行不只是一种自然变化的过程，天始终具有神圣和道德的意义。人的存在的意义也在于效法天的运行法则，体验并体现天的道德蕴义。据《阳货》篇载，子曰："予欲无言。"子贡曰："子如不言，则小子何述焉？"子曰："天何言哉？四时行焉，百物生焉，天何言哉？"(《阳货》)孔子曾经对他的学生说，我不想多说话，学生子贡说，您要是不说话，那我们怎么继承您的思想啊？孔子说，天什么时候说过话？却有四时变化，百物化生的妙用。孔子曾盛赞尧的伟大在于效法和体现了天的品格："大哉！尧之为君也。巍

---

① 杜维明：《杜维明文集5》，武汉出版社1999年版，第18页。
② 徐复观：《中国人性论史（先秦篇）》，上海三联书店2002年版，第78页。

巍乎！唯天为大，唯尧则之。荡荡乎！民无能名焉。巍巍乎其有成功也，焕乎其有文章。"《礼记·哀公问》载，鲁哀公问孔子："君子何贵乎天道？"孔子说："贵其不已……无为而物成，是天道也。"天道是生生不已、刚健不息的创造力。如《易传》所言"天行健，君子以自强不息"。

马王堆汉墓出土帛书《易传》之《要》篇载，孔子言："《易》我后其祝卜矣，我观其德义耳也……后世之士疑丘者，或以《易》乎！吾求其德而矣，吾与史巫同涂而殊归者也。君子德行焉求福，故祭祀而寡也；仁义焉求吉，故卜筮而希也。"孔子晚而喜《易》，读《易》韦编三绝。孔子很担心后世的人以为他喜欢卜筮类的东西，所以他明言其于《周易》所重视的是其中所涵蕴的德性意义，而不是占筮之类。就君子而言，他应该行其所当行的道德仁义，外在的福禄自会到来，所以君子较少进行卜筮求福之类的活动。《中庸》言："君子居易以俟命，小人行险以徼（求）幸。"君子"喻于义"，行其所当行的道德以安心接受外在的结果，小人则是不择手段、无所不为地去谋求私利。在此基础上，我们可以说，孔子的天命观不是消极被动的宿命论，而是一种立命担当的道德理想主义。

孔子对于当时流行的宗教祭祀及鬼神的观念持一种敬而远之的态度。子曰："务民之义，敬鬼神而远之，可谓知矣。"（《雍也》）一方面，孔子承认并尊重传统宗教信仰观念，承认鬼神的存在，关心死后的事情。虽然孔子说过"未知生，焉知死""未能事人，焉能事鬼"的话，但我们切不可据此认为孔子没有鬼神观念，甚至没有终极关怀。《论语》中充满着孔子对于丧祭之礼重视的记载。对上帝、山川之神、对祖先之神的祭祀，是重视人存在的神圣性、超越性的表现。通过祭祀之礼也可以敦厚人的亲情，提升人的道德，所谓"慎终追远，民德归厚矣"。另一方面，孔子不同于时人的地方在于，他的生活态度是一种理性主义的认识，不把生命活动的全部寄托于鬼神信仰、宗教祈福上，而是更多地关注人的在世生活、道德亲情的存在。

第三章 政权合法性视域下之"道德的政治"思想

总之，孔子的天命观使人的道德践履具有了超越的指向和根据，人的道德生活亦成为一个天人、上下贯通的整体。中国古代政治正当性思想的基础是以民意为中心的天命。先秦思想家将政治正当性的诉求归诸天及天命，一是对古代思想传统的继承，二则实现了由强调天命秩序到以民众为根本的温和的转化。所以，孔子及古代的天命观具有政权合法性的意义："作为个人，即使是君主，也必须顺应而不能违背这种秩序。换言之，作为天子的君主也必须接受这种秩序的限制。所以，这样一种天命论在古代思想中也具有限制君权的意义。"[1]

(二)《民之父母》与《大学》的政权合法性思想

西周初期天子为民父母的观念，在春秋、战国时期演变为诸侯国君、君主为民父母的思想，虽然提法不尽相同。如《左传·襄公十四年》："良君将赏善而刑淫，养民如子，盖之如天，容之如地。民奉其君，爱之如父母，仰之如日月，敬之如神明，畏之如雷霆。"这里表达的最核心意思是，君养民如子，则民爱其君如父母。再如《国语·吴语》言："越国之中，吾款民以子之，忠惠以善之。吾修令宽刑，施民所欲，去民所恶，称其善，掩其恶。"越王勾践主张像对待儿子一样善待民众，"施民所欲，去民所恶"与下面将要谈到《大学》主张一致，也与《孟子》的相关主张一致。战国时期，道家黄老学派亦主张君主有父母之德行，马王堆汉墓帛书《黄帝四经·君正》篇言："无父之行，不得子之用。无母之德，不能尽民之力。父母之行备，则天地之德也。"

然而，真正继承"民之父母"思想传统并对其进行深入反思与发展的，则是以《诗》《书》为教的儒家。其对"民之父母"的讨论与追问皆归结为：君王能否用心于民？能否心怀百姓？能否尽到自己的责任？以下，我们以上博简《民之父母》《大学》及《孟子》的"民

---

[1] 陈赟：《自发的秩序与无为的政治——中国古典思想中的政治正当性问题》，《社会科学》2003年第1期。

之父母"思想为例，进行分析。

1. "民之父母"：仁心达于天下

孔子强调君王要："为政以德，譬若北辰，居其所而众星共之。"能以德为政，自可获得众星环绕、天下归往的局面。孔子又说："一日克己复礼，天下归仁。"克己复礼为仁，一旦统治者做到克己复礼，即做到仁，天下百姓自然无不欣然归往。此时已不再是简单的政权合法性的问题。孔子认为"政者正也。"做君主、当皇帝不只是客观地进行政治之事，发布政令，"其身正，不令而行，其身不正，虽令不从"，更要积极地做到"尽善尽美"，做到修己以敬。在孔子这里，天子、诸侯之德并非空疏无物，其所指皆针对天下百姓之生活。孔子言："仁者爱人。"爱人即爱民，爱天下所有之人，爱天下黎民百姓。需要注意的是，孔子之爱民、保民涵括两层：一层是指百姓之物质生活，所谓民生问题；另一层是百姓的精神生活。孔子非常明确地主张"庶富后教"，认为"道之以德，齐之以礼，有耻且格"。政治不要停留于使人民规行矩步，不敢稍越雷池，亦不仅使人民生活富足（当然这是根本），而要进一步使人去恶向善，成为有道德的人。《论语》中充满着修德、行仁的主张，孔子以"博施于民，而能济众"为圣人之理想。孔子对尧、舜、禹、文王、周公的倾慕与向往，则表示出他对于合法的政治权威即君主的德行要求。

上博简《民之父母》与《礼记·孔子闲居》都是从子夏引"恺悌君子，民之父母"开始，进而师徒关于"民之父母"进行讨论。子夏于孔门中以文学见长，尤擅于《诗》，且能发现诗句背后的德性内涵，这在《论语》及上博简《孔子诗论》中都有所体现。传世文献与简本出入不大，暂引《礼记·孔子闲居》[①]为据：

> 孔子闲居，子夏侍。子夏曰："敢问《诗》云'恺悌君子，民之父母'，何如斯可谓民之父母矣？"孔子曰："夫民之父母

[①] （清）孙希旦：《礼记集解》，中华书局1989年标点本，第1275页。

第三章 政权合法性视域下之"道德的政治"思想

乎!必达于礼乐之原,以致五至,而行三无,以横于天下。四方有败,必先知之。此之谓民之父母矣。"

如何才可称为"民之父母"?"达于礼乐之原",即感通于礼乐之本,知圣人在礼乐形式背后之所用心。孔子重视礼乐之本,"林放问礼之本",孔子说这真是好的提问啊!礼与其奢华隆重有余而真心不足,不如有诚敬之心而形式不足;丧,与其形式完备而无哀戚之心,不如有哀戚之心而形式不完备。孔子当然主张"文质彬彬",形式与内心同具。然而,若不能兼备,则求其用心。孔子言:"礼云礼云,玉帛云乎哉?乐云乐云,钟鼓云乎哉?""人而不仁,如礼何?人而不仁,如乐何?"孔子认为礼乐之行,必以仁心为本。若无仁心,礼乐徒具形式,没有任何意义。自"达于礼乐之原"以下,皆为"民之父母"之表现。"以横于天下"即下文所谓"志气塞乎天地"[1],即心之充塞于天地之间,如孟子所说的浩然之气,"以直养而无害,则塞于天地之间"。此思想看似具有形上、超越的意义,实则极朴实、极切近。仁心之系百姓、怀天下,自然充塞于天地之间,下面"四方有败,必先知之",即是此心之发用。孙希旦谓:"四方有败,必先知之者,惟其有忧民之实心,而其识又足以察乎几微也。"[2]"四方有败,必先知之",不必有超绝凡人、察无形、听无声之特异才能,关键在于心系百姓,真心、实心关注百姓。能如此,则能预先察知将要发生的祸患、灾害,消弭于无形;即便发生无法预知的灾害,也能率先知觉,并率先救助。后文以"凡民有丧,匍匐救之"解释"无服之丧",民之遭遇祸患、灾害,丧失生命,君主必手足并用,匍匐往救,哀戚、同感之心跃然可见。此皆一心之用。可见,"民之父母"的关键乃在"仁心"。马一浮言:"仁者心无私系,以百姓心为心,天下之饥溺己之饥溺也,生民之疾苦己之疾苦也。……以不忍人之

---

[1] 此取孙希旦之意见。见(清)孙希旦《礼记集解》,中华书局1989年标点本,第1275页。

[2] (清)孙希旦:《礼记集解》,中华书局1989年标点本,第1275页。

· 119 ·

心，行不忍人之政，如保赤子，唯恐伤之。则灾害祸乱何自而作乎？知己其神，通微曰睿。绝纤芥之恶于未兆，消潜隐之患于无形。既曰先知，则不待其著见矣。"① 此言正是"民之父母"的涵义。

2. "民之父母"：好恶与民同

《大学》引用《诗经》关于"民之父母"的第二处进行讨论："《诗》云：'乐只君子，民之父母。'民之所好好之，民之所恶恶之，此之谓民之父母。""民之所好好之，民之所恶恶之"，这是"民之父母"的核心内容。前引《国语·吴语》所主张"施民所欲，去民所恶"与此处一致。孟子亦主张："所欲与之聚之，所恶勿施尔也。"朱熹言："言能絜矩而以民心为己心，则是爱民如子，而民爱之如父母矣。"② 由朱子解说当知，"民之父母"并非口头上的宣讲，而是要真心地对待百姓，以民心为己心，想民之所想，急民之所急才能获得百姓的衷心爱戴，"爱之如父母"。然则，如何好恶与民同？《大学》言："《康诰》曰：'如保赤子。'心诚求之，虽不中，不远矣。"父母对待幼年子女的养育必是真诚地、发自内心地爱，会是无微不至，想尽一切办法为其考虑。作为"民之父母"的国君，如果真心地（诚）要爱民如子，虽然不会完全符合他们的要求，但也不会相差很远。这里引用"如保赤子"，不包含"百姓是幼儿、无知无识，完全依靠君主"等内容，是从君主之对待赤子的存心出发。所以《大学》主张"诚意""正心""修身"，认为"自天子以至于庶人，一是皆以修身为本。"《大学》后面皆言重德，"德者本也，财者末也。"事实上，百姓之心所好、所恶是很简单朴素的：所好者，生活富足、安宁，饥者得食、寒者得衣，乐岁终身饱，凶年免于死亡；所恶者，生活贫困、生命不保。执政者真能"以百姓心为心"，必可体察民之好恶。

3. 责任意识与责任伦理：孟子对"民之父母"的反思

孟子多处提到政权合法性的问题，孟子重视"惟仁者宜在高位，

---

① 参见滕复编《默然不说声如雷——马一浮新儒学论著辑要》，中国广播电视出版社1995年版，第259页。

② （宋）朱熹：《四书章句集注》，中华书局1983年标点本，第10—11页。

第三章　政权合法性视域下之"道德的政治"思想

不仁者而在高位,是播其恶于下也"。合法的统治者要具备仁德。孟子曰:"三代之得天下也以仁,其失天下也以不仁。"(《离娄上》)《万章上》有一段孟子与弟子万章关于政权合法性的经典论述。

　　曰:"敢问荐之于天,而天受之;暴之于民,而民受之,如何?"
　　曰:"使之主祭,而百神享之,是天受之;使之主事,而事治,百姓安之,是民受之也。天与之,人与之,故曰:天子不能以天下与人。舜相尧二十有八载,非人之所能为也,天也。尧崩,三年之丧毕,舜避尧之子于南河之南。天下诸侯进觐者,不之尧之子而之舜;讼狱者,不之尧之子而之舜;讴歌者,不讴歌尧之子而讴歌舜,故曰,天也。夫然后之中国,践天子位焉。而居尧之宫,逼尧之子,是篡也,非天与也。《太誓》曰:'天视自我民视,天听自我民听。'此之谓也。"

孟子的学生万章认为,舜"践天子位",获得政治权威,是由于尧把天子之位传授给了舜。孟子提出了与此"家天下"观念完全不同的主张。孟子认为,天子只能把合适的继承人推荐给天,而没有权利把政权给予任何人,就像诸侯只能向天子推荐继承人而没有权利决定继承人一样。政权合法性的根源只在于天、天命。这是孟子继承传统政权合法性思想的一方面。孟子对此思想发展的方面在于提出政权合法性的最终根源在民的主张。孟子认为,天不会说话,不会宣布谁具有统治的合法性。天赋与舜以合法性权威是通过人间的行与事。"使之主祭而百神享之,是天受之。"如何通过主祭的方式显示受荐人具有神秘的能力,现代人难以知道,这也不是孟子的重点。"使之主事而事治,百姓安之,是民受之也"。百姓接受,百姓心悦诚服才是政权合法性的根本。"天下诸侯朝觐者,不之尧之子而之舜;讼狱者,不之尧之子而之舜;讴歌者,不讴歌尧之子而讴歌舜。故曰:天也。"(《万章上》)由此可见,天下诸侯、百姓的行为表现即是天之表现。百姓之意即是

· 121 ·

天意，孟子在此段对话最后引《泰誓》"天视自我民视，天听自我民听"为证。足以说明，孟子以民为政权合法性的最终评判标准。梁涛从"立君以为民"角度探讨政权的合法性基础，认为孟子的民贵说包含了政权合法性的思考，即认为人民的利益构成君主权力的基础，君主应尽职保障人民的生命与财产安全，否则便不具有合法性。梁涛先生亦从"义利之辨"的角度探讨政治的正义性原则、从"从道不从君"的角度论述士的为政原则，并对早期儒学的政治理念予以现代性的反思。① 事实上，我们研读《孟子》时可以发现，孟子对于天实不曾给予过多关注，孟子所关注者皆在民。孟子曰：

> 桀纣之失天下也，失其民也。失其民者，失其心也。得天下有道：得其民斯得天下矣。得其民有道：得其心，斯得民矣。得其心有道：所欲与之聚之，所恶勿施尔也。民之归仁也，犹水之就下、兽之走圹也。（《离娄上》）

孟子认为，桀纣失掉天下、政权的关键在于失去了百姓，更主要是失去了民心，即由于失去了民众的支持、失去了政治正当性或政权合法性。从此，得民心者得天下，失民心者失天下，成为中国古代政治思想中千古不易的原则与信念。政权得失之际，全在于人君是否能获得民心。得民心则政权具有合法性，失民心则失去合法性。如何得民心？民众希望的、欲求的帮助他获得；民众讨厌的不施加给他。进一步，民众、百姓欲求的是什么？无非生活富足、安定、快乐、幸福；百姓讨厌的是什么？无非是厚重的赋税、随时的徭役、频繁的战争。孟子曰：

> 伯夷辟纣，居北海之滨，闻文王作，兴曰："盍归乎来！吾闻西伯善养老者。"太公辟纣，居东海之滨，闻文王作，兴曰：

---

① 梁涛：《论早期儒学的政治理念》，《哲学研究》2008年第10期。

"盍归乎来！吾闻西伯善养老者。"二老者，天下之大老也，而归之，是天下之父归之也。天下之父归之，其子焉往？（《离娄上》）

文王能恭敬地对待有德的长者——伯夷、姜太公，天下的百姓自然以此为例纷纷归往之。孟子又举例说，周的先祖太公在邠地居住的时候，事事"以民为怀"，民自然"从之者如归市"。（《梁惠王下》）孟子认为，实行仁政、王道的君王慈爱百姓、不施争夺，是"不嗜杀人者"。这样的君王，百姓是衷心向往，"引领而望之"。这样的君王，百姓心甘情愿地归服、自愿接受你的治理，就像水向下流一样自然而无法阻挡。孟子说："如有不嗜杀人者，则天下之民皆引领而望之矣！诚如是也，民归之，犹水之就下，沛然谁能御之？"（《梁惠王上》）这是政治正当性的最好证明，是良好的政治的最恰切的证明。孟子认为政治合法、正当的最恰切表现就是百姓心服。孟子说："以善养人，然后能服天下。天下不心服而王者，未之有也。"（《离娄上》）"以力服人者，非心服也，力不赡也；以德服人者，中心悦而诚服也。"（《公孙丑上》）

在此基础上，孟子提出了"乐民""与民同乐"的观念。孟子说：

> 文王以民力为台为沼，而民欢乐之，谓其台曰灵台，谓其沼曰灵沼，乐其有麋鹿鱼鳖。古之人与民偕乐，故能乐也。
> 今王鼓乐于此，百姓闻王钟鼓之声、管籥之音，举欣欣然有喜色而相告曰："吾王庶几无疾病与？何以能鼓乐也？"……此无它，与民同乐也。

虽然是使用民力，但百姓不但没有怨诽之言，反而高兴文王建成了亭台、苑囿，为其取名"灵台""灵沼"。关键是建成后的亭台池沼是"与民偕乐"、与民共享的。由于"与民同乐"，所以百姓听到君王的钟鼓之声、管籥之音，都高兴地表达期盼君王身体健康的愿望。所以，孟子这里虽然没有提出政治正当性的概念，却以百姓之乐的方式为政治的正当性、统治的合法性提供了最恰切的证明。

以上择孟子重民之要者为例。"天下之父归之""服天下""中心悦而诚服""从之者如归市"等等，都是指政权实质地具有合法性而获得百姓的衷心拥戴、天下归王。这种合法性不是简单的宣称所能获得，必是以真诚地重视百姓、善待百姓所致，必以与民同乐、同利、"养老""善养人""不嗜杀人"等为施政目标与内容。孟子更是要彻底地提高民的地位，提出"民为贵，社稷次之，君为轻"的主张。在孟子看来，政权是否合法，关键看其是否获得民心，是否获得民众的一致归服。像桀、纣一样的残贼之人、独夫不以百姓为念，自然为天下百姓所弃。此时政权已失去合法性，人民可以合理地推翻不合法的政权，诛杀无道的"独夫"。孟子关于"民之父母"的讨论可以从以下几个方面来看：

第一，孟子期待君王"为民父母"以获得"天下归之"的效果。孟子以"仁心""仁政"言天下之得失，他认为，禹、汤、文、武获得天下是因为有仁心；桀、纣、幽、厉失去天下是因为不仁。孟子认为，桀纣之所以丢掉天下，在于其失去民众、民心。所以，得到天下的关键在于获得民众，获得民众的关键在于获得民心。获得民心之后，百姓归服于仁者就像水向下流动、野兽向旷野奔走一样难以遏止。那么，如何获得民心？百姓所需要的帮助他聚敛，百姓所厌恶的绝不施行。孟子进一步指出，要获得百姓之心，必须是真心地对待百姓好，而不是假借善的名义使百姓服从①。孟子又言："乐民之乐者，民亦乐其乐。忧民之忧者，民亦忧其忧。乐以天下，忧以天下。然而不王者，未之有也。"（《孟子·梁惠王下》）君王以百姓之乐为乐，百姓亦以君王之乐为乐。君王担忧百姓的疾患，百姓亦担忧君王的忧

---

① 《孟子·离娄下》："以善服人者，未有能服人者也；以善养人，然后能服天下。天下不心服而王者，未之有也。"

第三章　政权合法性视域下之"道德的政治"思想

患。君王与百姓，忧乐为一，上下同心。孟子虽未直接指出，但唯有"为民父母"者才能做到"乐以天下，忧以天下"。

第二，孟子强调君主"为民父母"的担当意识。在孟子直接谈到"为民父母"的三处言论中，有二处是从反面揭示诸侯国君不"为民父母"行为的表现，以警醒当政者反省"为民父母"的责任。引两段话如下：

> 庖有肥肉，厩有肥马，民有饥色，野有饿莩，此率兽而食人也。兽相食，且人恶之。为民父母，行政，不免于率兽而食人，恶在其为民父母也？（《孟子·梁惠王上》）

> 民之为道也，有恒产者有恒心，无恒产者无恒心。苟无恒心，放辟邪侈，无不为已。及陷乎罪，然后从而刑之，是罔民也。焉有仁人在位罔民而可为也？是故贤君必恭俭礼下，取于民有制。……为民父母，使民盼盼然，将终岁勤动，不得以养其父母，又称贷而益之，使老稚转乎沟壑，恶在其为民父母也？（《孟子·滕文公上》）

"为民父母"是国君宣称自己政治正当性的最佳方式。在孟子的时代，有许多国君会自许"为民父母"，宣称自己关爱百姓。如梁惠王即宣称"寡人之于国也，尽心焉耳矣"。（《孟子·梁惠王上》）孟子即反问他们：君王视百姓不如犬马，使其终身劳碌，居无定所，食不果腹，饥饿病死。这难道是为民父母应该做的吗？孟子说："王无罪岁。"即不要把悲惨的局面推脱给年景不好，要反思自己的责任。孟子说："禹思天下有溺者，由己溺之也；稷思天下有饥者，由己饥之也。"（《孟子·离娄下》）朱熹解释说："禹稷身任其职，故以为己责而救之急也。"[1] 真正为民父母的圣王，能为民着想，视百姓的饥饿、困苦为自己不可推卸的责任。孟子言："思天下之民匹夫匹妇有

---

[1] （宋）朱熹：《四书章句集注》，中华书局1983年标点本，第299页。

不被尧舜之泽者，若己推而内之沟中。"（《孟子·万章上》）伊尹之以天下自任如此。孟子又言："文王视民如伤。"百姓生活已经安定，而文王仍看待他们像在疾苦中受到伤害。如此才是心系百姓、尽心于百姓的民之父母。

第三，孟子认为，不为民父母之极致乃为残贼之人，失去其政治正当性，民众可以起而"诛"之。孟子说："贼仁者谓之贼，贼义者谓之残，残贼之人谓之一夫。闻诛一夫纣矣，未闻弑君也。"（《孟子·梁惠王下》）桀纣不行仁义为残贼之人，"一夫"意思是失去所有人的支持，即失去其统治的正当性，所以，汤、武讨伐桀纣，推翻其统治，是"顺乎天而应乎人"，是正当的。在孟子看来，具有合法性的君主必然是能行仁政、行王道的，而行仁政、王道的根据在于君主具有"恻隐不忍之心"。由此，强调修身的重要性，以其性善之论为政权合法性的维系奠定了坚实的道德基础。欲保民必先有德，必先有同情、恻隐之心。有恻隐之心必发而为仁政，无恻隐之心必不能为仁政。如此，在孟子这里，无疑合法性的思考在于敬德保民，敬德保民成为统治者的本分。这是其合理性。但这种理解，可能具有"泛道德主义"的缺陷，使人重内圣而轻外王。王阳明不同意朱熹解"亲民"为"新民"，以此。

三 儒家"民之父母"观念的现代反思

有学者认为，中国古代"民之父母"观念，是在家国同构或曰在宗法社会下产生的思想观念。或认为"民之父母"观念下没有公民社会的一席之地，形不成公民及一系列的法权观念[①]。我们亦可承认，"民之父母"会有形成独裁专制的危险并与现代民主观念相左，这样的忧虑具有一定的合理性。但同时我们更应注意到，基于政治正当性考虑而提出并由先秦儒家所提倡和发展的"民之父母"观念的积极

---

① 方旭东：《上博简"民之父母"篇论析》，转引自《上海博物馆藏战国楚竹书研究续编》，上海书店出版社2004年版，第259页。

内涵。天子、国君（或政府）"以仁存心"，具有责任意识并从根本上"真心"对待百姓，这是任何合理、正当的政权或政府都应具有的内在元素。现代民主观念下的政权（及执政者）亦应吸纳"民之父母"观念的积极内涵，以积极的、负责任的精神关注国事民瘼，不唯照顾子女（百姓）的衣食住行，更须关注子女（百姓）的精神、心理健康，保证他（她）们心理、精神上的健康和阳光，保证他（她）们日迁于善。

第一，我们认为，民主作为一种客观化的政治运作方式，并不与"圣君贤相""民之父母"的观念相对立。儒家"为民父母"的观念，"鞠躬尽瘁，死而后已"的精神，完全可以贯通于民主制度之中，且不会破坏民主制度。事实上，在民主的框架内展开与落实的"民之父母"，应该能够（或者应该努力）避免堕入专制与独裁的泥潭。儒家在这方面，虽然没有提出系统性的制度设想，但孟子已经有过相关的主张："国君进贤，如不得已，将使卑逾尊，疏逾戚，可不慎与？左右皆曰贤，未可也；诸大夫皆曰贤，未可也；国人皆曰贤，然后察之。见贤焉，然后用之。左右皆曰不可，勿听；诸大夫皆曰不可，勿听；国人皆曰不可，然后察之。见不可焉，然后去之。左右皆曰可杀，勿听；诸大夫皆曰可杀，勿听；国人皆曰可杀，然后察之。见可杀焉，然后杀之。故曰国人杀之也。如此，然后可以为民父母。"（《孟子·梁惠王下》）"为民父母"的君王在选拔任用人才及惩罚杀戮人的时候，要听取国人的意见。这无疑体现出孟子以民的意见为主要（甚而是最后）参考的主张。

"民之父母"观念最容易出现的问题是：我是父母，我是一切为民众好，所以你们应该（且必须）服从我。即使大多数民众的意见和我是相悖的，父母的观念也是绝对正确与必须服从的。一切家长做主，不容异见，以致酿成很多好心做坏事的悲剧。这样，"民之父母"观念便会产生一些负面结果，尤其不能和现代民主观念相融。所以"为民父母"，关键是要消解自身的高大，不要以高高在上的姿态轻视民众，不要独裁、专制。当然，不能仅依靠君主、执政者的自律，而要从制度建设方面对权力进行限制。如果说在周人那里，政权合法性的终极根据在天命，实质根据在民与德，而在后世儒家那里，不修德保民本身即为不合法，即失掉其合法性。我们前面曾经说过，获得民众拥戴，拥有合法性的最高理想莫如为民父母。能为民父母，自然会获得百姓的信任和拥戴，就像子女信任自己的父母一样。《大学》有"民之所好好之，民之所恶恶之，此之谓民之父母"。孟子亦有相关说法。然则在敬德保民基础上的为民父母观念，是一把双刃剑，优点和缺点都很明显。

第二，从积极的方面言，君主和大臣具有为民父母的观念，可以切实体察民情、关注民生，"以百姓心为心"。百姓也相信君主和大臣，故能在民族、国家危难之际，发挥群体的力量做大事。从消极的方面说，君主、大臣具有为民父母的观念，必然一切家长做主，而不容异己，不容不同意见。百姓在君主为民父母观念影响下，凡事都交由官府。即便有糊涂昏聩的君主或大臣，百姓亦只期待"父母官"的出现。由此，则在上者不承认群众的权利，在下者亦不要求自己的权利。中国古代政权合法性观念的最大问题是在，没有权利，只能通过武力执掌权力，即"打江山""打天下"的方式。政治的权利，台上或台下，没有通过合理的、理性的或曰法律的方式保证，不是一种理性的合法性。这样，一方面，当治者失去政治的权利时，人民不能合法地要求其让出权力，虽屡言重民意，但若君主不重民意，民意又该如何表达？人民只能在此政权之内发言，而不能在政权之外或之上发言。政权失去合法性时，谁有权利推翻它？儒者虽极力提倡爱民治国，告诫"水能载舟，亦能覆舟"，然对此问题，终究无法解决；另一方面，新王朝的建立，江山的易主，也不是通过合理的、法律的方式获得，而是通过武力、强力的方式获得。所以，以敬德保民、为民父母为核心的政权合法性思想很难合理地发展出民主观念。必在黄宗羲《原君》对君主认识的基础上才有发展出民主的可能（不是必然）。

第三，从可能性上说，为民父母的合法性思想亦可流淌出民主、权利之河。其一，传统以民为本思想，其着重点在人民物质生活的改善，而在物质生活满足基础上，人民自然会产生精神生活的需要，如人的尊严、自由、平等、权利等要求，真正的为民父母应该满足民众的这些需求；其二，为民父母的执政者，在经历了历史上治乱循环的病痛之后，为国为民计，必寻求突破"武力打天下"的模式而易之以和平的方式。和平的方式就应是主权在民，人民有决定政权是否合法的宪法权利。其三，民众也可发现，为民父母固然好，但只是一种保证合法性的理想，现实中的君主、大臣总是会出现"独夫""民贼"以及贪官污吏的。这样，民众就不能对他们完全地信任而必然要求自己正当权利的客观担保。其四，中国传统有重视言论自由的根源，《国语·周语》中就有"防民之口，甚于防川"的说法。

第四章

儒家"道德的政治"之思维与价值观基础

当今世界,中西方大多数思想家都非常重视建立人与自然的和谐关系,重视人与"他者"的共生关系。法国社会学家阿兰·图海纳(Alain Touraine)提出在全球化背景下"我们如何共同生存"的问题。西方政治哲学在正义关怀的主题下,出现了社群主义(ommunitarianism)等学派和主张,体现出对共同体价值和民族集体价值重视的诉求和趋向。郭齐勇先生认为:"实际上,'他者'的说法是西方话语。所谓自然的他者、社会的他者、终极的他者的概念,都是西方式的。中国人没有这样的看法,自然、他人、天道都不是'他者',而是自身或自己的一部分,或是与自己有机联系在一起的整体。"① 如果说,在强调主客二分、人类中心主义、主体中心主义的思想传统下,西方哲学有很多理论上的困难需要解决。那么,在对立的甚至敌对的观念基础上,如何实现对他人、他物存在价值的最真诚的关怀与担当?如何能在政治领域实现个人与整体、治者与被治者、人与世界的整体和谐?中国古代哲学是否能在这方面提供思想的资源?

中国古代哲学尤其是儒家哲学认为,人内在本然地蕴含着对宇宙整体及他人、他物价值实现的道义担当与道德责任。儒家"道德的政治"之修己—安人不是外在的道德规定,也非有违本性的道德强迫,

---

① 郭齐勇:《中国哲学智慧的探索》,中华书局2008年版,第13页。

而是在本原存在意义上有其根据的。中国哲学本体论与心性论方面的整体观为实现人我和谐、天人和谐提供了丰富的思想资源。儒家主张在群体价值实现与人伦关系的完善中成为自己（成人），主张成人是融成己、成人、成物为一事的整体存在。有此整体性的思维方式及"成人"观念，才有对于他人义务与整体责任的关切，才有个人与社群隔绝不通、对立矛盾以及因对他人同情心不足而缺乏正义关怀等难题之纾解。中国哲学整体性思维方式奠定了儒家"道德的政治"之思想基础。

第一节 中国哲学整体性世界观的内涵

哲学家看待问题、分析问题、处理问题的思维方式，根源于他们对人的存在、世界（宇宙）的存在的真实感受。中国古代哲学体认存在、体认世界的根本观念是"天人合一""天人一体"。此"天人一体"不是理论预设和逻辑思辨的产物，而是人的真实存在的显现。人的真实存在需要人的真实感受和个人的体会与体悟。人的存在意义和价值便在于真实地追求和展示此存在的真实，如《中庸》所谓"诚者，天之道也。诚之者，人之道也"。中国古代哲学的核心在于将"人在天地中""天地在人中"的存在真实展示出来。

中国古代哲学思维具有相关性、具体性、模糊性、象征性等特征，但"整体性思维"或曰"整体观"无疑是其最为根本的思想特征。中国传统哲学的整体性思维方式体现着中国古代哲学家整体地、共通地看待和感受宇宙、人生的基本视角。由此视角，中国哲学亦生发出其独特的价值取向与理想目标。高清海先生认为，中国哲学用心体认（悟）的方式在于"主体与客体、内在与外在、人性与物性的融通一体为基点"[1]。在当代，研究中国传统哲学的整体性思维方式，既是对中国古代哲人整全的存在方式与感受方式的再次领略与品鉴，

---

[1] 高清海：《中国传统哲学的思维特质及其价值》，《中国社会科学》2002年第1期。

也可以为现代人"上不着天，下不着地，中不在人"的孤立无助的存在处境提供一种反观和借取的资源。

一 中国哲学"整体性思维"的内涵

一般而言，中国哲学"整体性思维"在本体论、心性论方面都有其典型表现。在传统的社会政治生活中，"整体性思维"亦体现出家国一体、个人与群体互为一体的特征。

（一）整体性思维的基本内涵

什么是整体性思维？张岱年先生认为中国传统哲学的思维方式首先具有整体观（或曰整体思维）的特征。他说："所谓整体观点，就是认为世界（天体）是一个整体，人和物也都是一个整体，整体包含许多部分，各部分之间有密切的联系，因而构成一个整体，想了解部分，必须了解整体。"① 郑万耕说："所谓整体思维，是以普遍联系、相互制约的观点看待世界及其一切事物的思维方式。这种思维方式不仅把整个世界视为一个有机整体，认为构成这个世界的一切事物是相互联系、相互制约的，而且把每一个事物又各自视为一个小的整体，除了它与其他事物之间具有相互联系、相互制约的关系之外，其内部也呈现出多种因素、多种部件的普遍联系。其中任何一个环节或部件发生变化，都会引起整体的变化；任何一环节或部位受到损害，其整体都会受到伤害，从而影响其正常的运作。这种整体思维方式在易学中表现得十分突出。"② 整体思维常被学者认为是一种方法论。它表现于社会实践领域，即是"和合"二字。所以，注重整体和群体价值与社会和谐价值是中国传统文化的精髓之一。关于儒家的和谐思想，为汤一介先生所重视。他指出，由"自然的和谐""人与自然的和谐""人与人的和谐""人自我身心内外的和谐"所构成的"普遍和谐"观念是儒家的重要思想。儒家关于"和谐"的观念是把

---

① 张岱年：《张岱年学术文化随笔》，中国青年出版社1996年版，第38页。
② 郑万耕：《易学中的整体思维方式》，《周易研究》1995年第4期（总第26期）。

第四章 儒家"道德的政治"之思维与价值观基础

"自我身心内外的和谐"作为起点的。儒家是由通过道德学养达到自身的和谐而推广到"人与人的和谐",人类社会和谐了,那么才能很好地处理人和自然的关系;人与自然的关系处理好了,才能不破坏"自然的和谐"[①]。而中国古代的贵和思想至今仍有价值:它建立在对人的社会性深刻体悟的基础之上,视和谐为社会的生命;在人类与大自然、人身与人心的不和谐日益成为突出的社会问题的情况下,既强调人际关系的和谐又重视人与自然以及人自身的身心和谐的全面和谐的积极意义无疑更显突出;"和而不同"说与"和而不流"说划清了和与同的本质区别,强调实现社会和谐并非忽视个性,对全面地认识和谐社会也是有益的[②]。关于中国古代哲学思维特征,众多学者从"联系性思维方式"维度进行研究,如美国汉学家李约瑟(Dr. Joseph Needham)、史华兹、葛瑞汉(A. C. Graham)等。黄俊杰先生在《传统中国的思维方式及其价值观:历史回顾与现代启示》一文中认为,最具有中国特色而且对现代最富有启示意义的首推"联系性思维方式"。黄俊杰先生亦认为,基于古代中国文明的"整体性的宇宙生成论",在儒道两家皆表现为一种"整体思维"的观点[③]。

(二)"整体性思维"的本体论表现

中国哲学的"整体性思维"特征,源于其对宇宙生成、宇宙本源方面的本体论上的连续性、关联性、内在性的认识。或者说,中国哲学"整体性思维"最根源的表现是其宇宙本源、世界本根与万物连续、互通、内在超越的本体论见解。西方汉学家牟复礼(Frederick W. Mote)指出了中国哲学的这种整体性特征,"真正的中国人的宇宙起源论,是一种有机过程论,即整体宇宙的所有组成部分都属于一个有机整体,它们都作为一个参与者在一个自发的自我生成

[①] 汤一介:《略论儒学的和谐观念》,《社会科学研究》1998年第3期。
[②] 参见张锡勤《中国传统的贵和精神与和谐社会构建》,《学习与探索》2006年第1期。
[③] 黄俊杰:《传统中国的思维方式及其价值观:历史回顾与现代启示》,转引自《传统中华文化与现代价值的激荡》,社会科学文献出版社2002年版,第23页。

的生命过程中相互作用。但牟复礼坚持这样的前提，即认为中国人之所以具有整体论的思想特征是由于他们缺少创世神话。杜维明先生认为，并非由于中国人缺乏一个外在于被造的宇宙的上帝观念，他们才不得不把宇宙的起源看作一种有机的过程，毋宁说，正是由于他们把宇宙看作是连续创造活动的展开，才使他们不能想象"由上帝的手或上帝的意志从无中创造世界的观念，以及其他一切类似的机械论的、目的论的和有神论的宇宙观"[1]。我们可以认为，中国古代哲学关于宇宙的存在、生成、构成方式的基本观念决定了其必然表现为整体性的思维方式。

概括而言，道家以"道"作为宇宙本根、世界本原。老、庄之"道"是"道体"与"道用"的整合，是贯穿于自然、社会、人身、人心之中，贯穿于现实之中的。宇宙万物因"道"而凝结成牢不可破的整体，凝结成相通相感的整体。《老子》第42章曰："道生一，一生二，二生三，三生万物。""道"是宇宙万物化生的终极根据，但"道"不是在万物之外的实体，而是贯穿在宇宙万物的生成发展过程中。老子言："有物混成，先天地生。寂兮寥兮，独立不改，周行而不殆，可以为天下母。吾不知其名，字之曰道。强为之名曰大。"（《老子》第25章）就本源的意义言，老子把"道"看作"物"，以之为天地之先、万物之母；"母"又具有在万物生成过程之中衣养万物的意义。所以"道"又指本源的承续者、展开者。"道"在万物之中存在着。老子所言"道生之，德蓄之……"，包含的意思是：一方面，"道"以"德"的方式蓄积于万物之中；另一方面，万物以"德"的方式蓄养"道"，与"道"沟通。老子言："昔之得一者，天得一以清，地得一以宁，神得一以灵，谷得一以盈，万物得一以生，侯王得一以为天下正。"（《老子》第39章）道化身为"一"，万物因在存在中"得一"，才有其存在的存续和展开，因分有"道"而获得其存在之核及绵绵不绝的动力。老子之后，庄子继言："天地与

---

[1] 杜维明：《杜维明文集3》，武汉出版社2002年版，第222页。

第四章 儒家"道德的政治"之思维与价值观基础

我并生，而万物与我为一。"(《齐物论》)他主张："物固有所然，物固有所可。无物不然，无物不可。故为是举莛与楹，厉与西施，恢诡谲怪，道通为一。"万物在"道"的基础上获得其存在的通性，获得其平等的存在价值与合理性。"以道观之，物无贵贱"。从道的通性上看，万物都是可以互相沟通、互相适应并在价值上齐一的。在此本体论基础之上，道家认为可以通过独特的修养方式实现个体（部分）与整体的相通。

《周易·系辞》言："太极生两仪，两仪生四象，四象生八卦。"从本体论的角度看，此句包含着天下万物皆由太极所生的内涵。理学家朱熹以"理"即阴阳五行之理的全体解释太极，认为此太极之理是宇宙万物的本体，即存在于天地万物之中。他将"太极生两仪"理解为生则俱生，相互涵蕴，故说"物物有一太极"，"人人有一太极"。这无非是说，作为宇宙万物本原的太极，虽然不同于所生化的阴阳、五行和万物，但并非独立于天地万物而存在，而是寓于阴阳、五行和天地万物之中。太极含两仪，两仪一太极，太极化生万物，万物各具一太极，衍之为万，合之为一。这又从本体论的角度，将世界万物联结为一个统一的整体[1]。"气"作为中国哲学中具有独特内涵的本体存在，亦奠定了中国哲学整体思维的基础。实际上，用"气"来概括宇宙的基本结构和功能，即说明"中国哲学家是有意识地坚持那种把精神和物质综合为一个整体的思维方式"。[2] 老子有"冲气以为和""抟气致柔"的主张；庄子谈"通天下一气耳"(《庄子·知北游》)；张载认为宇宙存在的根本都是"气"，他说："太虚无形，气之本体；其聚其散，变化之客形尔。"(《正蒙·太和》)他又说："太虚不能无气，气不能不聚而为万物，万物不能不散而为太虚。"(《正蒙·乾称》)万物形态各异，或聚或散，或生或灭，都是本体"太虚"之气存在的暂时形态。气始终存在于一切

---

[1] 郑万耕：《易学中的整体思维方式》，《周易研究》1995年第4期。
[2] 杜维明：《杜维明文集3》，武汉出版社2002年版，第225页。

形式的具体之物中，具体之物亦共通存在于气的场域和生命的洪流之中，彼此联系、互通、息息相关。

（二）"整体性思维"的心性表现

中国哲学的"整体性思维"更表现在其心性方面的主张。在中国哲学内在超越的观念中，性与命、人与天、人心与天道、内与外是一体贯通的。价值之源在天，也在由天所禀赋的人之所以为人的"性"与"心"中。老子主张人心与万物相通，在人心虚静状态中达到对万物本然的关照："致虚极，守静笃。万物并作，吾以观复"（《老子》第16章）。庄子亦主张："勿听之以耳，而听之以心；勿听之以心，而听之以气。"（《庄子·人间世》）

儒家则在心性本然、人性本善的基础上，主张天、人、物、我的相知、相感、相通。以下我们主要谈儒家的心性整体观。《中庸》言："天命之谓性"，每个人在其通于天命的本性上是一致的，每个人、物都因天命、天道而获得其生生不息的生命价值。在"诚"的意义上言天、人、物、我的一体。一方面，"诚者，天之道也"。在"诚"的本体意义上，万物本然合一。另一方面，"诚之者，人之道也"。"诚之"，孟子称为"思诚"，即人努力地寻求真实无妄，寻求自己本然的状态。"至诚而不动者，未之有也。"（《孟子·离娄》）达到真实无妄才能与物感动、感通。"感而遂通天下之故也。"（《周易·系辞传上》）人类只有真实、真诚地反思自己、认识自己，才能消解自己"理性的狂妄"，取消主客对立、天人二分，突破己与人、人与物隔绝不通甚至截然对立的状态。关于此点，《中庸》有更集中的论说："唯天下至诚，为能尽其性；能尽其性，则能尽人之性；能尽人之性，则能尽物之性；能尽物之性，则可以赞天地之化育；可以赞天地之化育，则可以与天地参矣。"

意思是：唯有至真无妄者，才能尽量了解和展现自己的本性；能尽量了解自己的本性，才能了解、实现他人（或人类）的本性；能实现人的本性，才能尽量了解、实现物的本性；能对人、物的本性尽量了解而实现之，便能赞助天地化育万物之事业，如此而有与天地并而为三之地位。孟子在《尽心上》说:"尽其心者,知其性也。知其性,则知天矣。存其心,养其性,所以事天也。夭寿不贰,修身以俟之,所以立命也。"

"尽心"即心之存养、扩充(到底)的工夫。"知性"的内涵为:性本具于人心,尽心则知性善。尽心知性即是彻底地反省、自觉人的心性,虽是个体的、现实的、情性的表现,同时即是天赋的、本然的、普遍的道德理性。个体之心性与普遍的道德是相通的。尽人事之道便是尽天道之理。这是道德的自律,更是道德的自觉。"知天"的内涵可以理解为:知性由心显,则知性所受命之天,即在我心之一体朗现。尽人道以尽天道。尽心、知性、知天,以天命、天道为人性的内在规定。人通过人心的努力,真心地、真实地、依照本性地生活即可知——天道如此;即可知——人即是天。孟子又说"恻隐之心""羞恶之心""辞让之心""是非之心"是人皆有之;又说理、义是"心之所同然"。通过四端的扩充、身心的修养和人格的完成达成天人的合一,以此安身立命,这可以说是孟子整个思想的集中概括。有学者认为,在孟子思想中,个人、社会政治及宇宙之所以能够维持"发展的连续性"或"结构的连续性",主要是透过人心的"扩充"来完成的[①]。

所谓"人同此心、心同此理",表达的意思就是:人作为同类是在人心共通的基础上实现的整体性存在。宋明儒家在心性本体意义上谈天人、物我合一。据象山年谱,陆象山十余岁即书[②]:

> 宇宙便是吾心,吾心即是宇宙。东海有圣人出焉,此心同也,此理同也;西海有圣人出焉,此心同也,此理同也……千百世之上,至千百世之下,有圣人出焉,此心此理,亦莫不同也。

---

① 黄俊杰:《传统中国的思维方式及其价值观:历史回顾与现代启示》,载《传统中华文化与现代价值的激荡》,社会科学文献出版社2002年版,第26页。
② (宋)陆象山:《陆九渊集》,中华书局1980年标点本,第481页。

在本心基础上，吾心之理即整个宇宙之理。一人之心所思考、谋划的即代表整个宇宙的意思，所以，千百世之上下，东圣西圣，心同理同。在时间和空间的双重维度，一心而通全体。由先秦到宋明，此心性论的整体观在根本上奠定了儒家融成己、成人、成物为一体的思想基础。王阳明的《大学问》则表达为："夫大人者，与天地万物为一体者也"。

中国古代哲学认为，由于万物的一体性，所以事物之间是相感、互通、相互渗透的关系。天人之间存在互相的影响，天（地）的行为会影响人（自然为标准），人的行为亦会影响天地万物。事物之间的存在关系不是机械的，而是有机生成的、生生不息的。人与天地万物之一体，是取其生生不已（生生之谓易）之意以为贯通的，故中国人重生命的感通。牟宗三认为，中国文化在开端处的着眼点是生命，由于重视生命、关心自己的生命，所以重德。而且，德性这个观念只有在关心我们自己的生命问题的时候才会出现①。

二 "天—地—人—我"一体的道德世界观

中国古代哲学的世界观是整体性思维下的一种别具特色的德性世界观、整体世界观。此德性世界观认为，世界是天道落实于良知、天命落实于人性之道德化成的"天—地—人—我"有机整体的世界。这种"天人合一"的德性宇宙观有别于西方本质主义的理性世界观。理性世界观以知识论和认识论为中心，用理性和知识去把握世界、认识德性。而德性世界观则是在生命感通和体悟的基础上，以道德性命的方式去理解世界。

（一）"天人合一"的道德世界观

在整体思维基础上，我们接下来分析中华传统文化的世界观何以称之为德性世界观的问题。此德性世界观以天人合一为根本。人的德性由天所命，自天而言为天命，自人而言为善性，天命与人性相贯通。孟子所说"尽其心者，知其性也；知其性，则知天矣"（《尽心

---

① 牟宗三：《中国哲学十九讲》，上海古籍出版社1997年版，第43页。

上》），便是主张通过人的道德心性之途径实现天人的合一。人通过人心的修养，真心地、真实地、依照本性地生活即可知：天道如此；即可知：人即是天。"天理"贯通"良知"，道德化的世界即具体落实表现为道德的社会、道德的个人。这种天人合一的道德宇宙观有别于西方本质主义的理性世界观。理性世界观以知识论和认识论为中心，用理性和知识去把握世界。道德世界观是以个体之心通达天地之心，以个体之良知体察、表征天地宇宙之理。

孔子的世界乃是一个道德的世界，其对《诗》《书》《易》《春秋》的理解都是从德性的角度展开的。孔子论《诗》，重在对《诗》的德性内涵进行思考，并由此切近内心之思而有理想人格的成就与道德境界的提高。孔子不唯于《诗》重视其德性内涵，于《书》《易》《春秋》皆然。冯友兰先生认为，孔子将《春秋》中及其他史官的书法归为"正名"二字，是将《春秋》理论化的做法，孔子对于《诗》《书》，都是注重其道德，注意引申其中道德的教训[①]。马王堆汉墓出土帛书《要》篇载孔子言："《易》我后其祝卜矣，我观其德义耳也。"又说："后世之疑丘者，或以《易》乎！吾求其德而矣，吾与史巫同涂而殊归者也。"夫子明言其于《周易》所重视的是其中所涵蕴的德性意义，而不是占筮之类。郝大维（David L. Hall）、安乐哲（Roger T. Ames）在《孔子哲学思微》中说："这些解释者表面上是在阐述《诗经》，实际上是在表达自己的思想。因此，《诗经》的成功在很大程度上依赖于它的读者的性质及其不同的经验。"[②] 孔子对于《诗经》的德性诠释，即依赖于其"与命与仁"的所谓解释学的"前见"。夫子目之所及皆充满着深厚的德性意蕴并能引发对人生价值之思考。于是我们看到孔子发自内心地感喟并体悟着"逝者如斯夫"，"岁寒，然后知松柏之后凋也"。

中国哲学强调整体，强调人与万物一体。在与天地同流、与宇宙

[①] 冯友兰：《冯友兰选集上》，北京大学出版社2000年版，第50页。
[②] ［美］郝大维、安乐哲：《孔子哲学思微》，蒋弋为等译，江苏人民出版社1996年版，第45页。

同在、与日月同辉的整体中，人的地位与价值愈发彰显和挺立。人的良知是天地宇宙的"发窍最精处"。老子言："故道大，天大，地大，人亦大。域中有四大，而人居其一焉。"中国传统思维方式的出发点在于：相信人。相信人，即相信人的行为、选择、判断会是好的，可靠的。相信人的知觉判断，相信人的经验判断。西方不相信人，不相信人的经验，所以必寻求逻辑的、理性的、超越的方式，寻求绝对的可靠者。整体性思维注重人的整体性存在，但并非取消人的独特性、个性的存在，而是认为人的自然的、真实的、独特的存在必然是整体的存在。所以人欲实现其整体性的存在首先是实现其个体性、独特性的存在。不过人的独特性存在不能超越其真实的界限。这表现在老子、庄子对于知的反对以及孟子"恶其凿也"的主张中。但人不会自动地实现天人相通，需要努力修身才可能实现己与人、物的一体、互通。孔子强调"为仁由己"，《大学》言格、致、诚、正、修、齐、治、平，其中修身是核心。《中庸》要人"慎独""诚之"，《孟子》要人"反身而诚"，都是要实现个人的真实本性、本心良知。

　　"天人合一"是概括中国哲学整体性思维的最典型表达。学者认为"天人合一"包含三种形态：神与人合一、德性与人合一、自然与人合一。就神人合一而言，"尽管当代中国存在着信仰多元化的倾向，但建设具有中国特色的社会主义现代化国家应当成为全体中国人的现实目标，有了这样一个共同的追求，才能使大家心往一处想，劲往一处使，一心一意地奔小康，构建和谐社会"。"德性与人合一思想留给我们的启示是，道德是人类生活的充足条件，构建和谐社会离不开全民道德水平的提高，尤其是在当代竞争激烈的环境下，人与人之间的和谐更需要靠道德去维系"。"自然与人合一与构建和谐社会关系较为密切的是注重动物生存权利、维护生态平衡、建立人与自然之间和谐关系的主张，这既是与现代生态伦理学相关的一个话题，也是和谐社会建构的题中应有之义"[①]。就我们的理解而言，儒家思想中所谓"天人合

---

① 柴文华：《天人合一与和谐社会》，《学习与探索》2006年第1期。

第四章 儒家"道德的政治"之思维与价值观基础

一"的问题,并非是人与自然宇宙运动的节律合拍,如"与四时合其序"的问题。风和日丽、风调雨顺、晴空万里,"山气日夕佳,飞鸟相与还"之时,人在自然的天地境界中与天合一、回归自然,当然是和谐的、安然的;而当狂风大作、雷电交加、地震海啸之际,人于天只有厌恶、恐惧、隔绝不通,继而有控制、战胜它的要求。当然,人作为天地间的一个存在,是要协调、效法天地宇宙的秩序、规律,不能妄为,"不知常,妄作,凶"。钱穆指出,中国文化由于常偏于向内看的缘故,看人生和社会只是浑然整然的一体。这个浑然整然的一体之根本,大言之是自然、是天;小言之,则是各自的小我。"'小我'与'大自然'混然一体,这便是中国人所谓的'天人合一'"①。儒家的"天人合一"更是天人合德的问题。天是普遍的道德理性,是人的道德理性的根源和外显。"维天之命,於穆不已。於乎丕显,文王之德之纯。"(《诗·大雅》)文王以纯正不停止的德行修养以与天德相配。人与天合,即是将个体的、具体的道德心性上升而为普遍的、超越的道德理性。这在儒家心性论中更可以表述为所谓"内在的超越"的特征。

(二)天下一家的政治价值观

儒家哲学整体性的道德世界观与政治观首先表现在其天下观念中。黄丽生在《儒家"天下"思想的内涵及其当代意义》文中总结儒家"天下"思想的内涵为:第一,"天下"是指人文与自然交会的空间;第二,"天下"是指中国与四方合一的世界;第三,"天下"是指实践自我存有意义的场所。就"天下"是人文世界与自然万物的总和这一点而言,黄教授认为:"'天下'是一个具有多重含义的空间概念。如果将'天'视为一切现象的形上根据,则'天下'之最宽广的范围,是指与形上意义的'天'相应的一切形下世界的总和,也就是包括了普天之下自然万物和人文世界之生发存灭及其联结互动的具体空间。……因此'天下'之所以为天下,也就是天道无

---

① 钱穆:《中国文化史导论》,商务印书馆1994年版,第18页。

穷、生生不息的恒遍性，作用在人文与自然万物的结果。换言之，天道的恒遍理一，即为天下人文与万物存有的根据与保障。"①

黄丽生突破"天下"所具有的政治意义，从"天下"所具有的人文与自然交会的意义出发，认为在儒家那里"天下"乃是人文与自然共同构成的空间，人文世界与自然万物之间是相联互动的关系。从而论证在当代世界要"重现人文与自然的交融"以及"回归人之所以为人的位置"的主张。故而，在中国古代政治哲学的"天下"理念中，"天下"就是一个天地人的整体。"天下"从来不是上分离开天、下割离开地的中间的人间世界，而是上源于天、下根于地、中落实于人的整体。源于此观念，中国古代天下太平理想的内容"就是人人在伦理关系上都各自做到好处（所谓父父子子），大家相安相保，养生送死而无憾。"② 在中国古代的政治思想中，天下理想的实现是要以天、天道为行为根据。人的政治行为要"循天德"，一方面意味着，永恒运行、周遍万物的天、天道所表现出来（由人所认识到的）的"行为"原则作为人的政治行为所要效法的根据和原则；另一方面，人要遵循天道自然运行的规律，在对自然规律认识和把握的基础上，使人之政治行为与天、地的运作趋势相和谐，使具体的行为在适当的时机进行并获得最好的效果。由此两方面，又在深层思想上欲使其实现天下理想的政治行为成为普遍运行的天道在人间的具体表现，使其实现天下理想的行为纳入到天地整体中，使天下一统的政治行为获得"替天行道"的正当性与永恒性。

本文之所以将"天下"的思考称为"天人合一"之天下理念，是因为，理念不同于概念，理念既包含、表达着作者对于"天下"之具体和现实的思考，也包括作者对于"天下"所寄托之理想和信念。学者指出："这是理想的乌托邦——例如柏拉图的国家——所具有的重要功能之一：即使它们不能实现，也还是能够使我们理解现

---

① 黄丽生：《传统中华文化与现代价值的激荡》，社会科学文献出版社2002年版，第233页。

② 梁漱溟：《中国文化要义》，上海世纪出版集团2003年版，第99、127页。

第四章　儒家"道德的政治"之思维与价值观基础

实。通过向我们展示，国家在其内在原则得到充分实现后将会是什么样子，从而向我们表明现实国家的真正意义。"①

赵汀阳先生则说："天下也是个乌托邦，不管什么样的乌托邦都不同程度地有它不现实的方面。讨论乌托邦的意义不在于能否实现乌托邦，而在于有可能获得一种比较明确的理念，从而使世界制度获得理论根据，或者说，我们至少能够因此知道离理想有多远。"② 从这个意义上，中国古代的"天下"理念具有非常丰富的内涵和意义，它向我们展现了古人对于"天下"现实的、理想的理解，也为我们今日理解"天下"提供了思想的参照。而且，虽然古人的天下的范围较之今日要狭小得多，然而承自于天下一家的传统理念和合法基础的天下理念却不是所谓的"乌托邦"。

儒家政治共同体的观念从根本上源于其生命共同体的思想。对于儒家人士而言，杀身成仁，是自我的自主选择，但成仁所成就的"自我"又不是孤立的、仅要求个人利益的我。儒家"成己"所要成就的恰恰是朋友的利益、群体的利益、国家的利益。儒家一贯认为，人是通过与他人不断交往才成为完善的人。在这个意义上，仁确实是处理人际关系的德行。人的尊严依赖于群体参与，就像依赖于他自己的自尊意识一样。或者说，人的价值与尊严在于参与到群体中，在群体义务的承担中成为"我"。"我"是需要"成"的，但"成我"即在成为父亲或儿子、兄或弟、丈夫或妻子、君或臣、朋友。《大学》言"修身、齐家、治国、平天下"，儒家一贯注重个人与家、国、天下的一体，认同家、国、天下之义务的承担。家、国、天下乃是个人修身的目标与最终实现场域。只有在家、国、天下中充分展开，并完整地履行其义务与责任，人的实现才是完满的，才算是成人。或者可以说，"我"即是家、国、天下中之"我"，根本就没有一个有待实现的，要从所有集体与他人中抽离出来的"我"。当然，这个成人不是

---

① ［英］厄奈斯特·巴克：《希腊政治理论》，卢华萍译，吉林人民出版社2003年版，第338页。
② 赵汀阳：《"天下体系"：帝国与世界制度》，《世界哲学》2003年第5期。

既定目标的实现,也不是先在本质的现实化,因此儒家的成人就不需要求助于"彻底的他者"来作为人的可完善性的真实基础。毋宁说,其重点在于学做人。成人是过程性与敞开性的在世之旅。

三 儒家"修、齐、治、平"的政治共同体观念

在整体的道德世界观基础上,中国传统的政治观特别强调整体和谐与德性实现。在以《大学》"修身—齐家—治国—平天下"为代表的政治暨人生理想中,人与人、个人与国家(政府)之间不是互相隔绝、互相对立的关系,而是互相联系、互相影响、互相构成的有机世界。其"自天子以至于庶人,一是皆以修身为本"的主张则集中体现了这种观念:从最高政治领导者到平民百姓构建了一个以德为根基的政治与道德的共同体。在传统中国的政治思想世界中,政治领域并不被当作是利益或权力的冲突折冲之场所,而被当作是一个道德的社区。政治领域是为人民的道德福祉而建构,是被道德的典范人物所统治,也是属于具有德行的人物的活动领域[①]。我们可以说,传统中国的政治理想是一种"道德政治"。无论所谓天人合一、君民同构、家国同构,或是所谓"自天子以至于庶人"的一体,其核心观念就是同一、一体。

在整体观下,儒家政治哲学的根本观念为:德是政之本,政是德之迹。道德的政治是道德的社会、道德的宇宙的体现者;道德的政治又是促成道德的个人、道德的社会、道德的宇宙的发动机。儒家的成己—成人的"成人"观,便是在整体意义上道德政治实现的存在根据。在整体性思维方式下,中国古人重视的价值观念有:诚——回到本体,成己成人;仁——立人达人;和——和谐的整体、团体,以社群共同具有仁爱之德为美。儒家政治观是注重整体和谐的政治观,注重人与人之间的和谐、民族与民族的和谐、地区与地区的和谐,亦注

[①] 黄俊杰:《传统中国的思维方式及其价值观:历史回顾与现代启示》,转引自《传统中华文化与现代价值的激荡》,社会科学文献出版社 2002 年版,第 36 页。

第四章 儒家"道德的政治"之思维与价值观基础

重国家与国家间和谐。儒家主张遇到问题和矛盾要以协商的方式解决,不提倡武力解决争端,主张"柔远人"。"和"是各种有个性的东西,不失其个性,却能彼此得到谐和统一之义[1]。儒家"道德的政治",强调道德与政治的不可分,认为道德与政治不是互相分离的两个区域,而是重视"道"的贯通、重视"德"的融合、重视礼法的框架(知和而和不以礼节之,亦不可行也。)"道德的政治"不仅是把"德"扩展为"道德",把"治"扩展为"政治",即这前后两组概念并不是完全等同的,否则这种扩展就没有实质意义了。"道德"首先指的是"有道"与"有德","道"是政治这件事情本身的内在规定,"德"是人对"道"的把握与获得,这种"德"也是"道"。"道"是客观的,"德"是人对"道"的自觉。"道德"是主客合一,合"外内之道"。在"道"与"德"之外,才是人的道德意义上的"德"的含义。"治"单独来讲只是治理,无法包括"政治"的含义,"政治"既包含"政"即权力的获得,也包含"治"即如何实施权力,后者才是"治理"亦即"为政"。

韦政通认为:"在宗法制度中的政治大小集团不过是若干大小宗族的化身,国君、世卿、士大夫无异是权限不等的家长。……只有在这样的亲密团体中,在上者个人的道德才能产生直接的效用。"[2] 韦氏前面的分析不无道理。但他认为,后世提倡君主之德、士大夫之德就成为乌托邦,却值得商榷。虽然后世或当代已经不是宗法制度的社会,但是既然中国传统政治的主要目标是提升众人的道德水平、精神修养,那么从最高执政者以下的执政者都必须从自身做起,以自己的行为作表率引领众人向善。这是可以做到的。另外,道德修养、精神境界必须依赖于个人的自觉,而不是通过政治命令、法律惩罚所能实现。所以,即便后世不是宗法社会,却仍然可以通过最高执政者的行为倡导一种道德的、向善的氛围,使民自觉向善。

---

[1] 徐复观:《中国人性论史(先秦篇)》,上海三联书店2001年版,第111页。
[2] 韦政通:《中国思想史》,上海书店出版社1999年版,第59页。

综合而言，在整体性思维基础上，儒家的价值观是一种德性本位的整体性价值观，可以表述为"成己—成人—成物"为一体的价值追求。第一，儒家认为个人价值实现即是与他人价值、社会价值的共同实现。先秦儒家认为，人处在与君、亲、师、友"共在"的"主体间性"之中。曾子每日反省自己："为人谋而不忠乎？与朋友交而不信乎？传不习乎？"（《论语·学而》）要使这"共在"的"主体间性"真有意义、价值和生命，从儒学角度看，便需先由自己做起①。整体性思维下先秦儒家的价值选择是：人必须在国家、社会整体中履行道德义务、实现其自己，这样他的存在才是真实的和有意义的。人必须对他人、他物尽自己的责任，使他人他物更好地存在，也即是使自己身处其中的整体完好地存在。《中庸》以君臣、父子、夫妇、兄弟、朋友为五伦，即是说人人必须生存于这五种最基本的社会关系之中以实现其自己。《中庸》进一步在"诚"的意义上言天、人、物、我的一体。"唯天下至诚，为能尽其性；能尽其性，则能尽人之性；能尽人之性，则能尽物之性；能尽物之性，则可以赞天地之化育；可以赞天地之化育，则可以与天地参矣。"人达到"诚"，即实现了自己的真实本性，实现自己真实的本性即可以实现人类同胞及天下万物的本性。"成己—成人—成物"，实现自己亦即实现他人、他物。第二，在个人与社会、宇宙相贯通的思维基础上，儒家主张在孝悌亲情、家庭伦理的基础上推扩出国家、社会之德，强调个人对他人和社会的道德责任和义务。孔子言："夫仁者己欲立而立人，己欲达而达人。"（《论语·雍也》）仁道理想是自己实现和成功的同时一定要帮助他人有所成就和成功，同时，己之立必赖他人之立，己之通达必赖他人之通达方可实现。第三，在政治价值观方面，儒家一贯注重个人与家、国、天下的一体，家、国、天下乃是个人修身的目标与实现场域。个人只有在家、国、天下中展开，履行其道德义务与伦常责任，其实现才是完满的，才算是成人。同时，儒家认为社会整体价值的实现亦必要求和促进个体价

---

① 李泽厚：《论语今读》，安徽文艺出版社1998年版，第33页。

值的实现，以个人的价值实现为基础。《大学》谓："欲明明德于天下者，必先治其国；欲治其国者，必先齐其家；欲齐其家者，必先修其身。"便是强调"修身、齐家、治国、平天下"的一体实现。在先秦儒家那里，个人与国家（政府）之间不是互相隔绝、互相对立的关系，而是互相联系、互相影响的有机整体。个人对国家、民族负有责任，国家亦对个人的价值实现负有责任。

第二节　西方政治哲学关于个人与社群关系的争论

在当代政治哲学的思考中，"自我"是一个核心的问题。社群主义对自由主义批评的焦点，即有无一个独立的、先于目的之主体的问题，或者说，自我的形成是一个孤立的、原子式的个体，还是一个传统中的个体？这是"个人"是否可能的问题。接下来的问题是个人是否应该的问题：个人是否应该承担社群或国家所赋予的责任或义务，或是否应该接受国家或社群的集体利益或选择？

在当代西方政治哲学中，社群主义与自由主义（liberalism）二者根本的对立就是共同体与个人关系问题。自由主义主张个人权利优先，社群主义则主张共同体善优先。在其他西方学者那里，共同体则是一个"让我欢喜让我忧"的问题。英国社会学家齐格蒙特·鲍曼（Zygmunt Bauman）指出个人自由与共同体的两难选择："失去共同体，意味着失去安全感，得到共同体，如果真的发生的话，意味着将很快失去自由。""确定性与自由之间的争执，因而还有共同体与个体之间的争执，永远也不可能解决，并因而可能会在将来漫长的时间里长期存在。"[①] 法国社会学阿兰·图海纳（Alain Touraine）反思到：我们只有失去我们的认同才能共同生存，反之，若回头走社群的老

---

① ［英］齐格蒙特·鲍曼：《共同体》，欧阳景根译，凤凰出版传媒集团2007年版，第7页。

路，则又会因此而要求社会是同质的、纯洁的和统一的。我们能否共同生存而又各自保持我们不同的特点，要看我们能否互相承认彼此都是主体。① 下面我们将对西方政治哲学中个人与社群关系问题予以概要的分析，并以此奠定我们对"儒家式个人"的理解基础。

一　罗尔斯与社群主义关于正义主体性质的争论

美国人本主义哲学家、心理学家弗洛姆（Fromm）在其所著《寻找自我》一书中指出，人本主义的良心是我们自己对自己的反应，是属于我们自己的心声。正是这种属于我们自己的心声，把我们召回到自己的世界，去创发性地生活，去健全和充分地发展，即是说，使我们成为我们潜在所是的那个样子。人本主义良心不仅体现了我们真实的自我，而且也包含了我们生活中的道德经验的本质。我们关于自己生活目标的知识，以及达到这一目标的原则，需由它来体现。这里所讲的原则，是指我们自己发现的原则，也是指我们从他人那里学来的原则，同时又是指我们认为完全正确的原则②。弗洛姆探讨的是人怎样才能为了自己、认识自己、成为自己的问题。每个人自己都是目的，都拥有实现自己的力量，都拥有自我决定的能力。如上面所说，我们自己选择我们的生活目标，我们自己决定实现目标的方式和原则，即使是从他人那里学来的，也是我们自己认为"完全正确"的。

弗洛姆关注的是从极权主义权威的束缚下解放出来的自我创发性的实现。作为当代自由主义最重要的代表，罗尔斯则关注在种种价值、善的观念的选择中捍卫自我决定的重要性。不言而喻，自我决定意味着我们为生活做出自己的决定。但对于自由主义者而言，自我决定远不仅是这样的内涵：我们的目标是过一种好的生活，去拥有好生活所包含的那些东西。自我决定应该包含更多、更深层的理解。深思熟虑地进行自我选择、自我决定，并非只是追问什么样的行动能够最

---

① ［法］阿兰·图海纳：《我们能否共同生存》，狄玉明、李平沤译，商务印书馆2005年版，第5页。
② ［美］弗洛姆：《寻找自我》，陈学明译，工人出版社1988年版，第206页。

好地实现某一种不被质疑的特定价值。我们的质疑与担心还涉及这样的问题：那样一种价值是否真的值得我们为之努力。我们应该并可以对我们现在认同的、被给定的价值和善的观念进行质疑和重新选择。

罗尔斯认为：作为自由的个体，公民们彼此承认，他们具有持有某种善观念的道德能力。这意味着，他们不认为自己必定被系于对某一特殊善观念的追求，也不认为自己必定被系于在某一给定时间内自己所支持的、与那个善观念相应的最终目标。相反，作为公民，他们应该被普遍地当作具有这样一种能力，使得他们能够基于合理与理性的两种理由去修正和更改该观念。这样，公民要跳出那些特殊的善观念并拷问和评价与之相关的各种最终目标，就应当被允许。

金里卡（Will Kymlicka）在引述罗尔斯的话之后说："我们能够'跳出'或'脱离'我们当下的目标，并进而拷问这些目标对于我们的价值。"① 但我们真能够跳出或脱离吗？自由主义者必须证明这种可能。对于康德来说，正当的优先性，或者说道德律的至上性，以及自我的统一性，或者说知觉的综合统一，只能通过先验演绎和设置一个本体的或知性的王国才能建立起来，以作为我们的自由与自我认知能力的必要预设。罗尔斯则拒绝了康德的形而上学。根据桑德尔（Michael J. Sandel）的分析，与康德相比较，罗尔斯更关心在如何不求助于先验或抽象主体的情况下来建立其所需要的道义论之优先性——包括自我的优先性。原初状态和无知之幕恰是通过经验的方式解决康德的"先验的主体"问题，使我们能够以纯粹的方式推导正义的原则。正是原初状态"使我们能从远处去设想我们的目标"，但又不会远到从超验王国的角度去设想②。

罗尔斯的"原初状态"的确是关于道德主体、正义选择主体的一种理想设想。"原初状态"不仅限制了选择的环境，而且也限制了选

---

① ［加］威尔·金里卡：《当代政治哲学》，刘莘译，上海三联书店2004年版，第405页。
② ［美］桑德尔：《自由主义与正义的局限》，万俊人等译，译林出版社2001年版，第30—31页。

择的主体；不仅其选择环境是理想的，而且其选择主体也是理想的。实际上，无论罗尔斯给"原初状态"中人赋予了怎样的限制，其目的都是塑造一个理想的、自由选择的道德主体。现实社会中的人拥有关于自己的各种信息和知识，但也因此具有各种"偏见"。处于"原初状态"中的人受到了"无知之幕"的严格约束，他不知道自己的道德信仰和道德信念，不知道自己的人生理想和善观念，不知道自己的心智能力和身体状况，不知道自己的所属种族和所说语言。由于有了这些约束，人的自然偶然性受到了严格的限制，只有这样，理想的道德人性才能够显示出来①。一方面，此理想的道德主体是自由的，不受外在必然性的强制，也不为外在对象所统治，具有选择正义原则的能力；另一方面，此道德主体是自律的，不受需要和欲望的决定，不为自然偶然性和社会任意性所影响，只服从自己订立和认同的法则。对于罗尔斯，只有此自由、自律的道德主体的选择，才能是对正义原则的选择。所以，罗尔斯构建正义理论的前提即是在"原初状态"中的理想道德主体的预设。换句话说，这种主体观念是"正义的首要性"所必不可少的前提条件。

但桑德尔认为，主体根本不能独立并优先于客体。人们必须存在于某种环境之中，并受环境所制约。在这种意义上，人既是经验的主体也是经验的客体，既是行为者也是所追求的目的之工具②。桑德尔对罗尔斯的批评，首先是一个自我洞察的问题，自我反观一下"自我"。每次自我观察，都发现自我不是一个完全独立、完全纯粹、和目的分开的自我。我们每次观察的自我都是带着目的的自我。这是一方面。同时他又用了一个"镶嵌的自我"（embedded-self）的概念。桑德尔把罗尔斯的自我称之为"无拘的自我"（unencumbered self），而把自己的自我称之为"镶嵌的自我"。社群主义者认为，自我是被"镶嵌于"或"置于"现存的社会常规之中的——我们不可能总是能

---

① 姚大志：《何谓正义：当代西方政治哲学研究》，人民出版社2007年版，第41页。
② 同上书，第204页。

够选择退出这些常规。我们必须至少把某些社会角色和社会关系当作为个人慎思的目的而给定的内容。因此，只有在社会角色之中而不是之外才能够实施自我决定。要尊重我们的自我决定，国家就不能使我们跳出自己的社会角色，而应该鼓励我们更专注于自己的社会角色并对它有更深的领悟——这就是共同利益的政治所欲实现的目标①。对于桑德尔及社群主义者，不是"我应该成为什么样的人，我应该过怎样的生活"的问题，而是"我是谁"的问题。社群主义另一代表麦金太尔（Alasdair Machtyre）则强调传统对于"自我"形成的意义，他认为，我是我所继承的东西，一种特殊的过去某种程度地呈现在我的现在之中。我发现我自己是一部历史的部分。而一般而言，这即是说，不论我是否喜欢它，是否承认它，我都是一个传统的承载者之一。

一方面，社群主义认为每个自我都是被镶嵌在社会关系或者社会网络之中的，这样自我无法抽离出来，不能抽离出来。自我不是独立于目的之外，自我就是目的本身。桑德尔断言，共同价值不仅由共同体的成员确定，共同价值还界定着成员的身份。另一方面，桑德尔及其他社群主义者主张，我们不是去发现自我、找到自我、审视自我，而是去实现他，体会他。我们已经在这个社群之中，我们需要的是去体会这个自我是什么，去承担这个自我需要承担的义务。我们如何在既定的社会关系之内、在给定的共同价值之下，充分而有意义地实现它们。

社群主义的自我观有其合理处。但"我"有没有可能脱离开自己的目标进行反思？"权利优先于善"，意味着任何原则只能从"权利"的基础出发推导出，而不能从任何其他的善或目的出发，即没有什么东西是能够凌驾于"我的权利"之上的。我可以对任何我被给定的"善"或我曾经选择认可的善进行重新选择。这意味着有一个可以脱离开目的或特殊善的自我或主体。我们既然已经处在一个价值观念体系

---

① ［加］金里卡：《当代政治哲学》，刘莘译，上海三联书店2004年版，第405页。

中，我们还有没有能力对价值体系和善观念进行重新选择和评价？这是可能的。在某些生活目标与善观念的影响之下的人，安乐哲称之为"语境中的人"（person in context）。我们是生活在固定的、统一的生活状态之下，这些生活状态决定我们共用一种大家共有的价值观念、语言表达方式、逻辑表达方式、概念框架。我们在某些特殊目标和善观念的影响之下生活着、生存着，这是我们存在的语境。甚至我们有时为了塑造一个真实的、有内容的自我，我们主动地进入其中。这些背景是我们进行选择的积极的基础，但是这些观念并不是本质地、先天地在我们这里存在着，而是被给定的以至我们接受并内化的。

当然，由于我们长期在这样的观念下生活，很难摆脱它，但我们绝不是与它们捆缚在一起的。对于某些善观念，它是我们选择的，而不是先天的、内在于我们之中的。即便我们坚信某一特殊的善观念，我们仍然与它保持一段距离。当我们说，某一善观念是什么，某一善观念是"好的善观念"的时候，我们与它保持一定的距离，即使我们非常坚信它。比如说，某理想主义是我们所坚持的善观念。当我们说它好的时候，我们与这个理想主义的善观念保持距离，所以我们才能清醒地认识它。或者，即便我们全身心投入到某种善观念中，为其奋斗时，我们仍然与它有距离，因为我们需要决定如何才能更好地服务于它。即使我们全身心地投入到为理想主义事业奋斗中去时，我们仍然与它保持着距离，否则我们无法分析或者来选择如何为它奉献。

一个长期生活在某一善观念下、某一特定部落或者氏族的人，最初顽固地、坚决地拒绝新的价值观念或者善观念，但最终他会接受或者消融在新观念之中。清朝末年的士大夫，在面对西方的民主、自由观念的时候，就是这样一个体现。最初完全视为洪水猛兽，但最终慢慢地又接受它、容纳它了。这样我们说，人既可以选择善观念，同时可以对所坚信的价值观念进行重新衡定和选择，进行一个自我确定。即使有社群主义这样一个批评，我们也可以对脱离开善观念的自我进行一个辩护。麦金太尔谈到"英雄社会中的德性"，"即在一个得到明确界定并具有高度确定性的角色和地位系统里，每个人都有既定的

第四章 儒家"道德的政治"之思维与价值观基础

角色和地位。这个系统的关键结构是亲属关系的和家庭的结构。在这样一个社会中,一个人是通过认识到他在这个系统中的角色来认识到他是谁的;而且,通过这种认识他也认识到他应当做什么,每一其他角色和位置的占有者应把什么归于他"①。

事实上,罗尔斯已经说,其"原初状态"和"无知之幕"只是一个预设。既然罗尔斯已经说,这仅仅是个预设,并没有一个真实的或者实际存在的原初状态或无知之幕背后的自我,那么批评就没有意义。与其批评他的道德自我、原初状态和无知之幕,还不如找到另外一种主体和自我,更合理地导出正义的观念。儒家的道德主体、道德自我就是这样的一个存在。儒家的正义关怀、对天下国家义务的担当,都要从这个道德自我生发和推导出来。

同时,我们应该承认社群主义所提出的问题不是没有意义的。国家或社群的共同利益如何面对?政府能否在价值上保持中立?所谓自我的选择有可能是虚假的、短视的、从众的、有害的,那么政府是否应该出面为人们做主?但这样就会产生国家或社团以重要的、正确的、真实的名义主宰、压制个人自由的问题。底线在哪里?陈少明先生对儒学同政治自由主义的结合问题做了探讨。他认为,自由主义源于西方的个人主义,而儒家传统是倡导集体主义。儒家传统对人的权利的理解比现代自由主义较为狭窄,但它可以扩展。即不仅要维护人生存、温饱的权利,同时得保障其相应的平等的社会政治权利。他认为,集体有契约性的与强制性的两种类型。对于契约集体而言,每个成员都保有自己的基本权利,承担对集体的道德义务,如果是集体主义的话,则现代自由主义也不会予以否定。至于个人权利没有保障或没有自由退出权利的强制性集体,则与自由主义是不相容的。现代儒学不能支持这样的集体主义②。

---

① [英]麦金太尔:《德性之后》,龚群译,中国社会科学出版社1985年版,第154页。
② 参见陈少明《道德重构中的制度与修养问题——兼谈儒学与政治自由主义的?》《公法评论》网站(http://www.gongfa.com)。

· 153 ·

二 哈贝马斯关于正义条件的主张及其启示

如前所述，建立一个真实的、对他人和社群充满同情心的道德主体、道德自我是实现正义的关键。

在休谟（Hume）的正义理论中，正义的客观条件是由于物质资源的匮乏，不能满足人的需求。为了解决此类问题，只需要求人们在追逐私利时采取足够的理性态度，这即所谓的适度的利己。如果是完全的利己，为满足个人的欲求，会不择手段。不会有是否正义的考虑。从休谟的角度看，为了达到正义的目的，我们只需诉诸人的现有动机和资源而不必发展正义的主观条件中尚不充分具备的品质。如人的同情心、人的仁爱之情等。但哈贝马斯的侧重点是一个远比资源分配、甚至人身安全更根本的问题：由于人的个体化是通过社会化完成的，因此人是易受伤害的，并在道德上需要关切。①

我们注意到，西方学者哈贝马斯在提到正义问题的时候关怀的重点是比资源分配、甚至比人身安全更根本的问题。哈贝马斯指出，人在社会中是一个脆弱的存在，当代人的存在是需要被他人承认的存在。所以这个时候人们最为根本、首要的不是资源的分配也不是人身安全问题，而是被他人认可、被他人承认的一种需求，对同情心和爱的需求。这里哈贝马斯注意到的是正义的主观条件和客观条件。

就哈贝马斯而言，使正义成为必要的是同情心或恻隐之心的缺乏，使正义成为可能的则是同情心或恻隐之心的充足。从哈贝马斯的角度看，正义的最重要因素不是制度，而是社会不同成员相互之间的同情心。为此，他一再提及同情和恻隐的道德哲学，并强调个体之间相互体谅的重要性。他认为，通过社会化而形成的个体，因其极易受到伤害而需要有保障的相互体谅，这种体谅有两方面的作用，一方面，他维护个体的完整性；另一方面，他维系个体间至关重要的相互

---

① 慈继伟：《正义的两面》，生活·读书·新知三联书店2001年版，第83页。

承认的纽带。通过这一纽带，不同个体得以互相稳定其脆弱的身份。[1]现在正义的关怀不是制度的正义，而是维护使大家都能够被承认的、作为个体存在的尊严的共同的关系。这样，我们可以注意哈贝马斯提到的主体间性问题。所谓主体间性，即是我们，是使彼此都能够认同的、都能够共同存在下去的基础。人们的一切行为和思想都应该从这样一个使二者都能够承认，都能够存在下来的存在状态出发，来决定、行为和思想。

从此背景来谈儒家的道德自我、道德主体，我们可以从成己、成人的互涵共融的方面来看。对于儒家而言，这些纽带是个体存在展开的外缘，其实也即是个体的存在。个体存在赖此以完成和稳定，如个体的身份、财产、道德观念、信仰原则等等。每个人的存在，都需要这些，因此每个人都需要尊重和承认对方的需要。需要注意的是，"有保障的相互体谅"必从客观方面、制度建设方面积极地寻求体谅的基础，以及寻求不被体谅的底线保障。有哪些东西是不能冲破的，有哪些东西是必须保障的，如自由、权利等。对哈贝马斯来说，"不义"意味着，需要社会化形成的个人，不能够正当地形成他自己，不能够合适地获得表达自己的机会与条件。现代社会的不义已经不是对于性命、生存的直接威胁，而是个人无法充分地、自由地表达自己，也可能是在他人或团体的压制下失去他自己。对于哈贝马斯，为了达到正义的目标，我们首先需要的不是正义的制度，而是人们相互之间的体谅和同情。当然，这并不是说，我们可以忽视正义制度的作用。为了维护个体的完整，正义制度是必不可少的。但从哈贝马斯的角度看，正义首先在于建构人的品德，使人成为出于同情心而以正义待人的人。

在哈贝马斯的理论中，同情心的重要性直接源于他对正义客观条件的理解。既然使正义成为必要的不是物质资源的短缺，而是通过社会化而形成的个体的身份脆弱性以及他们对相互承认的心理需

---

[1] 慈继伟：《正义的两面》，生活·读书·新知三联书店2001年版，第83页。

要。那么，道德的目的是照顾通过社会化才成为个体的人们的脆弱性。基于此，社会的道德必须同时完成两个任务。一方面，它必须提倡平等地尊重个人尊严，强调个人的不可侵犯性；另一方面，它必须保护主体间相互承认的关系网络，使个人能借此网络作为共同体的成员生存下来。与这两个互为补充的方面相对应的是正义原则与相互关切原则，前者提倡对个人的平等尊重和平等的个人权利，后者则提倡对邻舍福利的同情和关心。作为理论设准，"应该"没有问题。但就实际的实现方式而言，"可能"则是更需要加以关注的问题。就此而言，儒家可以提供思想资源。李明辉先生立基于当代西方社群主义对自由主义的批判，寻找儒学与自由主义、社群主义的结合点。他指出："传统儒学在伦理学的基础与自我观方面与自由主义有可以接準之处，而在个人与群体的关系及对传统的态度方面又与社群主义同调。"[①]

第三节 成己—成人：道德政治中的人格实现

人都应追求道德存在的境界、天地境界，这是理想，是任何人、任何理论都不应放弃的理想。然而此高远理想就大多数人而言却是不能行，甚而是不能知的愚夫愚妇状态，是属于"学而知之"的事。作为一个个人道德的观念，"仁"是个人自我修养达到的最高境界，也是个人自我认同、自我认定的为人标准，是君子自主选择并且终身依之的。在儒家这里，人的生存状态是：他一方面必须寻求与他人交往，另一方面又必须保持自身的独立；一方面必须与他人融为一体，另一方面又必须维护他的独特性。

一 为仁由己：道德主体之挺立与人格尊严之追求

就人的存在自由（意志自由）以及主体性而言，通过内省、反思

---

① 李明辉：《儒家视野下的政治思想》，北京大学出版社2005年版，第157页。

等方式，自我自主选择人的存在方式，通过人性善的方式知善知恶、好善恶恶，达到"从心所欲不逾矩"的境界。这无疑是道德生活的最高境界，也是众多道德理论中的高明者。就人的道德实现而言，"为仁由己"的自由是"虽不能行，心向往之"的不断追求的境界与目标。

（一）"仁者人也"：人之为人的自觉与反省

《中庸》提出"仁者人也"的观念，代表儒家对仁的根本理解。意思是只有做到仁，才实现了人之为人的根本。仁是人终身为之而行的价值理想，是人之生命的自觉提升，是人的精神生命的自觉追求。仁时时在我们的前面照亮生命，警醒生命，使人不致沉沦于物质生命中，而能时时追求崇高，追求正义。孔子又说："君子而不仁者有矣夫，未有小人而仁者也。"作为理想的道德人格之君子，必是具备和践行仁德之人。仁是道德自觉、道德自任的仁人君子时刻依之而不离的。孟子言："居于仁""仁者，人之安宅"；孔子说："仁以为己任。"仁是人的不可推卸的道德责任、天赋使命。对于孔子所说的"克己复礼"，合理的解释是，克己即修己，视听言动皆合于礼，即是仁了。礼乃仁之实现与表现形态。成仁，必经由礼的熏养，孔子言"立于礼"，"不学礼，无以立"。遵循社会普遍化、规范化的道德原则、制度规范并将之内化，这是儒家成仁的基础。这一点儒家类于社群主义。但在人的自觉方面，儒家毕竟更强调仁的根本，如孔子说："人而不仁，如礼何？人而不仁，如乐何？""礼云礼云，玉帛云乎哉？乐云乐云，钟鼓云乎哉？"强调"为仁由己"。由此，仁是人的道德人格的自觉，是从不知不识的自在状态到自觉状态的转进，实现"人之所以异于禽兽者"。同时，仁又包含着超越形式化、僵硬化的制度规范并对之进行审视与合理性评判的自由。孟子强调"由仁义行，非行仁义也"，即强调仁义是自觉自律，而非外在强制。牟宗三对孔子的仁教有一精辟的诠释，可帮助我们理解，他说："这是在第一序的存有——客观的或主观的——外，凌空开辟出的不着迹的'虚室生白吉祥止止'的居间领域。但这却是由其自我做主、自己站起来、自己创造出的阳刚天行而有光辉的领域,这是德行上的光辉,价值、生命、精神世界的光辉……在德性生命之朗润(仁)与朗照(智)中,生死昼夜通而为一,内外物我一体咸宁。"①

人由礼而成为自己,但人则赋予礼以自己之义,赋予礼以自己内在之意义。当我们反思儒家思想的时候,首先注意的是孔子的仁的观念。为仁是自己决定、自己选择的。仁是人的根本,仁是人的自我选择。在仁和礼的关系中,孔子的仁要对礼有一个决断,有一个批评,不是一个简单的、亦步亦趋的模仿的过程。孔子认为,如果没有仁作为内在的标准和主体,实行礼乐有什么作用?如果只是对形式化的东西的模仿、遵循,对于个体的自觉有什么作用?安乐哲在《通过孔子而思》中认为,对于孔子来说,"无论是自我还是社会都不应降尊为对方赖以实现的工具化手段。它们毋宁都是彼此的潜在目的。社会和国家秩序的方方面面最终都可追溯且成为社会成员修身不可分割的一部分。另一方面,如果没有社会和政治生活条件的许可,修身是不可能的"②。

儒家的"成己",不是按照既定的模式和某种超越的标准,来成为一个本质的我。儒家的"成人""成己"是一个逐渐形成的过程。成人不意味着我的本质是脱离开一切约束或束缚的自由独立的个体,按照超越的本体、超越的标准去"成人"。儒家"成人"是一个逐渐自己形成、自我构成、自我认同的方式。安乐哲在理解儒家"成人"的时候用 making。我是自己造成、自己选择的。成人当然也不是一个绝对自我的。成为自我的时候必然要面对一个前人的传统,面对一些固有的礼乐的原则。所以,成人就不是把所有东西都排除出去,从所有东西中孤立出来。成人一定是接受传统,进入传统的语境,比如接受周公制礼作乐的传统,以尧舜为成人的理想。传统或者圣人都给我们提供了一个成人的标准和模式,或者是原则。"克己复礼为仁",

---

① 牟宗三:《道德理想主义的重建》,中国广播电视出版社1992年版,第204页。
② [美]郝大维、安乐哲:《通过孔子而思》,何金俐译,北京大学出版社2005年版,第160页。

第四章　儒家"道德的政治"之思维与价值观基础

仁是在礼的践行过程中来成就的，而对固有的礼乐模式的践行并不是一个被动的模仿，而是对它进行选择、评判、决定。

孟子提到"经权"的问题。"经"是一个普遍的原则，比如人都要成仁，男女授受不亲，这是经，是一个普遍的原则。同时孟子又说"嫂溺援之以手"，那么人就不是对普遍原则的绝对服从，而是有一个变通，有一个在适当环境下的自我决定、自我选择。孟子和告子辩论的时候，告子说："仁内也，义外也"。告子主张，仁是人的道德情感，是在内的，由内而发的对他人的同情恻隐之心，这是内的，没有一个外在的标准。告子又主张，义是一个外在的适宜的标准，即你应该如此去做的一个标准。孟子不同意告子"义外"的主张。如果认定义是外在的标准，便意味着自我选择、自我决定基础的缺失。在儒家，尊敬年长者是一个普遍的原则。乡邻的人比我的兄长大一岁，敬谁？孟子说：敬兄。"酌则谁先？"在宴会的时候先敬谁？他说：敬乡人。这是两个不同的选择。孟子又说，叔叔和弟弟，我敬谁？普遍的原则是敬叔叔，因为他年长。进一步，在祭祀的时候，作为代替祖宗的象征者的弟弟，要先受到礼敬。实行义的标准的时候一定有一个自我在作决定。先敬谁，怎么敬，如何去执行普遍的义的标准，要有一个自我决定。所以，孟子一定坚持"义内在"的主张。

由此，在儒家这里，成己是一个构成的、构造的问题。我们说是内在选择的、自我决定、自我构成的，不是按照外在标准模仿的。成人既按照礼乐的标准，又经由自我选择、自我吸收、自我转化的过程，是把外在的标准转化为己之义的过程。马克斯·韦伯把儒家的精神倾向说成是"对世界的适应"，认为儒家主张人们要服从于人际关系的既定模式[①]。虽然可以说儒学是一种特别重视人际关系的社会伦理学，但是这种认识未考虑到作为独立、自主和有理想目标之过程的修身在儒家传统中的中心地位。而且，这种说法严重地忽视了儒家

---

① ［德］马克斯·韦伯：《儒教与道教》，王容芬译，商务印书馆1997年版，第203页。

"道德自我"形成的自主选择、与自我转化的能力。儒家之"我"不是一个需要符合某种前定本质的自我,有某种超越的本质之物决定着"我"需要成为什么样子,认识自我即认识自己的本质。儒家之"我"也不是自我封闭的、能够抽离于其实际存在境遇的"个人主义"式的自我。儒家既强调"为仁由己"的道德自觉,同时又重视人伦秩序,重视族群义务的承担。王阳明在谈到"人皆可以为尧舜"时即主张,不是人人都能、都必须成为像尧舜那样的具体的人,而是说人人都可以就其本性、在其本性内成为道德完善的人。这样的理解在郭象那里似曾相识。郭象说:"物各适其性,逍遥一也。"个人完全、充分地展现其本性,在其性分之内成圣成贤,是积极地自由、自主、自我选择,而不是消极、被动地完成。

(二)杀身成仁:道德自主与个人尊严的高扬

如前面所说,仁具有人类的自觉的意义。那么,接下来我们可以把自觉的主体收缩回来看它所包含的人权及人格独立的意义。

孔孟儒家强调仁义礼智的善性是每个人都具有的,恻隐、羞恶、辞让、是非之心是人皆有之的。任何人,包括行道之人与乞丐都具有道德的尊严与人格的内在价值。孟子主张"仁义内在",任何义的选择,都是有内在根据的自我的审时度势。孔子言:"有杀身以成仁,无求生而害仁",仁不止是一个内在的、主观的道德情感,而是一个自我选择、自我规定的道德原则。我欲成仁、我必成仁,这是任何人、任何力量都不可以阻挡的。其一,作为道德主体、道德人格,"仁"是我的自主选择,是崇高而神圣不可侵犯的。"天生德于予,桓魋其如予何?""文王既没,文不在兹乎?"这是对人而言强调道德的尊严;其二,若不幸而受到侵犯、威胁,一般情况下,必据"仁"力争,"当仁不让于师",争取自己选择的价值,争取自己道德人格的尊严,争取自己做人的尊严,争取自己做人的自由,这是面对权威;其三,"君子固穷",君子虽穷,亦不失其所守,虽有来自政治、经济、生活、家庭的重重压力,处境困窘,仍坚持自己的选择,这是面对功利的诱惑(不固则不穷)与压力,仁居第一;其四,极端情形下，当为仁的选择受到生命威胁时，亦为生命的尊严、生存的自由而凛然赴难。这是面对强权与暴力。

进一步举牺牲生命而成仁为例来分疏。当我以死相争，来争得个人的价值、尊严与自由选择时，所维护、持守的必是具体的行仁的选择。比如当侵略者用枪逼使你出卖国家利益、背叛国家时，你所誓死维护的是民族、国家的利益。孔子说："有杀身以成仁，无求生以害仁。"当生命存在和道德精神发生二选一的矛盾的时候，儒家选择的是仁。当道德主体从一种功利的、生命安全的考虑之中抽离出来而进行决断和选择时，此道德主体是神圣、崇高、凛然无畏的。孔子屡次言及"君子喻于义，小人喻于利""君子无终食间违仁，颠沛必于是，造次必于是"，仁一定是君子的自我选择。孟子倡人性本善之说，人应当依此本善之性来成就道德人格。孟子认为人在天地间最可宝贵的便是其仁义礼智、道德人格。孟子认为，"人人有贵于己者"。他说："有天爵者，有人爵者。仁、义、忠、信，乐善不倦，此天爵也。公卿大夫，此人爵也。"（《告子上》）在孟子看来，仁、义、忠、信之类的道德，是天使人尊贵的东西，而高官尊位、功名利禄则是世俗世界的尊贵。孟子认为人人都有使自己高贵起来的东西，但是人们却不知道去追求、实现，反而依赖他人赐予的爵禄使自己高贵。孟子认为，这种贵并非"良贵"。因为这种贵不是自己能把握的，"赵孟之所贵，赵孟能贱之"。他主张人应当"修其天爵"，行其义理当然之善，以仁义为人之安宅、正路。牟宗三谓："良贵即是康德所说的尊严，是一内在而固有的绝对价值，超乎一切相对价值之上者，亦无与之等价者。"[①] 孟子认为，每个人都有（且应当有）道德的尊严："一箪食，一豆羹，得之则生，弗得则死。呼尔而与之，行道之人弗受；蹴尔而与之，乞人不屑也。"（《告子上》）"生亦我所欲也，义亦我所欲也。二者不可得兼，舍生而取义者也。"人格尊严、羞恶之心是每个人都具有的。即便是饥饿难忍、以乞讨为生的人，面对得之则生、

[①] 参见牟宗三《圆善论》，台湾学生书局1985年版，第56页。

不得则死的境况，亦不会为了生存而忍受羞辱接受"箪食、豆羹"。孟子提倡人的弘大刚毅、坚定不移的气节和情操，崇尚慷慨赴义、勇往直前、死而后已的任道精神。在人的自然生命和人的德性尊严发生冲突时，人会主动选择精神的生命、道德人格的实现。这是人的既难能又高贵之处。为了维护人格的尊严，虽行乞之人亦不受嗟来之食。在极端情形下，当为仁的选择受到生命威胁时，亦为生命的尊严、生存的自由而凛然赴难："志士不忘在沟壑，勇士不忘丧其元。"（《孟子·滕文公下》）

（三）儒家的权利思想与当代人权观念的反思

儒家关于君臣、君民关系的思想亦集中体现个人对道德尊严与人格权利的追求。君臣关系，所涉面极广。天子、诸侯、卿大夫等贵族均可称君，亦各有其臣。就君臣关系而言，先秦儒家并非主张绝对地尊君，而是主张君臣关系的相互性。孔子言："所谓大臣者，以道事君，不可则止。"（《论语·先进》）如果君主不符合"大臣"之道，"大臣"完全有权利离开。孟子则更进一步，他说："君之视臣如手足，则臣视君如腹心；君之视臣如犬马，则臣视君如国人；君之视臣如草芥，则臣视君如寇仇。"（《孟子·离娄下》）君主如果轻视臣，臣则可以把君当作敌人。君臣的态度是对等的，相互的。就君民关系而言，孟子倡"民贵君轻"之说，提出"民为贵，社稷次之，君为轻"的说法（《孟子·尽心下》）。孟子亦从《尚书》传统主张重视民意，主张"天视自我民视，天听自我民听"。对于选拔贤才，孟子主张以国人的意见为主，他说："左右皆曰贤，未可也；诸大夫皆曰贤，未可也；国人皆曰贤，然后察之；见贤焉，然后用之。"（《孟子·梁惠王下》）虽然最后的决定者仍是君主，但其基础毕竟是对民意的重视，或者可说包含着现代民主的萌芽。孟子又认为百姓有革命的权利："贼仁者谓之'贼'，贼义者谓之'残'。残贼之人谓之'一夫'。闻诛一夫纣矣，未闻弑君也。"（《孟子·梁惠王下》）孔孟之仁义已经包含着个人权利的追求，包含着对集权专制进行限制的构想。

第四章 儒家"道德的政治"之思维与价值观基础

陈来先生认为,儒家传统中有或没有人权思想,并不是一个根本性的问题。就已有的人权国际公约的内容而言,没有什么是儒家精神所不可接受的。而且,事实上,非西方文明的国家能否接受人权观念已经不成其为问题。确实可以说,儒家与西方各宗教伦理都强调社会共同的善、社会责任、有益公益的美德。因此,儒家的精神立场可以接受《经济、社会、文化权利国际盟约》和《公民和政治权利国际公约》所有内容,但却是在责任、义务、公群的背景和框架中来肯定其内容。从而,公民、政治、经济、社会各种权利在逻辑层位上,在与历史情境密切关联的实现次序上,更在责任与权利的根本关系上,儒家的安排会与西方文化不同,其立场无疑是非权利优先、非个人优先的[①]。

对个人的权利尊严的承认,在《论语》《孟子》《大学》《中庸》里面都有,牟宗三言:"若无仁教以光明每一生命之自己,开理想、价值之源,予奉天承运者以限制与折冲,则此后者之团聚群体以居民上未有不强人从己,立理限事,私其位,纵其欲,肆于民上,以为集权专制者也。"[②] 依牟氏所言,仁必包含着个人权利的追求,包含着反对集权专制限制的自由解放追求。对于选拔贤才及生杀等政治决策问题,孟子主张以国人的意见为主。虽然最后的决定者仍是君主,但其基础毕竟是对民意的采纳,可说是包含着现代民主的萌芽。萧公权指出:"于是孟子之政治思想遂成为针对虐政之永恒抗议。"[③]

儒学与民主、人权的问题,是近代以来中国思想家关注最多、讨论最激烈的问题。与前期探讨有所不同的是,近年来关于儒家与民主、人权的讨论,不再集中于儒家思想中有无民主、人权的问题,而着重于探寻儒家的基本价值与现代民主、人权相通、互补乃至结合点,寻找在儒家文化背景下提升人权、实现民主的可能性问题。李明辉先生在分析"三代人权"概念的内涵基础上,重点从"性善论"

[①] 陈来:《儒家伦理与"人权"》,《北京大学学报》1998年第5期。
[②] 牟宗三:《道德理想主义的重建》,中央广播电视大学出版社1992年版,第205页。
[③] 萧公权:《中国政治思想史》,台北联经出版事业公司1982年版,第96页。

"人格尊严""义利之辨""民本思想"四个方面探讨儒家传统中"人权"概念之内涵。他认为儒家传统的确包含现代"人权"概念的若干理论预设，而不难与人权思想相接榫。同时，儒家传统也为源自近代西方的"人权"概念提供了另一个诠释角度与论证根据。这不但丰富了"人权"概念的内涵，也为它在非西方文化（如中国文化）的落实提供了有利的文化土壤[1]。

杜维明先生说："儒家把自我看作是各种关系的中心，这种看法与西方的个人主义的差别是如此明显，以致强调儒家自我的社会性，我们就有可能进一步加深一个错误的印象，即个人的尊严、独立和自主不属于儒家的深层价值。"他的担心是有道理的。就人的自觉而言，有学者对儒家所谓"士的自觉"提出不同的看法，认为所谓孔子的学说是关于人的反思的"人"是有特定范围的人。针对孔子所说的"中人以上可以语上也；中人以下，不可以语上也""民可使由之，不可使知之""唯女子与小人为难养也"以及"惟上智与下愚不移"等观念。有人认为，在孔子那里，人是有不同的等级的，虽然他强调人的反思，但他又把人分成有反思能力和无反思能力的两类，实际上把反思的权利只交给了某一部分精神贵族；关于"士的自觉"，学者认为，这只是"士"的自觉，而非"民"的自觉，"士"显然是一个特定的阶层。进一步的认识是：儒家的这种文化特征造成了广大民众缺乏自觉、缺乏主体性、缺乏独立精神，习惯于被灌输、被统治，习惯于被动地生活。在这个意义上讲，所谓农民的坚韧性格，就常会体现为奴性，体现为呆板的螺丝钉精神。相反，士大夫及统治者则有一种心安理得的优越感，天生要教育别人、统治别人，他们在文化心理上享有一种生来就有的特权。这样，统治者与被统治者之间，产生了一个强大的矛盾，用福泽喻吉的话来说，就是"愚民之上必有苛政"，使专制政体越来越根深蒂固[2]。

---

[1] 李明辉：《儒家视野下的政治思想》，北京大学出版社2005年版，第65页。
[2] 参见杜维明《杜维明文集3》，武汉出版社1999年版，第202页。

第四章 儒家"道德的政治"之思维与价值观基础

面对自由、权利等当代价值的挑战，我们认为，儒家不是不要自由，不要个人。不过，个人不是个人主义，不是要个人不要集体。萧公权指出："孔子言仁，实已冶道德、人伦、政治于一炉，致人、己、家、国于一贯。物我有远近先后之分，无内外轻重之别。若持孔子之仁学以与欧洲学说相较，则其旨既异于集合主义之重团体而轻小我，亦非如个人主义之伸小我而抑国家，孔子则泯除畛域，贯通人己。"①

二 成己—成人的道德整体观与共同体意识

对于儒家而言，其"自我"不是"原子"式的、只追求个人利益的自我，而恰恰是包含群体利益和国家利益的"我"。人的价值和尊严在于参与到群体中，在群体责任的承担中成为"我"。孔子的仁即包含两方面：一方面是对自己人格的建立及知识的追求，发出无限的要求；另一方面，是对他人毫无条件地感到有应尽的无限责任。"仁的自觉的精神状态，即是要求成己而同时即是成物的精神状态"②。儒家的"成人"也即"成仁"，其核心是在群体价值实现与人伦关系的完善中成为"人"。进一步说，儒家的道德自我是融成己、成人、成物为一事的整体。有此道德自我，才有对于他人与社群利益的关切，才能实现个人与社群对立矛盾以及因同情心不足而缺乏正义关怀等难题之解决。由此整体观，我们亦可真实地提出人类命运共同体思想并实际践行之。

（一）成己—成人的整体性道德追求

儒家认为，每个人都是（也应该是）社群整体发展中的一个成员，同时，社群的发展可以促进每一个成员完成自己的人格。安乐哲先生认为，儒家个人、社会和政治秩序之间各维度的共同发展，使西方研究者不能够采用其熟悉的西方哲学理论语言的范畴。孔子的"成

---

① 萧公权：《中国政治思想史》，台北联经出版事业公司1982年版，第62页。
② 徐复观：《中国人性论史（先秦篇）》，上海三联书店2001年版，第81页。

人"概念因有着鲜明独特的社会视角，因此，"不会产生像西方那样私人利益与公共利益、伦理关系和政治关系以及社会结构和政治结构的突出差异"①。与西方观念不同的是，儒家之"成己"更重视"己"对于他人、它物之道义与责任。夏勇先生认为最能显示中国传统之特色的不是"德性权利"，而是"德性义务"观念。他说："于是，政治参与就颇为神圣起来，以至于对个人来说，它成了为人民、为国家、为自我实现都要贡献的一种义务，而不是被给予的一种要从国家和人民那里获取什么的权利。"②

孔子强调个人在社群、团体中应该承担义务，反思自己对于群体及他人是否做到了尽心尽力。曾子言："吾日三省吾身，为人谋而不忠乎？与朋友交而不信乎？传不习乎？"（《论语·学而》）在为仁自觉的基础上，"成人"意味着"做好自己"，具有自己的德行，承担自己的道德义务并且拥有与自己相称的东西。在儒家这里，有道德的社会、正义的社会的实现，不仅要求社会制度正义，更要求每个人自己首先做到正义和道德。儒家认为，每个人未尽到自己应尽的社会责任与义务，是社会不义的根本。儒家不过多关注个人应得，而是倾力于思考个人如何在其所处的位置上行其所当行，为深处其中的社会整体做自己应当做的事情。在《大学》那里，君主应当努力做到仁爱天下百姓；人臣则要努力做到尽心尽力谋划国事。社会人伦中的父亲、儿子、丈夫、妻子等，成人的目标皆落实于对他人及家国整体责任与义务的担当。孟子言：

> 爱人不亲，反其仁；治人不治，反其智；礼人不答，反其敬。行有不得者，皆反求诸己，其身正而天下归之。（《孟子·离娄上》）

---

① [美]郝大维、安乐哲：《通过孔子而思》，何金俐译，北京大学出版社2005年版，第161页。
② 夏勇：《中国民权哲学》，生活·读书·新知三联书店2004年版，第75页。

第四章 儒家"道德的政治"之思维与价值观基础

归根结底，天下归往局面的实现在于反思自己是否对他人尽到了道德责任。据《论语·宪问》篇载，当子路向孔子问君子的时候，孔子的回答是："修己以敬"，恭敬地尽到自己的责任；当子路再进一步发问的时候，孔子的回答是："修己以安人""修己以安百姓"。君子的修养是以修己为核心的安人、安百姓。或者说，修己一定包含着安人、安百姓的内容。《大学》表述为"修身、齐家、治国、平天下"，修身一定要延展到齐家、治国、平天下，这才是修身的完成。《大学》所说"明明德""亲民""止于至善"是贯通为一的事情。"大人"德行的成就在于亲民，在于对百姓民生的关怀和德行的提高两方面的关怀，在于最后实现人人依其本性而行的天下太平的理想状态。这也是孔子的"一日克己复礼，天下归仁"的状态。所以，儒家的"大人"和"君子"的德行必然是在家、国、天下中实现和展开的，必然包含着对天下百姓的关爱。这是"道德的政治"能够实行的根本。不仅如此，儒家的个人对于历史文化和宇宙万物亦有责任。《中庸》说："诚者非自成己而已也，所以成物也。"依其本性而行的真实的自己，必然地包含着成就他人、它物的责任。孟子提出"亲亲，仁民，爱物"的主张，倡言"老吾老以及人之老；幼吾幼以及人之幼"，即是主张从切近处而有对他人及普通群体的关怀。君王应该在"不忍人之心"的基础上，"达之于其所忍"，将爱心由近及远地扩充而达之于天下。孟子讲："仁之实，事亲是也。"亦是此意。徐复观先生说："仁才有推己及人的扩充力量，仁才会尊重每一人的人性，因而消解统治者的权力意志，以使人人各遂其性，即各遂其中庸之道。"[1]安乐哲先生认识到："'成人'需要将他者纳入自我关切之域，这自然会产生促进他者利益与自我修身的某种密切关系。"[2] 虽然安乐哲仍然不可避免地使用"自我"及"他者"的概念，但其对儒家成人观的理解却是很贴切的。

---

[1] 徐复观：《中国人性论史（先秦篇）》，上海三联书店2001年版，第107页。
[2] ［美］郝大维、安乐哲：《通过孔子而思》，何金俐译，北京大学出版社2005年版，第123页。

孔子说："夫仁者己欲立而立人，己欲达而达人。"（《论语·雍也》）儒家提倡个人在价值实现基础上帮助他人实现其价值，提倡君子承担对他人和群体的义务和责任。有仁德的人在自己理想实现和事业成功的同时一定要帮助他人有所成就和成功，这是"任重而道远"的使命。另外，从现实的效果方面考虑，成人也有助于成己。己之立必赖他人之立、己之通达必赖他人之通达方可实现。钱穆先生说："己之为生，仅限一时。而群之存在，则延于万世。己在群中乃有立达。苟使无群，己于何立，又于何达？"[①] 此论的然。家、国、天下的群体存在状态对于个人的成就，可以产生很大的影响。人生活在一个共同的群体当中，如果这个群体是一个无知、愚昧、甚至充满不道德习气的群体，何谈个人的美好的存在？整个群体是一个和谐、和乐的群体，身处其中的个人也是一个好的、美的存在。小至社会、国家，大至世界、宇宙，皆是如此。孔子提出"里仁为美"，主张仁人要明智地选择有仁厚之风的地方居住。在儒家这里，人必须对他人、他物尽自己的责任。使他人他物更好地存在，也即是使这个整体完好地存在。需要注意的是，儒家的"成己"不是绝对的个人主义，而是对他人成就的承认和担当，是承认他人、他物的价值，发挥他人他物的价值。"成己—成人—成物"是"曲成万物而不遗"，是帮助他人他物有所成就。儒家的"成人"及帮助他人的方式，一方面是辅助其实现，化成天下；另一方面，此辅助亦不是己意的任意干涉，不是使其失去个性，而是使其拥有自我的发展空间，拥有自我的独立与选择的自由。在这种观念中，不同的"他者"互相促进，整体是包含"他者"的整体。儒家讲"以他平他谓之和"，不是只有一种声音、一种价值、一种标准的一维的整体，而恰恰是对万物价值之肯认与尊重。儒家成己—成人的整体观落实于忠恕之道以为与他人沟通的方式。

（二）人我一体的存在本然

儒家看待世界与人生的整体观促使其价值主张是：人必须在社

[①] 钱穆：《晚学盲言》，广西师范大学出版社2004年版，第428页。

第四章 儒家"道德的政治"之思维与价值观基础

会、国家及宇宙整体中，才是有意义的、完美的存在。按照场有哲学的理解，"宇宙间的任何事物都是一依场而有的'场有者'，都是不可能外于场有而存在的。事实上，事物本身就是场有"[1]。人的存在的真实乃是要把自己投入、投射到境界中去的整体性存在。离开此境域之中，人便是孤立的、悖谬的。事实上，人是在天、地、人一体的场中显示、获得其有（存在）的。天地人共同遵循着一个涌动的流/潮而向前和存在，人在此境域中真实地、整体地存在。人不应也不敢忘记自己是在此场有/场域整体中的存在，所以他必竭心尽力地促成此场域的完美实现，也即是促成自己的完美实现。

我们可以进一步认为：儒家对于家、国、天下的责任担当，不仅是其道德关怀与价值选择，更源于其天下一家、人我一体的本体存在感。在儒家看来，天人一体、天人合一的整体是人的存在之最真实、最完美的状态，人必须"在"此整体中才获得其真实。此"在"或"投入"整体中是以道德的方式、伦理的方式展开的。进一步说，道德、伦理的生活并非仅是个人实现目的之手段或外在的规范。道德与伦理的整体生活即真实，即本然。换句话说，人的存在的真实即是家庭的、伦理的、道德的。孟子言：

> 君子有三乐，而王天下不与存焉：父母俱存，兄弟无故，一乐也；仰不愧于天，俯不怍于人，二乐也；得天下之英才而教育之，三乐也。（《尽心下》）

君子与天地，与父母、兄弟（亦可包括妻儿），与朋友、弟子共同构成了整体的存在。在此整体中的君子之"乐"是统一天下的事业所不能比及的最高的、最真实的"乐"。《中庸》的核心概念"诚"包含着融成己—成人—成物为一体的内涵：至诚尽性，尽天地在我之

---

[1] 参见罗嘉昌、郑家栋主编《场与有——中外哲学的比较与融通（一）》，东方出版社1994年版，第22页。

性，尽我本然之性。天地之性为仁，仁爱天下，仁爱万物。天地之德在于使万物各适其性，各得其所，各有其存在与发展。圣人要辅助天地化育、长养万物，进而具有德同天地、化成万物之功。人达到"诚"，即是实现了自己的真实本性。实现自己真实的本性即可以实现同胞及整个天下万物的本性。在儒家看来，个人和宇宙是一体的。

张载《西铭》篇言天下一体的境界：

> 乾称父，坤称母，予兹藐焉，乃混然中处。故天地之塞，吾其体；天地之帅，吾其性。民吾同胞，物吾与也。

"我"在天地间傲然而立。乾坤是我的父母，亦是天下所有人（物）的父母。共有父母的人、物、我构成天地间一个"大家庭"，"我们"都是此"大家庭"的成员。天地间一切皆在"我"的关照之下，我对他人的一切道德行为都是对我的家人的亲情，是自然的、自愿的、真挚的。张载为人们指示真切地爱天下所有人如爱自己的亲人的修身实践路径，即所谓爱人如己、天下一家。此时，"我"是这个宇宙中的一员，即孟子所说的"天民"。在此，儒家确实在本体上具有人与天地、宇宙、万物一体的意识。"我"就是"我"的整体，"己"就是"己"和"人"的整体。《中庸》言："鸢飞戾天，鱼跃于渊。"我们可以在现实中予以深切的体会：鱼游水中，鸟飞蓝天，空气清新，阳光明媚，人在此境，自是"乐莫大焉"；人到海边，和沙滩、海洋、蓝天是成为一体的；如果这是一个污染的环境，没有沙滩，没有海洋，人的存在是蹩脚的、残缺的。孟子说："万物皆备于我矣，反身而诚，乐莫大焉。"成为天地中的人去真实存在的时候，人的存在才是一个欣然的、怡然的、"乐"的存在。在儒家这里，"己"本然地是在他人、他物中所成就者。张载所关注的是如何在本体境界上实现爱人如己，程颢则更广阔而深远地提出了"仁者浑然与物同体"的理想境界与主张："仁者，以天地万物为一体，莫非己也。认得为己，何所不至？"成为仁者意味着成为宇宙整体的一员。

第四章 儒家"道德的政治"之思维与价值观基础

宋代心学思想家陆九渊说:"宇宙内事是己分内事,己分内事是宇宙内事。"这与其"宇宙便是吾心,吾心即是宇宙"一样,同是对于天下宇宙的道德责任及担当意识。这是儒家整体性的自我、有机存在的自我。因为天人一体、天人合一的整体是人的最真实、最完美的存在状态,所以人必须在此整体中才获得其存在的意义和价值。王阳明亦提出大人"以天地万物为一体"之境:"大人者,以天地万物为一体者也。其视天下犹一家,中国犹一人焉。"(《大学问》)"大人"必然是与他人、家、国、天下构成一个整体的"我",在儒家看来已和宇宙都是一体的。

(三) 天下共同体的价值取向与担当精神

共同体问题是中西文明共同关注的问题,亦是当代具有重要意义的政治哲学问题。在原子论及对立、两极思维主导下,西方文化基于个人与群体、内部与外部、你们和我们、确定性和自由等对立的理解,对共同体怀有一种矛盾的心态。中国人则依其家国天下、万物一体的思想,一以贯之地理解并自觉而有意识地建构人类命运共同体。先贤提出的"民胞物与""仁者浑然与物同体"等是真实本然的天下一家、万物一体的主张,有此心性修养与天下胸怀,中国人才能真诚地、切实地提出人类命运共同体的主张并为之不懈努力。

西方文化对于共同体的矛盾心理源于其原子论思维下的关于个人与整体关系的对立和两极思维。这种非此即彼的对立、两极思维,同时即表现为一种"敌对思维"。亨廷顿概况这种思维为:如果没有真正的敌人,也就没有真正的朋友。除非我们憎恨非我族类。我们便不可能爱我族类。[①] 钱穆从文化的根源处对西方的文化精神进行了深入分析,他认为草原或滨海的民族对外首先就具有一种敌意,对自然亦然。这种草原的或滨海的民族的内心深处,就有一种强烈的"对立感"。这种文化对自然是"天""人"对立,对人类是"人""我"

---

① [美] 塞缪尔·亨廷顿:《文明的冲突与世界秩序的重建》(修订版),新华出版社 2010年版,第4页。

对立，哲学和心理上的必然理论则为"内""外"对立。西方历史由于永远在列国纷争、此起彼伏的斗争状态之下，所以，西方人的态度常常是向外看的。"所谓向外看，是指看一切东西都在他自己的外面。所以成为我与非我屹然对立。惟其常向外看，认为有两体对立，所以特别注意在空间的'扩张'，以及'权力'和'征服'上。"①所以，西方思维总是认为整体会对个体压制，大的团体会压制小的团体。

就文化本源而言，中国文化体现出"天人相应""物我一体"之"和平的"特征，是一"生命总体观"。钱穆说："人有生命，为人之道，首当认识其自己之生命。再由认识自己之小生命，而认识到人类共同之大生命。此大生命乃一总体。再由此总体而认识到其总体中之各部分。有了此种认识，乃知所谓人道，庶可领导此下世界人类之前进。"②中国自神农黄帝以下，即由中国人而聚成一中国。中国民族生命，即以此中国之抟成为其体。钱穆先生所言可说是指出了中国人重视生命整体的人文精神的特征。此对于生命总体、人类共同大生命之体察和认识的思想和文化，才是引领世界和人类前进的精神力量。西方人重部分，中国人重整体。中国人重整体，一是其整体性世界观所致，二是可从其文化根源进行说明。从社会构成上看，中国社会亦是一总体。钱穆称："士农工商各有专业，合成一总体，乃同为此总体而努力。……故有产与无产，食人与食于人，乃相互融通和合，会成一体。"③物我合一、天下一家是真实的存在，而不只是一种有待实现的目标。钱穆先生认为："中国古代人，一面并不存着极清楚极显明的民族界线，一面又信有一个昭赫在上的上帝，他关心于整个下界整个人类之大群全体，而不为一部一族所私有。……因此他们常有一个'天下观念'超乎国家观念之上。他们常愿超越国家的疆界，来行道于天下，来求天下太平。"④中华民族在文化源头上表现出来的

---

① 钱穆：《中国文化史导论》，商务印书馆1994年版，弁言第3页。
② 钱穆：《晚学盲言》，广西师范大学出版社2004年版，第8页。
③ 钱穆：《中国文化史导论》，商务印书馆1994年版，弁言第7页。
④ 钱穆：《晚学盲言》，广西师范大学出版社2004年版，第80页。

"天人合一""天下观念",自始即奠定了深厚的互通、联结、共在的共同体观念的基础。

中国传统政治亦强调德性实现与整体和谐。《尚书·尧典》言:"克明俊德,以亲九族,九族既睦……谐和万邦。"执政者以个人修身明德为核心实现九族和睦、万邦谐和。中国古代夏商周时期,并非由某氏族部落来统治天下,亦非由各部落各氏族来争此天下,乃由各部落各氏族共融为一体,以成此天下,而使此天下达于平治之境。中国人常把民族观念消融在人类观念里,也常把国家观念消融在天下或世界的观念里。他们只把民族和国家当作一个文化机体,并不存有狭义的民族观与狭义的国家观。"在当时中国人的眼光里,中国即是整个的世界,即是整个的天下。中国人便等于这世界中整个的人类。当时所谓'王天下',实即等于现代人理想中的创建世界政府。凡属世界人类文化照耀的地方,都统属于惟一政府之下,受同一的统治"[1]。这是中国古初文明时期社会政治的现实。赵汀阳指出:"对于中国思维来说,国就被解释为只不过是比较大的家,天下则是最大的家,所谓四海一家。在这个思维模式中,天下各国以及各民族之间的冲突实质上只是各个'地方'之间的矛盾,而不是现代理论所认为的国家和民族之间的矛盾。"[2] 中国古代政治文化以"大一统"为一贯的政治理想。《中庸》说:

  今天下车同轨,书同文,行同伦,舟车所至,人力所通,天之所覆,地之所载,日月所照,霜露所坠,凡有血气者,莫不尊亲。

这种境界确实可说是"全世界人类都融凝成为一个文化团体了"。中国人所追求和向往的就是这种以德贯通、公而无私的大同社会。就共同体理想而言,儒家荀子尤其重"群",认为人的群体生活是人的独特性与优胜性所在。而荀子尤其重视通过礼义之分实现的和谐共同

---

[1] 参见钱穆《中国文化史导论》,商务印书馆1994年版,第23、37页。
[2] 赵汀阳:《天下体系:世界制度哲学导论》,中国人民大学出版社2011年版,第43页。

体的实现。荀子说:"(人)力不若牛,走不若马,而牛马为用,何也?曰:人能群,彼不能群也。人何以能群?曰:分。分何以能行?曰:义。故义以分则和,和则一,一则多力,多力则强,强则胜物。"(《荀子·王制》)群体存在的根本在于根据义进行的名分等级的区别。这种规定了区别的群体是和谐与不矛盾的、统一与合一的整体。

　　中国文化所重的合是不同思想、原则、团体、个体之和,是不同之和,不是抹杀差别取消差异的同质的合。中国人理解的共同体是:尊重差异、包容差别、重视责任担当、仁爱亲爱的共同体。《论语》讲"礼之用和为贵",礼的价值在于能在差异原则基础上实现和乐、团结、整体。《系辞传》言:"曲成万物而不遗。"钱穆言:"中国人称政治,……不失其自由平等独立之地位,而相互间无所争,乃能融成一总体。"[1] 此共同体是以德相与、以德贯通的道德共同体,是具有一贯原则、相对普遍认识的正义共同体。赵汀阳指出:"与天下这一先验概念相配,天下的完整性是依靠内在的多样性的和谐来维持的,因此又有一个关于世界和谐的先验原理,所谓'和'。"[2]《文言传》:"利者,义之和也。"朱熹《周易本义》解作:

　　　　利者,生物之遂,物各得宜,不相妨害,故于时为秋,于人则为义,而得其分之和。

　　朱熹在《朱子语类》中进一步解说为:

　　　　义疑于不和矣,而处之而各得其所,则和,义之和处便是利。……义截然而不可犯,似不和;分别后,万物各止其所,却是和。不和生于不义,义则无不和,和则无不利矣。

---

[1] 钱穆:《晚学盲言》,广西师范大学出版社2004年版,第5页。
[2] 赵汀阳:《天下体系:世界制度哲学导论》,中国人民大学出版社2011年版,第51页。

儒家思想注重整体和谐：注重人与人之间的和谐，注重民族与民族的和谐、地区与地区的和谐，亦注重国家与国家间和谐。儒家主张遇到问题和矛盾要以协商的方式解决，不提倡武力解决争端，主张"柔远人"。儒家的"和"是各种有个性的东西，都不失其个性，保持其个性，而能彼此得到谐和统一之义。

总体上说，相对于西方对立、斗争、敌对思维，中国古代思想具有非对立性、非斗争性的思想特质；相对于西方一元、霸权、强制的特征，中国古代思想具有多元并存、忠恕和合的精神特质。中国哲学在根本上重整体、重统一。荀子讲"义以分则合"，墨子反对一人一义、十人十义的分、离的状态，主张同、合及没有差别的爱。中国古代世界观是一种独具特色的德性世界观、整体世界观。在此世界观中，世界是"天道"落实于"人心"、天命落实于人性之天—地—人—我一体的有机整体。中国古代哲学关于个人价值实现、关于人的修身成德的主张，足以成为共同体实现的价值基础。

第五章

儒家的人性关怀及政治道德之养成

任何合理的政治哲学必然始于对人的本性的基本认识。任何好的、善的政治亦必是符合人的本性的政治。以孟子、荀子为代表的先秦儒家的人性探讨意在为政治和伦理的原则确立一个人性的根据,同时,也要为现实的社会政治伦理体系设定一个具有批判意义的合理性标准。现实政治安排、政治制度的合理与否,都要从人性的基础上进行理论主张和论说。人性善,即相信人可以自己为自己做主,人可以由引导的方式、自主自觉地追求和实现其道德之善,是内在生成的政治;人性恶,则人无法自己做主,无法自觉选择道德仁义,而必须通过外在的师法的力量和制度的范导,这是一种外在的政治。徐复观在探讨孔子的人性论时说:"在中国文化史上,由孔子而确实发现了普遍的人间,亦即是打破了一切人与人的不合理的封域,而承认只要是人,便是同类的,便是平等的观念。"①

儒家对于人性欲望、公私、义利关系的认识,决定了其政治哲学的思考。儒家孔孟对公私、义利等的内向性主张,使其理论陷入了一种难以克服的矛盾之中。儒家的荀子既可以为突破孔孟的理论困局提供一种可能,而其人性恶基础上的道德养成主张,则同样甚而更为严重地面临着理论和现实的双重矛盾,即自觉、自主的道德之善如何在

---

① 徐复观:《中国人性论史》,华东师范大学出版社2005年版,第41页。

恶之人性中生根的问题。郭齐勇先生说:"西周初年以降的人文主义是孔子思想的文化土壤,孔子在思考公私之辨时,更有一种人文的自觉。"[1] 所谓的人文的自觉其实也是一种对人的存在关怀的精神。

第一节　善恶之间:孟子、荀子人性论概要

孔子很少讨论人的本性。孔子以后,儒家关于人性的讨论逐渐成为焦点,提出各种不同的主张,其中以孟子、荀子为代表。孔子认为"性相近",孟子主张"人皆可以为尧舜",荀子亦提出"涂之人可以为禹"。三者尤其后二者都在人性关怀的基础上表达了其道德政治的理想。

一　孟子前的人性论及其政治哲学内涵

《论语》中只有一句话明确谈道:"性相近也,习相远也。"(《阳货》)虽然孔子说过"天生德于予"的话,包含着德行由天所赋的含义,但孔子未曾说过性善,只认为人的天性是相近的,后来的不同都是由于后天的习行。孔子以后,儒家关于人性的讨论逐渐成为焦点。在《孟子·告子上》中,孟子弟子公都子就人性问题向孟子进行了提问。此段涉及当时关于人性问题的几种主要观点:一是告子主张的"性无善无不善"论;二是有人主张的"性可以为善,可以为不善"论;三是无名氏主张的"有性善,有性不善"论。持第二种主张的认为,性有善有恶,至于为什么有人趋向于善,而有人趋向于恶,关键在于后天环境、教育的影响。比如周文王、周武王做天子,有向善的环境和教化,则百姓趋向于善,周幽王、周厉王做天子的时候,百姓则趋向于恶。持第三种观点的人认为,有的人天生为善,有的人天生为不善。比如虽然是圣王尧做天子,但还是有象(舜的异母弟)

---

[1] 郭齐勇:《先秦儒家论公私与正义》,转引自《儒家文化研究》第三辑,生活·读书·新知三联书店2008年版,第9—10页。

这样的天生便恶的人；虽然有瞽叟作为父亲，却有舜这样天生为善的人。那么问题在于：政治环境、政治行为与人的道德到底是什么关系？

20世纪90年代在湖北荆门市出土的郭店楚简，写作时间当在孔子之后孟子之前。郭店楚简让我们看到了先贤包括宋明大儒与当代大家所未能见到的珍贵文献，也使我们认识到战国中期中国哲学的讨论重心是关于心性方面的。《性自命出》是集中讨论心、性的一篇。《性自命出》提出："凡人虽有性，心无定志，待物而后作，待悦而后行，待习而后定。"意思是人虽然有性，但此性并不是固定的，要受外物与环境的影响，要通过后天的"习"来固定。这句应该是对孔子"性相近也，习相远也"的解释和发挥。该篇又说："四海之内，其性一也，其用心各异，教使然也。"人性是相同的，由于其用心不同所以其性的形成和表现不同。为什么有此不同？教化、教育使然。同时，该篇认为："喜怒哀悲之气，性也。及其见于外，则物取之也。"以人的喜怒哀悲的气为性，但它的表现取决于外物。"牛生而长，雁生而伸，其性使然。人而学或变之也"，认为不同于天生而定的牛、雁之性，人性可以通过后天的学习而改变。引人注意的是，该篇简文提出了"性自命出，命自天降"的思想，与《中庸》首句相似。

孟子之前讨论人性问题的代表著作是《中庸》。《中庸》首句言："天命之谓性，率性之谓道，修道之谓教。"此句奠定了儒家道德形上学的理论基础，亦包含有丰富的政治哲学内涵。"天命之谓性"，天命于人的即是人之性，或者可以说，人性是由天所命。由此一认定，人性油然而生其真实价值。人非虚生，人性非盲目的冲动，人性具有同天的地位与价值。徐复观先生说："天的无限价值，即具备于自己的性之中，而成为自己生命的根源，所以在生命之自身，在生命活动所关涉到的现世，即可以实现人生崇高的价值。"[1] 故此，依人

---

[1] 徐复观：《中国人性论史（先秦篇）》，上海三联书店2002年版，第104页。

性而有的种种主张,皆是向上的、向善的,人可以为自己作主,为自己制定规则。这是儒家对人性的自觉与自信。由此自认与自信,人可以自觉自愿地追求其道义理想,为人类自己、亦为每个人自己设立共由之路。

《中庸》接下来一句"率性之谓道",依循人性而发便是道。道是本乎人性而立,没有在人性之外的所谓超越的道。孟子说:"夫道犹路也。""义者,人之正路也。"就每个人自己而言,道是每个人必须依之而行的价值标准,由道而行便是人;不由道而行,便不是人。孟子所言"舍其路而弗由",是人的自我放逐。就整个人类而言,道又是保证所有人和谐共进、共荣共宁的标准。它是各个人、团体、国家、民族都必须遵循的,也是于每个人、团体、国家、民族都有利的。由此而言,道即公道,即正义。人性必发而为生命之延展,必发而为生活之追求,不离生命而独在,也不离生活而独存。所以,顺性而立之道,其关注领域必在人世之内;其关注内容必是人伦日用,必是人的生命生活所最贴近处。故《中庸》有下面一系列言语:"道不远人,人之为道而远人,不可以为道"。为道即为德,尽其在己者。"君子之道造端乎夫妇""君子素其位而行,不愿乎其外。""君子之道,辟如行远必自迩,辟如登高必自卑。"认为君子之道虽有超越、高远的一面,但究其实则是最朴素、平常的人道。中庸又为中和,不发怒、不偏执、不过度,既得人之中,又得天地万物之中;既得人之性,又得天地万物之性。所以达到中和,便能参赞天地之化育。此是儒家政治哲学之形上性。郭店楚简《尊德义》篇有与《中庸》相似的主张,该篇言:

> 教非改道也,教之也。学非改伦也,学己也。禹以人道治其民,桀以人道乱其民。桀不易禹民而后乱之,汤不易桀民而后治之。圣人之治民,民之道也。禹之行水,水之道也。造父之御马,马之道也。后稷之艺地,地之道也。莫不有道焉,人道为近。是以君子,人道之取先。

此段也是主张政治以顺遂人性、不违背人性为本。圣人治民要符合民之道；大禹治水，符合水之道；造父驾驭马，也要符合马的本性。政治教化并非要改变人性，而是教导民众按照符合其本性之道而行。当然，在儒家看来，人的本性是善。《大学》言："好人之所恶，恶人之所好，是谓拂人之性，灾必逮夫身。"政治必是符合人性的，应是"民之所好好之，民之所恶恶之"。关于《中庸》"修道之谓教"，朱注曰："性道虽同，而气禀或异，故不能无过不及之差，圣人因人物之所当行者而品节之，以为法于天下，则谓之教，若礼、乐、刑、政之属是也。"① 主张政治教化当依人本然、应然之性而采取具体措施。徐复观在《中国人性论史》中直接指出："'修道之谓教'，这是儒家对于政治的一种根本规定，实现中庸之道的即是政治之教，亦即是政治。中庸之道，出于人性；实现中庸之道，即是实现人性；人性以外无治道。违反人性，即不成为治道。所以修道之谓教，即是十三章之所谓'以人治人'。'以人治人'的终极意义，是不要以政治领导者的自己意志去治人，而是以各人所固有的中庸之道去治人，实则是人各以其中庸之道来自治。……所以中庸之道的政治，用现在观念来表达，实际即是以民为主的民主政治。"② 这是对于儒家人性政治、道德政治的至为精到的概括。

二 孟子性善论及其蕴含的政治哲学主张

徐复观认为："德治的出发点是对人的尊重，是对人性的信赖。"③ 孟子政治思想倡导仁政、王道，其理论之根在于其性善的根本主张。孟子绍继孔子，倡人性善，其人性论意在为道德和政治的原则确立一个人性的根据。同时，也要为现存的社会政治建立一个具有批判意义的合理性的标准。建立在人性基础上的现实的政治制度和原则才具有合理性，否则就没有合理性。本部分我们将简略概述孟子性

---

① （宋）朱熹：《四书章句集注》，中华书局1983年标点本，第17页。
② 徐复观：《中国人性论史（先秦篇）》，上海三联书店2002年版，第104页。
③ 徐复观：《徐复观文集》，湖北人民出版社2002年版，第111页。

善说的基本主张，并概要分梳其基于性善说的政治哲学主张。

（一）孟子性善论的基本内涵

首先，孟子的人性论主要是在和告子的争论中表述出来。告子的人性论相当于人性白板论，即认为人性是一块无任何规定内容的白板，即无所谓善恶。善恶、仁义等道德和非道德的内容都是与后天外力交互作用的结果。"义"的伦理规定与人性无关，乃外力使然，后天塑造，是对人性的创造和施加。在此，我们不必说告子一定错。告子的主张代表了当时流行的、常识的看法，即从现实的人来看待人性。孟子则认为，人性本善，有向善的规定，"义"的规定、伦理规范，在人性之内有根基。"义"的规定是在人内在的情感上生发出来的。道德仁义是人性所本有，不是外在的附加和强制。道德仁义是人性的本然，也即是人性之当然。同时，只有从人性、人情出发的道德伦理、政治教化才是合理的，否则是对人性的违背，是不正当的。郭店楚简《五行》篇言："义形于内谓之德之行，不形于内谓之行。"在人的心性情感基础上形成的"义"，是道德之行；没有心性情感基础的"义"，只是外在的循行、遵守规范。孟子之所以要坚持仁义内在，就是要坚持人的道德行为的自律、自觉、自主。

其次，孟子认为"性善"是"人之所以异于禽兽者"，是使人与其他物类区别开来的人之所以为人的特殊规定性。恻隐之心、羞恶之心、辞让之心、是非之心，内在于人的生命存在中，是上天所赋予的、天生具有的"良知""良能"。孟子认为善是人的本性，人应当依其本性而过一种道德的生活。这种道德的生活不是强制的，关键在于人的自觉反省和体证，所谓"思则得之，不思则不得也"。孟子性善论的核心在于论证仁义理智内在于人的心性之中，是人自然、本然具有的。孟子以"四端"作为人性善的证据。孟子说：

> 今人乍见孺子将入于井，皆有怵惕恻隐之心。非所以内交于孺子之父母也。非所以要誉于乡党朋友也。非恶其声而然也。由是观之：无恻隐之心，非人也；无羞恶之心，非人也；无辞让之

心，非人也；无是非之心，非人也。恻隐之心，仁之端也；羞恶之心，义之端也；辞让之心，礼之端也；是非之心，智之端也。人之有是四端也，犹其有四体也。……凡有四端于我者，知皆扩而充之矣。若火之始燃，泉之始达。苟能充之，足以保四海；苟不充之，不足以事父母。

四端之发，是人在面临一种情境时的当下直接、自然而然的心理反应，是性中本有，非后天所加。在孟子，人心是善的（端），人心既可自觉自己是善的，又可促成自己实现为善。孟子称之为"良知"（善的知）"良能"（善的能）。仁义礼智为人心所固有（端），一念的反省、自觉，便当下呈现出来。所以说"思则得之"；人在无反省、不提撕时便随耳目之欲逐去，仁义的善端即隐而不显。所以，孟子说："仁义礼智非由外铄我也，我固有之也，弗思耳矣。"（《告子上》）他又说："求则得之，舍则失之，是求有益于得也，求在我者也。"《尽心上》）人是否自觉追求良知、善性，对于道德良知的拥有具有决定的作用。人能自觉、反思、反省、体证，则此"求"总会有助于道德良知的呈现。需要注意的是，此"求"不是对不属于"我"的外面东西的追求，也不是在人心外的知识性的探求，而是本心、良知的自我反求、自我呈现。人既体认有此四端之善，那么此善端则必须（必然）会现实地发展为仁义礼智之行。此四端之扩充为善，是义理之当然，如火开始燃烧，泉水开始涌出，不可遏止。孟子以"推扩"功夫，奠定了人实现善的充分的可能性和途径。在孟子看来，人应该基于内心自然之善端，在实际生活中推扩此善端，使实际生活的每一段和每一面，都为善端之实现，亦即皆充满了善。这就是推扩的工夫，亦是仁政王道的心性基础。

再次，孟子提出寡欲以养心的心性修养主张。孟子说："耳目之官不思而蔽于物，物交物，则引之而已矣。"孟子注意到，如果道德之心不发挥主宰的作用，那么人就会顺着耳目等生理官能去行为。孟子认识到，人有饮食声色之欲，"食色性也"，耳目之官、生理本能常常要求实现自己。耳目之欲本身不为恶,但耳目之欲的追逐却可能妨害心之善的实现。既然仁义之心只是"几微",那么,人在现实上总是更多地存在于功利、欲望之中的。而人沉陷于耳目之欲中,则"几微"之仁心难于摆脱物欲的纠缠而实现、呈现其自己。所以,道德实践并非一蹴而就的简单问题。事实上,道德实践的工夫一旦与现实的生活相交汇,必然遇到来自内与外的种种阻力。孟子说:"饮食之人,则人贱之矣,为其养小而失大也"。一般沉溺于声色犬马中的人,为人所轻视,并非他一定做了什么恶的事情,只是因为他纵情于享乐中(养小),而没有道德主体的自觉,没有道德主体的自觉实现。所以孟子主张寡欲,使心不为物欲所蔽。孟子说:"养心莫善于寡欲。其为人也寡欲,虽有不存焉者寡矣。其为人也多欲,虽有存焉者寡矣。"(《尽心下》)存养道德良知最好的方式就是情欲寡少。如果一个人功利欲望少,虽然有时道德之心不发显,但这种情况会很少。反之,如果一个人心中充满自私的欲望,虽然有时会有道德行为的表现,但表现的次数以及表现的真诚度都会很少。人的道德良知、道德理性的葆有,关键在于从横流的物欲中独立出来、超拔出来,自作主宰,清明而无物欲之累。此点尤其具有政治道德修养的意义。

最后,孟子又以尧舜的存在证明人性之善。孟子说:"舜明于庶物,察于人伦。由仁义行,非行仁义也。"(《离娄下》)舜的道德行为不是外在的循行道德规范(也没有人强制要求他),而是由其人性本具的仁义之心自然生发、自主选择。舜在深山之中,其生活情状、饮食起居与深山的野人可以说没有什么大的差别。但他尚存有和野人相区别的"几希",不使之泯灭。尧、舜的存在是从历史事实角度对人性善的有力说明。孟子在指出舜为性善的例证后,提出"圣人与我同类"的主张。圣人与众人同为人类,人心应该是相同或相类于"圣人之心"的。圣人之心是对理义之"好",人类之心应该普遍地具有对仁义礼智的追求。

(二)孟子性善论所蕴含的政治哲学主张

从孟子性善论,我们可合乎逻辑地导出其政治哲学的如下主张:

首先，因为人性是善的，所以政治应该符合人性地以其实践功能助成其德性实现，"自天子以至于庶人，壹是皆以修身为本"。就人性实现而言，道德依赖于人的自觉，那么道德的实现便不能强制执行，而要依靠教化、引导，实行德治。夏勇先生提出："民本文化乃是真正的国粹。民本精神不仅是为天下人着想的精神，而且是由天下人为天下着想的精神。"他认为，虽然民权并不是古代中国政治文化的典型特征，也不是儒学的核心范畴。但是，"有了民本的价值法则和政治法则，支持民本的程序法则之发育不过是迟早的事情"①。虽然注意到人在现实中"可使为不善"的倾向，但持性善论的孟子主要还是认为政治应该是在性善基础上，由不忍人之心，行不忍人之政，并认为由此而行的仁政可以顺利地实现天下的大治。

其次，虽然人性善，但有流于恶的可能，由此证明政治的必要性。我们可以同意这样的看法："人类虽然在一方面为自己提出了道德规范，另一方面却又无法以自律的方式来约束自身，因而他需要以政治这种方式来对社会生活进行规范。"② 李明辉先生认为，以性善说为基础的民主理论并非不可能建立，这种民主理论亦有向现实层面开展的可能性，"以性善说为基础的民主理论还有一项重要的意义，即是：它可以针砭过分相信民主机制的制度论者"③。虽然民主制为当代政治哲学基本认同的政治制度，但我们仍须注意，以性恶为基础的民主制度终是缺乏最终的根据，即恶的人的民主有可能是恶的民主。

最后，既然圣人是性善的代表，"先王有不忍人之心"，能行"不忍人之政"。就孟子的人性论而言，依其逻辑，必然相信圣王之治。因为圣王是先于普通百姓而践行仁义本性的人，圣王与我同类。一方面，圣王所践行的仁义是人都应该而且也能够做到的；另一方面，圣王所践行和倡导的仁义是符合我的本性的。夏勇先生提出其

---

① 夏勇：《中国民权哲学》，生活·读书·新知三联书店2004年版，第21页。
② 韩冬雪：《政治哲学论纲》，《政治学研究》2000年第4期。
③ 李明辉：《儒家视野下的政治思想》，北京大学出版社2005年版，第45页。

"新民本说"的主张：第一，讲民之本而非君之本，讲自本而非他本；第二，以民权为政治上民之所本；第三，民权本于民性，德性统摄权利；第四，民性养于制度，民权存乎社会①。以儒家性善论为根基的中国政治哲学确实可以走一条不同于西方政治的自己的道路，此可以是圣王政治，亦可以称之为贤能政治。但归根结底是相信人的政治。

三 荀子性恶论基础上的理性选择

由于本章后面将重点谈到荀子的人性论及其对欲望欲求的态度，这里只概要论述其人性基础上的道德养成问题。

（一）本始材朴之性

首先，荀子认为自然、未加雕饰的是人性，道德出于人为，是经由社会加工改造、教育、教化才产生的。荀子说："性者，本始材朴也；伪者，文理隆盛也。无性则伪之无所加；无伪则性不能自美。"（《性恶》）荀子认为，"本始材朴"是人的自然本性，"文理隆盛"是人类的社会制度、文化创造（包括礼乐道德）。一方面，人文创造、伦理道德只有在人的本性基础上，才是可以进行的。另一方面，人性本身不能够趋向于道德伦理，只有经过人为的、人文的化成才能实现人的独特本质。

其次，荀子从情性、欲望的放纵方面说明人性恶。荀子说："今人之性，生而有好利焉，顺是，故争夺生而辞让亡焉；生而有嫉恶焉，顺是，故残贼生而忠信亡焉；生而有耳目之欲，有好声色焉，顺是，故淫乱生而礼义文理亡焉。然则从人之性，顺人之情，必出于（乎）争夺，合于犯分乱理，而归于暴。……用此观之，然则人之性恶明矣。""顺是"就是依循着自然之性，放纵它而不知节制，于是便有种种"恶"的产生。人之性只会追求自身欲望的满足（就像草木总要伸张一样），不会知"止"，不会知节制。荀子说："故欲过之

---

① 夏勇：《中国民权哲学》，生活·读书·新知三联书店2004年版，第54页。

而动不及，心止之也。"不知节制，则无限制地放纵欲望（所谓穷奢极欲），则无礼义忠信，则有犯分乱理。所以荀子的性恶，应在这个意义上理解。荀子认为，人若顺着自然本能的情性而行为，就会有恶的产生。所以荀子主张：人性恶。

第三，荀子从人的欲求本性谈道德礼义的必要性。荀子说："礼起于何也？曰：人生而有欲，欲而不得，则不能无求，求而无度量分界，则不能不争。争则乱，乱则穷。先王恶其乱也，故制礼、义以分之，以养人之欲，给人之求。"（《礼论》）礼义起源于人们无限的欲求与社会有限的财富的矛盾。荀子理论的基础是，人生来即有欲求。人之性只会追求自身欲望的满足，不知节制。无限制地放纵欲望则无礼义忠信的道德追求，并有犯分乱理的后果。

（二）化性起伪的理性修养主张

荀子没有停留在"恶"的现实上，他主张人通过人为努力、通过强学、思虑的方式而知礼义。荀子说："凡人之性者，尧舜之与桀跖，其性一也；君子之与小人，其性一也。""涂（途）之人可以为禹。"荀子认为，凡人只要熏养自己的情性，化性起伪，化恶为善，都可以成为像禹那样的圣人。尧舜、桀跖、君子、小人，其人性都是一样的。但是后天的教化修养却使圣贤与暴君、君子与小人产生巨大的差别。然而这样的改变并非人性之本意，这样的转化必须经由君师、道德、法规的强制实施。荀子说："今人之性，固无礼义，固强学而求有之也；性不知礼义，故思虑而求知之也。"荀子主张通过后天的教育和国家制度，努力使人以理性支配感性，懂得社会道德规范，并使礼义内化为人性的自觉追求。这是人人都可以做到的。人要陶冶、熏养（不是改变）自己的情性，使人性在礼义法制之下有自觉向善的趋向，使礼义法度内化而为人的"性"。此则为化性起伪。所以，化性起伪，并非改变人的本性，本性是不可改变，也是无需改变的。化将（向）恶之性而为善，都可以成为像禹那样的圣人。荀子的修养主张可以概括为以下几点：

其一，弯曲之木必然要经过矫正才能直，钝的铁器一定要经过磨砺才能锋利。人有向恶之性，一定要经过师法、礼义的规范、教化才能行善。在荀子这里，流于恶之人性，偏险悖乱，强凌弱、众暴寡，必须先以君主的强势、法律制度、刑罚措施来矫正人的行为使其不为恶。以师、法的教化、规范、强迫，使人向善，这是言师法、制度的作用。

其二，荀子主张以"注错习俗"的方式教化人性。荀子说："可以为尧禹，可以为桀跖，可以为工匠，可以为工贾，在注错习俗之所积耳。"（《荣辱》）"性也者，吾所不能为也，然而可化也；积也者，非吾所有也，然而可为也。注错习俗，所以化性也。"（《儒效》）人们通过教育和主观努力，可以"习俗移志，安久移质"。"涂之人百姓，积善而全尽，谓之圣人。"（《儒效》）"注错习俗"是指行动和习惯的积累和客观环境对人的影响。按照荀子的意思，习俗应该是以礼义为中心的习俗，先在外对人施加影响、施加压力，进而经由个人的努力和学习，使礼义内化，成为生活习惯的一部分，也即成为人性之自觉要求。以此，化性之功可见。

其三，荀子主张性恶，而其目的却是要促使人为善，提出"涂之人可以为禹"的主张。那么，人如何成为善的？荀子的思路是：人之所以能由自然之性而向善，关键在于人有知善、明善的心知。他肯定人有智能，可以向善，可以通过后天的学习、教化，成就自己。荀子说："涂之人可以为禹，曷谓也？曰：凡禹之所以为禹者，以其为仁义法正也。然则仁义法正，有可知可能之理。涂之人也，皆有可以知仁、义、法、正之质，皆有可以能仁、义、法、正之具；然则其可以为禹，明矣。"（《性恶》）

"法""正"在荀子这里是何意，荀子没有明确指出，应该指伦理道德的外在形制方面。荀子认为，仁义法正是可以被人认知、被人实现的。而人本身又具有能知仁义法正的本质，具有能行仁义法正的才具。所以，人都可以成为禹。人有理智、能思虑，这是人可以知仁义道德的基础。知之后，又有行仁义道德的能力。所以人都可以成为行仁义道德的人。其中，理智、思虑是能行道德的关键。事实上，荀子关于心的思想内含着一层意思：虽然心是认识之心，但此认识之心具有对善的选择的倾向。在荀子的思想中，心具有向善的倾向，因为心是由自然人性转向道德之善的必经之路。心若不具有向善的倾向，而只是中性的或者说是不可信赖的，那么便无法保证在趋向于恶的自然之性上形成善。

《性恶》篇："性之好恶喜怒哀乐，谓之情。情然而心为之择，谓之虑。心虑而能为之动，谓之伪。"荀子认为，通过心的抉择、思虑、判断而后有"伪"的产生。伪即是善。所以心是趋向于善的。如前所引，强学而有礼义、思虑而知礼义，主体都是心。心能够接受、认知、选择礼义也意味着心具有向善的特征。焦循在《孟子正义》中指出：动物不能明礼义，人心能明乎礼义，据此可以说人性是善的。孟子认为，人心中道德本具，故性善；荀子不以人心为性，故性恶。

（三）荀子性恶论基础上的政治哲学

基于性恶论基础的荀子政治哲学可做如下理解：其一，荀子在人性恶基础上主张政治制度、法律、刑罚的制裁作用，这是荀子作为制度化儒家不同于孟子之处；其二，既然荀子提出"涂之人可以为禹"，认为人心有知礼义的功能，那么，荀子又必须注重政治的道德教化功能，注重礼治，化民成俗，化性起伪。其三，荀子在承认百姓好利恶害的功利本性基础上，提出政治的功能是要"养民之欲，给民之求"。

与孟子性善论不同，荀子是在人性恶的基础上提倡圣王之治。荀子主张，虽然人性之中没有仁义法正，但仁义法正本身是有好处的，如果任由人性自然发展，对人个体自身并进一步对人类社会整体是没有好处的。欲望的无穷追求和不得满足最终导致社会动荡，战祸连绵，社会整体之乱必是个体人之祸。圣人为人类社会立仁义法正，是从人的根本上的考虑。针对人性的考量，在人性之基础上，由伪而生之道德仁义、仁义法正、礼义法则才是人之为人的合理的存在，"性伪合而天下治"。经过圣人制礼作乐、整合之后的人，才是最善的存在。礼是"养人之欲，给人之求"的，礼不是去除人的欲望和需求，反而是使人的欲望追求得到适度适当满足。并且通过礼的"养"的方式，人的欲求、情性得以熏养、升华，而不只是"口腹之欲"（孟子语），恰如孔子所说的"富而好礼"的温润滋养状态。在荀子，人性恶只是其政治理论的前提预设，他不想也无需关心人性恶的理论根据。"人之性善，则恶用圣王？恶用礼义哉？"荀子根本不想从圣王来说明性恶基础上礼义来源问题。他认为人性恶是圣王礼义存在必要性的根据。荀子所努力的只是从现象层面上告诉大家，其所说的人性恶是有根据的和有必要的。他的着力点是要在人性恶基础上建设他的政治理论——圣王之治与礼法之治。

当然，圣人主要是面对人类欲望横流、争斗不休的恶果，而思如何拯救之。圣人亦认识到，法律、刑罚之类的强制性手段虽然可以收一时的成效，却难以达到天下的长治久安。老子说："法令滋彰，盗贼多有。"孔子说："道之以政，齐之以刑，民免而无耻。"那么最根本、最长效的办法就是让百姓自己追求合理的欲望、进一步追求道德仁义。当然儒家还有更高的对人的期许，不应只从工具主义的角度低看他。在荀子那里，他也从未承认圣人就是"天纵之将圣"的由其本性而行仁义的人。他讲"尧、禹之与桀跖，君子之与小人，其性一也"。

基于人性分析基础上的先秦儒家孟子和荀子的政治哲学，虽有重制度与重内求的不同，但其共同点则是都认为人可以成圣贤并最后归于圣王之治。孟子重心、重圣人之德；荀子重制度，重圣人之治。孟子和荀子虽然对人性善恶进行激烈的讨论并提出针锋相对的主张，但其最后的旨趣却都归于"人皆可为尧舜"的德性实现期许，决定了先秦儒家政治对至善目标的追求。其对人性善、可趋向于善的认识决定了其"为政以德""尧舜帅天下以仁"的德治主导倾向；其对人性恶、"可使为不善"的认识又决定了其对政刑、法治功能的承认；其对"食色性也""人生而有欲"的认识，决定了政治必以富民、利民为基本的目标，而不是一个空疏的政治乌托邦。

第二节　孔孟儒家政治公德修养的心性路径

儒家孔子、孟子、荀子都关注政治领域的公义、公利及公德，并通过对义利之辨、公私之辨等问题的讨论，在道德领域与政治领域中主张以公、义作为政治的基本和首要原则，并在理论和实践的双重层面寻求由私转公的心性修养与制度规范路径。面对"天下熙熙皆为利来，天下攘攘皆为利往"的局面，以及现实政治中的众多私欲表现，孔、孟、荀提出既相互贯通、又各有侧重的思想主张。在民本、养民、爱民、利民、德治等方面，孔、孟、荀共同地保持着儒家在政治思想方面的通义[①]。先秦儒家提倡公义即百姓之利并提出丰富的主张。公私、义利问题内在地包含着以下问题：一是（公）义与（私）利的关系；二是私德（家庭血缘亲情）与公德（政治道德）的关系；三是私见（主观判断、个人喜好）与理性判断的关系。虽然孔子、孟子未尝具体言及公私问题，但其政治思想中却包含着对上面三个问题的关注。荀子思想中公私问题已成为焦点，其关于公私、义利等问题的主张体现出战国末期的时代特色以及其重现实经验的思想性格。那么，面对既相同又不同的公私、义利问题，孔孟与荀子的解决路径有什么异同？以"性恶论"闻名的荀子在公私问题上对孔孟的思想有什么突破和创发？我们希望能在政治哲学视域下对公私问题及政治公德修养问题的讨论有所推进，并能少许澄清人们关于此问题的误解。

一　义利之辨：孔孟公私观的思想主旨

孔子政治公德诉求大概表现为三方面：第一，其诉求的根本是以仁为核心对诸种政治德行的倡导与践行，其仁德主张的根本又在于对天下百姓的真实关爱；第二，当仁爱天下的公德追求与个人私利以及

[①] 参见徐复观《徐复观文集2》，湖北人民出版社2002年版，第146—150页。

情感的好恶等发生矛盾之时，孔子寄望于"君子喻于而义"的道德自觉以及"克己复礼"的修养实践；第三，孔子立足于道德修养和个体自觉基础上的公德诉求，必须配之以丰富系统且富于实践意义的德性主张，所谓"自天子以至于庶人，壹是皆以修身为本"，即是此意。

（一）义利关系中所表现的公私问题

在中国古代，公私问题的最原初含义就是国君一级的公与诸侯、大夫等的私家之间的关系。侯外庐指出："孔子'张公室'，抑世卿，就是为国君争权。"① 孔子未尝具体言及公私问题，但他的很多思想包含着公私的考虑，主张行事的公正无私。公与私的矛盾，首先即表现为私利与公利的对立，即财产所属关系的公私对立。春秋战国时期是私有观念迅速蔓延的一个时期，从上到下，人们都在最大限度地追求个人的利益，可以说是"天下熙熙皆为利来，天下攘攘皆为利往"的状态。据《史记·仲尼弟子列传》记载，子贡从商致富，"所至，国君无不分庭抗礼"，鲁国的权臣季氏也在从事"聚敛"的行为。不仅上层贵族如此，下层庶民也在追求个人应有的利益。由于私有观念的建立，人们以百倍的热情投入到私田的劳动中去，而公田上的劳动则懈怠起来以至无法维持，村社只好将土地分给农户经营，致使家族社共同体最终解体，代之而起的是农户个体家庭为基本单位的经济结构②。这种公利与私利关系的变化及矛盾促使儒家进行了深刻的思考。

在儒家看来，君主不应只追求个人的私立，而应追求天下、国家之利。如《大学》所说，"国不以利为利，以义为利也"。儒家主张君主、君子要"喻于义""以义为利"，追求国家及整个社会的利益。其实质是实现百姓的利益，"因民之所利而利之"。实际上，儒家认为，实现百姓的利，既是国家之义，也是国家之"利"，同时也实现了君主的私利。荀子言："志爱公利，重楼疏堂。"（《荀子·赋论》）

---

① 侯外庐：《中国古代社会史论》，河北教育出版社2000年版，第81页。
② 参见刘泽华、张荣明《公私观念与中国社会》，中国人民大学出版社2003年版，第59页。

孔孟论公私问题是以义利之辨的问题形式出现。在孔子、孟子那里，公私的对立不是显性的问题，也没有成为他们关注的焦点。关于义利问题，人们最熟知的莫过于"君子喻于义，小人喻于利"（《里仁》）这句话。人们往往从道德修养的角度，简单地将义利置于非此即彼的对立态势，认为孔孟儒家的义利之辨是主张弃绝私利，并得出儒家文化重义轻利的结论。其实，孔子所谓"君子喻于义，小人喻于利"，虽然具有道德价值上的指向性，但并非全是价值判断和道德判断，也是从"君子""小人"地位而言的事实性描述。不在位的小人即庶民"喻于利"；在位的君子则以"义"为其政治之德，所思所想在其政治责任，而不是一心想着个人之利。进一步，既然庶民百姓是"喻于利"的，那么负有"务民之义"的责任的君子就应当思百姓之利。孔子说："放于利而行，多怨。"（《里仁》）宋代理学家朱熹言："只是要便宜底人。凡事只认自家有便宜处做，便不恤他人，所以多怨。"[①] 孔子认为，执政者做到爱民、节用、恭敬其职责是良好政治的基本要求。在政治哲学的视域下，在负有管理天下、治理社会职责的君子那里，义与利诚然是对立的。君子的地位和职业要求他必须关注职责之"义"，努力完成自己的职责，兴天下人民百姓之利。孔子的义利观意指，既然士君子进入公共政治领域，负有治理国家、安定天下的职责，便必须具有公、义的德行，摒弃私、利的追求。

（二）"因民之所利而利之"的公义主张

在儒家看来，圣王、君主（君子）肩负"博施于民而能济众"的政治职责，不应该将个人之私置于天下之公之上，也不应该因个人私利的过度追求导致百姓的怨怼。孔子思想的核心与主旨是仁。孔子认为，作为君王首先应当有"仁民爱物"的大公之心，即具有仁爱之心。孔子思想中的仁、义固然有很多内涵，但在政治哲学层面上，它首先即是一种公共理性和政治公德。这种公共理性和公共道德将自我之义与整个国家、整个社会之义融为一体。此仁义之理性关心和关注的是

[①] 参见（宋）黎靖德编《朱子语类》二，中华书局1986年标点本，第665页。

第五章　儒家的人性关怀及政治道德之养成

天下、国家以及其中每个人的生存状况。孔子最为关心的是当权的公卿大夫基于其自私的欲望对周代礼乐制度的僭越，以及执政者（如在位的君子）基于其私利追求而遗忘了政治责任之"义"。

面对众多弟子关于"仁者为何"的提问，孔子对樊迟的回答最为根本：爱人。据《论语·宪问》篇载，子路问君子。子曰："修己以敬。"曰："如斯而已乎？"曰："修己以安人。"曰："如斯而已乎？"曰："修己以安百姓。修己以安百姓，尧舜其犹病诸！""博施济众"即最普遍地施恩惠给老百姓以周济他们的不足，是尧舜的政治目标，亦是孔子的政治理想。对于具有仁爱天下职责的圣人、君子而言，其参与政治的根本目标和德行便是使天下百姓生活安定、富足，这可以称之为政治公德。而实现此目标的关键乃在于君主以仁心"修己"。

马一浮理解孔子"民之父母"思想为："仁者心无私系，以百姓心为心，天下之饥溺己之饥溺也，生民之疾苦己之疾苦也。"[1] 仁者是真正"以百姓心为心"，其心之所发即是对天下百姓的关注，而不是对于个人私利的关心。孔子赞叹："惟天为大，惟尧则之。"就在于天不言而"四时行，百物生"之德。"天无私覆，地无私载"，天地之无私或曰诚，是儒家在政治领域最想效法和实现的仁爱之德。孔子与子张讨论什么是好的政治时，孔子指出："因民之所利而利之，斯不亦惠而不费乎？择可劳而劳之，又谁怨？欲仁而得仁，又焉贪？"（《论语·尧曰》）关注百姓的实际利益，爱民、节用、恭敬其职责，取信于民，以适当时节使用民力，这正是政治公德的基本要求。

孔子说："富若可求也，虽执鞭之士，吾亦为之。"但我们需要注意的是，孔子的重点是富贵可求与不可求的问题。在孔子看来，富贵虽是人人所欲求，但若"不以其道得之，不处也"。求取富贵的原则是道、义，即富贵是不是个人的应得问题。孔子所深切反对的是"不义而富且贵"的行为，尤其是君主、权臣以权谋私，以个人私利损害社

---

[1]　参见滕复编《默然不说声如雷——马一浮新儒学论著辑要》，中国广播电视出版社1995年版，第259页。

会公义。《论语·先进》载:"季氏富于周公,而求也为之聚敛而附益之。子曰:'非吾徒也,小子鸣鼓而击之可也。'"季氏的家产已经超过鲁国公族,本来已经是不义,而冉求继续为他聚敛钱财。孔子让弟子攻击冉求,其实更是对季氏与民争利的自私行为的批判。儒家认为,君主或执政者追求个人利益应当在保证与民同利、保证社会公共利益的前提下进行。《孟子》中有这样一段话,表达了儒家的主张:

> 王曰:"寡人有疾,寡人好货。"对曰:"昔者公刘好货。《诗》云:'乃积乃仓,乃裹糇粮,于橐于囊。思戢用光。弓矢斯张,干戈戚扬,爰方启行。'故居者有积仓,行者有裹粮也,然后可以爰方启行。王如好货,与百姓同之,于王何有?"王曰:"寡人有疾,寡人好色。"对曰:"昔者大王好色,爱厥妃。《诗》云:'古公亶父,来朝走马,率西水浒,至于岐下。爰及姜女,聿来胥宇。'当是时也,内无怨女,外无旷夫。王如好色,与百姓同之,于王何有?"(《孟子·梁惠王下》)

面对梁惠王等当政君王对于天下百姓责任的推脱,孟子针对他们的好货、好色等欲望之心,必欲找到其心中的善心、不忍人之心,必欲使其好货、好色之心与百姓同,由此而劝勉其行仁政。在"为民父母"的观念中,孟子指出,真正为民父母的圣王能为民着想,视百姓的饥饿、困苦为自己不可推卸的责任。孟子言:"文王视民如伤。"百姓生活已经安定,而文王仍看待他们像在疾苦中忍受伤痛一样。孟子主张君王应当做到"民之所欲与之聚之,所恶勿施尔也"(《孟子·梁惠王上》)。然而,与孟子政治理想相悖的却是仅追求个人欲望满足的自私自利的国君、王侯"上下交争利"的局面。孟子概括为:"庖有肥肉,厩有肥马,民有饥色,野有饿莩,此率兽而食人也。"(《孟子·梁惠王上》)对于孟子来说,影响政治公德实现的最大障碍就是人心中的私利欲求。

第五章 儒家的人性关怀及政治道德之养成

> 孟子见梁惠王。王曰:"叟!不远千里而来,亦将有以利吾国乎?"孟子对曰:"王何必曰利?亦有仁义而已矣。王曰:'何以利吾国?'大夫曰:'何以利吾家?'士庶人曰:'何以利吾身?'上下交征利而国危矣。万乘之国,弑其君者,必千乘之家;千乘之国,弑其君者,必百乘之家。万取千焉,千取百焉,不为不多矣。苟为后义而先利,不夺不餍。未有仁而遗其亲者也,未有义而后其君者也。王亦曰仁义而已矣,何必曰利?"(《孟子·梁惠王上》)

由于孟子在此处说"王何必曰利?亦有仁义而已矣",很多人由此认为孔孟儒家不重视物质利益、经济效益,进而影响社会经济发展。事实上,孟子所说的义利问题是政治哲学领域的公私问题。他主张执政的君主、大臣不能以私、利为政治的动机和原则,而要以公、义为动机和原则。孟子所反对的"利"是梁惠王等"欲辟土地、朝秦楚"的个人私利,并非一般意义上的物质利益。孟子反对的是国家由上到下的各级掌权者以"利"为政治原则和首要目标。梁惠王等的政治出发点是"利吾国""利吾家""利吾身",是以"我"为核心的参考,而不是对天下、国家人民百姓之公的追求。事实上,梁惠王辈的君主、公卿之利,恰恰是以牺牲人民百姓之利为代价的。如其"欲辟土地、朝秦楚"的利恰恰是导致杀人盈城、盈野的对天下百姓最不利的局面。孟子确定仁义为国家政治的首要原则,实质上意味着对天下公利、人民利益的关注。他提出"老者衣帛食肉,黎民不饥不寒"的王道政治主张。孟子说的"亦有仁义而已矣",恰是主张君王从自身做起,从上到下将仁义作为政治行为的原则和目标,而不应是以私利作为政治行为的动机。公卿大夫应该更多地具有仁义道德之心,而少些自私功利的想法。否则,"苟为后义而先利,不夺不餍"。孟子认识到百姓"有恒产"才有"恒心",并关注物质生活富足对于百姓道德修养的基础作用。

孔孟儒家的义利观意指,既然士君子进入公共政治领域,负有治理国家安定天下的职责，便必须具有公、义的德行，摒弃私、利的追求。在政治哲学的视域下，担当管理天下、治理社会的公共职责的君子之义与利诚然是对立的。君子的特殊地位要求他必须关注职责之"义"，关注如何尽自己的职责去兴天下人民百姓之利。曾子每日所思的为人谋的"忠"以及孔子常常提及的恭、敬等都是君子之"义"和公利的表现。孔子说："事父母能竭其力，事君能致其身。虽曰未学，吾必谓之学矣。"这里的忠君用今语说就是把自己全部身心都奉献于治国安邦的事业中，此即是敬事、思义，是职业伦理和政治伦理。

二 孔孟儒家政治公德修养的心性指向

在政治层面上，儒家意识到了公共理性与个人情感之间的矛盾，比如郭店楚简《六位》即已区分了"门内之治"与"门外之治"。该篇作者认识到了家庭之治、家庭伦理与国家之治、政治伦理的区别，并提出其基本的原则是："门内之治恩掩义，门外之治义斩恩"。家庭内部主恩情、道德情感；国家政治则以公义、法则为根本。公德者，进入公共生活才应具有的、遵守的道德规范。不只是伦常关系中所应具有的德行，而应是在超出家庭伦理关系范围的一定的社会关系中的职责所具有的、所遵守的道德规范。儒家的君臣关系并非只是私人关系，儒家已经严格区别"门内之治"与"门外之治"。超出家庭的君臣关系与家庭关系分属于两个领域、两个层级的关系。父子主恩，君臣主义。《礼记》中也有相似的话，荀子也常将公义、公道与私欲对举。

（一）孔子的政治公德修养主张

孔子说："君子博学于文，约之以礼，亦可以弗畔矣夫。"（《雍也》）在孔子那里，"私"通常表达为"己"，是与礼文相对应的本性，而此本性的"己"是需要通过礼文来教养和约束的。孔子讲："君子周而不比，小人比而不周。"（《为政》）朱熹即以"周公而比私"作解，认为周到爱人是公德，偏党庇佑为私心。孔子讲："有澹台灭明者，非公事，未尝入于偃之室也。"（《泰伯》）孔子认为"唯仁者能好人能恶人"，即只有仁义公正的君子才能做到不受情感好恶的影响而做出恰当公正的判断。《大学》即言"好而知其恶，恶而知其美者，鲜矣"。因其难能可贵，所以儒家才力倡修身要正其心，不能因意志情感的好乐、恐惧、忿懥而使心的判断"不得其正"。孔子提倡大人及君子政治判断、政治行为的公正无私，主张不以个人情感上的喜好以及认识上的偏执和武断影响行事的公正。孔子自己行事努力做到"绝四"，即不臆想猜测、不主观认定、不固执己见、不自私自利。中庸是孔子最为推崇的德行，就在于其行事中的不偏不党、无过无不及的适中与公道。孔子说舜具有中庸之德，善于吸取众人的意见并能克服个人的独断与偏执。焦循《雕菰楼集》言："孔子曰：'舜其大智也与！舜好问而好察迩言，隐恶而扬善，执其两端，用其中于民。'孟子曰：'大舜有大焉，善与人同，舍己从人，乐取于人而为善。'舜于天下之善无不从之，是真一以贯之，以一心而容万善，此所以大也。孟子曰：'物之不齐，物之情也。'惟其不齐，则不得以己之性情，例诸天下之性情……"舜出于安天下之公心，善于吸收和听取众人的意见，即使是看似平凡的、浅近的见解，也要给以重视。于己可以更客观更全面的对事物加以判断；于人，则乐于把不同的意见反映上来。其对言论中不正确的不讽刺打击，对于正确的不排挤打压。舜的"用中"智慧无疑是高明的实践的政治美德，亦是难能、难行的公正无私的政治道德。在中国古代最早专门讨论政治的经典《尚书》中即有对公正无私、不偏不党的政治美德的追求，如："无偏无陂，遵王之义……无偏无党，王道荡荡；无党无偏，王道平平；无反无侧，王道正直。"（《尚书·洪范》）

孔子认为，君子经过文明的教养、制度的约束就能够战胜自私叛乱的冲动。孔子讲"一日克己复礼，天下归仁焉"，如能一日克尽己私，方能合于礼或理，而能有纯粹仁德的施为，有天下之人皆在仁德覆盖之下的境界。《礼记·礼运》篇曾如此描绘：

大道之行也，天下为公。选贤与能，讲信修睦。故人不独亲其亲，不独子其子，使老有所终，壮有所用，幼有所长，男有分，女有归。货恶其弃于地也，不必藏于己；力恶其不出于身也，不必为己。是故谋闭而不兴，盗窃乱贼而不作，故外户而不闭，是谓大同。

细加分析，我们可知："不独亲其亲，不独子其子""不必藏于己""不必为己"这些内容，是以"不独""不为己"的否定方式对"天下为公"主旨的解释。所谓"天下为公"的"大同"局面的实现必表现为天下之人对于"己"的遗忘和突破。孔子虽未明确将己与礼视作对立的两端，但是实现仁爱的公德毕竟要对于"己"进行约束限制的。孔子思想中"一以贯之"的主张是：人应该修养自己并依照周礼所规定的秩序、履行周礼所规定的义务并享受其权利尊贵等，便是仁，便是公道正直了。季氏等权臣从事于聚敛，僭越周天子之礼而行"八佾"，循己之私而罔顾周礼，正是对社会普遍性规范制度的破坏。所以，孔子才怒极而言其不可忍。

南宋理学家朱熹在天理、人欲对立的理论架构下，将"己"与"礼"、"己"与"仁"对立，欲恢复天理、仁爱而去除源于"己"的人欲。他说："己，谓身之私欲也，……故为仁者必有以胜私欲而复于礼，则事皆天理，而本心之德复全于我矣。"[1] 理学家认为"人能克己，则日间所行，事事皆无私意而合天理"[2]，故在深层理论上主张欲伸公理则必去私情。但己之情、己之爱是否是有碍于仁的、必待克服的负面因素？孔子是在一般道德修养的意义上讲仁的养成问题，其中不能不包含公德修养的意义。朱熹等理学家深感于政治领域"克去己私最是难事"，所以要实现社会政治之"公"，必战战兢兢，如临深渊、如履薄冰般，不符合礼、有违于"公"的视听言动都要

---

[1] （宋）朱熹：《四书章句集注》，中华书局1983年标点本，第131页。
[2] 参见（宋）黎靖德编《朱子语类》三，中华书局1986年标点本，第1052页。

"严立禁制",不使逾越。所以,朱熹重"十六字心传",重视人心、道心的区别以及提出存天理、去人欲的主张,在政治哲学视域下具有深层意义。

(二)孟子去私寡欲的公德修养主张

孔子以仁为核心,通过对义与利、己与礼关系的道德自觉以及通过忠、孝、信、义等多种德行的提倡实现其政治公德的诉求,其对于政治德行建设的主张具有很强的敞开性。而在战国后期"天下熙熙皆为利来,天下攘攘皆为利往"的背景下,执政者的个人德行能否如其所愿地扩展而为公共政治德行的问题已经成为孟子亟需面对和解决的问题。孟子痛感当时君王之不仁、不义、不公,根本在于其自私的、求利的欲望。孟子只能采取向内的方式,寄望于政治人物内心动机的纯正和自觉来保证政治公德的实现。

孟子继承《大学》的思路,倡言"老吾老以及人之老,幼吾幼以及人之幼"(《孟子·梁惠王上》)的道德理性自觉外推的方式。孟子的心性理论认为:人有先天的善性,有四端之情的表现;心既自觉自己为善,则推其自己,而成德成圣。孟子提出,作为(或应当作为)道德高尚的大人或君主不应停留于口腹之欲上,而应从其大体,养其大体,依照自己的道德理性进行政治活动。孟子在其书中极为痛心地揭示现实政治生活中君主从欲不从心、养小不识大、从私不从公、言利不言义的现象。他并义正词严地痛揭当时君王号称"民之父母"却"望之不似人君",为其个人之私利不惜"率兽而食人",牺牲天下百姓之公利。孟子认识到私常由于"欲",私也常表现为"欲"。所以要做到"义",关键之点是"寡欲"。孟子对于梁惠王等,采取层层剥除其内心之欲,即对"肥暖、左右、便嬖"的欲求的方法。孟子说:"耳目之官不思而蔽于物,物交物,则引之而已矣。"孟子认识到人是"食色性也",人有饮食声色之欲,耳目之官、生理本能常常要求实现自己,而仁义之心只是"几微"。而人沉陷于耳目感官之欲中,则"几微"之仁心难于摆脱物欲的纠缠而实现、呈现其自己。人的仁义之心、道德理性的葆有,关键在于从横流的物欲中独立出来、超拔出来，自作主宰而无物欲之累。孟子认为，公卿大夫应该更多地具有仁义道德之心，而少些自私功利的想法。否则，"苟为后义而先利，不夺不餍"。孟子和孔子一样，承认人的欲富、欲贵之合理性，但此欲望之追求要有节制，要"得之有道"。孟子甚至将只追求个人利益而不顾其他的人视为盗跖之徒，孟子说："鸡鸣而起，孳孳为善者，舜之徒也。鸡鸣而起，孳孳为利者，跖之徒也。"（《孟子·尽心上》）

然而，孟子却获致了我们所不愿看到的结局，栖栖遑遑，"愚远而阔于事情"。南宋理学家陆九渊白鹿洞书院演讲，讲到"喻于利"之处，朱子汗下如雨。原因何在？人心中自私的欲望、求利的欲望是时时都存在的，时时要突破理义之防而实现其自己的。通过宗教式的道德修养无疑可以起到效用。但此效用一方面是偶发于某个或某些道德境界极高的君子身上；另一方面，即便道德修养极高的人，其道德修养是否也会时而有效、时而无效？孟子的寡欲事实上也是对孔子"君子喻于义"理论的发展。孟子认为，君王不能兴天下百姓之利，关键在于他对私利的追求导致他不是从恻隐之心出发而行仁政。那么，解决的办法，一是从积极的方面从其内心找到行仁政、行公德的善端；二是从消极方面进行防御，即对其心中私欲的去除。然则，孟子需要在理论上进一步证明自己关于义利的主张：谁或什么能保证"己"必然会推扩而至公？谁或什么能保证"己"能自觉地限制自己的欲望？以"为仁由己"之道德主体的自觉、自律、自省为根本特征的心性道德、心性修养本身是弹性极强的，它不会也不屑于提供具有客观性、必然性和可视性的制度保证。在其道德主体性的理论中，孟子只是（也只能是）对去私而公提供道德上的期许和理论上的应当。

综合而言，孔子主张"孝悌为仁之本"，既然已是理论上的前提，或者是不证自明的公理，那么接下来的工作便是如何使这一公理在理论上展开并在实践上落实，证成其为真理。《大学》提出"明明德于天下"，使明德突破己、私、个人的限制而达于家、国天下，在"止于至善"的目标下,提出格、致、诚、正、修、齐、治、平所谓"八条目"的细致且具逻辑性的修养路径,以使"公德"得以实现。孟子对于此问题实是采取了积极与消极两种解决办法:积极方面,孟子倡言"老吾老以及人之老,幼吾幼以及人之幼"的道德理性自觉外推的方式;消极方面,则以心性修养的努力去私寡欲,不使恶者沾染其心。人有先天的善性,有四端之情的表现。心既自觉自己为善,则推其自己,而成德成圣。实际上,孟子是给自己套上了一把道德的枷锁,并要求自己去完成一个难以完成的任务。出于对人性善的单向地、一厢情愿式地理解,孟子一方面提出"先王有不忍人之心,斯有不忍人之政矣";另一方面又警告当时君主:桀纣因为没有对天下百姓的仁爱之心,纵情于私欲,而成为被天下诛杀的独夫。应该说,就道德教养、道德理论的建构而言,孟子已达到极高的境地。但其理论上的缺陷在于将私己之德与公共之仁德袭作一团,没有将二者进行理论上的区分。

三 仁爱与孝悌:孔孟公私观的理论困局

在孔孟那里,私德与公德的关系首先即是孝悌亲情与仁爱的关系。先秦儒家的《大学》《中庸》《孟子》,皆倾尽全力促进孝悌之爱转进而为普遍之爱。如果说义利问题是孔孟所集中关注的并且是立场鲜明的。而公德与私德问题则是隐含在儒家伦理背后的公私问题,也是给孔子和孟子带来理论上的困难的问题。

(一)孔孟公私观的基本理解

第一,孔子推崇《尚书》所说"孝乎惟孝,施于有政"的话并把孝悌作为政治德行实践的基础。在孔子的时代,中国古代家、国、天下一体同构的社会存在特征,尚有一定根基,所以,孔子真实地主张"孝悌为仁之本",认为为政者的血缘亲情、家庭伦理、个人修身是实现"仁者爱人"的基础,也是实现秩序安定、天下太平的基础和前提。儒家强调家庭伦理道德即所谓私德在于其如下认识即,人的伦理存在("五伦")才是人之为人的根本,儒家并没有得出亚里士多德"人就其本性是政治的动物"的结论。孔子的思想中,既有丰富的关于个人和家庭方面的私德,如修身、孝悌等;亦含有事关人(陌生人)己、社群、公职、国家等方面的公德,如忠恕、公正、廉洁、忠敬等。孔孟认为私德和家庭伦理只是基础与发端,是学习社群、职业与国家伦理的初步和起点。孔孟所倡导的君子人格是从事公共事务的品格,是具有公共性的道德人格。已有学者指出儒家之礼偏重于公共秩序,孔孟之德强调的是中道和谐,其根本关怀在于公共世界①。在孔孟儒家的伦理中,含有突破私己之表现即个人偏狭之情的主张。如孔子主张只有仁者才能公正地表达其好恶之情,孔子"绝四",务要断绝四种判断是非的偏向,即臆、必、固、我。《大学》也非常注意大人修养的"正心",主张政治公共理性不能因为个人的情感的好恶而有所改变,比如《大学》中说:"人之其所亲爱而辟焉,之其所贱恶而辟焉,之其所畏敬而辟焉,之其所哀矜而辟焉,之其所敖惰而辟焉,故好而知其恶,恶而知其美者,天下鲜矣。"荀子也主张不以一己的好恶来判断是非,"是其所是,非其所非"。

第二,儒家重视由己而人的公共道德养成。在儒家这里,政治公德是从家庭伦理就开始培养的。从其未进入公共领域、未涉及到具体义利的事情时,便有义利之辨,便有对于义的培养,如孟子说是"集义所生者"。一般认为,儒家只是私人性道德的教养教化,事实上,儒家所教都是在孝悌等私人性道德基础上而扩展到公共道德。孔子所说"己欲立而立人,己欲达而达人",即是公共道德,而非只是针对家庭、家族的伦理和道德。再如孔子所说"民无信不立",一般都是从个人诚信品格角度理解。事实上,这重点是强调政府或执政者对百姓的诚信之德。如果一个执政者或政府失去百姓的信任,那它就会失去存在的基础而消亡。就孔孟思想的主旨而言,他们认为己德与公德不是截然二分和彼此对立的。儒家在教化天下人"修己"的同时,

----

① 郭齐勇、陈乔见:《孔孟儒家的公私观与公共事务伦理》,《中国社会科学》2009年第1期。

即在教化其"成人"的公共道德,教化其具有齐家、治国、平天下之德,行事要具有一般性的"絜矩之道"。

第三,孔孟儒家希望从孝悌之德努力、强力地推扩出去,而有公共之德及对天下人之爱。当然,公共之德的形成不是必须经由家庭道德这唯一道路,而可以将家庭孝悌之德与公共诚信之德同时进行教化,格、致、诚、正、修、齐、治、平,本就是一个整体,就其侧重点而言是公共道德的教化与培养,因为要"明明德于天下""新民""止于至善",必是要进入统治阶层、政治管理阶层的君子、大人才要做的事。孔孟所重视的是孝悌(私德)真情对于成仁(公德)的基础作用,重视"不忍人之心"对于仁政的基础作用。社会公德的仁爱,如果没有自然真情、孝悌亲情为基础,那只是一副道德的空壳,形式化的仪节,对自己和对他人、社会都是没有意义的。孔子多次表达此类关切。

由此,孔孟的思想又是极富思想史意义和当代政治哲学意义的。在此问题上我们不能动辄就说中国古代家国同构。事实上,自秦汉以后,这种源自周代分封制度的家国同构社会已不复存在。当然,我们仍然要正视孔孟伦理思想中公私的矛盾及理论解决的困难。

(二)孟子论舜所显示公私伦理困局

在先秦儒家甚而在整个中国古代历史上,舜都是亲民爱民、博施济众的圣王典范,如前揭,孔子赞舜具有执中、之德,孟子亦赞:"大舜有大焉,善与人同,舍己从人,乐取于人而为善。"然而,就是这样一个为儒家所颂扬的美德典范,却在当代遭到某些学者的批评,认为舜的举动是典型的徇情枉法和典型的任人唯亲。由此也揭开近十多年来中国学术界难得一见的学术争论。在《孟子·尽心上》与《孟子·万章上》中,孟子与弟子桃应、万章就舜的行为讨论儒家的政治伦理选择:

桃应问曰:"舜为天子,皋陶为士,瞽瞍杀人,则如之何?"
孟子曰:"执之而已矣。""然则舜不禁与?""夫舜恶得而禁之?"

"夫有所受之也。""然则舜如之何?"曰:"舜视弃天下犹弃敝屣也。窃负而逃,遵海滨而处,终身䜣然,乐而忘天下。"

万章问曰:"象日以杀舜为事,立为天子,则放之,何也?"孟子曰:"封之也;或曰,放焉。"万章曰:"舜流共工于幽州,放驩兜于崇山,杀三苗于三危,殛鲧于羽山,四罪而天下咸服,诛不仁也。象至不仁,封之有庳。有庳之人奚罪焉?仁人固如是乎——在他人则诛之,在弟则封之?"曰:"仁人之于弟也,不藏怒焉,不宿怨焉,亲爱之而已矣。亲之欲其贵也,爱之欲其富也。封之有庳,富贵之也。身为天子,弟为匹夫。可谓亲爱之乎?"敢问:"或曰放者,何谓也?"曰:"象不得有为于其国,天子使吏治其国而纳其贡税焉。故谓之放。岂得暴彼民哉!虽然,欲常常而见之,故源源而来。'不及贡,以政接于有庳。'此之谓也。"(《孟子·万章上》)

在舜"窃父而逃"的事例中,反映出孟子"道德比事业更重要"的价值取向。孟子认为,只有坚持这种价值取向,才能成为有道德的人、高尚的人。孟子这一思想对中国文化的发展发挥了并继续发挥着重要的影响。孟子赞许"封之有庳"的做法,既没有暴民之忧,又没有弃兄弟之情。孟子论舜一段已包含儒家政治哲学的三重考量:其一,是否爱民、仁爱天下之民?其二,是否具有孝悌(对父与弟)之德?其三,是否遵守法律(公正)原则?故执政者之德:一是以孝为核心的家庭之德(上老老则民兴孝);二是以仁为核心的爱民之德;三是以法(或礼)为核心的公正之德。舜与孟子的困境在于,即便是道德修养达至极高境界的圣王——舜,他所面临的问题都是不可避免的,即私人性的父子之爱、兄弟之情与普遍性的天下之仁、法度之公之间存在的矛盾和对立关系。

儒家的主张是从家庭伦理的个人道德推扩出天下国家的社会公德,但是理论和实践发展的极致诚然如此,无法回避。事实上,舜的最后选择已承认了二者的矛盾,在放弃天子之位后成就父子亲情的个人道德。虽然孟子的回答极欲消除矛盾与对立，孟子论舜已经显示出，在孟子之时已经存在以公权力谋私情（其实亦是私利）的问题，存在以公权力谋私利的可能。朱熹在此处引吴氏话说："言圣人不以公义废私恩，亦不以私恩害公义。舜之于象，仁之至，义之尽也。"[①]孟子为舜做的选择体现的是：舜没有利用天子的至高权力谋求个人之私——父亲杀人而不抓捕。

孟子内倾的心性修养方式以及他为舜做出的看似"双赢"的解决答案，却恰恰淹没了此问题的重要性和紧迫性。孟子解决问题的逻辑是：虽然会有公私的矛盾，但圣王舜以其极高的道德修养完美解决了矛盾，后世君王也应效法圣王以道德修养的方式去解决此问题，消解公私的矛盾。孟子依然回避了问题：假如后世君王及大臣不效法尧舜，以执政的权力谋求个人之私，怎么办？

（三）正视孔孟儒家公私伦理的困局

先秦儒家最难以释怀的是：由"私"而导致的对"公"的冒犯。"修己"，己之德与私德有何区别？私德（孝亲、爱弟）是否会导致对公德、公义甚至是对公法的违犯？且不讲私欲，私德就其作为人之本性、人之善性而言，天生地、自然地趋向于爱与自己关系亲近的人，而不是自然趋向于爱他人，是所谓血亲之爱。而儒家又最推崇圣人"博施济众"、仁者爱人。这种"公德"、圣贤之德，能否由孝悌之德自然推致？儒家意识到，这不会是一个简单的、顺推的过程，而必是一个"强恕而行"的艰难的、"任重道远"的过程。故先秦儒家所倾尽全力的便是，如何从孝悌转至仁爱？如何从根本性的、个人性的血亲之爱扩充至普遍的对天下人之爱？从原则上讲，当然是去私而立公。（私可以包括私欲、私情，此处主要强调私情、私爱。）即在关涉到公的领域，社会政治生活领域、公权力领域，要以仁爱天下之德为根本，尽量去除己、私之情、爱的影响和干涉，不要以血缘亲情之私影响甚至对峙政治社会之"公"，即儒家之"仁"或"忠"。

[①] （宋）朱熹：《四书章句集注》，岳麓书社2004年标点本，第339—340页。

然而，孔孟儒家在公私问题上最大的问题恐怕在于，没有将公、私从理论和实践上分开，甚至由于他们对孝悌私德的过分强调而难免使"私"德凌驾于"公"德之上。也导致了某些学者所指出的孝与仁的悖论。另外，在公德与私德的问题上，我们仍然要一直清醒地保持如下认识：中国古代（当下亦然）没有强大的宗教力量，没有实现所谓的政治与宗教的二分，无法断然将公德交给恺撒，抑或将私德都交付给上帝。孔孟儒家公私观至少在两方面需要重视：一方面，社会公德或政治美德不能是形式上的道德规范，如果离却个人的修养，所谓普遍性的道德原理是没有任何限制规范意义的；另一方面，孔孟亦非常重视己与私是需要克服的。孟子道德理想主义的缺弱在于：在没有将私（己）与公分开的前提下，将社会政治领域的美德（仁政）寄托于内心之善。仁政不是不需要仁心，但若把政治领域的仁的美德完全寄托于内心之善，恐怕又是不牢靠的。在儒家的思想传统中，以仁心行仁政的圣人是存在的，如孔、孟多次颂扬的尧、舜、禹。但期望每一个君王都能如尧、舜一样，做到"以不忍人之心，行不忍人之政"，无法予以客观的担保。

第三节　荀子的礼法制度思想及对公私困局的突破

既然孔孟的公私理论中存在着难以纾解的矛盾，那么，我们能否从儒家内部的荀子那里寻求突破孔孟思想困局的可能？可以肯定的是，荀子思想中公私问题已成为焦点，其关于公私、义利等问题的主张体现出战国末期的时代特色以及其重现实、经验的思想性格。同孔子、孟子一样，荀子也面临义利之辨及政治公德问题，但他不着重在孝悌之德基础上建设公共道德。荀子公私观的基础在于他的性恶论以及对人的欲望的合理认定，并且由于他思想的经验的性格和重知识、求统类、隆礼义的倾向，使其公义追求以制度的形式表达。就公私问题而言，荀子必须注意克服的是以下几个矛盾：私人性欲求与天下公利之间的矛盾；人情之偏私与天下之正理的矛盾；人性之情（喜怒哀乐）与公是公非的矛盾。

一 荀子突破孔孟理论困局的总体可能

荀子的政治哲学重视义利之辨，重视政治性公共道德。荀子认为，欲行公义，则必求公利、兴天下众人之利；欲兴天下人之利，必立足于其欲利的基础上，合理地满足，并养其欲求之心。荀子对待公私问题的基础是性恶论以及对人之欲望的合理性认定。由于其思想的经验性格和重知识、求统类、隆礼义的倾向，荀子的公义追求更强调以制度的、礼法的形式表达。

第一，荀子明确区分政治领域之公与私，主张欲行公德，则必行公理、公法。荀子欣赏秦国之公与法：

> 入其国，观其士大夫，出于其门，入于公门，出于公门，归于其家，无有私事也。不比周，不朋党，倜然莫不明通而公也，古之士大夫也。（《荀子·强国》）
>
> 不下比以闇上，不上同以疾下，分争于中，不以私害之，若是，则可谓公士矣。……言无常信，行无常贞，唯利所在，无所不倾。若是，则可谓小人矣。（《荀子·不苟》）

秦国的士大夫，行事以"公事"为基本原则，从家到"公门"，从"公门"到家，没有私事。人与人之间也不结党营私，而是具有"明通而公"的美德。荀子认为这是古代士大夫的公正之德。

第二，荀子主张对人之本性欲望予以正视、安顿与合理引导。荀子承认人性为好利恶害的自然欲求。人的欲求不可去除，而要尽量满足人对富贵、功利的要求。荀子主张以礼养人之欲，使其不因过分欲求而产生恶。荀子认为从人之性，必有犯分乱理之恶，所以公私问题在政治生活领域则表现为务求以礼法去其私，并承认人的自私欲望不能依靠个体的自觉修养而加以克服或提升。荀子认识到现实社会的所谓行政人员"士仕者"是完全处于探求私利、争夺权势并不惜触犯法律的状态中:"今之所谓士仕者,污漫者也,贼乱者也,恣睢者也,贪利者也,触抵者也,无礼义而唯权势之嗜者也。"(《荀子·非相》)但荀子讲的礼乐制度不是要压制、克服甚至是完全摒绝人之欲望,而是通过法度、礼节疏导、引导、规范人的欲望,通过"分"使人明白自己欲望追求的界限。如禹之治水,不是堵塞和戕灭人的欲求,而是合理地引导使之进入正确的轨道。各人都知道自己欲求的界限,而不追求不属于自己的东西、不追求自己不应该追求的东西,那么便不会侵犯应该属于别人的东西,最终便不会有纷争。

第三,荀子对人性的复杂性予以关注。荀子在《性恶》中强调指出"君子小人,其性一也",意思是不但小人性恶,君子亦不例外。在人性根源处,居于尊贵地位的君子不能无欲,必有好利恶害的功利追求。虽然,荀子的理论包含的意思是:君子、小人同为性恶。但指出君子"性恶",却是荀子人性论最富创造性之处。因为依照孔子"君子喻于义,小人喻于利"的指陈,士君子应该是追求道义、践行礼义的道德高尚之人,不会是性恶。既然是"性恶","君子"便不是依照本性自觉成就的,必有赖礼法之约制,师法之教化。基于血缘基础上的家庭亲情(私德),也不会直通政治领域之公正仁义(公德)。这样便将理论与实践的关注中心都集中于政治性的人为努力("伪")上了。"伪"得越好,人为创造的道德教化、制度设计、法律规范越完善,则人会更顺利地走上君子之道,社会亦将更顺利地由乱而治,"性伪合而天下治"。

第四,荀子主张通过礼法制度建构实现其公德诉求。徐复观先生指出:"儒家的伦理道德,是不断地向客观真理这方向去努力,去形成的;这才能为人类'立人极。'"[①] 在先秦儒家的"为民父母"思想中,孔子、孟子及《大学》作者都是从仁心、责任之心的角度倡导君王为百姓的父母,荀子提出的思路则不同。荀子说:"上莫不致爱

---

① 徐复观:《徐复观文集2》,湖北人民出版社2002年版,第78页。

第五章 儒家的人性关怀及政治道德之养成

其下而制之以礼。上之于下，如保赤子。政令制度，所以接下之人百姓，有不理者如毫末，则虽孤独鳏寡必不加焉。故下之亲上欢如父母，可杀而不可使不顺。"(《荀子·王霸》) 在上的君王爱其百姓的表现是"制之以礼"，通过礼制的形式将君王之爱制度化。荀子在社会复杂化的背景下意识到上与下之间、君王与百姓之间已不再是直接面对、直接影响的简单关系，而是通过政令制度的中介而实现的。执政君王对百姓"如保赤子"的爱，也不只是通过他的爱心、仁心表达。君王想要真心而公正地实现对百姓的爱，是要审慎地制定和审议政令制度是否合理以及是否足以表现君王之爱。荀子说："礼乐则修，分义则明，举措则时，爱利则形。"(《荀子·强国》) 郝懿行曰："形，《韩诗外传六》作刑。刑者，法也。爱人利人皆有法，不为私恩小惠。"[1] 荀子又说："君子……怒不过夺，喜不过予，是法胜私也。……此言君子之能以公义胜私欲也。"(《荀子·修身》) 荀子提出，政令制度"有不理者如毫末，则虽孤独鳏寡必不加焉。"不合理的法律制度，即便细微如毫末也不施加给最普通、最底层的民众。荀子的思想已蕴含深刻的政治理性化、程序化的观念，这在他的法治思想中有更丰富的表达。

综合而言，如果说义利问题是孔孟所集中关注的并且是立场鲜明的，而公德与私德问题则是隐含在儒家伦理背后给孔子和孟子带来理论上困难的问题。由于其没有将公德与私德进行明确区分，对于人性欲望的复杂性没有给予足够的重视和合理安顿，使孔孟的政治哲学理论陷入难以纾解的悖论式的困局。那么到底如何处理政治（公共道德）与伦理（个人道德）的关系？解决方案应该是：将公（公共道德）与私（个人道德）进行理论上的相对区分，明确各自的界限及建设路径，在此基础上，探讨公（公共道德）与私（个人道德）的互通互补。孟子相信道德伦理的问题，公私、义利的问题，"君主喻于义"一定是道德主体自觉自主的问题，所以一定要在心性本体上立

---

[1] （清）王先谦：《荀子集解》，中华书局1988年标点本，第295页。

得住，一定落实于道德主体的道德修养；荀子也主张公、主张义，但荀子相信公、义要通过礼法制度来落实。荀子对待公私问题的基础是性恶论以及对人之欲望的合理性认定，荀子的公义追求更强调以制度的、规范的、礼法的形式表达。这是值得我们重视和认真研究的。

二 荀子承认人之欲望并予以合理安顿的主张

虽然，孔子承认欲富贵的合理，孟子亦主张民之所欲，与之聚之。但二者都未曾像荀子那样认为好利恶害的欲求是人的本性，并给以合理的对待和安顿。孔子认为"富与贵是人之所欲也……贫与贱是人之所恶也"，但他同时也认为如果不以其道得之是可耻的，紧接着他说"君子无终食之间违仁，造次必于是，颠沛必于是"（《论语·里仁》）。孔子认为，这种不顾政治公德而去追求个人利益的行为会导致社会失序，因而"罕言利"，主张个人利益的得当与否要以"命"和"义"等为最后的判准。不然则会有"放于利而行，多怨"（《论语·里仁》）的引起民怨并导致社会秩序混乱的结果。

荀子对于人的欲望的态度概括来说有以下几点：第一，荀子承认人的欲求的不可去除，所以要尽量满足人对富贵、功利的要求；第二，荀子主张以礼养人之欲，使其不因过分欲求而产生恶；第三，公私问题在政治生活领域则表现为务求以礼法去其私。荀子认为人的欲望不能通过个体的自觉修养而加以克服或提升。荀子说："夫贵为天子，富有天下，是人情之所同欲也。"荀子与孟子一样反对国家上下以功利作为行为的原则，主张以信、义为政治的基本原则，他说：

> 絜国以呼功利，不务张其义，齐其信，唯利之求。内则不惮诈其民而求小利焉……如是，则臣下百姓莫不以诈心待其上矣。上诈其下，下诈其上，则是上下析也。（《荀子·王霸》）

> 故曰：以国齐义，一日而白，汤武是也。……是所谓义立而王也。（《荀子·王霸》）

> 争货财，无辞让，果敢而振，猛贪而戾，恈恈然唯利之见，

第五章　儒家的人性关怀及政治道德之养成

是贾盗之勇也……义之所在，不倾于权，不顾其利，举国而与之不为改视，重死持义而不桡，是士君子之勇也。(《荣辱篇》)

虽然荀子对人性的理解与孟子不同，但与孟子相通的是，他还是对人的自私的欲求本性进行了批判。荀子将人的耳目口鼻等自然天性作为人性，而将仁义礼智看作是伪，是后天人为的结果而不是人性本身固有的。在荀子看来，人生来就是追求利益满足的存在。在社会物质产品有限的情况下，每个人对物欲的无限追求势必会引起争夺并导致社会动荡的后果。因而，为实现社会的有序必须节制人之私利欲求。节制人的欲求一是需要礼，二是需要师法。荀子认为人必须在"师法"的引领和规范下存在。圣人则需要将礼义置于人性之上，这样社会才能归于治。郭店楚简《名数》中说："欲生于性，虑生于欲，倍生于虑，争生于倍，党生于争。"[1] 这里指出人的欲求本性是导致谋划、悖乱、结党、争斗的根本。荀子并非从根本上否定人的欲望，他从欲望实现的效能角度谈欲望、功利的可取与不可取。荀子说：

> 欲恶取舍之权：见其可欲也，则必前后虑其可恶也者；见其可利也，则必前后虑其可害也者，而兼权之，孰计之，然后定其欲恶取舍。见其可欲也，则不虑其可恶也者；见其可利也，则不顾其可害也者。是以动则必陷，为则必辱，是偏伤之患也。(《荀子·不苟》)

荀子这里体现出一种现实主义的、理性的特征。他没有直接、绝对性地认为欲望为恶，而是以理性的方式思虑（思虑在荀子那里也是人性，是人天生具有的一种能力）其可取不可取。在承认人的欲求普遍性的基础上，荀子认为，人欲（私欲）为短视的追求，心则为之长虑顾后；人欲为短视的追求，只知其满足，圣王之礼乐则为之长

---

[1] 李零：《郭店楚简校读记》，北京大学出版社2002年版，第169页。

计。荀子在《荣辱篇》多次指出人的不合理或短视欲求：

> 人之生，固小人。无师无法则唯利之见耳。人之生固小人，又以遇乱世，得乱俗，是以小重小，以乱得乱也。……今是人之口腹，安知礼义？安知辞让？安知廉耻隅积？……人无师无法，则其心正其口腹也。
>
> 人之情，食欲有雏豢，衣欲有文绣，行欲有舆马……然而食不敢有酒肉……行不敢有舆马，是何也？非不欲也，几不长虑顾后而恐无以继之故也。……于是又节用御欲，收敛蓄藏以继之也，是于己长虑顾后，几不甚善矣哉！
>
> 今夫偷生浅知之属，曾此而不知也，粮食太侈，不顾其后，俄则屈焉穷矣，是其所以不免于冻饿，操瓢囊而沟壑中瘠者也。

与孔孟具有共通性的是，荀子虽然承认人都有基于本能的欲求，但他认为既然士君子进入公共政治领域，负有治理国家安定天下的职责，便必须具有公、义的德行，摒弃对私、利的追求。荀子批评现实社会中的"士仕者"是完全处于追求私利、争夺权势并不惜触犯法律的状态中。但荀子亦现实地承认君主之利、欲的合理性，并给予现实地、合理地安顿。在荀子那里，君主之车马仪仗、宫室衣服非是欲求的满足，而是为彰其德、表其功而设。"大德必得其位，必称其功"。荀子指出：

> 夫贵为天子，富有天下，是人情之所同欲也。然则从人之欲则势不能容，物不能赡也。故先王案为之制礼义以分之，使有贵贱之等，长幼之差，知愚、能不能之分，皆使人载其事而各得其宜，然后使悫禄多少厚薄之称也，是夫群居合一之道也。故仁人在上，则农以力尽田，贾以察尽财，百工以巧尽械器，士大夫以上至于公侯，莫不以仁厚知能尽官职，夫是之谓至平。（《荀子·荣辱》）

第五章　儒家的人性关怀及政治道德之养成

荀子认为,"贵为天子,富有天下"是所有人的共同具有的欲望。然而就社会财富的有限性来说,不能满足所有人的富贵追求。那么合理的办法不是摒除人的欲望,而是用礼义来规定人的身份地位,使人按照名分、地位合理地、适度地追求自己欲望的满足。这样,一方面,人不会追求无限的欲望,获得无穷的财物;另一方面,社会财富也不会穷尽枯竭。二者因为礼义而达到适度的平衡。礼是"养人之欲,给人之求"的,礼不是去除人的欲望和需求,反而是使人的欲望追求得到适度适当满足的根本。并且通过礼的"养"的方式,使人的欲求、情性得以熏养、升华,而不只是"口腹之欲"(孟子语),恰如孔子所说的"富而好礼"温润滋养状态。这就使礼义具有了存在的合理性的根据。"荣辱之大分,安危利害之常体:先义而后利者荣,先利而后义者辱。"(《荀子·荣辱》)

荀子从人的欲求本性谈礼义的起源:

> 礼起于何也?曰:人生而有欲,欲而不得,则不能无求,求而无度量分界,则不能不争。争则乱,乱则穷。先王恶其乱也,故制礼、义以分之,以养人之欲,给人之求。使欲必不穷乎物,物必不屈于欲,两者相持而长,是礼之所起也。故礼者,养也。……所以养口也……所以养鼻也……所以养目也,……所以养体也。故礼者,养也。君子既得其养,又好其别。贵贱有等,长幼有差贫富轻重皆有称者也。(《荀子·礼论》)

荀子的礼乐制度不是要压制、克服甚至是完全摒绝人之欲望,而是通过法度、礼节疏导、引导规范人的欲望,通过"分"使人明白自己欲望追求的界限。如禹之治水,不是堵塞和戕灭人的欲求,而是合理地引导使之进入正确的轨道。各人都知道自己欲求的界限,而不追求不属于自己的东西、不追求自己不应该追求的东西,那么便不会侵犯应该属于别人的东西,便不会有纷争。欲行公义,则必求公利,兴天下众人之利即为公利;欲兴天下人之利,非禁绝之,而必是立足于其欲利的基础上，合理地满足，并养其欲求之心。

如果人都有欲求的本性，并且此本性不会自觉趋向善，那么这就针对普通百姓及士君子提出了不同的理论主张。因为，庶人是以"制度械数"治理；士君子是以礼义治之。那么，圣王因之起礼义是否主要针对的是能够被"礼义化"的君子？荀子针对百姓有如下主张：第一，针对普通百姓，首先当然是满足其利益追求，《王制》等篇提出了具体的主张；第二是，合理地分配其欲望追求，使物品不会过度缺乏；第三，以礼养欲，使众人不停留于欲望的低级追求上，心属于礼义，追求礼义，成为君子。这亦可在社会形成不赏而民劝的积极向上的价值导向。

三 性恶论基础上的礼法制度主张

荀子最广为人知的思想就是其性恶论。但荀子的性恶论的真正内涵如何？其理论针对性是什么？都是值得认真研究的。如果认为人性恶，必然合乎逻辑地得出如下结论：自然本性是恶的，任其由内而外展开，就会导致社会秩序的混乱。合乎逻辑的办法，是借助某种约束规范来压制、改造这种本性，来给它加上包装。这种约束规范，这种包装，就是礼义法度。欲的自然流动导致恶，但在导入礼的轨道之后，它就不再会造成危害[①]。

可以说，荀子所说的人性恶只是他论证礼法必要性的前提假设。人性会趋向于恶，但在人性趋向于恶的过程中，礼乐师法等"伪"的工作会使人性、人的欲求改弦易辙，选择并表现出善来。荀子从未说人的欲望是恶，荀子承认人的欲求的根本性，但人的欲求不能无限制地放纵和扩张，必须通过适度的满足、合理的引导、强制性规范等方式将其纳入合理的规划之中。荀子主张：虽然人性之中没有仁义法正，但仁义法正（自己）是有好处的。如果任由人性自然发展，对人个体自身并进一步对人类社会整体是没有好处的。欲望的无穷追求

---

① 韩德民：《荀子的乐论与性恶论》，《浙江社会科学》2001 年第 9 期。

和不得满足最终导致社会动荡,战祸连绵,社会整体之乱必是个体之祸。圣人为人类社会立仁义法正,是从人的根本上的考虑。

在荀子,人性恶只是其理论的前提预设,他不想也无需关心人性恶的理论根据。"人之性善,则恶用圣王?恶用礼义哉?"荀子不想从圣王来说明性恶基础上礼义来源问题,反而认为人性恶是圣王礼义存在必要性的根据。荀子所努力的是从现象层面上告诉大家,其所说的人性恶是有根据的和有必要的。他的着力点是要在人性恶基础上建设他的政治理论——圣王之治与礼法之治。人之性恶,但面对礼法制度时表现为:"战战兢兢,如临深渊,如履薄冰。"既是一种精神的力量,更是一种礼俗的规范,是约定成俗的规范。这是习惯的力量、环境的力量。荀子重环境力量对人道德行为养成的作用,重行之有效的、可视的、可客观化的法则、礼法的约束和修养作用。

荀子认为,人若顺着自然本能的情、性而行为,就会有恶的产生。所以说:人性恶。针对在一定地位、具有公共职责的君子,荀子提出了如下的主张:第一,有足够的官位爵禄可以提供,以使其欲利(恶下)欲富追求有实现的可能;第二,一定的爵位有足够的富贵的内容,也使人能安其职位;第三,对于君子,不同于普通百姓的做法是,提出"不属于礼义",虽王公贵胄也可以降位为小人,对于王公更为严厉,如不追求礼义可能是江山不保,社稷沦丧;第四,既然人性会趋向于恶,那么,自觉的善是不可相信的。所以荀子屡次提及并要摒除奸言、奸说等等,并提出更具客观性和普遍性的制度之礼或法。以此保证君子行善与不能、不想、不敢为恶。荀子说:

> 夫主相者,胜人以势也。是为是,非为非,能为能,不能为不能,併己之私欲,必以道夫公道通议之可以相兼容者,是胜人之道也。(《荀子·强国》)

依照荀子,"喻于义则为君子,喻于利则为小人。"以礼义作为社会的价值导向及评价机制。"不能属于礼义,则为小人",首先,不成为道德高尚的"君子";其次,在现实的社会地位方面,即使是王公大人之子孙,如果不能在德行修养上"属于礼义"并具有可视的、客观的礼义规范(这种评价应是客观的、可具体评价的),便不再具有或是被削夺君子所属的官阶、职位、食邑、俸禄。最后,"喻于义则为君子"标举了社会的礼义道德导向,使庶民、小人亦有努力向善的方向。而且,此主张不但使礼义成为价值理想上的精神导向,而且意味着上升为上层社会的君子,便能获得君子所有的尊贵和荣耀。这也冲破了传统礼制,使社会制度更具有正义性。

既然好利、疾恶、好声色、好耳目之欲是天性,那么,一者不能期望他自然地向善;二者,也不能使此天性的欲望完全消除,完全去除欲望便不是人了。使人完全去除天性欲望的政治,也是不人道的;三者,欲使人不为恶,必使人不能从其性、顺其情,关键要在"不能"二字上下功夫。要在充分认识、重视其性情的基础上,教化、提升其性情,使其安于、习惯于礼乐道德。这是政治哲学需要考虑的问题。至于心性修养等问题,则孟子等俾能发挥更大的作用。成中英说:"如果一个人任其自然本性自由发展,那么他将违反所有的道德基准,破坏所有优秀的人类文化和良好的风俗习惯。因此他需要学习'礼''义'道德来约束自己,从而使其作为社会成员能够循规蹈矩。成员能够变得循规蹈矩。这是一个改造天性、唤醒道德规则感和道德价值感的过程,即'化性起伪'。"[①] 既然本性为自私与妒忌之恶,那么个体自己无法从其恶的人性内伸展出一种认识,认识到任由自己本性自由发展将有种种恶之后果的。成先生这里或者是主语不太清楚,或者说思想上没有认识到这种区别,完全的说法应该是:如果政府或君王任由人的欲求之性自由发展,会有恶的后果出现,那么就必须要求人接受道德仁义及礼法制度的修养和约束。这必然是不同于人性的自然之欲,而是在自然之性之上的一种认识、理性或理智,是不同于

---

① 成中英:《"德""法"互补:一个儒家——康德式的反思》(下),《齐鲁学刊》2009年第4期。

一般人的圣王之思。此圣王之思究其根源当然不在人性之内,而在人性之外、之上。如所指出的,人们因此而认为荀子在道德方面具有权威主义倾向。

既然人性为恶,那么任其自由自然发展,"从人之性"便会有恶果产生。恶果大致有二:一是因无限欲望的无法满足而有争夺、祸乱的产生;二是在道德领域内的种种不道德乱象的产生,甚至危及人类文化的存在。如何解决这样的问题?一种当然是以国家权威的力量去限制、引导、合理规划,使欲望得以合理追求并适度满足;一种是以礼乐教化的方式。如对人施以道德塑造,使其放弃欲望追求而自觉地追求高尚的东西,自觉地想成为君子和尧舜那样的圣人。荀子称之为"化性起伪"。前一种解决方式虽然就合法性上不那么站得住脚,但却是简洁易行的,如荀子所主张的隆礼、重法、尊君等皆可行,并且在现实政治中又最易行。后一种是荀子的道德政治理想。荀子是现实主义的,但在这里他又表现出儒家道德理想主义的一面。而这也给他自己带来了理论上的麻烦,甚至是难以克服的矛盾。也是后世学者对之诟病和指责最多的地方。荀子主张"涂之人可以为禹"。如孟子所主张的一样,这是任何政治主张中最高明也最伟大的道德理想。不使人停留于欲望而欲使人人皆成为君子,在道德人格或曰价值层面上使其获得尊重。但本性自私、追求欲望无限满足的人如何能成为礼让无私、道德良善的君子、贤人?荀子仍然采用的是现实的工具主义的办法。通过教化、强学、积靡等手段,使之成为有道德、守礼义的人。所以,荀子重视风俗习惯、环境对人的影响。但如果我们亦发出如所有人都发出的疑问:身具恶之本性的人如何能成为善的?即便用尽所有外在的、强制的、教化的办法,善依然是无法在人性、人心中扎根的。无法在人性、人心中扎根的善,不会是真正的、自觉自愿自主的善,而只能是伪善、不善。

就人的存在的自由(意志自由)以及主体性而言,通过内省、反思等方式,自我、自主选择人的存在方式,通过人性善的方式,知善知恶、好善恶恶,达到"从心所欲不逾矩"。这无疑是道德生活的最高境界，也是众多道德理论中的高明者。

　　李景林先生认为，荀子的人性论，一个重要的意图，就是要为他的道德法则——礼——提供一个人性的根据。这包括两个方面：第一，"性善则去圣王，息礼义矣；性恶则与圣王，贵礼义矣。"第二，人"皆有可以知仁义法正之质，皆有可以能仁义法正之具"。① 前者是要通过人性说明礼义的重要性，后者则是要说明礼义道德在人性中具有内在的根据。二者统一起来，就是荀子论人性的全部意义。人的本性是自私的、自利的，所以，欲行公道、欲致公德，必是对此私的克服。"存天理，去人欲"，人皆以为是宋儒的创造。其最先出自《礼记》，说明其时已有天理之公与人欲之私的对立。俞吾金主张充分重视并开掘以荀子为代表的"性恶论"所留下的宝贵的思想遗产。他指出，正是从"性恶论"出发，荀子十分重视对"利""礼"的研究。"利"直接通向"权利"和"法"，而"礼"又直接关联到"制度"。荀子主张"隆礼"，实际上就是强调要依靠制度而不是贤人进行治理②。这都是需要我们认真对待的问题。

　　我们也可以在荀子思想内部尝试从两方面进行理论上的突破，以求助荀子突破理论重围。一是荀子的性恶，事实上荀子并非坚持性恶，如法家者韩非那般；二是荀子的"知"，既是"知善知恶，"又是"好善恶恶"，有心好礼义的倾向。我们可以从这两方面来寻求突破。有学者认为，荀子在内在价值方面的欠缺，导向了外在政治统治中的权威主义。此观点亦值得重视。

---

① 李景林：《荀子人性论新论》，《吉林大学社会科学学报》1986 年第 4 期。
② 俞吾金：《西方的人权理论与儒家的人的学说》，《学术界》2004 年第 2 期。

第六章

天下有道——"道德的政治"之超越根据

政治哲学之所以为政治哲学，乃在于其对政治有一"哲学的"理解。

从哲学的视角看，政治不惟是一形下的制度安排、治理方式等，更是一个有超越的、普遍的法则作为最终根据的存在整体。中国古代政治哲学在这一方面与西方政治哲学具有共同的思想趋向。古希腊哲学家对于自然的关注，意在揭示变之中的不变的实体，并由此解释具体事物表面随处可见的变化。而在政治哲学中，自然哲学家所谓的本体以"自然法则"的面貌出现，这种自然法则永远存在于无尽的限制和变动中。如果能够发现这一种永久的法则，那么人类社会就可以达到合乎理性的境界。"希腊的政治哲学和伦理哲学就碰巧是沿着由自然哲学开创出来的古老线路前行——以寻求变化中的永恒和纷乱中的统一"。① 中国古代思想家自始便对作为人间秩序最终根据的"天""道"进行着关注和追问。而且，"道"从来不曾远离人而作为所谓的自然哲学探寻的对象。《中庸》谓："道不远人。人之为道而远人，不可以为道。"是其思想之表征。虽然都以"道"为本体根据、终极本原，但因对"道"的理解不同，先秦时期的道家与儒家对于政治

---

① ［美］赛班：《西方政治思想史》，李少军等译，桂冠图书出版有限公司1991年版，第43页。

的观点却截然不同。一个主张政治应该是自然的,即"道法自然";另一个主张政治是道德的,即"一阴一阳之谓道。继之者善也,诚之者性也"(《易·系辞传》)。

第一节　道法自然:道家政治哲学之自然性向

中国古代政治哲学都主张国家政治行为要效法天道,遵循天道。天、道为人间政治行为立法,成为人间政治行为和政治秩序合法性的来源和证明。政治哲学的主要目标便是要从天道那里获得国家政治行为的正确性、正当性与合理性,使国家的政治行为与天地运行构成一个和谐的整体。董仲舒谓:"三划而连其中,谓之王。三划者,天、地与人也。而连其中者,通其道也。取天地与人之中以为贯而参通之,非王者孰能当之。"[①]

一　道:作为政治之本原与根据

道家政治哲学以自然为宗,源于其本体上对"道"之自然性、人性之自然性的认识。在老子那里,"道"乃人和万物得之则生、不得则死的根本:

> 天得一以清,地得一以宁,神得一以灵,谷得一以盈,万物得一以生,侯王得一以为天下正。(《老子》第39章)

在老子哲学中,论述归结为"侯王得一以为天下正"。可见老子的哲学确实具有源自于史官的"推天道以明人事"的特征,是以"侯王"为核心的政治哲学。老子以"一"的提出,使"道"成为蕴蓄于万物之中、展现于万物生成过程中的根本。某物之所以为某物,具有其特殊之性状,全因得"道"、得"一"之故。"一"才能作为

[①] (清)苏舆:《春秋繁露义证》,中华书局1991年标点本,第183页。

第六章 天下有道——"道德的政治"之超越根据

多的根本,并体现在"多"之中,展现在"多"之中,成为众多事物性理之根本。"道"能够在千差万别的杂多事物中获得统一性,这样"道"既是众物、众物之流行;又是贯通、周遍于众物,在众物之中者。在这里,"道"由"一"而获得其本体论式的规定。巴克(Barke)言:"思想本应当做的是去发现一种内在的精神,它渗透于日常道德生活的领域,也渗透于日常物质存在的领域。"[①]"道"不唯是事物内部的理性或规则,亦是渗透于、内在于事物中的普遍者,是使事物如此而不如彼的规定者。黄老道家著作——帛书《黄帝四经》言:"鸟得而飞,鱼得而游,兽得而走。万物得之以生,百事得之以成。"《文子·道原》中可以发现类似的表述:"山以之高,渊以之深,兽以之走,鸟以之飞,麟以之游,凤以之翔,星历以之行。"都是以"道"或"一"作为存在的根据。

一方面,老子的"道"具有"生天生地""神鬼神帝"之化生天地万物的涵义,从而其"道"论具有宇宙生成论的特质;另一方面,老子的"道"是天、地、人共同效法和遵循的自然法则,具有宇宙根本法则的意义。人类政治行为必须复归于"道",复归于"无极",在"道"的法则光照之下才是正当和合理的。庄子主张:"物固有所然,物固有所可。无物不然,无物不可。故为是举莛与楹,厉与西施,恢恑憰怪,道通为一。"(《齐物论》)万物在"道"的基础上获得其存在的通性,获得其平等的存在价值与合理性。"以道观之,物无贵贱"。从道的通性上看,万物都是可以互相沟通、互相适应并在价值上齐一的。巴克在论述早期希腊政治思想中自然与法律的对立原因时认为,早期自然哲学家,当他们试图找到潜存于自然界一切变化之流中的一个永恒本原时,总是试图在一个有形物体中发现它。但若世界的永恒本原是有形的,而对世界的感知也是有形的。换言之,如果两者都以有形的物质形态存在,那么两者中必定有一个是虚幻的。

[①] [英]厄内斯特·巴克:《希腊政治理论——柏拉图及其前人》,卢华萍译,吉林人民出版社2003年版,第92页。

如果它被看作是精神的——不是外在于日常世界的，而是作为这个世界的生活原则而内在的某种东西——就不会得到这样的结果①。道家之"道"在它的发展历程中，避免了这一危险。

老子之后，道家的另一发展脉络是黄老学派或叫黄老道家，其代表作是帛书《黄帝四经》。在帛书《黄帝四经》中，作者通过对"道"的存在特征的揭示，使"道"更具有人间秩序之本的意义，其"道"论也更具有从形上到形下转换的特征。一方面，道既通显于天地之间，亦显现于人世之中，显现于人事之上，成为人间行为的超越根据；另一方面，则就理论上可以认为人的行为（主要指政治行为）是可以体现道的通性、普遍性于其具体的实践中的。帛书作者意识到在行为中践行"道"的原则的困难："人皆以之，莫知其名。人皆用之，莫见其形。"《经法·道法》言："故同出冥冥，或以死，或以生；或以败，或以成。祸福同道，莫知其所从生。"人间万事，同出于"道"，同得"道"以生并获得其性、命。然而在个性的展开过程中，在成性的过程中，或因之以死，或因之而生；或由之而败，或由之而成；或因之得福，或因之招祸。原因何在？就由于行事者不能够认识"道"、体会"道"，在行事过程中背离了"道"的根本。帛书政治哲学提出了"道生法"的观念，强调法是从"道"中产生的，这就使法具有神圣的意义。或者说，"是从'道'之本体论的高度对'法'产生的必然性、合理性，予以充分的肯定和接纳"，"帛书以道论法，并将其作为'法'的本体论根据，这不仅为法家的法治注入了理论活力，开启了道法融合的新路子，同时，也大大强化了'法'的客观本性，使其成为规范个体和国家行为的规定、度量和标准"②。白奚先生认为："这一命题首次将道与法统一起来，明确地揭示了道与法的基本关系——法是由道派生的，是道这一宇宙间的根本法则在社会领域的落实和体现。这就不仅从宇宙观的角度为法治找到了理论

---

① ［英］厄内斯特·巴克：《希腊政治理论——柏拉图及其前人》，卢华萍译，吉林人民出版社 2003 年版，第 92 页。
② 丁原明：《黄老学论纲》，山东大学出版社 1997 年版，第 97 页。

根据，从而使之易于被人接受，而且也为道这一抽象的本体和法则在社会政治领域中找到了归着点，使道不再高高在上、虚无缥缈，从而大大增强了道的实用性。"他又认为"道生法"这一命题应当被视为黄老学派的第一命题①。当然，我们认为无论怎么理解"道生法"的观念并对它从本体高度进行阐释，都不能将道家"道生法"观念直接与西方自然法观念挂钩。列奥·施特劳斯（Leo Strauss）认为传统的自然法与近代的自然法观点之间存在原则的区别。他指出："传统的自然法，首先和主要地是一种客观的'法则和尺度'，一种先于人类意志并独立于人类意志的、有约束力的秩序。而近代自然法则首先和主要是一系列的'权利'，或倾向于是一系列的'权利'，一系列的主观诉求，它们启始于人类意志。"② 总之，道家之"道"是政治行为的超越根据，侯王、君王皆追求在政治行为中执道、体道、行道。

二 德：自然的政治之内涵

老子哲学的核心概念是"道"与"德"，老子的道、德观念体现了其自然政治的主张。老子说："道生之，德畜之。"道生万物，万物通过"德"而得到"道"，保有"道"。老子说："上德不德，是以有德；下德不失德，是以无德。"不把"德"当作一个"德"去把持它、追求它，顺其自然才能有"德"；总是把"德"当作一个目标去追求和拥有，则最终会失去或根本没有得到它。老子主张："常德不离，复归于婴儿。"（《老子》第28章）我们说，老子哲学的性质可以说是一个"自然"。自然的观念在西方哲学中是古希腊人的发现或者发明。"古希腊人发现的自然乃是与艺术和诗学相对立的，首要是与 Nomos 相对立的。Nomos 指涉的是特殊的法规、习俗、约定、同意以及权威的意见等。自然以及由之而产生的自然法的观念恰恰是在

---

① 白奚：《稷下学研究》，生活·读书·新知三联书店1998年版，第120页。
② [美] 列奥·施特劳斯：《霍布斯的政治哲学》，申彤译，译林出版社2001年版，第2页。

这种对立当中产生的,其目的是为了超越特殊人群、地位和时间中的特殊的习俗和规则,转而寻求一种普遍的、永恒的和超越的规范体系。"① 意思是说,古代希腊的"自然"观念的出现是源于对普遍、永恒的规范体系的诉求。古希腊的"自然"约等于"道",而老子的"自然"指称的是一种性质和品格。老子说:

> 故道大,天大,地大,人亦大。域中有四大,而人居其一焉。人法地,地法天,天法道,道法自然。(《老子》第25章)

我们注意一点:"人亦大"在郭店楚简《老子》中是"王亦大","人居其一焉"为"王居一焉"。二处"人"皆为"王",可见流行于战国早期的原本《老子》,更多具有政治哲学特质。此句中,法,是效法的意思。天、地、人皆以"道"为自己运行、行为的依据、法则。"道"则以"自然"为自己的原则。"道"效法"自然",并不意味着在"道"之上还有一个更为根本的、实体的"自然"。老子认为"道"之创生万物不是出于神的意志,也不是出于人的意志,它只是顺任万物之自然。道与万物的原则都是自然。自然就是自然而然,自己本来如此,不含有任何外在的意志。自然也含有自己而然,自己即正确的意思。既然天地万物皆含有道,那么,每个具体事物的选择都是正确的、好的,每个具体事物都应该顺任本身的情状、本身的潜能去发展,不需要一个普遍的原理或外在的意志去规范它、制约它。在政治哲学视域下,道理亦复如此。老子说:"道之尊,德之贵,夫莫之命而常自然。"(《老子》第51章)在老子看来,道、德对于万物之生成、存在具有决定性的作用。道生成万物、德作为道的表现蓄积万物,使其存在。道、德应该是尊贵的、尊崇的,但道、德对于万物的生之、蓄之,不是从外面干扰和强制,而是在万物内部顺遂、推动其自然选择、自然发展。所以"道"对于天下万物,是"生而

---

① 渠敬东:《现代政治与自然》,上海人民出版2003年版,第9页。

第六章　天下有道——"道德的政治"之超越根据

不有，为而不恃，长而不宰"。

在老子这里，"道德的政治"恰恰是自然的、无为的政治。也有人称之为不干涉主义、无政府主义。老子说："是以圣人欲不欲，不贵难得之货；学不学，复众人之所过。以辅万物之自然而不敢为。"（《老子》第64章）圣人对于天下百姓只是顺任其本性之自然而不横加干涉，不用自己的标准来要求众人，即少说话，少发布政令，才是自然的。自然的才是长久的。老子的主要目的并非寻求自然律，他的"道"也不是一个硬性的规范，而只是天、地、人的自我选择、自我建构的内在根源。所以，老子的"道"既是"有"——是内在的根据，也是"无"——无内容、无方所、无定向，因任万物之自然。他所以要建立以自然为法的本体哲学，主要是为他的社会、政治、人生哲学建立形上的根据。这个宇宙观决定了他的价值观，凡是合于自然的就是好的、美的、圆满的；凡是违拗自然的就是坏的、丑的、残缺的。老子说："故失道而后德。失德而后仁。失仁而后义。失义而后礼。夫礼者忠信之薄而乱之首。"（《老子》第38章）毋庸讳言，老子"自然"的政治哲学及伦理哲学确实具有以道、德为根本，而以仁、义、礼为次级价值的主张。老子为什么会如此看低礼的地位呢？从老子的"自然"哲学出发就可以理解了。因为在老子看来，礼是"为之而莫之应，则攘臂而扔之"的，具有强迫人遵守的特征。这是不符合"自然"的。萧公权认为："故复命也者，非舍今存之万物以重归于混成，而欲于万物之中保虚静之德，勿更揠苗助长，以违自然之根本。"[1] 老子对于温和的规范"礼"尚且如此态度，遑论更具强制性的法了。老子直言："法令滋彰，盗贼多有。"

我们把视线转向西方政治哲学的自然观念。在古希腊，哲学、政治学、法学和伦理学体现为寻求一种超越特殊的地域、人群、宗教和道德的、普遍的公共生活方式。而且，希腊人很快找到了一种全新的方法，他们差不多硬生生地创造了自然这样一个概念，并以之为据使

---

[1] 萧公权：《中国政治思想史》，台北联经出版事业公司1982年版，第181页。

· 225 ·

自己的理性思维与神话相对抗。自然和自然法的新观念是哲学的产物，是在人们开始怀疑权威、怀疑城邦生活中旧有的伦理道德，认识到并非所有的法律都是永恒的神法，并以批判的理性对之加以全面检省的时候诞生的。……按照自然而生活，是解脱粗俗人民的混乱习惯和粗野放纵而达到的较高级的行为规律①。按此说法，希腊"自然"观念是对特殊的、具体的道德、宗教观念的超越，是对粗俗的习惯和粗野放纵约束。这些自然法理论家所要寻求的，"是关于法律秩序具有普遍效力的道德基础，它要求以一种统一的或者说符合自然的标准衡量不同地域、不同时代的人们的生活。这种统一的标准之所以自命具有普遍效力，并非基于武力，更非基于特定的道德的、宗教的或哲学的某些教条，而是基于人类共同的理性"。②

古希腊的"自然"观念是以一种具有普遍约束力的、统一的标准来限制人的个性的存在，是对"粗俗的习惯和粗野放纵"的限制和约束。这恰与老子道家的"自然"相反。老子的"自然"观念是对人之自然个性的信任，而他所反对的恰恰是普遍的、约束人的规范和原则。老子反对一切在人的自然本性之外或违背人的自然本性的行为，尤其是国家政治行为。

三 无为、无名的政治主张

老子自然政治的另一表现就是"无为"的政治。老子劝说在上者"无为"是以"道"为原则进行的。关于老子的自然无为思想，王博先生指出："万物的自然在此转变为百姓的自然，与之相应的，道的无为就该转变为君主的无为。老子的态度是鲜明的：必须找到一种适当的方式来保证百姓某种程度的主体性，而不仅仅是处在单纯的'对象'角色之中。这种方式一定会涉及对于君主权力的节制，无为正是在这个背景之下成了权力最重要的道德。用最简单的话来说，无为不

---

① 渠敬东：《现代政治与自然》，上海人民出版社2003年版，第11页。
② 同上。

第六章 天下有道——"道德的政治"之超越根据

是别的，就是权力的自我节制。"[①] 在老子思想中，"有""无"都是"道"，是道在不同侧面的表现。或者说，道"的"作用表现一定包含着"有"与"无"两面。作为万物之本和内在的原则，"道"具有自己的内涵，也一定在万物化生过程中发挥着作用，显现其自身，是万物背后的推动力。万物之发展虽是顺其自性，却不是盲目任意。这是"道"的"有"的一面。虽然，"道"是"生而不有，为而不恃，长而不宰"，不据万物为己有，不自恃其功，不做主宰。但毕竟要"生""为""长"之的。"道"虽为"朴"，但毕竟要散而为器，要"始制有名"。如此理解，则"有"是肯定政治，"无"则是对权力的消解和节制了。

老子无为的政治不是所谓的无政府主义，老子的论述核心终究要归到圣人、侯王、官长。老子说："朴散则为器，圣人用之，则为官长。""道常无名。朴虽小，天下莫能臣也。……始制有名，名亦既有，夫亦将知止。""道"作为天下万物的根本，天下万物都要遵循它、效法它，这是"道"的无不为；但是，"道"对于天下万物的做法是"无为"，是"道法自然"，顺任万物之自然。侯王如果能执守"道"的这一原则，万事万物将自然趋于完善。老子说："道常无为而无不为。侯王若能守之，万物将自化。"（《老子》第37章）什么是有为？老子说："民之饥，以其上食税之多，是以饥；民之难治，以其上之有为，是以难治；民之轻死，以其上求生之厚，是以轻死。"（《老子》第75章）老子观察到人民的疾苦和社会的不安，源于在上者的予取予求及横加干涉。政治上的种种扰民行为是引起上下之间紧张关系的主要原因。无为的政治理想，最主要的目的就是要化解这个政治上的核心问题。老子说："以正治国，以奇用兵，以无事取天下。吾何以知其然哉？夫天下多忌讳而民弥贫；民多利器，国家滋昏；人多伎巧，奇物滋起；法令滋彰，盗贼多有。故圣人云：我无为而民自化，我好静而民自正，我无事而民自富，我无欲而民自朴。"（《老子》第57

[①] 王博：《权力的自我节制：对老子哲学的一种解读》，《哲学研究》2010年第6期。

章）在上位者施行权谋（利器）智巧，滥用权力，结果弄得天下不宁。要根本解决这个问题，必须先由统治者本身着手。一个理想的统治者（圣人）要先自己做到无为，即爱好清静、不搅扰百姓、清除嗜欲。如此方能实现天下安宁。自化、自正、自富、自朴，就是无为的效果，也就是"无为而无不为"的意思。老子深刻地认识到统治者之所以有为，根本在于其有私、有己，所以欲使其彻底实现无为，则必须从根本上使其消除自私的观念："天长地久。天地所以能常且久者，以其不自生，故能长生。是以圣人后其身而身先，外其身而身存。非以其无私邪？故能成其私。"（《老子》第7章）

老子反对圣人的积极有为，主张圣人不要以"仁心"搅扰百姓："天地不仁，以万物为刍狗；圣人不仁，以百姓为刍狗。"（《老子》第5章）天地不具有对万物的仁爱之心，它只是把万物当作草把扎成的狗，任其自然生灭。圣人对待百姓也应该这样，任百姓自然发展。石元康在其《自发的秩序与无为而治》文中说："无为并非叫为政者什么事都不做，而是让每个人能充分发挥自己的能力去做自己分内的事。这点不仅可以用在百姓身上，让他们去充分发挥自己，同时也用在执政者的身上，使一个官僚机构本身也变成一个自发的秩序。"[①]老子说：

> 圣人无常心，以百姓心为心。善者吾善之，不善者吾亦善之，德善。信者，吾信之，不信者，吾亦信之，德信。圣人在天下，歙歙焉，为天下浑其心，百姓皆注其耳目，圣人皆孩之。（《老子》第49章）

可以说，任百姓自然生灭，另外的意思则是发挥百姓的政治主体性。在对于有为的"苛政猛于虎"方面，老子、孔子皆深深地忧虑并寻思如何拯救之，这一点上孔子和老子的主张是相同的。甚而，在政

---

① 石元康：《当代西方自由主义理论》，上海三联书店2000年版，第132页。

第六章　天下有道——"道德的政治"之超越根据

治的"无为"方面，儒家也提出"舜恭己正南面而治"及"垂衣裳而天下治"这一与道家自然无为政治相似的理想。然而孔、老拯救社会危机的方法毕竟不同。儒家欲救以仁义忠孝之德、礼乐制度之文。而自老子视之，此皆同蹈有为，于事无补①。儒、道政治哲学的根本差别在于，老子认为世界和人类的最好状态是自然，认为凡是知识、智慧、道德、文化、语言都是违背人性的。他认为，社会混乱、家庭离散的根本原因在于有仁义道德、智慧。所以从"自然"的核心出发，老子反对一切的道德、智慧。在老子，最理想的政治状态就是"小国寡民"：

　　小国寡民。使有什伯之器而不用；使民重死而不远徙。虽有舟舆，无所乘之；虽有甲兵，无所陈之。使民复结绳而用之。甘其食，美其服，安其居，乐其俗。邻国相望，鸡犬之声相闻，民至老死，不相往来。(《老子》第80章)

老子的"小国寡民"理想不是"开历史的倒车"，而是其自然的政治观念的理想形态。老子认为，过多地干预便影响了大道的自然秩序。抛开古代农业社会的特征等等解释，我们在此处可以读出老子自然无为的生命境界与追求：以其所已食为甜美，以其所已服为华丽，以其所居为安适，以其所行为安乐。自然而然，享受当下，不追求外在的、异己的东西。这种理想社会透显出的是对政治的自然无为性质的追求，对人的自然自由状态的追求。安乐哲在论及老子的无为思想特征时说："正如天道并不强制万物一样，圣人也不会以强制的社会和政治规范限制其百姓的自然发展。《老子》的政治思想是一种颇具特色的道家无政府主义，'无为'则是其推行的主要方法：当权者不干涉个人的发展并为之创造一个最有益的

---

① 萧公权：《中国政治思想史》，台北联经出版事业公司1982年版，第181页。

环境。"① 这是一种自然的、自由的政治社会状态。但我们所应该注意的是，老子以"道"为根据的、自然无为的政治哲学，虽然略似欧洲彻底之放任主义，却与此无政府主义有区别。老子的无为政治，"并非毁弃君臣之制，以复于禽兽之无羁。所当甚避而勿蹈者，有为之失政而已。故就理论上推演，老子所攻击者非于治之本身，而于不合于'道德'标准之政治"②。

庄子及其后学则将老子无为的政治思想推至极致。庄子提出：

> 闻在宥天下，不闻治天下也。在之也者，恐天下之淫其性也；宥之也者，恐天下之迁其德也。天下不淫其性，不迁其德，有治天下者哉！昔尧之治天下也，使天下欣欣焉人乐其性，是不恬也；桀之治天下也，使天下瘁瘁焉人苦其性，是不愉也。夫不恬不愉，非德也。非德也而可长久者，天下无之。(《庄子·在宥》)

庄子认为，只有因任百姓自然存在（在宥）的"政治"，没有"治理"天下的政治；"在宥"的因任是不使百姓改变其自然本性的"政治"。既然百姓已在"在宥""政治"之下获得其自然本性的最好存在状态，便不必再有什么"政治"。庄子说：

> 昔者黄帝始以仁义撄人之心，尧舜于是乎股无胈，胫无毛，以养天下之形，愁其五藏以为仁义，矜其血气以规法度。然犹有不胜也，尧于是放讙兜于崇山，投三苗于三峗，流共工于幽都，此不胜天下也。(《庄子·在宥》)

庄子认为，"尧之治"与"桀之治"没有什么本质的区别，都是不符合人性的、不符合"道德"的政治。庄子认为儒家政治的过失

---

① [美]安乐哲：《主术——中国古代政治艺术之研究》，滕复译，北京大学出版社1995年版，第44页。
② 萧公权：《中国政治思想史》，台北联经出版事业公司1982年版，第184页。

第六章 天下有道——"道德的政治"之超越根据

在于"以仁义撄人之心",如果不符合仁义的要求和标准,则会受到道义的惩罚,就像讙兜、三苗,及共工一样。他认为这样的政治是圣贤的政治、智慧的政治,然而却是"不道德的"政治,是导致天下大乱的政治。解决的办法就是从根本上做到"绝圣弃知",然后才能实现天下大治的局面。

此对于政治的认识,确是与儒家大异其趣。当然,其中关键在于对人之本性的认识的差异:儒家认为人性是道德仁义的;而道家认为人性是自然自在的。

我们需要在此指出的是,作为战国至秦汉时期道家主流的黄老道家,帛书《黄帝四经》对政治的主张则温和得多。该书提出"循名复一"的主张,即在制度规范之下达到天下和谐的自然状态。帛书说:"分之以其分,而万民不争。授之以其名,而万物自定。不为治劝,不为乱懈。"(《道原》)帛书继承了老子"不争""自定"的主张,但这种"不争"和"自定"却是通过分和名的制作而实现的。根据名、分规定的应当具有的内容而赋予之,百姓认为其所得即其名分下所应得,则国家政治行为具有一定的正当性。由此万民、万物在刑名之下有秩序地行为乃有社会秩序的和谐稳定。万物各依道而有其不同的、各具特色的发展,而不是混乱无序。帛书认为这需要通过刑名制度的确立而达致。《史记·曹相国世家》引民歌云:"萧何为法,顜若划一,曹参代之,守而勿失。载其清静,民以宁一。"描述了使百姓在固有制度下自由、和谐生活的社会政治秩序,即在法令已立、君主不再人为干扰的政治局面下实现的没有纷乱的"宁一"清静状态[1]。

第二节 天下有道:儒家"道德的政治"之超越理想

同道家一样,儒家亦追求政治的超越之道。儒家之"道"既有

---

[1] 参见荆雨、程彪《制度下的和谐——帛书〈黄帝四经〉形名思想解析》,《吉林大学社会科学学报》2007年第3期。

与道家一致的超越性、普遍性的一面，同时，儒家之"道"又有其三代之道、仁爱之道等德性的内涵。我们曾述及，儒家道德自我之成就，是一融成己、成人、成物为一事的整体，有此一道德自我观念，才有对于他人与社群正义的关切，才有西方观念中个人与社群隔离不通、对立矛盾以及因对他人同情心不足而缺乏正义关怀等难题之纾解。但是，儒家政治哲学关怀的内涵是什么？有没有一个超越的、普遍的价值作为政治正当性的标准？不同于康德实践理性的纯粹性以及罗尔斯的正义原则的合理性证明，儒家如何保持其政治正当性的客观性与普遍性？罗尔斯说："正义是社会制度的首要价值，正像真理是思想体系的首要价值一样。一种理论，无论它多么精致和简洁，只要它不真实，就必须加以拒绝和修正；同样，某些法律和制度，不管它们如何有效率和有条理，只要它们不正义，就必须加以改造或废除。"[1] 儒家认为，判定国家政治是否正义、是否正当的是一个普遍的标准——"道"，也即尧、舜、禹、汤、文、武、周公之道。"道"居于现实政治之上，具有价值选择之优位。一切现实制度都必须符合"道"的标准，即便现实的制度和考虑具有极强的权力，具有最大的功利效果，也不能超越于"道"之上。

在儒家政治哲学中，作为政治中独特的参与者及沟通上下的枢纽与核心，儒家的士君子、士大夫具有"志于道""喻于义""仁以为己任"的道义追求，具有"舍生取义""见利思义""见危授命""不可以不弘毅"的正义担当精神。儒家士大夫对正义的自觉追求、对道义的担当精神与现象，不是只由个人利益或契约论而生发出来的。士君子"修身以道，修道以仁"，以道与仁为其最终归依，能超越于欲望追求、功利效果、感性偏见、政治权势之上永恒地追求正义。正义理想与正义设计可以在士君子的正义追求中得以实现。此正义追求的特征及正义的实现方式，或许能解决西方在个人主义、功利主义基础之上普世性的正义设计、伦理价值难以实现的困难，

---

[1] ［美］罗尔斯：《正义论》，何怀宏等译，中国社会科学出版社1988年版，第3页。

并克服其所带来的虚无主义、整体价值缺失等弊端。

一 儒家之道义追求及其政治理想

孔子及其后的先秦儒家在政治实践及思想主张中皆倾力于"道"的追求及其实际落实。君子修身以体道，仁以为己任，将从道、行仁认作自己的天职与使命。在儒家哲学中，"道"非在人之外，而即在人之中。《中庸》言："仁者人也。"仁是人的根本，只有做到了仁才成其为人。所以，行道是行己之道、行己之仁、行己之义。儒家终将行道责任内转而为个人自己之修身成仁。《中庸》所说"修身以道，修道以仁"之语，即指出君子由道而身、由外而内的传道指向。前已述及，《礼记·礼运》中有一段话描述大道之行的正义社会。

这是一个无强盗乱贼，无阴谋权诈，人尽其力，物尽其用，"老有所终"，"幼有所长"，社会残疾病弱皆有所养的公正和平、亲爱和睦的理想社会。这亦是正义理想（大道）大行于世的社会，是儒家所追求的正义社会。在儒家这里，社会正义的实现有一个"道"作为保障，或者说，社会是否实现正义在于天下是否"有道"。虽然对正义的理解有其特殊之处，但孔子深切而执着地追寻着"大道之行"的正义社会。孔子认为判断社会是否正义的标准即在于"天下有道"与否。孔子说：

> 笃信好学，守死善道。危邦不入，乱邦不居。天下有道则见，无道则隐。邦有道，贫且贱焉，耻也；邦无道，富且贵焉，耻也。（《泰伯》）

朱熹《论语集注》言："君子见危授命，则仕危邦者无可去之义，在外则不入可也。""无道，则隐其身而不见也。此惟笃信好学、守死善道者能之。"[1] 君子出处辞受之际，皆以道为依。孔子认为，天下如

---

[1] （宋）朱熹：《四书章句集注》，中华书局1983年标点本，第106页。

果是符合正义标准的,是公道、公正的社会,那么士君子便可以出来做官谋事。如果天下是无道的社会,那么便要隐居不出仕。在天下无道的情势下出仕做官,很可能是"助纣为虐"。孔子关于天下"有道""无道"多次述及,"邦有道则仕,邦无道,则可卷而怀之";"天下有道,丘不与易也"。(《微子》)朱熹《集注》言:"天下若已平治,则我无用变易之。正为天下无道,故欲以道易之耳。"① 孔子说:"宁武子邦有道则知,邦无道则愚。其知可及也,其愚不可及也。"(《公冶长》)关于此处,朱熹《论语集注》言:"文公有道,而武子无事可见,此其知之可及也。成公无道,至于失国,而武子周旋期间,尽心竭力,不避艰险。凡其所处,皆知巧之士所深避而不肯为者,而能卒保其身以济其君,此其愚之不可及也。程子曰:'邦无道,能沈晦以免患,故曰不可及也。'"② 我们认为,孔子在这里不是标举宁武子之"愚",虽然这不是同流合污、助纣为虐。但孔子更在于标举自己"守死善道"的决心与勇气,其愚"我"是做不到的了。孔子说:"邦有道,谷;邦无道,谷,耻也。"(《宪问》)又说:"邦有道,危言危行;邦无道,危言行逊。"(《宪问》)朱熹在《论语集注》引尹氏曰:"君子之持身不可变也,至于言则有时不敢尽,以避祸也。"子曰:"直哉史鱼!邦有道,如矢;邦无道,如矢。君子哉蘧伯玉!邦有道,则仕;邦无道,则可卷而怀之。"(《卫灵公》)对于现实政治,合作也罢,保持距离也罢,甚至痛加挞伐也罢,都是为了弘"道"。以"道"的原则统率现实政治,而不是以现实政治歪曲"道"的原则。"道"高于政,政必服从"道",这是孔子对于现实政治的基本态度。孔子曰:"天下有道,则礼乐征伐自天子出;天下无道,则礼乐征伐自诸侯出……天下有道,则政不在大夫。天下有道,则庶人不议。"(《季氏》)

如此,虽然有人会从个人之道、人生之道等多个方面来理解孔子之"道",但我们可以发现,孔子之"道"更是一个决定社会政治是

---

① (宋)朱熹:《四书章句集注》,中华书局1983年标点本,第185页。
② 同上书,第81页。

否正义的超越性、普遍性的原则，它是判定一个国家是否正义的标准。孔子与孔门弟子及士君子皆以追寻、体现道为己任。孔子的弟子曾参说："士不可以不弘毅，任重而道远。仁以为己任，不亦重乎？死而后已，不亦远乎？"（《泰伯》）这应该可以看作是儒家志士仁人对于社会正义的承当精神的写照。显而易见的是，以弘大之心、刚毅之志承担历史传统和时代责任，以死而后已的坚强决心迈向未来，体现了孔子及其弟子对"道"的执着，以及"道"的理念对孔子的历史意识和时代精神的渗透。"天下之无道也久矣，天将以夫子为木铎"，虽然所处时代是礼坏乐崩的时代，但夫子乃"知其不可而为之"者，纵然天下无道，然孔子仍以其对道的执着而坚持着社会的正义理想，以此正义理想唤醒人们对正义的渴望，以此正义评判政治正当与否。孔子所说"朝闻道，夕死可矣"，虽然可就个人人生之道理解，然孔子更是高扬正义之"道"的超越性与崇高性。若孔子说："有杀身以成仁，无求生以害仁"。孟子亦言："天下有道，以道殉身；天下无道，以身殉道。"孔子在危难之际，在生命受到严重威胁之时，在道义理想受到考验之时，说出："天生德于予，桓魋其如予何？"（《述而》）"文王既没，文不在兹乎？天之将丧斯文也，后死者不得与于斯文也；天之未丧斯文也，匡人其如予何？"（《子罕》）孔子讲"五十而知天命"，"不知命无以为君子"。朱熹《集注》言："程子曰，知命者，知有命而信之也。人不知命，则见害必避，见利必趋，何以为君子？"君子以道义为责任，趋舍之间必以道义为内在的原则，即所谓"君子义以为质"。

君子畏惧"天命"，其实是对自己弘道责任的敬畏，是畏"道"之不行，畏"道"之不能担当，是自己的"戒慎恐惧"，非畏天命之责罚。有了这种强烈的使命感，孔子及儒家的选择必然是"人能弘道，非道弘人"。生活之种种困窘乃至生命之危险均不曾使孔子儒家放弃或减弱自己的弘道之志。在其生命的历程中，其弘道之精神，以道自任之担当精神愈益强烈，愈益坚定。虽知天下无道、道不可行，然而仍坚持"君子之仕也，行其义也"。（《微子》）朱熹《集注》

言:"仕所以行君臣之义,故虽知道之不行而不可废。然谓之义,则事之可否,身之去就,亦自有不可苟者。是以虽不洁身以乱伦,亦非忘义以徇禄也。"① 一方面,在孔子看来,出仕做官,是君子所必须承担的对于国家、天下的责任、义务,是不可废弃的,所以孔子不主张"隐",不选择"避世";另一方面。君子之仕,有其内在的道义原则,是欲实现大道行于天下的社会正义,不能枉道以从君,不能求利以悖义。孔子说:"君子之于天下也,无适也,无莫也,义之于比。"孟子说孔子"可以仕则仕,可以止则止,可以久则久,可以速则速"。孔子之去就、可否,皆以道义为行为根据。"有道则见,无道则隐","隐"非长久地隐居不仕,而只是对无道之世、无道之君的抗议与抵制,是对政治正义的永久追求。

二 超越而具体:三代之道的典范意义

孔子对于传统的态度,最典型的表现是其对于周代政治制度、原则的倾心向往。但孔子虽尊周礼却反对将周礼只是认作固定的、外在的形式。他之所以尊周礼,是因为周礼乃是文王之德的具体表现。《中庸》言:"文王之德之纯,纯亦不已。"孔子决不欲使自己固着在徒具形式的周礼上,而必欲追寻的是其所认同的"一贯之道"。此道在孔子是仁道,在文化传统中,则为尧、舜、禹、汤、文、武、周公之道。

马一浮认为:"《书》以道政事,尧、舜、禹、汤、文、武、周公所以治天下之道在是焉。孔子祖述尧舜,宪章文武,梦见周公,告颜渊以四代之礼乐,答子张以殷周损益百世可知,皆明从本垂迹,由迹显本之大端,政是其迹,心是其本,二帝三王应迹不同,其心是一。"蔡九峰《书传序》曰:"精一执中,尧舜禹相授之心法也;建中立极,汤武相传之心法也。曰德,曰仁,曰敬,曰诚,言虽殊而理则一,无非所以明此心之妙也……后世有志于二帝三王之治者,不可不求其道,有志于二帝三王之道者,不可不求其心。"马氏进而言之:"尧舜禹汤

---

① (宋)朱熹:《四书章句集注》,中华书局1983年标点本,第185页。

第六章　天下有道——"道德的政治"之超越根据

文武周公孔子之心一也，有以得其用心，则施于有政，迹虽不同，不害其一本也。后世言政事者，每规规于制度文为之末，舍本而言迹，非孔子《书》教之旨也。"① 孔子在《论语》中多次盛赞尧、舜、禹，如"大哉尧之为君，惟天为大，惟尧则之"（《泰伯》），"巍巍乎！舜禹之有天下也"（《泰伯》），"无为而治者，其舜也与"（《卫灵公》），"禹，吾无间然矣。菲饮食，而致孝乎鬼神；恶衣服，而致美乎黻冕；卑宫室，而尽力乎沟洫。禹，吾无间然矣"《泰伯》）。

孔子闻舜之乐，三月不知肉味，乃因其"尽善尽美"，涵蕴天下太平、和乐安宁的正道。孔子对先王之道的概括："文武之政，布在方策。其人存，则其政举，其人亡，则其政息。"（《中庸》）虽然文武之政治、政规有具体固定之施为与制作，然而文武之太平天下确非执着于形迹，必有人得其神髓、获其妙道可致。孔子之推尊尧、舜、禹、汤、文、武、周公，在于其中贯通着的"一贯之道"。此"道"是突破一切现实的势力与功利设计之上对现实政治的正当性进行评判的超越标准，即考察和评判现实政治是否符合道义原则的正义标准。孟子神契孔子，推尊王道，对三王之道多有论说。后儒"道统"之说，亦欲确定一客观、普遍又具若干原则性内涵的"道"、正义原则、道德原则。在牟宗三看来，此道统不可以三代王者之政规业绩看，而须以此政规业绩所蕴蓄之"道"看。就三代之本统言，孔孟所注意乃是德之所以为德，道之所以为道者②。在牟氏看来，三代之本统固不错，但真正之本统是在通过孔子而成之本统之重建中，并不在限于政规之原始综合构造也。牟氏欲阐扬孔子重建道统的意义，欲说明"道"不赖三代王者开物成务的政规业绩而本然地存在。此意在朱熹那里已明显表示出。朱熹《中庸章句序》③ 言：

---

① 参见滕复编《默然不说声如雷——马一浮新儒学论著辑要》，中国广播电视出版社1995年版，第179页。
② 牟宗三：《道德理想主义的重建》，中国广播电视出版社1995年版，第199页。
③ （宋）朱熹：《四书章句集注》，中华书局1983年标点本，第15页。

    夫尧、舜、禹，天下之大圣。以天下相传，天下之大事也。以天下之大圣，行天下之大事，而其授受之际，叮咛告诫，不过如此。则天下之理，岂有以加于此哉？自是以来，圣圣相承，若成汤、文、武之为君，皋陶、伊、傅、周、召之为臣，既皆以此而接夫道统之传。若吾夫子，则虽不得其位，而所以继往圣开来学，其功反有贤于尧舜者。

    孔子主张"克己复礼"，主张"正名"，他所欲恢复的礼是代表圣王之道的礼。在孔子这里，周礼确是代表文武之道的，所以孔子欲传文武之道，必尊周礼。章学诚言："道不离器，犹理不离形……夫子述六经以训后世，亦谓先圣先王之道不可见，六经即其器之可见者也。后人不见先王，当据可守之器而思不可见之道。故表章先王政教，与夫官司典守以示人，而不自著为说，以致离器言道也。夫子自述《春秋》之所以作，则云：'我欲托之空言，不如见诸行事之深切著明。'则政教典章，人伦日用之外，更无别出著述之道，亦以明矣……夫天下岂有离器言道，离形存影者哉？彼舍天下事物、人伦日用，而守六籍以言道，则固不可与言夫道矣。"[①] 章氏主张即器明道，认为六经载道，而反对六经之外别有一道，反对"舍天下事物、人伦日用"而空言道。其所言可以说道出孔子传道之一面。《中庸》言："仲尼祖述尧舜，宪章文武。"朱熹言："祖述者，远宗其道。宪章者，近守其法。"（《中庸章句》）孔子确实认为在夏商基础上因革损益之周礼之实行，是"天下有道"，所以他说："今用之，吾从周。"在孔子这里，正义之道，确实是客观的、具体的、见之于行事的制度、规范与原则。

    然而孔子毕竟未囿于现实之中，无论就主观之主张，抑或就客观之不得其位。孔子不有其位，其理想不能于现实中实现。未能于圣圣相承之际，得承道统并见之于行事，可谓"有一现实上之委曲"[②]。

---

① （清）章学诚：《文史通义校注》，中华书局 1994 年标点本，第 133 页。
② 牟宗三：《道德理想主义的重建》，中国广播电视出版社 1995 年版，第 205 页。

第六章 天下有道——"道德的政治"之超越根据

孔子却因此委曲而有理想上之"直方大"。夫子之贤于尧舜者，在其"继往圣开来学"。"继往圣"则于往圣之事业中提举出一核心之"道"，"开来学"则以此道而为万世垂统，以此道而为万世法则。儒家言道统之说，无非欲将儒家之"道"崇高而独立地提举出来。"若无仁教以光明每一生命之自己，开理想、价值之源，予奉天承运者以限制与折冲，则此后者之团聚群体以居民上未有不强人从己，立理限事，私其位，纵其欲，肆于民上，以为集权专制者也"。①

孔子说："人而不仁，如礼何？人而不仁，如乐何？"失却了仁的内核的礼和乐，即现时行为中不代表"道"的礼和乐，如"八佾舞于庭""季氏旅于泰山"是孔子所深以为不义而不可忍受的。孔子之"正名"，亦是以一超越的正义标准——名来审视、照察君臣父子的现实行为。孔子不认为"凡是现实的就是合理的"，而认为凡是现实的皆须接受"道"的检验而定其正当与否。道之实现即正义、正当的实现。道之落实，即正义、正当之落实。依道而行，则为正义；悖道而驰则为不义。无论就社会或是就个人而言，道均为正义之唯一标准。上引牟宗三之说，即欲以一超越之道、以一正义精神对现实王者予以评判与监督。

由上面所论，孔子、儒家所志之道，具有普遍性、超越性、崇高性的特征。另一方面，我们又必须面对：谁能代表道？究竟谁所说的道是"真实"是"真理"？面对这样的问题，我们可以说，孔子、儒家之"道"，不是一个空虚的普遍性，而具有关爱民生、仁爱天下的人间性、人道性特征。它有一基本的原则，即仁民爱物。这又成为判定"道"之真伪的标准。我们可以说，儒家之"道"，得之不难，失之也不易，其核心即在孔子之"仁者爱人"。无论正义的社会制度如何具有历史性和不同的表现形式，但其一以贯之的核心精神即是爱人、以人为本。马一浮说："孔子无可无不可，布衣穷居，虽不得位，而尧舜禹汤文武之道在是焉。故程子曰，尧舜事业如一点浮云过太

---

① 牟宗三：《道德理想主义的重建》，中国广播电视出版社1995年版，第204页。

虚。学者必由迹以观本，而不徒滞其迹以求之，乃可以得圣人之用心，然后于应迹不同、其致一也之旨无惑也。"① 牟宗三亦曾说："只环绕聪明、勇智、敬德而统之以仁，健行不息以遥契天命。是犹是继承《诗》《书》中'疾敬德''祈天永命'之道德总规而使之益为深远宏显者。"② 孔子所遥契者为何？其于周礼之中，于尧舜禹汤业绩之中所发明的一致之旨为何？曰：仁、仁道。

孔子以仁道之立，通由三代业绩中实质地继承圣人之道，实质地通达"圣人之用心"。孔子的仁涵义甚为复杂，但就其承前启后之道而言，即仁者爱人。孔子以仁承继三代之道，其用心不过敬德爱民，而敬德与爱民实为一事。《论语》中孔子以德治国的主张非常丰富，此不赘述。孔子之仁具有"爱人""安民""博施济众"的内涵。所以，孔子的仁道非是一空疏的普遍性，而具有爱人、利他、兼济天下、关爱万民的成己成人指向。同时，在孔子那里，仁又绝不止于对象性的、功效性的事功标准，而乃是为人之本、为人之道。儒家政治哲学不仅仅只关注人的精神层面，还看到新民的物质前提——养民与富民。儒家道德的政治哲学不是悬置于空中的，它是植根于人的当下生活的。

三 儒家之"道"的超越性与普遍性

在孔子那里，"道"指尧舜禹汤文武周公之道，"道"亦是仁民爱物之道、人所当行之道。但道为人道、仁为人道的内涵，在孔子那里仍是潜在地具有的，孔子并未明确地加以阐发。《中庸》为"子思子忧道学之失其传而作也"③，是传道之书。《中庸》为先秦儒家对"道"之内涵讨论最丰富的，其直接就道之超越性、普遍性、人间

---

① 参见滕复编《默然不说声如雷——马一浮新儒学论著辑要》，中国广播电视出版社1995年版，第183页。
② 牟宗三：《道德理想主义的重建》，中国广播电视出版社1995年版，第204页。
③ （宋）朱熹：《中庸章句序》，载《四书章句集注》，中华书局1983年标点本，第14页。

第六章　天下有道——"道德的政治"之超越根据

性、中道性、正义性予以阐发，主张通过修身成德而获得至道并提出具体的修身的内外途径。一方面，人要效法天地覆载万物、遍在于万物的原则以"方行天下"，行天道。《中庸》言："譬如天地之无不持载，无不覆帱。譬如四时之错行，如日月之代明。万物并育而不相害，道并行而不相悖。小德川流，大德敦化，此天地之所以为大也。"另一方面，人则要遵循天地覆载万物而无私的品格，兼有天下而不占领天下。《国语·越语下》："夫人事必将与天地相参，然后乃可以成功。"注谓："参，三也。天、地、人事三合，乃可以成大功。"[1]《易传》的"大人者与天地合其德"，亦是主张将人间政治与天地之道相合。

　　孟子说："夫道，犹路也。""义者，人之正路也。"就每个人自己而言，道是每个人必须依之而行的价值标准。由道而行便为人，不由道而行便非人。孟子言"舍其路而弗由"，是人悖离道的自我放逐。就整个人类而言，道又是保证所有人和谐共进、共荣共宁的标准。它是个人、团体、国家、民族都应当遵循的，也是于每个人、团体、国家、民族都有利的。由此而言，道即公道，即正义。《中庸》尚有一句为"率性之谓道"，依循人性而发便是道。道是本乎人性而立，没有什么在人性之外的所谓超越的道。人性必发而为生命之延展，必发而为生活之追求，不离生命而独在，也不离生活而独存。所以，顺性而立之道，其关注领域必在人世之内；其关注内容必是人伦日用，必是人的生命生活所最贴近处。

　　中庸之道具有丰富的内涵。道由人性而立，然而道又非即人性，其与人性又保有一段距离，人必须努力走上它。这样，作者给行道的功夫留下了必需的空间。如徐复观先生所说："于是中庸是任何人可以当下实现的，但任何人并不能当下加以完成，而必须通过无穷的努力，作无穷的向上。"[2] 道就其本然是任何人能知能行，但就其功夫

---

[1] 参见上海师范大学古籍整理研究所校点《国语》，上海古籍出版社1998年标点本，第651页。
[2] 徐复观：《中国人性论史（先秦篇）》，上海三联书店2001年版，第105页。

却有无穷的指向，须作无穷的努力。诚如孔子之仁道。《中庸》说："君子之道费而隐。夫妇之愚，可以与知焉。及其至也，虽圣人亦有所不知焉。夫妇之不肖，可以能行焉，及其至也，虽圣人亦有所不能焉……君子之道，造端乎夫妇。及其至也，察乎天地。"君子之道，是最普通的人都能知能行的，但究其极，则遍在于天地之间，为天地万物普遍遵循与适用的至当法则、正义原则。圣人"不知""不能"，是极言其难。作为天下共法的公道，永远不是固定的，永远不会被封限，必在君子无限的成德努力中而得以实现。所以，《中庸》言：

> 鬼神之为德，其盛矣乎！视之而弗见，听之而弗闻，体物而不可遗。使天下之人齐明盛服，以承祭祀。洋洋乎如在其上，如在其左右。
>
> 故君子之道，本诸身，徵诸庶民，考诸三王而不缪，建诸天地而不悖，质诸鬼神而无疑，百世以俟圣人而不惑。
>
> 大哉圣人之道！洋洋乎发育万物，峻极于天。优优大哉！礼仪三百，威仪三千。待其人而后行。故曰，苟不至德，至道不凝焉。

以上皆言道之超越性。至道必须是在至德的无限追求中而获得。《中庸》言："故君子尊德性而道问学，致广大而尽精微，极高明而道中庸，温故而知新，敦厚以崇礼。"朱熹解作："尊德性，所以存心而极乎道体之大也。道问学，所以致知而尽乎道体之细也。二者修德凝道之大端也。不以一毫私意自蔽，不以一毫私欲自累，涵泳乎其所已知，敦笃乎其所已能，此皆存心之属也。析理则不使有毫厘之差，处事则不使有过不及之谬。"[①] 尊其德性，则道体自存。进一步说，人只需回复到其得自于天的本性，自会有道义的获得。然而这仍然是就其本然、应然说的。既是其本然的状态，亦是其理想的状态。理想的正

---

① （宋）朱熹：《四书章句集注》，中华书局1983年标点本，第36页。

第六章　天下有道——"道德的政治"之超越根据

义、仁义，若不符合人性，若没有经过在细微处的审慎研究、妥当处理，则这样的正义、这样的仁义有可能如徐复观所言是"牺牲自由而戕贼人以为仁义"，是"率仁义而祸天下"。子思、朱熹都明白个中道理，儒家亦皆晓得其中关键。中庸、忠恕、中和因此而发。

中庸既为道，又为德。它既具有人间性的特征，又具有超越性的特质。什么是中庸？中庸的内涵是什么？先秦儒家提倡政治的中和之德。清华简《保训》中，圣王相与之际皆重视"中"之德。《尚书·洪范》追求有刚有柔、刚柔互济的中正平和："无偏无陂（颇），遵王之义……无偏无党，王道荡荡；无党无偏，王道平平；无反无侧，王道正直；会其有极，归其有极。"不偏邪、不偏私，正直公平是王道之义。程子曰："不偏之谓中，不易之谓庸。中者，天下之正道。庸者，天下之定理。"朱熹言："中者，不偏不倚、无过不及之名。庸，平常也。"[①] "不偏不倚，无过不及"，正合英语 impartiality 之意。中庸又乃天下之正道、天下之定理，此亦是平天下之正义。徐复观言："完全的说法，应该是所谓'庸'者，乃指'平常的行为'而言。所谓平常的行为，是指随时随地，为每一人所应实践，所能实现的行为……实际是指有'普遍妥当性的行为'。"[②] 妥当性，是指其公正、正当、合理，普遍指其为所有人应知、应行，所有人能知能行。

首先，中庸是天下人共由共守的常道："中也者，天下之大本也；和也者，天下之达道也。致中和，天地位焉，万物育焉"郑玄言："中庸者以其记中和之为用也。""中和"即中庸。就这点而言，儒家的中庸之道具有了本体的意义，也成为政治正当与否的形上根据。其次，中庸是平常人所能知能行的常道。这指示，人皆应努力于此，政治亦应以此为根据。而且并非脱离于具体的高远玄虚的政治之道。再次，中庸是人所难知难行的常道。中庸虽就人之本性而言，是可知可行的，但现实行为中人又很难做到中庸之公正、无偏无私。《中庸》

[①] （宋）朱熹：《四书章句集注》，中华书局1983年标点本，第17页。
[②] 徐复观：《中国人性论史（先秦篇）》，上海三联书店2001年版，第105页。

言:"中庸其至矣乎!民鲜能久矣!""天下国家可均也,爵禄可辞也,白刃可蹈也,中庸不可能也。""遁世不见知而不悔,为圣者能之。"最后,中庸之宽容性。子曰:"舜其大知也与!舜好问而好察迩言,隐恶而扬善,执其两端,用其中于民,其斯以为舜乎!"(《中庸》)朱熹解作:"舜之所以为大知者,以其不自用而取诸人也。迩言者,浅近之言,犹必察焉,其无遗善可知。然于其言之未善者则隐而不宣,其善者则播而不匿,其广大光明又如此,则人孰不乐告以善哉。两端,谓众论不同之极致。盖凡物皆有两端,如小大、厚薄之类。于善之中又执其两端以取中,然后用之,则其择之审而行之至矣。然非在我之权度精切不差,何以与此?此知之所以无过不及,而道之所以行也。"① 舜之所以为舜,善于吸收听取众人的意见,即使是看似平凡的见解,也要给以重视。一方面,于己可以更客观更全面;另一方面,于人,乐于把不同的意见反映上来。其对言论中不正确的不宣传批评,对于正确的不排挤打压,这正是公道、至善实现的最完美途径,亦可以说是民主之风。对于事物价值的评价,总会有两种甚至多种不同的、甚至互相对立的意见。如何在众多价值中获得最普遍的能被广泛认同的价值?如何在众多的意见中获得一致?舜的"用中"智慧无疑是高明的实践智慧,亦是难能、难行的智慧。这首先应该是虚心的、宽容的心境。

当代自由主义提出最大公约、最大程度的相对公正、最底线的价值标准,以及自由、民主等价值理念、宽容原则。杜维明先生认为儒家作为一个有涵盖性的文明不仅有可能,而且有必要接受它们。杜维明说:"在文化多元、宗教多元中,在思想和意识形态上,对人的发展、社会的发展会有各种不同的理念,我们应有殊途同归和大道并行不悖的信念。但也要面对鱼目混珠,面对人的发展中的异化,这中间的争议是不可避免的。"② 如何在争议中获得认同?获

---

① (宋)朱熹:《四书章句集注》,中华书局1983年标点本,第20页。
② 哈佛燕京学社:《儒家与自由主义》,生活·读书·新知三联书店2001年版,第115—116页。

得具有统一性的价值观？我们认为儒家中庸、忠恕思想原则是可以有所作为的。在儒家的传统中，对正义、公道的追求是儒家士君子职责与使命。

第三节 "道尊于势"：儒家道统之政治超越性

余英时先生认为："稷下先生的'不治而议论'也足以说明'道''势'关系的新发展。'不治'表示他们'无官守'，即不在官僚系统内……'议论'则是今天所谓的批评。"他认为这些知识分子都是以自己所持之道来批评时政，并且此批评是专以"政事""国事"为对象的。他说："但由于当时的政统和道统都没有'定于一'，所以不但各国君主争礼不同学派的领袖，而诸子百家也莫不竞售其'道'以期获得'正统'的地位。"① 不但稷下学者"不治而议论"，对时政做出评论，儒家士君子更以对国家政治状况进行思考和提出相应的建议为他们推卸不得的责任。他们既在权位之上又可以与实际政治保持距离的特殊地位，使他们能够不受蒙蔽地、客观地、超越地、否定地反观政治之运作，对现实政治进行批评并提出理想的政治运作方式。他们又可以客观而冷静的理性来审观君主的存在方式、状态，并以委婉的、隐微的方式劝谏君主。如施特劳斯说："政治哲人的政治贡献因此主要是教育立法者，教育立法者认识到本国政治的不完善，教育立法者追求更佳政治。"② 另外，中国传统政治思想家"学道术以干王政"，努力使自己的"道"和"治天下"联系起来。他们提出种种关于政治的设想，关于修齐治平的主张，关于王、霸的区分，关于君权，关于社会法制建设等等，既具有当时的社会政治、经济背景，也是个人的社会使命感使然。这样的行为与努力，在我们看来，应是其行道之使命感使然。

---

① 余英时：《士与中国文化》，上海人民出版社2003年版，第94—95页。
② 参见甘阳《自然权利与历史》中译本序言，生活·读书·新知三联书店2003年版，第80页。

一　儒家道统思想及其政治超越性追求

道统之说本自韩愈。儒家思想发展中有一普遍的精神之统，此精神之统中涵一普遍的精神之体，或者说，有此精神之体才有此精神之统；由此，儒家的道统必是一超越精神之统，而不是"圣人之迹"。牟宗三揭示孔子重建道统的内涵和意义并对叶水心提出批评，以及阐发宋明儒学的课题等都在于构建一精神之统，构建一民族文化发展之源、民族发展之创造的动能。

朱熹对于孔子在道统之传中的特殊意义有明确的认识。他在《中庸章句序》中说："自是以来，圣圣相承，若成汤、文、武之为君，皋陶、伊、傅、周、召之为臣，既皆以此而接夫道统之传。若吾夫子，则虽不得其位，而所以继往圣、开来学，其功反有贤于尧、舜者。"朱熹的意思是，自周公以后，内圣与外王已不复合一，孔子只能开创"道学"以保存与发明上古"道统"中的精义——"道体"，却无力全面继承周公的道统了。余先生进而认为朱熹在《答陈同甫书》中屡次提到"密旨""心法"是关于尧、舜、禹对于"道体"掌握的描述。他认为这更证实了前面的观察：朱熹在讨论"道统"时，特别突出"道体"的重要性①。朱熹突出的是孔子因无位而以其学开其统，以学相继承、相传播，普遍化其统，使民族精神之统得以不断延续。这是夫子贤于尧舜之处，也即是说，孔子因开创了普遍的道体而贤于尧舜。同时，朱熹又认为，此一"道体"，是尧、舜、禹时即存在而相传的。

牟宗三对此道统最显明的说法为："此尧舜禹汤文武周公孔子孟子一线相承之道，其本质内容为仁义，其经典之文为《诗》《书》《易》《春秋》，其表现于客观政治社会之制度为礼乐刑政。此道通过此一线相承而不断，以见其为中华民族文化之命脉，即名曰'道统'。自韩愈为此道统之说，宋明儒兴起，大体皆继承而首肯之。其所以易为人所首肯，因此说之所指本是一事实，不在韩愈说之之为'说'也。唯韩

---

① 余英时：《朱熹的历史世界》，生活·读书·新知三联书店2004年版，第13页。

第六章 天下有道——"道德的政治"之超越根据

愈说之，有点醒之用耳。"① 牟宗三明确指出儒家道统不能够从三代之治讲起，反复强调孔子之"仁教"乃是"对于道之本统之重建"。牟宗三在对道统的解说中重视道之"体"。他鲜明地指出孔子贤之所以为贤，在于其所重建之道统不同于往圣之"创业垂统"，其意义在于开启了普遍的民族的精神生命。牟宗三谓："'道'者精神生命之方向之谓也。一民族如不能对此点有彻底清醒之确立与挺立，则必永停于软塌恣肆、颠倒摇摆、甚至冻结，而不能畅达屹立其自己之境。"② 孔子的重要意义在于以"仁"确立此精神生命。牟宗三又说："孔子并非一王者，故其相承尧舜三代之道，并非与三代之王者为同质地相承。此是其虚歉处。""然正因如此，而使道有'直方大'之解放。此是其充盈处。"③ 就孔子而言，孔子无位，故不能直接继承三代王者的事业。正因为如此，反而使孔子能以其学传承此道。就整个民族精神生命而言，其功至伟。牟宗三谓："此一系相承之道统，至孔子实起一创辟之突进，此即其立仁教以辟精神领域是。"④ 孔子不但继承道统，尤其使道统在他这里有创造性地发展，孔子实开启一新的道统，即一精神生命之统。牟宗三在其关于儒学道统的关注中，着力于梳理出一条"道"的统绪。此超越意义之统续在孔子之前的性、命思想中虽存在但却是一条暗流。至孔子，才截断众流，使其浮出水面。

牟宗三通过对《诗经》《尚书》《左传》中明言"性"的语句的分梳，认为其中所言"性"，皆是自生而言性，为实然之性。他又分析上述经典中含有超越意义与道德意义的文句，认为其中虽然蕴涵着向超越意义的心体、性体、道体发展的可能，却终究没有鲜明地指出，而必待孔子及孔子以后诸儒才明确点醒。如《左传》"民受天地之中以生"的观念，牟先生认为若由"天地之中"说道德意义之超越之性，"刘康公尚未进至说此种性之境，礼敬尚在外在的作用中，尚未能

---

① 牟宗三：《心体与性体》，上海古籍出版社1999年版，第163页。
② 同上书，第168页。
③ 同上书，第164页。
④ 同上。

内在化称义理当然之性体而说"。要通过孔子之仁教后，义理当然之性的超越的道德意义才出现。如《诗经》"维天之命，於穆不已"句，牟先生认为，"为此诗者确有其形而上的深远之顿悟，亦有其对于道德践履之真实感与庄严感"，但此诗"只是对于天道有此洞悟，只是赞美文王之德行，尚未至即以此'於穆不已'之体为吾人之性体也。就德行言，尚只是作用地或从成就上（所谓丕显）说，尚未至内在化点出吾人所以能日进其德之内在而固有的性体，即内在而固有的道德创造之真几"，"然而后来通过孔子之发展，则向此而趋，直以'於穆不已'之真几或宥密缉熙之'纯亦不已'者以为吾人之性体心体矣"。只有到了孔子，才"从德行尽仁而开辟了精神领域"，才"表现了开朗精诚、清通简要、温润安安、阳刚健行的美德与气象，总之他表现了精神、生命、价值与理想，他表现了道德的庄严"。

对牟宗三及现代新儒家而言，孔子通过仁的观念而彰显人内在的精神生命、精神本体。由此方能有后继者对此"体"的绳绳精进，方能有民族精神生命、精神本体的普遍、恒常之流行。此普遍的精神生命、精神本体与现实有着一定的距离，是为"超越之规范"而笼罩驾临于现实的王者之行为上。此超越的规范、本体，一方面导引现实继续向前有不断的丰富与发展而不永远停留于原始的君师合一、政教不分的综合构造中；另一方面，此一超越的精神本体、道体又可对现实的王者、奉天承运者以限制与折冲，使其不致成为强人从己、私其位、纵其欲的极权专制[①]。牟先生所以反复强调孔子重建道统的意义，以此。道统的政治哲学意义亦在此。

牟宗三进一步主张道统不能停留于具体规范制度的器的层面。他并非不承认儒家的道统应该自三代讲起，而是认为讲道统不能从三代的具体功业讲。他认为，叶水心（适）"以为古人体统不过'即事达义''以器明道'，独以羲和传统为中心，不以尧舜之德为中心，可谓忽其本而著其末，正是不明道之本统为何物者也"。他又认为，叶适只

[①] 牟宗三：《心体与性体》，上海古籍出版社1999年版，第177—210页。

第六章 天下有道——"道德的政治"之超越根据

以孔子的历史作用为"搜补遗文坠典",使"唐虞三代之道赖以有传",而孔子本身对于道并无贡献,可以看出叶适,"对于孔子之仁教全无所解,是其外在之头脑,只看王者业绩之心灵,固只能成为皇极一元论,而不能知孔子仁教之意义以及其对于道之本统之再建之作用也"。牟宗三认为具体性的业绩不可能普遍性地流传,只有孔子的仁教才能将蕴于三代王者制度中的"道"传下去。他说:"然则唐虞三代之制度之道与政规之道惟赖孔子之仁教始能成为活法,而亦惟赖孔子之仁教,始能见其可以下传之意义。"牟宗三道统说的内涵并不在于建立道统或者是传道谱系,他的中心与重心是在于通过道统的阐发尤其是孔子重建道统的意义的阐发,将中华民族的普遍的精神生命凝炼出来,将一个普遍的精神本体提炼出来。后继者可继承此道体,传承此道统,内在于此体统中而有不断的生命之流转、伸展。在宋明儒家大宗的确定上,牟宗三似乎给人以重视传道谱系的印象(他也因此遭到了多方面的质疑)。事实上,牟先生认为,明道等之所以为宋明儒的大宗在于,这一系将由孔子开其端的先秦儒家的精神传统继承、传衍并充实起来,使这一传统成为不断的河流,将孔子仁的精神丰富显豁为一"即存有即活动"的道德本体、精神本体。余英时先生认为,新儒家必须肯定有一普遍而超越的"心体",是一切价值和创造的根源,新儒家也必须肯定有一道体流行于整个宇宙之间,认为这是新儒家重建道统谱系的最重要的内在根据[1]。对于牟先生而言,建立道统谱系的根据当然是见得道体。但是他建立道统谱系是为了将此道体呈现出来,是途径,而不是最终目的。所以,正统的问题或者说道统意识的排他性在牟先生这里并非很重要的问题[2]。牟先生对于孔子重建道统意义的阐发在于说明,道统必须理解为道学,即一绵绵不绝的精神传统,由

---

[1] 余英时:《现代危机与思想人物》,生活·读书·新知三联书店2005年版,第549页。

[2] 李明辉先生即认为,对于牟先生所代表的当代新儒家而言,道统谱系之建立并无本质的意义。参见李明辉《当代儒学的自我转化》,中国社会科学出版社2001年版,第153页。

此才有对此道统的继承。而且此道统既是一精神本体，则可超越具体的形制规范的限制，也可解决近代以来的"体用"的问题，并免于儒学在当代社会中失去立足点而成为无主游魂的困境。

二 士君子的政治追求及政治理想的实现

在儒家"道德的政治"中，以道为正义的标准，道之秩序即正义的安排。"道德的政治"必然体现为"天下有道"的政治秩序。然而，道并不能自动出现，并非是"每逢危难，上帝出现"。孔子说"人能弘道，非道弘人"。"道"是需要人来体认与指认的。前述孔子以尧、舜、禹为圣人，以文武周公为理想，即以传道为天所赋予的使命。进而，儒家以士、君子为道义担当的主体，为实现道德政治的理想人格。然而，为什么中国古代的士、君子能有道义担当的精神？士君子在主观与客观方面的机缘与保证是什么？对于儒家士君子而言，"道"在尧舜禹汤文武周公那里一脉相承地存在着，在圣王那里，"道"通过具体的政规业绩显现出来，或者说，在实际的圣王功业中，涵蕴着普遍性的精神——"道"。夏商周之制度规范可以因革损益、因时而变，但此变中有不变之"道"恒久地存在着。如此，对尧舜之道的继承，不以在位传承为必须，而可以在精神中直接上承圣王之道。这实即确认在现时的政治之外，在势之上有一超越的正义标准——道，存在着。

（一）士君子之道义传统。

与君子的内涵变化相似，士也是一个具有独特思想内涵和精神追求的人格存在，需要我们进行系统的梳理和了解。按照杨宽先生的说法，西周大学中教学内容以礼乐和射为主，尤以射为重要。这是和贵族教育子弟的目的有关的，因为贵族要把子弟培养成为统治者，而礼乐正是当时贵族内部组织和统治人民的重要手段；同时贵族要把子弟培养成为军队的骨干，用来保卫既得的特权，而射猎正是军事训练，舞蹈也带有军事训练的性质[①]。一方面，士从根源上是接受军事训练

---

① 杨宽：《西周史》，上海人民出版社2003年版，第675页。

第六章 天下有道——"道德的政治"之超越根据

的，因此士须有"勇"的精神。《韩非子》记漆雕开之勇，孟子称子夏、曾子之勇，子路特以勇闻。孔子虽批评子路"由也好勇过我"，但孔子仍然主张士应有勇的精神，认为"仁者必有勇"。儒家论君子之强，"故君子和而不流，强哉矫！中立而不倚，强哉矫！国有道，不变塞焉，强哉矫！国无道，至死不变，强哉矫！"（《中庸》）君子之强即君子之勇。孔子欣赏的是有义之勇，是对道义的永恒不懈的追求精神，所以孔子的弟子曾子说"士不可以不弘毅，任重而道远"。另一方面，士熟习礼乐文明，礼乐文明赖之以传承，是其传道的特殊优势。《礼记·王制》："乐正崇四术，立四教，顺先王诗、书、礼、乐以造士，春秋教以礼、乐，冬夏教以诗、书。"在此诗、书、礼、乐的修习过程中，一者，士得以契接尧舜禹汤文武周公之道；二者，士之内在德性得以涵泳提升，并以道义担当自任。子曰："兴于《诗》，立于礼，成于乐。"（《泰伯》）子曰："小子何莫学夫《诗》？《诗》可以兴，可以观，可以群，可以怨。迩之事父，远之事君。多识于鸟兽草木之名。"（《论语·阳货》）孔子言《诗》落实于人的修身成德，这是孔门为学的一贯宗旨。《荀子·劝学》："学恶乎始？恶乎终？其数则始乎诵经，终乎读礼。其义则始乎为士，终乎为圣人。"学问之道在于立志成为圣人。程颐认为颜子之好学在于"学以至圣人之道"。故孔子重视《诗》之直指内心，兴起人之善志，陶冶人之性情的作用。必由此下学而上达的进路，士、君子才能有道义担当的使命感。萨义德在其《知识分子论》中引用社会学家希尔斯（Edward Shils）为知识分子提供的定义："每个社会中……都有一些人对于神圣的事物具有非比寻常的敏感，对于它们宇宙的本质、对于掌理它们社会的规范具有非凡的反省力。在每个社会中都有少数人比周遭的寻常伙伴更探寻、更企求不限于日常生活当下的具体情境，希望接触到更广泛、在时空中更具久远意义的象征。"[1]

我们应注意到，中国古代士、君子的道义担当是在独特的历史境

---

[1] 转引自余英时《士与中国文化》，上海人民出版社2003年版，第35页。

遇中塑造与形成的。余英时先生认为，在春秋战国时期礼坏乐崩的背景下，统治阶级既不能承担"道"，"道"的担子便落到了真正了解礼义的士身上。"中国知识分子从最初出现在历史舞台那一刹那起便与所谓道分不开"[①]。这可以说明：在春秋战国时期及以后的历史时期，中国古代的士，作为独立的知识分子何以特别以道自任，而在国人或国君那里也以士为道义的担当者。余先生讨论的是，自"道术将为天下裂"以后，古代礼乐传统流散于无职守的士阶层手中。中国古代知识分子出现的主观方面的条件由此具备。

我们认为，道义担当，不只是知识分子的事。古代士、君子从来不曾置身"世"外，从来即有其道义担当的精神。孔子的弟子曾参说："士不可以不弘毅，任重而道远。仁以为己任，不亦重乎？死而后已，不亦远乎？"（《论语·泰伯》）这是儒家士君子对于社会正义的承当精神的写照，也是其对于政治理想不懈追求的表现。显而易见的是，以弘大之心、刚毅之志承担历史传统和时代责任，以死而后已的坚强决心迈向未来，体现了儒家君子对"道"的执着，以及"道"的理念对儒者的历史意识和时代精神的渗透。孔子说："君子之仕也，行其义也。"（《论语·微子》）一方面，在孔子看来，出仕做官，是君子所必须承担的对于国家、天下的责任、义务，是不可废弃的。所以君子不能"隐"，不能选择"避世"。另一方面，君子之仕，有其内在的道义原则，其欲实现大道行于天下的社会正义，不能枉道以从君，不能求利以悖义。孔子说："君子之于天下也，无适也，无莫也，义之于比。"（《论语·里仁》）士君子对于"道义"的追求即是对崇高的政治理想和超越的价值标准的追求。

（二）士之地位与传道的可能

从德性修养方面而言，孔子之后的君子就化身为士。由此，我们可以从士的地位谈君子的传道。余英时先生认为，士的身份的获得，是其道义担当的客观条件。余先生说："士庶合流，士阶层扩大，终

[①] 转引自余英时《士与中国文化》，上海人民出版社2003年版，第88页。

第六章 天下有道——"道德的政治"之超越根据

于使'士'从古代那种固定的封建关系中游离了出来。"① "由此可见'突破'以后的士不但已摆脱了'封建'身份的羁绊，并且其心灵也获得了空前的大解放。他们已能够超越个人的工作岗位（职事）和生活条件的限制而以整个文化秩序为关怀的对象了。"余先生并引社会学家的观点认为，知识分子只有不属于任何一个特定的经济阶级，他才能坚持其思想上的信念。而一般人往往跳不出个人的阶级背景。士获得了身份的自由，可以超越地追求道义。士既可以出仕做官，得君行道，也可以在政权之外，"邦无道，则可卷而怀之"。士在政权之外，一是彻底隐居不仕，二是与权力保持一定距离，以其所任之道对现实政治权力进行批评，所谓"不治而议论"。这是士传道的优势。但在消极方面，则士在现实生活中失去保障，反而在客观方面使其易失去节操。

一方面，在中国古代，没有所谓真正独立于政治之外的知识分子。在孔子以前，士"大抵皆有职之人"。（顾炎武语）孔子之时及以后，亦皆以政事为目的。在政治之外，并非士的最终目的和永久存在状态，这不同于学者所说的典型的知识分子。在政治之外、批评时政只是士追求道之实现的表现手段，只是士的暂时的存在方式。"学而优则仕"是中国古代绝大多数读书人的理想。这在儒家士人这里尤为突出。另一方面，以行道为己任，既可以是自由民之"士"的责任，亦不应排除有职位的士君子的义务，否则他们便可以甘居下流，而不承担正义的使命。由此，士君子作为整体而言，可以有两种从道的方式，一种为出仕，一种为不出仕。君子出仕可以有两种情况：其一，天下有道，则得君行道；其二，天下无道，修身见于世，以己之道影响天下，挽狂澜于既倒，救大厦于将倾。"天下之无道也久矣，天将以夫子为木铎。"孔子知其不可而为之，这种积极的入世以行道、求道的精神是更可贵的。不出仕亦有两种情况：其一，可以"不治而议论"，以其所传之道对时政进行批评，这是所谓知识分子的典型存

---

① 余英时：《士与中国文化》，上海人民出版社2003年版，第79页。

在方式；其二，彻底隐于世外，以隐的方式保持道的尊严与独立。徐复观指出，传统的、严正的中国知识分子，在人生上总是采取"忧以天下，乐以天下"的态度。可以说，"在中国知识分子的人生观中，认为这是修身所要达到的目的；亦即是认为家、国、天下与自己之一身，有不可分的关系，因而对之负有连带的责任感"。[1] 中国古代士君子，是以德而言，并没有职业、阶层限制，任何人都可以通过自身道德修养成为士、君子。另外，儒家之"道"的平常性，亦使任何人都有知"道"、行"道"的可能。虽然士作为特殊的群体，在主观与客观方面都更具都有传道的职责与使命，但传道之职责亦同时赋予给任何人。不惟知识分子，其他一切职业，甚而全体公民都应以正义为理想，以道自任。

事实上，无论传道之责由谁承担，其最后的保证必落在修身上。徐复观先生认为，在中国二千年的专制历史和一千多年的科举历史的重压下，中国的知识分子"士"的人格最为破产，在历史中，知识分子所发出的坏的作用，绝对大于好的作用。在此认识基础之上，徐先生认为，中国的知识分子要尽到以知识影响社会的责任，首先是要尽到使自己成为一个"堂堂正正的人"的责任[2]。中国古代知识分子——士——以道自任，这是他们的主观道德理想。但士欲追求道义理想，以"道"评说时政、匡正乱世的理想，却没有任何客观的保障。这不同于西方的教会式组织以及人格性的上帝所做的保障。这样，欲彰显自己所代表的"道"的超越与崇高，士的唯一办法就是修身成德。士君子之修身，一者，以修身之成就与境界保持其地位和尊严，依此与时王保持一定的距离，并进而保障"道"的尊严；二者，士君子以修身保持其思想的非功利性与正义性，以此保障其所主张、坚持的是纯粹之"道"，是正义；三者，我们需要注意的是，在现实政治的重压下，如果只以修身作为"见重于时王"的手段，那么经过

---

[1] 参见周阳山《知识分子与中国》，时报文化出版企业有限公司1980年版，第71—72页。

[2] 徐复观：《徐复观文集1》，湖北人民出版社2002年版，第152页。

一段时间的艰苦修身后仍没有达到预期的目的,则极易放弃修身。这如孔子所说"君子固穷,小人穷斯滥矣";其四,获得了现时为政者的青睐后,则易"得鱼忘筌",放弃修身,放弃己之尊严、道之尊严,混迹于现时的功利漩涡中,不但完全承认现实政治的合理性,而且全身心地投入,为其摇旗呐喊、鼓之噪之。如此,真欲保障"道"之尊严与己之尊严,必以修身为目的,为根本,如《大学》言:"自天子以至于庶人,一是皆以修身为本。"由孔子、曾子、子思、孟子到宋明儒家,在士、君子的道德修养方面提出了系统的修身功夫,赅而言之:第一,以修身成德为理想,则安贫乐道、喻于义,有孔颜之乐、曾点气象、孟子"大丈夫"气概有张载所说"为天地立心,为生民立命,为往圣继绝学,为万世开太平"之志。第二,既以此为理想,则正心诚意为其修身之本,慎独为修身之要,博学、审问、慎思、明辨、笃行为其践行功夫。

第七章

君子之治:"道德的政治"之存在论意义

亚里士多德在《政治学》中提出政治有多种政体形式,如共和政体、平民政体、寡头政体、贵族政体、君主政体、僭主政体等。关于儒家政治的类型,我们可以称之为道德的政治、民本政治,也可以称之为人治、君主政治,等等。为什么把儒家政治称之为君子政治?为什么要从君子政治的意义上研究儒家的政治哲学?笔者认为,从执政者角度进行考虑,儒家"道德的政治"可以称之为君子政治。儒家"道德的政治"之终极目标是实现"止于至善""天下归仁"的理想社会。在此"道德的政治"中,儒家主张"惟仁者宜在高位",执政者、在上者必是有德之人,即君子。而作为施政对象的百姓,则是受君子影响而人人劝勉、自觉向善,努力修身成为君子的。综合而言,儒家"道德的政治"是"自天子以至于庶人,一是皆以修身为本",是以君子为核心的道德的政治暨道德的世界之共同体。"君子"乃成为达致道德政治目标的人格典范。可以说,儒家所提供和展示的是一个以君子为核心的世界。阎步克先生认为中国古代士大夫政治即君子政治,此亦是中国与西方政治传统的不同之处。狄百瑞(William Theodorede Bary)注意到儒家"君子"的政治哲学内涵,也注意到《论语》中君子优先考虑的治理、领导和为公众服务等问题。狄百瑞说:"鉴于君子作为统治精英一员发挥出的传统职能,我们不难理解为何《论语》从一开始就反映出君子优先考虑的治理、领导和为公众服务等问题。治理的关键，即维护和平和秩序（齐）的关键，在于让人信赖的领导。而领导的关键则在于展现出使百姓受益的美德。"①

第一节 "君子"概念发展及德位关系的变化

"君子"一词及君子思想在中国文化传统中有着悠久的历史。在中华文化原初的西周时期，"君子"即是人文世界的核心概念。君子文化代表着中华文化的德性特征，也是中华文化不同于其他文化的一个特显独特之处。随着社会历史文化的发展，"君子"概念的内涵也经历着不断的发展。孔子继承君子思想的基本内涵并对"君子"概念做出了德性内涵的创造性转换。使"君子"突破了只是对天子、君王、贵族等"位"的指称。无论是儒家创始人孔子，还是后来的《大学》《中庸》《郭店楚简》作者以及孟子、荀子、董仲舒等，一以贯之的以德性强调"君子"的内涵及特质。由于"君子"具有的德位统一的双重性质，使君子更能在儒家道德政治的实现中发挥其作用。

一 《诗》《书》中"君子"德位内涵的变化

关于君子最早的出现时间，学者认为殷墟卜辞中就有"君""子"二字。但是甲骨文中的"君""子"二字大多是分开来使用的。总体上看，在中国早期思想中，"君子"包括两方面内涵：一者，君子即君之子，是君王的儿子；二者，君子是指具有崇高道德修养和有才干、能力的人。学者指出："'君'从尹，有文德，是教养居上者；'子'是对有德力人的尊称，合起来"君子"就是德智的化身。"② 殷商以后，随着社会环境与政治环境发生重大的变化，"君子"一词在

---

① [美]狄百瑞：《儒家的困境》，黄水婴译，北京大学出版社2009年版，第35页。
② 李长泰：《天地人和：儒家君子思想研究》，人民出版社2012年版，第245页。

政治与社会文化中的出现渐趋增多,其概念内涵也有了一定的发展。

在《尚书》中,"君"一词单独出现过,如《周书·大诰》中有"肆予大化诱我友邦君"及"肆予告我友邦君"的说法。此处的"邦君"意指邦国的最高统治者。《周书·康诰》中亦曾提到"亦惟君惟长,不能厥家人,越厥小臣外正",此处"君"和"长"连用,同是对在位诸侯的称呼。在《尚书·无逸》篇中,有"君子所其无逸"的内容。此篇的内容和背景是关于周公劝勉成王努力从政,不要耽于逸乐。此处的"君子",既可以说是指成王,即天子,也是对一般在位之官吏的称呼。值得注意的是,在此篇中与君子对称的"小人""庶民"出现十余次。书中告诫君子要"知稼穑之艰难","能保惠于庶民,不敢侮鳏寡"等。综合而言,《尚书》中的"君子"是对在位执政者尤其是最高执政者的尊称。

与《尚书》相比,《诗经》中"君子"一词出现的频率更多,其内涵也更丰富,而且"君子"一词多是连用出现的。《诗经》中的"君子"基本有三方面的意思:一是指君王(天子);二是指处于社会上层的所谓贵族阶层;三是从表面上看为对男子的尊称。萧公权曾指出:"'君子'一名,见于《诗》《书》,固非孔子所创。其见于《周书》者五六次,见于《国风》、二《雅》者百五十余次,足见其为周代流行之名称。惟《诗》《书》'君子'殆悉指社会之地位而不指个人之品性。即或间指品性,亦兼地位言之。离地位而专指品性者绝未见。"① 萧氏此说是没有问题的。我们下面再提供几点认识:

第一,在《诗经》"民之父母"的两处表达中,君子即君王之意。一处为《诗经·大雅·泂酌》:"恺悌君子,民之父母。"观此诗之意,召康公教成王以恺悌化庶殷也。即如何对待殷商之遗民,获得其衷心服从。就"恺悌君子,民之父母"而言,可以在历代注解基础上理解为:"恺"与"悌"所达到的效果分别是有如对待父亲那样的尊和有如对待母亲那样的亲。人君具此二者,则可以称为民之父

---

① 萧公权:《中国政治思想史》,台北联经出版事业公司1982年版,第68页。

第七章 君子之治:"道德的政治"之存在论意义

母。除"恺悌君子,民之父母"外,《泂酌》篇另有"恺悌君子,民之攸归""恺悌君子,民之攸墍"二句,意思是,和乐平易的君子是民众归往、休息之所。君子既为民之父母,当然为民所衷心拥戴、天下归往。马一浮认为,"恺悌君子"是君德,"民之父母"则为君位。值得注意的是,《诗经》有一句说:"假乐君子,显显令德,宜民宜人。受禄于天,保佑命之,自天申之。"(《诗·大雅·假乐》)"假乐君子"是指称的成王,在后面有对其"显显令德"以及"德音秩秩"的称赞。虽然,德的内容与后世会有不同,但却奠定了以德要求君子、德位统一的基础。

第二,君子是在位的执政者或出身高贵的人。《诗经》中的"君子"与《尚书》中"君子"一词的用法和内涵基本相同,指当时的执政者,即在位的君子,如《魏风·伐檀》:"彼君子兮,不素餐兮。"另外,在"君子于役,不知其期,曷至哉?""风雨凄凄,鸡鸣喈喈。既见君子,云胡不来?"等诗句中,"君子"一词的范围有所扩大,包含女子对丈夫或者爱人称呼之意;另如《关雎》中"关关雎鸠,在河之洲。窈窕淑女,君子好逑",从诗句的表面意思上看好像是,"君子"已不局限在对执政者的称呼上,而是扩大到了对所有男性的通称。但如果仔细分析,这里的"君子"应该不是所谓的所有人的通称。虽然相对于高阶层的贵族,他是普通人,但此处的"君子"仍是具有一定地位的人,或是"士",或是一般统治阶层的人。若依《诗大传》所说是"乐得后妃,以配君子",那"君子"所指的范围反而更小了。细读《诗经》,我们还可以看到《召南》中"未见君子,忧心忡忡。既见君子,我心则降。赫赫南仲,薄伐西戎"的句子,诗中的"君子"不是通称,而是专指贵族南仲。

黎红雷认为,春秋时期及之前(即所谓"六经"所反映的时代),人们对于"君子"与"小人"的理解,基本上都是着眼于其地位上的区别。其举例分析如下:《尚书·周书·无逸》所言的"呜呼,君子所,其无逸。先知稼穑之艰难,乃逸,则知小人之依",这里的"君子"指安逸享乐的统治者,"小人"则指从事稼穑生产的老百姓;《诗

· 259 ·

经·小雅·大东》中的"周道如砥,其直如矢。君子所履,小人所视",这里的"君子"指阔步走在大路上的贵族,"小人"则指站在一旁观看的民众。《左传·襄公十三年》:"君子尚能而让其下,小人农力以事其上。"这里的"君子"指尊重贤能的管理者,"小人"则指努力侍奉上级的被管理者。由此看来,从地位的角度区分"君子"与"小人",前者是上位者,后者是下位者。这是包括《易经》《尚书》《诗经》《春秋》在内的那个时代的共识[①]。确实可以认为,《诗》《书》中的"君子"是指地位高贵者。而同为周代政治、文化表现的《周易》中的"君子",其使用和内涵也是如此。

二 《周易》经、传中的"君子"内涵

"君子"在《周易》经、传中多见。马一浮指出:"孔子系《易》大象,明法天用易之道,皆以君子表之。例如《乾》象曰:'天行健,君子以自强不息。'《坤》象曰:'地势坤,君子以厚德载物。'六十四卦中称君子者,凡五十五卦,称先王者七卦,称后者二卦。""《系》传曰:'君子之道或出、或处、或默、或语。'非专指在位明矣。《礼运》曰:'禹、汤、文、武、成王、周公,由此选也。此六君子者未有不谨于礼者也。'此见先王亦称君子。"[②] 马一浮虽承认"君子"也指先王,但马氏重点强调君子不是在位之称,而是成德之目。所以他说:"君子与小人之别,亦是仁与不仁的区别,君子之道是仁,小人之道是不仁。"笔者以为,就《周易》中的"君子"而言,我们应分别经和传中的不同用法,不同的传也有不同的使用特征。

(一)《易经》中"君子"的内涵

"君子"见于《易经》者,据笔者统计有十五卦,由于字数不

---

① 黎红雷:《"位"与"德"之间——从〈周易·解卦〉看孔子'君子小人'说的纠结》,《孔子研究》2012年第1期。
② 参见滕复编《默然不说声如雷——马一浮新儒学论著辑要》,中国广播电视出版社1995年版,第34页。

第七章 君子之治："道德的政治"之存在论意义

多，笔者列之如下：

（1）"乾"卦："九三：君子终日乾乾，夕惕若，厉无咎"；
（2）"坤"卦："君子有攸往"；
（3）"小畜"卦之上九爻辞："月几望，君子征凶"；
（4）"否"卦卦辞："否之匪人，不利君子贞，大往小来"；
（5）"同人"卦辞："利君子贞"；
（6）"谦"卦卦辞："谦，亨，君子有终""初六，谦谦君子""九三，劳谦。君子有终，吉"；
（7）"观"之爻辞："小人无咎，君子吝""观我生，君子无咎""观其生，君子无咎"；
（8）"剥"之上九爻辞："君子得舆，小人剥庐"；
（9）"遯"之九四爻辞："好遯。君子吉，小人否"；
（10）"大壮"之九三爻辞："小人用壮，君子用罔"；
（11）"明夷"之初九爻辞："君子于行，三日不食"；
（12）"解"卦之六五爻辞"君子维有解，吉。有孚于小人"；
（13）"夬"卦之九三爻辞："君子夬夬，独行遇雨"；
（14）"革"卦之上六爻辞："君子豹变，小人革面"；
（15）"未济"卦之六五爻辞："君子之光，有孚吉。"

由上引可见，"君子"在《易经》中基本上都是从"位"的角度使用的。如否卦之"君子"，高亨言："此君子指天子诸侯大夫。""大指高大之贤人，小指渺小之庸人。"[①] 此卦的爻辞中又出现"小人吉，大人否""大人吉"等词句。可证，卦辞中的"君子"确是指地位高贵、执政的天子、诸侯、大夫，是与地位卑下的"小人"相对的"大人"。故《易经》中的君子常常与小人对举出现。《易经》中

---

① 高亨：《周易大传今注》，齐鲁书社1998年版，第119页。

除使用"君子"外，对在位者的称呼还有后、先王、王、大人、公等。除了君子与小人对举外，还有大人与小人的对举。可见在《易经》中，与地位卑下的庶民、小人对应的，是地位尊贵的大人和君子，而不是从道德上进行的君子、小人之评判。值得注意的是，《程氏易传》中对君子的解释则多顺《易传》的意思从道德的角度进行。

(二)《易传》中所见"君子"①

"君子"屡见于《易传》，尤以《象传》为典型。《象传》中的君子，基本上都是指在位的执政者。虽然大部分都是使用"君子"的称谓，但其中也有后、先王、大人等称呼。君子观"易"之卦象，而有对修身、治国等事项之自觉反思。《易传》作者对君子的描述都是修己、治人之事，都是进德修业之事。值得注意的是：《易传》之"君子"有一特点是不同于《易经》的，即虽然经、传都是指称在位的君子，但《易传》更突显道德上的内容。如治国要有节俭之德；要宽容、厚待百姓，提出劳民、容民、厚下等主张，如"君子以振民育德""君子以教思无穷，容保民无疆""先王以省方观民设教""君子以劳民劝相"等，君子之德皆指向民，如孔子所理解的君子即是修己以安人、安百姓者。君子的个人修养除了尽人皆知的自强不息、厚德载物外，进而提出君子要节制欲望、见善则迁、见不善则改、以虚受人、谦虚待人等。另外，此处要求君子观《易》象之后要反身修德，"非礼弗履""自昭明德""制数度，议德行"及遏恶扬善等鲜明的德性修养要求。"君子"在《易传》中又见于《文言传》和《系辞传》，其内涵及特点与《象传》不异。

《易传》作者对于君子的理解有三点：第一，君子多是指向在位者。这一点可能是由于《易传》作者继承《易经》君子为在位的大人的传统；第二，《易传》更多倾向于对君子的德性要求，这也是前期对在位者德性要求的继承和体现；第三，《易传》的君子也有不言位、只言德的，如"君子以自强不息"及"君子以厚德载物"等。

---

① 此处笔者的讨论不涉及《易传》作者的问题，顺《易经》的顺序放此进行分梳。

第七章　君子之治："道德的政治"之存在论意义

另外，我们又需指出，《易传》以德解《易》的特点应当说是孔子对于《周易》的基本态度。马王堆汉墓出土帛书《易传》之《要》篇载孔子言："《易》我后其祝卜矣，我观其德义耳也……后世之士疑丘者，或以《易》乎！吾求其德而矣，吾与史巫同涂而殊归者也。君子德行焉求福，故祭祀而寡也；仁义焉求吉，故卜筮而希也。"孔子晚而喜《易》，读《易》韦编三绝。孔子很担心后世的人以为他喜欢卜筮类的东西，所以他明言其于《周易》所重视的是其中所涵蕴的德性意义，而不是占筮之类。就君子而言，他应该行其所当行的道德仁义，外在的福禄自会到来，所以君子较少进行卜筮求福之类的活动。这一点又是同于《论语》中孔子对君子的理解的。

三 《论语》中君子德、位之分合

如前所述，在孔子之前及同时，"君子"这一概念首先是指在位的执政者。由周初到孔子及先秦儒家，"君子"的德、位关系经历了一个分——合——分的变化过程。最初，君子只是有位之人，是天子诸侯大夫等。由于中国文化对在位的君子多以德行进行要求，即在位的君子（得其位，保其位）必须有德，故在此时，君子必是有德之人，君子以德得其位（大德必得其位），君子体现了德位合一的观念和认识：有德必有位，有位必有德。再者，孔子对君子概念的德与位进行了分离，虽然君子有时还是指有位的人，但君子更多是指称道德高尚之人。君子指向的是高尚的道德修养，而有位的人则不必然具有此德行，如孔子对当时之诸侯、卿大夫进行道德上的批评。

（一）《论语》中君子德、位之变化及其意义

如此，我们将指出"君子"概念的纯道德化所具有的丰富意义。在孔子及儒家那里，孔子常常会讲很多关于君子的德行，或者说会对君子的德行进行多方面的描述，兹引其中部分语句：

> 子曰："君子食无求饱，居无求安，敏于事而慎于言，就有道而正焉，可谓好学也已。"（《学而》）

子曰:"质胜文则野,文胜质则史,文质彬彬,然后君子。"(《雍也》)

子曰:"君子不器。"(《为政》)

子曰:"君子周而不比,小人比而不周。"(《为政》)

子曰:"君子喻于义,小人喻于利。"(《里仁》)

子曰:"君子欲讷于言,而敏于行。"(《里仁》)

子曰:"君子坦荡荡,小人长戚戚。"(《述而》)

子曰:"君子和而不同,小人同而不和。"(《子路》)

子曰:"君子而不仁者有矣夫,未有小人而仁者也。"(《宪问》)

子曰:"君子上达,小人下达。"(《宪问》)

曾子曰:"君子思不出其位。"(《宪问》)

子路问君子。子曰:"修己以敬。"曰:"如斯而已乎?"曰:"修己以安人。"曰:"如斯而已乎?"曰:"修己以安百姓。修己以安百姓,尧、舜其犹病诸!"(《宪问》)

子曰:"君子义以为质,礼以行之,逊以出之,信以成之。君子哉!"(《卫灵公》)

子曰:"君子求诸己,小人求诸人。"(《卫灵公》)

子曰:"君子矜而不争,群而不党。"(《卫灵公》)

子曰:"君子谋道不谋食。耕也,馁在其中矣;学也,禄在其中矣。君子忧道不忧贫。"(《卫灵公》)

孔子曰:"君子有三畏:畏天命,畏大人,畏圣人之言。小人不知天命而不畏也,狎大人,侮圣人之言。"(《季氏》)

孔子继承此前君子思想的基本内涵,并对"君子"概念做出了德性内涵的创造性转换。在《论语》中,"君子"突破了仅指天子、君王、贵族之"位"(间或指德)的限制,而普遍化为一种德性人格指向,具有普遍的德性内涵。在与"小人"的对举中,"君子"表现其高尚的德性内涵。但《论语》中的"君子"在具有一般德性修养内

第七章　君子之治："道德的政治"之存在论意义

涵的同时，还具有由传统承继而来的"在位"指向。孔子的君子思想就包含着一个重要的方面，即在位的"君子"，要具有"君子"的德行。由于"君子"具有的德位统一的双重性质，使君子更能在儒家道德政治的实现中发挥其作用。所以，孔子君子思想的基本内容是：在"君子"不是君子的背景下，让"君子"成为君子"。

孔子君子思想的现实背景是："君子"不是君子。齐景公向孔子问政，孔子提出的良方是："君君臣臣"。"君君臣臣"的基本意思为：君要具有君之德，臣要具有臣之德。无论君臣，都是在位的"君子"。而此政治主张的前提恰恰是"君不君，臣不臣"，"君子"（有位）不是君子（有德）。如孔子对当时之诸侯、卿大夫进行道德上的批评。萧公权认为，孔子屡言君子的用意大概有两个：一是救宗法世卿之衰，二是补周政尚文之弊。他指出："在春秋之时，封建宗法之制已就衰败。宗子世卿已不能专擅国政。权势重于门阀，实力可压族姓。况君子可以不仁，贵族每多淫侈。世替之由，半属自取。门阀之统治阶级渐趋消失，则政权应操诸何人，必因传统之标准已归无效，而成为严重之问题。如一听角力斗智者之'逐鹿'，必至秩序荡然，纷纭无已。孔子殆有见于此，故设为以德致位之教，传弟子以治平之术，使得登庸行道，代世卿而执政。故孔子之理想君子，德成位高，非宗子之徒资贵荫，更非权臣之仅凭实力。前者合法而未必合理，后者则兼备理法。孔子所言之君子取位虽不必合于宗法，而其德性则为一合理之标准。"① 虽然周代尚文的礼乐制度非常完美，但是行之已久，不免"君微政衰"，"则国家不能徒赖完善之制度以为治"。所以，孔子提出君子之治，就是在形式化的政治制度已失效用情况之下，以个人之心不违仁为政治之起点。

孔子敏锐地感觉到时代的变化及君子阶层文化心理的危机："德之不修，学之不讲，闻义不能徙，不善不能改，是吾忧也。"（《述而》）春秋末期礼坏乐崩，贵族德性生命堕落。君子阶层中的许多

---

① 萧公权：《中国政治思想史》，台北联经出版事业公司1982年版，第69页。

人，沉迷于物质生活的享受，不注重德性修养，不讲求学问，不以道德仁义为自己修身的目标，不能够见贤思齐，德行的不善又不改正。如此等等，正是孔子所关心和感到忧虑的地方。由此，孔子的时代常常存在这样一种现象，有位之人而无德，有德之人却无位。"君子"所具有的德位统一的状态已不复存在。

虽处此礼坏乐崩、君不君臣不臣的乱世，孔子仍以其道德理想主义的精神提出治世主张：让"君子"成为君子。

首先，孔子在理论和思想层面上建构了一个与位分离的、纯粹的、道德的"君子"。《论语》所见君子，不一而举。我们注意到的是，在《论语》20篇中，"君子"每篇都出现，孔子关于君子德行的描述基本涵扩了他所主张的所有德行。可以说，孔子以君子之德为核心，描绘和塑造了一个理想的、道德的世界。因为是以德言君子，所以没有哪个人可以固定地称为君子，也没有哪个人可以说自己达到了君子的标准。就像孔子对于仁者的期许一样，他是不轻易许人以仁的。孔子说："圣人，吾不得而见之矣；得见君子者，斯可矣。"(《述而》)君子也是很难见到的。孔子曾经表达说，君子所应具有的三种基本德行——仁、智、勇自己都没有达到。子曰："君子道者三，我无能焉：仁者不忧，知者不惑，勇者不惧。"子贡曰："夫子自道也！"(《宪问》)孔子要求弟子："志于道，据于德，依于仁，游于艺。"(《述而》)做到仁和礼的合一，成为一个文质彬彬的君子。孔子讲的君子，是一个通过不断学习，做到道、德、仁、艺合一，成就仁内、礼外的道德的理想人格。美国汉学家狄百瑞说："《论语》的魅力之所以经久不衰，并不在于它阐释了一套哲学或者思想体系，而是在于它通过孔子展现了一个动人的君子形象。"[1]

孔子对君子概念的德与位进行了分离，虽然君子有时还是指有位的人，但君子更是指称道德高尚之人。君子指向的是高尚的道德修养，而有位的人则不必然具有此德行。孔子将"德"赋予了君子，

---

[1] [美] 狄百瑞：《儒家的困境》，黄水婴译，北京大学出版社2009年版，第34页。

第七章 君子之治:"道德的政治"之存在论意义

君子首先必须是有德之人,无德有位的人是不能称为君子的。孔子对于君子的内涵做了创造性地转换,即把"君子"普遍化为道德的代表。他把只指称地位的"君子",或者虽有道德指称、但更主要指地位的"君子"转换为以德行进行判定的"君子"。孔子以德言君子,对于在位者而言具有如下意义:第一,君子是有道德的、具有丰富的德性内涵。既然你是事实上的所谓"君子",那么,你必须成为名实相符的真正的君子,努力修养君子所应具有的德行。这是积极意义的引领。孔子所说君君臣臣,也可以从这个意义上理解。就政治地位而言,君与臣都是君子。既然这样,君与臣便都应该修其自身之德,做到君惠臣忠、君仁臣敬。第二,君子是德位统一的,只有真正具有君子德行的人才能配得君子之位,如果没有君子之德,便不应具有(或失去)君子之位。这是消极意义的警醒。

其次,孔子在君子、小人之别中彰著君子之德。孔子通过君子、小人的对比提醒在位的君子:要做君子不要做小人。孔子屡言君子如何、小人如何,亦是告诉在位的君子、执政者要按照君子的行事准则去行事,"素其位而行""思不出其位",不要去做小人之事。由孔子而始,判定"君子"的标准从身份地位转向主要是个人的道德品质。孔子讲:"君子和而不同,小人同而不和"(《子路》)"君子怀德,小人怀土,君子怀刑,小人怀惠。"(《里仁》)个人的道德表现是"君子"和"小人"的根本区别。狄柏瑞指出君子转变的意义,他说:"'君子'的意思在发生变化。由原来没落世袭贵族中的一员,'君子'转而代表一个全新的阶层。这个阶层立志通过培养个人的美德和智慧为公众服务。也就是说,君子从出身高贵的人转变为高尚的人。君子不再是享受特权的上流社会子弟,然而,宽广的胸怀和高尚的道德水准又使得君子鹤立鸡群,远在小人之上。"[1]

可见,孔子在《论语》中常将"君子"与"小人"对举,在与小人的对举中彰著君子之德。其对君子之德的强调意在构筑一个可以

---

[1] [美]狄百瑞:《儒家的困境》,黄水婴译,北京大学出版社2009年版,第5页。

离开"君子"而在的君子世界。但君子与小人也并非仅指一般意义上的道德高下的区分。二者的区别既在地位，更在德性，如孔子说："君子之德风，小人之德草，草上之风必偃。"（《颜渊》）孔子以德为标准，褒扬君子，贬斥小人，教导弟子要做"君子儒"，不要做"小人儒"。当然，既然讲"小人之德"，那么就意味着小人（庶民百姓）可以通过修身成为有德之人。君子成为孔子所阐扬的道德人格，每个人都可以通过道德修养成为君子。关于君子和小人的区别，最典型的是"君子喻于义，小人喻于利"。"喻于义"的君子，在"义"中实现其自己，"义"为君子的生活方式；"喻于利"的小人，在"利"中实现其欲求，"利"为小人的生存方式。

关于君子与小人、君子之德与位关系等，前贤与时贤的观点并不一致。马一浮认为君子就是"成德之名"。他说："经籍中多言君子，亦多以君子与小人对举，盖所以题别人流，辨其贤否，因有是名。先儒释君子有二义：一为成德之名；一为在位之称。其与小人对举者，依前义则小人为无德，依后义则小人为细民。"他重点指出："然古者必有德而后居位，故在位之君子亦从其德名之，非以其爵。由是言之，则君子者唯是成德之名。孔子曰：'君子去仁，恶乎成名。'此其显证矣。"[1] 虽然君子有德与位两种指向，但马一浮无疑更重视君子的德性内涵。李泽厚在《论语今读》前言中谈到关于君子、小人的翻译时，引俞樾《群经评议》的话说："古书言君子小人大都以位言，汉世师说如此；后儒专以人品言君子小人，非古义也。"他接着指出："可见，'君子'本指'有位之人'即'士'（知识分子）和'大夫'（做了官的知识分子）；'小人'指平民百姓，即一般人的意思。"他并认为，《论语》一书常常对"士大夫"提出道德规范或要求，而以"君子""小人"相对称，"君子"指有道德品格的人，"小人"指缺乏这些品德的人。于是这两个词汇也就具有价值含

---

[1] 参见滕复编《默然不说声如雷——马一浮新儒学论著辑要》，中国广播电视出版社1995年版，第38页。

第七章　君子之治："道德的政治"之存在论意义

义。"① 通过君子之德引导提升小人之德，即小人可通过德行修养而成为"君子"。故此，《大学》所言"自天子以至于庶人，一是皆以修身为本"，乃可以成为阐释儒家君子思想的核心。余英时亦认为："在历史上儒家的'君子'和所谓'士大夫'之间往往不易划清界限。但是从长期的发展来看，'君子'所代表的道德理想和他的社会地位（此即儒家所说'德'与'位'）并没有必然的关系。因此，君子的观念至孔子时代而发生一大突破，至王阳明时代又出现另一大突破。"② 显然，余英时等对于"君子"之德的普遍意义的揭示是没有问题的。但我们要指出的是，从德位统一方面理解君子具有更丰富的政治哲学意义。

在孔子及儒家思想中，"君子"是德与位的合一。君子既指在位的执政者，又指道德高尚之人。综合两方面内涵，则执政的君子必须是道德高尚、具有政治美德之人。儒家"君子"之德，分开来讲具有政治之德与个人修养之德的两种意义。究其根本，这两种德行是合一的。

综合而言，孔子的君子思想可以概括为一个命题：让"君子"成为君子。这个命题具有丰富的政治哲学意义：首先，在传统的政治思想中，君子就是指居于统治地位的阶层或个人；其次，由于君子逐渐具有丰富的德性内涵和指向，"君子"成为一个指称德行高贵的普遍的德性概念，是独立于社会地位、政治地位上的人格理想；再次，具有高贵地位的"君子"，可能是具有高贵德行的君子，也可能是不具有高贵德行的君子。而由此，不具有高贵德行的"君子"便不再是君子，而是小人或庶民，因为其德行品质是属于小人之类了。如此，则从"位"中独立出来的"君子"其德行指向更宽阔和有吸引力。一方面，有位的人、执政的人要努力成为君子、成为名副其实的君子，具有非常重要的意义；另一方面，没有位的庶民、小人可以通过

---

① 李泽厚：《论语今读》，安徽文艺出版社1998年版，第12页。
② 余英时：《中国思想传统的现代诠释》，江苏人民出版社1998年版，第154页。

学习、修养成为道德上的君子,并进而因道德上的高贵成为地位高贵的君子。荀子"喻于义则为君子"的论断更有意义,努力向善,一则成为德行高尚的君子;二则,有德者必有位,会成为地位高贵的君子。从德、位两面向所有人敞开了成为君子的大门。此指向与指引意义更为重要。

总之,有位必有德、有德必有位。儒家君子,其义在此。

四 君子德、位的特殊性

儒家"君子"之德,如果分开来讲,可以说具有政治之德与个人修养之德的双重意义。究其根本,在孔子及儒家那里,这两种德行是合一的,没有所谓纯粹个人内在的道德修养。儒家君子之德总是指向安民安百姓的社会责任。君子既指在位的执政者,又指道德高尚之人。儒家对于执政君子的德行予以特殊的关注,主要是因其"譬如北辰"的特殊地位,因其德行表现的"过"与"改过"具有"民必见之"的显著性。君子的德行又具有影响庶民的"草上之风必偃"的榜样作用。另外,儒家的君子具有德行修养、人格修养的普遍意义和内涵:人人都要成为君子、人人都能成为君子。

在上海博物馆藏战国楚竹书《季康子问政于孔子》中,孔子提出君子"仁之以德"的命题,并指出君子之德的特殊性:"君子在民之上,执民之中,施教于百姓,而民不服焉,是君子之耻也。是故,君子玉其言而慎其行,敬成其德以临民,民望其道而服焉,此之谓仁之以德。""君子"是在百姓之上居于统治地位、执掌政治权力的人,君子又负有对百姓施行教育教化的职责。"君子"要深具儒家道德修养,"敬成其德"作为百姓的人格典范。在郭店楚简《教》中有这样一段话:

上不以其道,民之从之也难。是以民可敬导也,而不可掩也;可御也,而不可牵也。故君子不贵庶物,而贵与民有同也。秩而比次,故民欲其秩之遂也。富而分贱,则民欲其富之大也。

第七章 君子之治："道德的政治"之存在论意义

贵而能让，则民欲其贵之上也。反此道也，民必因此重也以复之，可不慎乎？故君子所复之不多，所求之不远，贵反诸己而可知人。故欲人之爱己也，则必先爱人；欲人之敬己者，必先敬人。

此处先是以"上"来称呼执政的君王，继而又以"君子"代替。概念的转换体现出儒者对于执政者政治德性的要求。"君子"既是在位的执政者，又是具有与民同甘共苦的崇高品德之人。如我们在其他地方所已经论证的，上行则下效，在位者能够不贪难得之货，能够将财富均分于民，与民共同拥有财富，虽然地位尊贵却能以礼让对人，最后反而因民众的辅助而获得富贵。执政的"君子"爱护人民，尊重民意，人民也才能真心爱护他，尊重他。这也是执政者典范的伟大力量。孔子对"君子"的定义由此看来具有两重含义：在位者与德行高尚并存。

在儒家政治哲学中，君子之德非仅个人之事，乃有社会教化作用。教化成俗，施行道德教化、起表率作用的一定是儒家的君子。《大学》言："自天子以至于庶人，一是皆以修身为本。"儒家至善社会的实现，是要全社会、全天下的人都实现其道德本性，成为有道德的人、实现其德性的人。儒家的这种主张具有打破阶级局限的普遍性意义：一般民众必以"君子"为道德实现的典范，要努力成为"君子"。同时，孔子之所以把君子说成特别仔细和克制的人，在是非方面一丝不苟、不敢越雷池一步，并不是因为他期望普通人能像君子那样三思而后行或者克己复礼，而是因为他的听众是社会上备受瞩目的人物，这些人可能会对他人产生更为深远的影响。当然，就更不用说这些人在指挥他人的劳作和物资分配中的作用了。[①] 庶民成为君子，一是源于其德性的内在本性要求；二是源于作为道德典范的"君子"的影响和感召；三是其欲成为在上的执政"君子"的最佳的、甚至

---

① ［美］狄百瑞：《儒家的困境》，黄水婴译，北京大学出版社2009年版，第5页。

是唯一的方式便是成为德与能兼备的"君子"的现实考虑。

　　荀子讲:"儒者在本朝则美政,在下位则美俗。"(《荀子·儒效》)儒者也即君子。"美政""美俗"皆儒家政治哲学之内蕴。一者,意味着君子在朝、在位执政,则使政治具有德行,遵循政治之德,如仁、义、礼、法等;二者,君子在下,则担负教育、教化百姓之功能。也意味着,在朝之执政者需要儒者、君子,在俗世民间亦需要儒者、君子以发挥美好风俗的作用。为儒家礼教所陶冶的君子,以其言语、德行、容止去表率小人,感召社群。他们可以称之为是人格化了的"礼"。君子之道德修养,一方面是其个人德性完成的要求,"古之学者为己";另一方面,作为执政的君子必须具有美好的政治道德修养,因为"民具尔瞻",是要起到道德引领作用的。"君子之德风,小人之德草。草上之风必偃。"(《论语·颜渊》)人民之德的形成,一方面当然在家庭内部形成,即所谓家庭伦理。另一方面,就执政者的作用而言,执政者的表率作用是无可替代的。一般众人必以君子之德为目标,努力向其靠近,以成就其个人价值。既然士君子进入公共政治领域,负有治理国家安定天下的职责,便必须具有公、义的德行,摒弃私、利的追求。荀子认识到现实社会的所谓行政人员"士仕者"是完全处于探求私利、争夺权势并不惜触犯法律的状态中:"今之所谓士仕者,污漫者也,贼乱者也,恣睢者也,贪利者也,触抵者也,无礼义而唯权势之嗜者也。"(《荀子·非十二子篇》)故必努力使其成为君子。

　　有学者指出,中国思想文化起步于"人惟求旧,器惟求新"的"君子世界",特别关注政治论、道德论、人生论,具有贤人的作风[1]。当然,我们认为,中国古代政治哲学特别关注德亦源于小邦周代替大邦殷的忧患意识的反思。中国古代社会之所以追求君子世界的实现,恰由于其在文明初期即对以"君子"概念表达的天子、君王的德性予以特殊的关注。由此,我们说中国古代政治是以君子

---

[1] 陈谷嘉:《中国路径中的君子世界》,《光明日报》2012年10月16日"国学"版。

（当然具体还可以包括王公、大人、士等人格）为核心的道德的政治，其政教合一、政治与伦理合一的特征是中华文明存在的独特方式。

儒家政治哲学中，政治与教化是一件事情，没有（也不需要）所谓的政教二分。在此问题上，我们需客观认识中国自身的独特传统，而与西方政治哲学所谓"反至善主义"区别开，所谓个人的良知、良心等道德品质、宗教信仰的问题便无法托付给上帝，政府、政治便不能在良知、信仰问题上保持真正的中立。

第二节 儒家"君子世界"的政治哲学内涵

孔子思想的核心与主旨是仁，孔子最为关心的是当权的公卿大夫基于其自私的欲望对周代礼乐制度的僭越，以及执政者（如在位的君子）基于其私利追求而遗忘了政治责任之"义"。孔子之后，先秦儒家皆沿着孔子的道路，建构着不同层级、不同内涵的君子世界。

一 君子的仁义世界

对于仁爱天下的圣人、君子而言，其参与政治的根本目标和德行便是使天下百姓生活安定、富足。孔子说："君子无终食之间违仁，造次必于是，颠沛必于是。"就是说，道德高尚的君子一顿饭的工夫都不能（不应该）离开仁的修养和实践，无论情况多么紧迫，多么艰难。生活困顿时如此，急遽仓遑时亦如此。只要你活着，你就必须始终如一地依照仁的要求去做。或者说，就政治家而言，如果不能充分理解什么是"仁"，那么，任何一个政权都缺乏成功的基础，或者说，人们会认为它缺乏合法性的基础。只有当一个政权充分理解什么是"仁"，百姓才会自觉自愿与之合作，贡献出自己的才华和精力[1]。对于孔子来说，无论是天子、诸侯及处在各个阶层的君子，都应该具

---

[1] ［美］狄百瑞：《儒家的困境》，黄水婴译，北京大学出版社2009年版，第31页。

有对天下百姓的仁爱之心,具有安民、安百姓的德行追求和修养。《论语·宪问》篇载:

> 子路问君子。子曰:"修己以敬。"曰:"如斯而已乎?"曰:"修己以安人。"曰:"如斯而已乎?"曰:"修己以安百姓。修己以安百姓,尧舜其犹病诸!"

君子的目标便是使天下百姓生活安定、富足。一者,从心出发的爱民之德;二者,仁心必发而为用,表现为对百姓物质生活的关注,并以此提升道德修养。在二者的关系中,一方面,以教化百姓、归于仁、民有信、好礼为根本;另一方面又认识到追求物质生活的合理性及其对于百姓道德修养的基础作用。

如前所说,《论语》二十篇,每篇皆涉及君子。孔子确实追求着一个君子的世界,追求一个以君子为核心和人格理想的世界。君子主张对于三种事情要有所反思和敬畏:一是敬畏天命,即反思自己的德性,要仰不愧于天、俯不怍于人;二是敬畏大人,即反思自己的政治职责、政治使命,是否做到了忠于职守、尽心尽力;三是敬畏圣人之言,即反思自己是否遵循了圣圣相传的一贯之道,是否继承了德性政治的传统。在孔子那里,君子首先要对自己的存在、对自己的特殊性有自觉、有敬畏。在孔子看来,君子是携带着道义原则进入仕道,学而优方能入仕做官。君子之入仕做官是追求和实现自己政治理想、政治抱负的行为。君子将其对于政治、人生的理解带入世界,以君子之义引导和引领政治、社会的发展。"君子喻于义",君子一直想着"义"、以"义"为目标。"义者,宜也"。君子一直寻思其"应当",在具体环境与事件中的应当。

孔子的君子世界是一个周礼的世界。在孔子看来,周礼是在夏商两代的基础上因革损益而形成的在当时最完备也最能实现社会安定、天下太平的社会政治制度。所以孔子说:"周监于二代,郁郁乎文哉!吾从周。"(《八佾》)从政治哲学角度说,周礼即周公所制作的那一

第七章　君子之治:"道德的政治"之存在论意义

套礼乐制度、名物度数,是规定君臣之地位、权限或说权利与义务的普遍的原则与制度。在周初的宗法社会里,自周天子以下,任何一个等级或个人在国家、社会组织中都有一定的身份,即"名",而标志这些等级身份的则有一套固定的服饰、器皿、车驾(《礼记》中对于此有很多记载)。如《论语》中所涉及,天子八佾,天子祭祀名山大川,天子以"雍"礼祭祀祖先,天子赐命礼乐征伐等,诸侯、大夫也有相应的礼的规定。君臣上下皆依周礼而拥有其权利而履行其义务,皆依周礼而得其所应得,行其所当行。君臣上下,各安其位,各具其德,这即是正义。反之,作为春秋末期主要表现的下侵其上,少陵其长,臣弑其君等僭越行为,皆为不义。质言之,周礼即是正义。进一步,遵循周礼是正义,违背周礼便是不正义。春秋末期,出现了"君不君,臣不臣,父不父,子不子"的不合礼的社会政治现象。"君不君,臣不臣",即是有君之名,居君之位,而无君之德、君之实。臣亦然。大体上这些名器都已经混乱而不能够代表等级身份,这即是名器乖乱,秩序混乱。例如《论语》中所说,季氏"八佾舞于庭",管仲"三归"之类。孔子为政,欲恢复周初封建天下的政治秩序,首先主张正名。《论语·子路》篇载:

> 子路曰:"卫君待子而为政,子将奚先?"子曰:"必也正名乎。子路曰:有是哉,子之迂也!奚其正?"子曰:"野哉由也!君子于其所不知,盖阙如也。名不正,则言不顺。言不顺,则事不成。事不成,则礼乐不兴。礼乐不兴,则刑罚不中。刑罚不中,则民无所措手足。故君子名之必可言也。君子于其言,无所苟而已矣。"

为政的君子首先要做的就是恢复正义性的政治制度。孔子的"正名"主张,就是希望在礼乐制度之内恢复"君君臣臣"的名实相符的政治秩序。在礼乐制度之下,来决定自己的行为合礼与否。胡适认为,孔子的核心问题,"只是要建设一种公认的是非真伪的标准,建设下手的方法便是'正名'"①。春秋末期政治的典型表现是周王室式微，诸侯大夫陪臣以其势力僭越侵权。孔子的正名主张，即按照西周封建天下之制度，而调整君臣上下的权利与义务，也即恢复周礼之庄严，使君臣上下皆尊周礼而行正义之意。

周礼的世界也是一个礼法的世界，君子亦在此礼法世界中成为君子。孔子正名观念最明确解释的当属"君君臣臣"观念。"君君"者，即有"君"之名的人必须具有君的德行，享有君的权利，承担君之责任。"臣臣"者，有"臣"之名的人，必须具有臣的德行，承担"臣"所应当承担的责任与义务，享受"臣"应当享有的权利。季康子向孔子请教为政的方法，孔子说："子帅以正，孰敢不正？"（《论语·颜渊》）"正"的一层意思即合礼、守法。君子不违反礼法的规定，下面的人便"不敢"不正。政治是使人归于正，己正则不令而行。君子"不怒而民威于斧钺"（《礼记·中庸》），不用刑罚而民畏于刑罚，遵守法律。君子率先遵守律法，则百姓必跟从他，不敢违反法律制度。"政者，正也"。君主率先遵循政治的普遍原则、法律规定，这种行为发出的信号是，国家的制度、法律规范是所有人都必须遵循的，任何人不得例外。所谓王子犯法，与庶民同罪。所以，孔子说："其身正，不令而行；其身不正，虽令不从。"（《论语·子路》）君主没有遵守共同的礼乐制度、法律原则，那么没有遵守共同原则的君主所发布的命令是不具有普遍约束力的，即不正当的，所以臣民可以合法地不服从。臣下亦然。儒家首先要求社会制度符合正义原则。由此，儒家更根本的要求在于执政君子"正己"，具有法律意识。不"正己"，没有尽到自己所应尽的责任与义务，便为不正义。萧公权指出，孔子之注重"君子"，非以人治代替法治，乃寓人治于法治之中，二者如辅车之相依，如心身之共运。后人以人治与法治对举，视为不相容之二术，则是谓孔子有舍制度而专任人伦道德之意，非确论也②。

---

① 胡适：《中国哲学史大纲》，上海古籍出版社1997年版，第69页。
② 萧公权：《中国政治思想史》，台北联经出版事业公司1982年版，第71页。

第七章 君子之治:"道德的政治"之存在论意义

二 君子的德性世界

孔子的君子之德是立足于道德修养和个体自觉基础上,必须配以系统、富于实践意义的德性主张。所谓"自天子以至于庶人,壹是皆以修身为本",即是此意。《大学》《中庸》《孟子》皆倾尽全力以促进由个人德性转进而为对天下人的普遍之爱,共同提出"君子慎其独也"的道德内修途径。

《中庸》继承孔子的君子思想,将君子与行道责任合二为一,提出了"君子之道"的思想。《中庸》作者子思认为,君子与道(仁道)之间存在着一体的关系:君子一定是修身以体道、"无终食之间违仁"的;道也是须臾不能离开君子而存在的。《中庸》讲:"道也者,不可须臾离也,可离非道也。是故君子戒慎乎其所不睹,恐惧乎其所不闻。莫见乎隐,莫显乎微。故君子慎其独也。"所以,君子战战兢兢,如临深渊,如履薄冰,唯恐大道隐没而不显。在《中庸》这里,君子之道,是最普通的人都能知能行的,但究其极,则遍在于天地之间,为天地万物普遍遵循与适用的至当法则。作为天下共由共守的大道,永远不是固定的,永远不会被封限,必在君子的无限的成德努力中得以实现。"君子之道费而隐。夫妇之愚,可以与知焉。及其至也,虽圣人亦有所不知焉。夫妇之不肖,可以能行焉,及其至也,虽圣人亦有所不能焉……君子之道,造端乎夫妇。及其至也,察乎天地。"由于君子之道的如上特质,所以,君子要做到"尊德性而道问学,致广大而尽精微,极高明而道中庸"。

《中庸》的君子是体现"中庸之道"的:"君子中庸,小人反中庸。君子之中庸也,君子而时中。"而中庸就是中和,所以"君子和而不流"。君子就是在其位谋其政,具体是:"君子素其位而行,不愿乎其外。素富贵,行乎富贵;素贫贱,行乎贫贱;素夷狄,行乎夷狄;素患难,行乎患难。君子无入而不自得焉。""在上位,不陵下;在下位,不援上。正己而不求于人则无怨。上不怨天,下不尤人。"君子之道、中庸之道、仁道是君子行动之正道,是可行之于百世的普遍公正的原则:"故君子之道,本诸身,征诸庶民,考诸三王而不缪,建诸天地而不悖,质诸鬼神而无疑,百世以俟圣人而不惑。"君子之道也是日用常行之道:"故君子居易以俟命,小人行险以徼幸。""君子之道,辟如行远,必自迩;辟如登高,必自卑。"行君子之道,就是追寻符合你自己所处地位的德行,不是去追求什么神秘高远的东西,所以,"素隐行怪,后世有述焉,吾弗为之矣"。

君子之道究竟是什么?就是事父当孝、事君当忠、事兄当敬、对朋友要先给予帮助。君子要反思自己对君、父、兄、友做到什么和没做到什么。如果没做到,则要努力地做到。"君子之道四,丘未能一焉:所求乎子以事父,未能也;所求乎臣以事君,未能也;所求乎弟以事兄,未能也;所求乎朋友先施之,未能也。庸德之行,庸言之谨。有所不足,不敢不勉。有余不敢不尽。言顾行,行顾言,君子胡不慥慥尔?"所以,君子总是要反思自己,如曾子"吾日三省吾身"。《中庸》引孔子话说:"射有似乎君子,失诸正鹄,反求诸其身。"如果,射箭的时候没有射中靶心,那就要反过来考虑自己哪点没有做好。《中庸》将君子的修身逐步地向内转,最后得出"是故君子诚之为贵"的结论。

孟子言君子之处不多,谈孟子的君子思想,需结合其相关士、大丈夫、大人等来考察。孟子的君子思想沿着孔子、子思的路径而更强调其内在的道德品质、道德意志和道德尊严。所以,孟子的君子思想可以说是具有内向性的特征。

首先,孟子在"君子"与"野人"对举的情形下理解在位的君子。他说:"无君子莫治野人,无野人莫养君子。"(《孟子·滕文公上》)此处,君子是指君、卿、大夫等进行政治治理的、居于统治地位的人;野人是指国都外进行农业劳动的人。孟子认为,就社会分工而言,君子和小人都有其存在的合理性。他说:"或劳心,或劳力;劳心者治人,劳力者治于人;治于人者食人,治人者食于人。天下之通义也。"(《孟子·滕文公上》)君子以劳心的方式治理社会,做"大人之事",并接受小人所提供的物质上的供养;野人以劳力的方

第七章 君子之治:"道德的政治"之存在论意义

式从事社会物质生产做"小人之事",并供养君子及其他社会成员。在此之外,孟子重点从道德修养本身谈君子(大人)与小人之分。

> 公都子问曰:"钧(均)是人也,或为大人,或为小人,何也?"孟子曰:"从其大体为大人,从其小体为小人。"曰:"钧是人也,或从其大体,或从其小体,何也?"曰:"耳目之官不思而蔽于物,物交物,则引之而已矣。心之官则思,思则得之,不思则不得也。此天之所与我者。先立乎其大者,则其小者不能夺也。"(《告子上》)

公都子的提问包括两方面的意思:一是从社会地位上说为什么有的人就是大人,有的人就是小人;二是从道德修养方面关心大人和小人的区别。而孟子则完全从道德修养的境界以及道德修养的选择上来区分大人和小人。孟子认为,人之生命存在是一整体,有大体(心)有小体(耳目等)。耳目之官逐其欲望之实现,不会思考,在与物的接触中,为物所牵引,失去自主性。"心之官则思",心具有"思"的功能。心之"思"主要是对心自己的道德活动的自觉和体证。心通过内省和反思,发现和确立(更主要是自觉确立)心之独立而自觉地活动是主体的道德良知的显现。这是"先立乎其大者",这是大人、君子主张对于善的自觉选择。

其次,孟子从道德修养和道德选择方面言君子人格的独特之处。孟子说:"君子所以异于人者,以其存心也。君子以仁存心,以礼存心。"(《孟子·离娄下》)在孟子看来,君子和他人的不同之处在于,君子能够以仁、礼为道德目标、道德理想,并自主、自觉地追求。孟子说:"口之于味也,目之于色也,耳之于声也,鼻之于臭也,四肢之于安佚也,性也,有命焉,君子不谓性也;仁之于父子也,义之于君臣也,礼之于宾主也,知之于贤者也,圣人之于天道也,命也,有性焉,君子不谓命也。"(《孟子·尽心下》)这段话的意思是说耳目口鼻之性作为人的自然天性是天赋予的,因而它不可为,是属于命;

而仁义礼智本来是人的道德规范，孟子说它们是人性，即四端之情，这也是人之为人的根本。故而他又说："人之所以异于禽兽者几希，庶民去之，君子存之。"（《孟子·离娄下》）君子和庶民（小人）的不同之处在于，君子存养其本然的善性，而小人则放失之。

在孟子看来，人在天地间最可宝贵的便是由其本性而行的仁义礼智、道德品性。孟子说："有天爵者，有人爵者。仁、义、忠、信，乐善不倦，此天爵也。公卿大夫，此人爵也。"（《告子上》）孟子认为，仁、义、忠、信之类的道德，是天使人尊贵的东西；而高官尊位、功名利禄则是世俗世界的尊贵。孟子认为，这种依赖他人赐予的爵禄而使自己高贵的东西并非"良贵"，因为它们不是你自己能把握的，"赵孟之所贵，赵孟能贱之"。孟子主张人应当"修其天爵"，行其义理当然之善，以仁义为人之安宅、正路。孟子提倡"大丈夫"应该具有"富贵不能淫，贫贱不能移，威武不能屈"的坚强意志和气概，并能以正义之身"仰不愧于天，俯不怍于人"，昂然独立于天地之间。孟子说："志士不忘在沟壑，勇士不忘丧其元。"（《孟子·滕文公下》）志士即在沟壑也不失其志，勇士即便丧失头颅也誓守其职，牺牲生命而成仁。孟子在这里，非常珍视人之为人的道德人格。士君子应该且必须以此为存在的根据和尊严所在。孟子又说：

> 故士穷不失义，达不离道。古之人，得志，泽加于民；不得志，修身见于世。穷则独善其身，达则兼善天下。（《尽心上》）

孟子的君子思想确乎具有内向的特征，如学者所谓："孔子以来的儒家是把'君子'尽量从古代专指'位'的旧义中解放出来，而强调其'德'的新义。"[①] 但孟子的君子思想在强调君子的道德人格挺立的同时，强调士君子"泽加于民""兼善天下"的实践德行。

---

① 余英时：《中国思想传统的现代诠释》，江苏人民出版社2003年版，第152页。

第七章　君子之治："道德的政治"之存在论意义

三　君子的礼法世界

如果说孔子是通过"君子"而构筑了一个道德的世界，《中庸》《孟子》继之从君子的道德内涵及道德自主性方面进行了发展，那么，到荀子这里，君子则成为实现道德政治的核心。君子政治到荀子这里方成为一个落实下来的思想。荀子明确地指出君子在政治中的地位，他对于德性法治所起到的作用。荀子的君子思想概要而言可以从以下几方面进行解析：第一，荀子对于君子人性的主张；第二，荀子对于君子是治之源的主张；第三，荀子对于君子追求大道清明的主张。

首先，我们看《荀子》中"君子"的内涵。

"君子"一词在《荀子》全书中出现约260次，用法大约为五种不同的形式，有当专称使用的君子，有指代"圣人"的君子，有当在位者使用的君子，有当有德者即品性高尚者使用的君子，有当德位兼备者使用的君子。东方朔指出，荀子的君子既非纯粹德性亦非纯粹地位意义上的君子，而是兼指德性与地位意义上的君子。即此而言，荀子之所重、所尊者乃在君之德、君之道、君之智、君之能[1]。确如所言，我们认为，一方面《荀子》中的"君子"大多是指向德位兼备的君子；另一方面，荀子仍然继承了孔子的思想，在德、位分离的基础上，强调德位兼备的意义。如此，则荀子的君子思想更具有政治哲学的意义。当然，我们注意到荀子君子思想的复杂性，即当荀子论政治之理想人格的君子时，有时常常有不同的称呼，如称君、人者、君者、君人者、人主、天子、明君、明主，或者仁人、仁主、王者、圣王等。

继承了孔子的君子思想，荀子的"君子"既非纯粹意义上的道德理想的君子，也非仅止于统治地位而言的执政者，而是德与地位都兼

---

[1] 东方朔：《"无君子则天地不理"——荀子思想中作为政治之理想人格的君子》，《邯郸学院学报》2015年第12期。

有的君子。"君子"在荀子那里是一个道德概念。同时,荀子同孔子一样,非常重视君子之"位"。荀子思想中的"君子"是德位兼备的治国能士。我们需要重点指出的是:荀子的"君子"思想是在其整个思想系统中形成的,荀子在分析君子的人性基础之上,使"君子"更代表他的理法实践主张及政治制度的建构趋向。"君子"是其政治理想和社会理想的表达。荀子对"君子"的描述虽然多有道德高尚的赞誉,但最后都归结于社会政治领域的责任承担。荀子说:"君子者,天地之参也,万物之总也,民之父母也。"(《荀子·王制》)对于荀子而言,"君子"不仅是道德高尚的人,更是承担国家治理责任的人。君子参赞天地、统合万物,治理天下,是百姓的父母。在荀子的政治理想中,君子是德性高尚的贤达,肩负着天下治乱的责任。君子不仅是国家政治的参与者,更是国家政治的领导者。作为执政者的君子,其意图伦理与责任伦理同等重要。荀子承认君主之利、欲的合理性,并加以现实地、合理地安顿。在荀子那里,君主之车马仪仗、宫室衣服非是欲求的满足,而是为彰其德、表其功而设。"大德必得其位,必称其功"。对于为政的君子而言,政治行为是其价值实现的方式,政治是其理想。政治不只是完成一份工作("器"),不只是盈利性行为。

其次,再看荀子"君子小人,其性一也"的政治哲学内涵。

荀子对人的欲望的根本主张是:不禁绝人的欲望,而是立足于其欲利的本性基础上,合理地满足,并养其欲求之心。

荀子认为,既然人有好利、恶恶的本性,那么,政治哲学便要针对处于一定政治地位、具有公共职责的君子提出对治的构想。第一,有足够的官位爵禄可以提供,以使其欲利欲富追求有实现的可能;第二,按照一定的爵位提供足够富贵的内容,使人能安其职位;第三,不同于普通百姓的做法是,对于君子提出警告"不属于礼义",虽王公贵胄也可以降位为小人,对于王公更为严厉,如不追求礼义可能是江山不保,社稷沦丧;第四,既然人性会趋向于恶,那么,自觉的善是不可相信的。所以荀子屡次提及并要摒除奸言、奸说等等,并提出更具客观性和普遍性的制度之礼或法。以此保证君子行善及不能、不想、不敢行恶；第五，荀子说："喻于义则为君子，喻于利则为小人。"以礼义作为社会的价值导向及评价机制。

荀子所说的"不能属于礼义，则为小人"，包含两方面的内容：其一，不成为道德高尚的"君子"；其二，在现实的社会地位方面，即使是王公大人之子孙，如果不能在德行修养上"属于礼义"并具有可视的、客观的礼义规范（这种评价应是客观的、可具体评价的），便不再具有或是被削夺君子所属的官阶、职位、食邑、俸禄。另外，"喻于义则为君子"标举了社会的礼义道德导向，使庶民、小人亦有努力向善的方向。此主张不但使礼义成为价值理想上的精神导向，而且意味着上升为上层社会的君子，便能获得"君子"所有的尊贵和荣耀。这也冲破了传统礼制，贵族世卿世袭体质，使社会制度更具有正义性。

荀子的人性论证是相当有深意的：一者，人性有好利恶害的自然欲求；二者，从人之性，必有犯分乱理之恶；三者，君子小人，其性一也。荀子特地指出"君子小人，其性一也"，意思是不但小人性恶，君子亦不例外。君子不能无欲，必有好利恶害的功利追求。虽然，荀子的理论包含君子、小人同为性恶的意思。但指出君子"性恶"，却是荀子人性论最富创造性之处。因为依照孔子"君子喻于义，小人喻于利"的指陈，士君子应该是追求道义、践行礼义的道德高尚之人，怎么会是性恶呢？既然是"性恶"，"君子"便不是依照本性自觉成就的，必有赖礼法之约制，师法之教化。基于血缘基础上的家庭亲情（私德），便不会直通政治领域之公正仁义（公德）。这样便将理论与实践的关注中心都集中于政治性的人为努力（"伪"）上了。"伪"得越好，人为创造的道德教化、制度设计、法律规范越完善，则人会更顺利地走上君子之路，社会亦将更顺利地由乱而治，"性伪合而天下治"。

荀子认为，人性、人情是欲求，会趋于恶，所以不能相信从自然的人性、人情能有仁义之德、仁义之政产生出来。人就其本性而言恰恰是对于人类道德规范的违犯，恰恰是不道德。所以，社会政治必须将人纳入道德规范、法律制度的规制中，使之成为善的；而人若欲进入社会政治领域，成为"君子"，就必须"属于礼义"，努力向善成仁。荀子的性恶论，从政治哲学的角度理解方见其光辉。

最后，我们概要分析荀子思想中君子的礼法政治追求。

荀子在《君道》篇有一段话谈及由法治实现天下太平的内容，他说：

> 故械数者，治之流也，非治之原也；君子者，治之原也。官人守数，君子养原，原清则流清，原浊则流浊。故上好礼义，尚贤使能，无贪利之心，则下亦将綦辞让、致忠信而谨于臣子矣。如是则虽在小民，不待合符节、别契券而信，不待探筹投钩而公，不待衡石、称悬而平。不待斗、斛、敦、概而啧（齐）。故赏不用而民劝，罚不用而民服，有司不劳而事治，政令不烦而俗美，百姓莫敢不顺上之法，象上之志，而劝上之事，而安乐之矣。……夫是之谓至平。

如此天下大治的"至平"的局面，实现的原因根本在于两点：一者，有礼法存在。法是人们社会政治行为的根据或限制，是"分"；二者，有君子存在。法只是一个客观性的、冷漠的制度框架，而能使人们具有和谐的、尊法重法精神，恰恰在于君子。君子之德在此处可以概括为三种：第一是自己尊重法律、好礼义；第二是任用能公正执行法律的人，这种行为本身需要公正无私、需要尊重礼法；第三是不贪利。"君子喻于义"，不以贪利之心（私心）干犯礼法。另外，君子（主）不贪利，下必不敢（愿）贪利，不以己私干犯公义。法律应该设为制度，久而久之全国上下养成尊法、重法、不犯法的习俗。

在荀子那里，君子是道德政治的根本和发端，是治之原。道德的政治也可以称为君子之治。荀子的君子之学，上承孔子，符合儒家道

第七章　君子之治："道德的政治"之存在论意义

德的政治之精神。与置身官僚政治之外的孟子不同，荀子接受中国古代政治发展所至的君主制与官僚政治，以之为前提并竭力促其完善。在殷周贵族政治中，科层体制、官员群体、法规体系已有萌芽，但血缘贵族身份系统，官员间的亲族、主仆关系，支配行政的宗教与宗法原则，在本质上使之与官僚政治区分开来。阎步克认为，官僚制的基本精神是一种形式化的理性，它表现为有明确的目的、可计算的、可控制的、合于逻辑的、普遍主义的与系统达到目的的手段。这种理性把千变万化的具体情况化为高度形式化的规程；运用这种规程的，则是专家。这种非人格的、工具性的形式理性，决定了科层体制、行政雇员与成文法典的必要性。法家的"法治"，正是这样一种理性指导下的行政。[①] 荀子的君子之治采取礼法之治的途径，亦具有以上特征。

　　荀子所处的战国时代，诸侯纷争，礼崩乐坏。国家如何克乱成治，社会如何安定平稳，是诸子面临和解决的问题。老子理想的社会是小国寡民、无为无名；庄子求"在宥天下"的超越；孔子终其一生主张恢复周礼；孟子欲从道德的自觉心出发实行仁政；而荀子将国家治理的希望寄托于君子："故法而议，职而通，无阴谋，无遗善，而百事无过，非君子不能。"君子必在法度之下，发挥其道德政治之作用。评断法治之优良与否、联系不同职位的互相补充、贡献政治谋划、表达至善主张，都需要君子。或者说，欲发挥法治最大的效用，必须有君子贯彻实施。"君子……怒不过夺，喜不过予，是法胜私也。"君子是能以法度战胜私情、私利的。"故君子……度己以绳，故足以为天下法则矣。"君子首先是遵法守法的人，自己做得足够好才能成为天下人守法的典范。不受私意的干扰和破坏，是法制实行的根本。这种要求首先是针对君子及君主的，在法的制定和执行过程中都需要保持法的客观性和普遍性。所以法律的制定最需要体现的是客观的普遍的理性，是公而不能是私，所以要去私，要"精公无私而赏罚信"，要无善无恶。在这一点上，道家的黄老、儒家的《大学》和

---

① 阎步克：《阎步克自选集》，广西师范大学出版社1997年版，第163页。

法家的韩非，都有同样的要求。但荀子在这方面的要求是"君子"。

梁漱溟曾解说儒法二家的区别：儒家奔赴理想，而法家则依据于现实。荀子言："君子治治，非治乱也。"（《荀子·不苟》）君子是依据礼义之治的理想来引领社会，而不是根据社会乱象而采取行政的、刑罚的手段。这是儒家对于社会治理的德性主张。荀子在《王制》篇中言：

> 天地者，生之始也；礼义者，治之始也；君子者，礼义之始也。为之，贯之，积重之，致好之者，君子之始也。故天地生君子，君子理天地。君子者，天地之参也，万物之揔也，民之父母也。无君子，则天地不理，礼义无统，上无君师，下无父子，夫是之谓至乱。

在利欲横行、战乱频仍的战国时代，荀子坚持认为礼治是使社会实现和谐稳定的根本途径。他又进一步认为，礼义之治实行的根本在于君子。君子是礼义的制定者和践行者。同时，君子也是礼义在现实政治中展现出实际效果的典范。从来源而言，君子是在天下中教化而成，而君子产生的目的是治理天下。君子是同天地相互影响的，是万物的总领，是百姓的父母。如果没有君子存在，那么天下万物就不会和谐有序，国家就得不到治理，礼义就会散漫无序，社会上层，没有君师之礼，社会下层没有父子之伦。人类社会的政治秩序和伦理秩序就会崩塌，天下会陷入无休无止的混乱当中。东方朔指出："依荀子，在一个人人怀揣求利之欲而物品又有限的境况中，在一个虽有人群，却没有分、义原则加以指导和管理的状况下，要想实现从冲突到秩序的转变，只能通过对政治权威的诉求才有可能，而此一政治权威，在荀子看来，即是君子。"[①] 荀子说：

---

① 东方朔：《"无君子则天地不理"——荀子思想中作为政治之理想人格的君子》，《邯郸学院学报》2015 年第 12 期。

第七章　君子之治:"道德的政治"之存在论意义

> 国家失政则士民去之。无士则人不安居,无人则士不受,无道法则人不至,无君子则道不举。故士之与人也,道之与法者,国家之本作也。君子也者,道法之摠要也,不可少顷旷也。得之则治,失之则乱;得之则安,失之则危;得之则存,失之则亡。故有良法而乱者有之矣,有君子而乱者,自古及今,未尝闻也。传曰:"治生乎君子,乱生乎小人。"此之谓也。(《荀子·致士》)

荀子指出,国家政治的四个基本要素是士、人、道、法,而此四要素能否存在的根本是君子。虽有法,但没有对法的合理性、正当性进行进一步的论议,职而不通,有废弃、坠落的乱的结果。注只引"其人存则其政举,其人亡则其政息"做解。并未说明:为什么有君子便不乱?事实上,还是应该用前面的话来理解:"其有法者以法行,无法者以类举。"其一,君子之治,必以法;其二,即便无法,他也会"以类举",用普遍的可行的方法治理,而不会"偏党而不经",不会用"私",不会任意妄行,不会臆、必、固、我。必由师法;其三,君子之治,有法而议,会减少不通不至的方面;其四,君子之治,必是在法治基础上的中和之治,众人、臣下无隐谋、无遗善。所以,荀子提出其最著名的主张:

> 法者治之端也;君子者,法之原也。故有君子则法虽省,足以遍矣;无君子则法虽具,失先后之施,不能应事之变,足以乱矣。不知法之义而正法之数者,虽博,临事必乱。(《荀子·君道》)

阎步克指出:"商韩的法律万能思想,也给秦式官僚制造成了严重问题。法制如过于复杂则反将增加违法之可能,而且万变的个案会使任何复杂的法律显得贫乏。对每一个案执法者仍须作出判断,这时他的价值观就是决定性的。"荀子"有治人,无治法"的著名观点于今颇遭非议,"但换一个角度就不能不承认它是一个杰出的思想。把道义内化为信念,对职责的价值意义有深刻理解的官员,有可能在'应事之变'时弥补法律的僵硬性,并在不拘泥条文('法之数')的情况下真正贯彻条文的精神('法之义')"①。儒家又从人心方面强调教化对行政的意义,以此在官员间及其与民众间建立以共同信念为基础的共识,于"礼义积而民和亲"的沟通理解中贯彻法令,有可能避免无谓冲突而达到更大行政效率。君子的根本职责是治理国家,在制定礼义来明分人群,在施行教化来化性起伪。荀子的君子,在道德上具备至善的品性,在政治上具备礼治的才干,其必然会是天下治理的主体。由此观之,"圣王和君子都是先觉者,都负有觉后觉的莫大责任,从这个意义上看,君子不仅可以是世俗权力意义上的领导者,同时也是哲学意义上的王。他们地位既合天地之理,所谓'天地生君子';他们的责任便是为天下立法,为生民立命,所谓'君子理天地'"。②

良好的社会政治秩序如何可能是政治哲学的核心问题。荀子主张隆礼重法,以礼法安定天下,然而荀子又言:"君子者,礼义之始也。"(《王制》)"君子者,法之原也。"(《君道》)法度和礼义从根源上都来自于君子。礼法治国的根本还在于君子。君子政治不同于依靠权威统治的人治主义,二者最大的区别在于政治主体是否具备道德。在荀子看来,最好的法和最好的人在本质上是一致的。礼来源于君子,而君子又是礼所熏陶出来的,礼和君子不存在时间上的先后顺序,二者本是同一的。因而最好的法治就是最好的人去制定法和执行法,有好法无好人,有好人无好法,都是不能够实现正理平治的。荀子的君子,不仅仅是道德人格或政治人格的表达,还代表一种道德的政治制度。君子德才兼备,匹配相应的政治权力,这是君子作为政治主体而存在;君子在位,天下之人皆有德性,能明群分,行礼义,这

---

① 参见阎步克《阎步克自选集》,广西师范大学出版社1997年版,第164页。
② 东方朔:《"可以而不可使"——以"性恶"篇为中心的诠释》,《邯郸学院学报》2012年第12期。

第七章　君子之治："道德的政治"之存在论意义

是君子作为政治制度而存在。荀子的君子政治，作为一种贤能政治，是一种礼义的政治制度。因为在荀子看来，"好的社会秩序不仅由圣人宣告诞生。如果说它还要依靠'礼义'，就必须继续依赖于精英的品质，因为'礼'是这样的一种法律，只有当人们能在自身的生活中使得实现，才能使其在社会中得到实现"①。

荀子提出了一种吸收道家思想的内在修养境界的"大清明"——排除了一切障蔽的心灵状态。在这种心灵状态中，人不再有任何主观的偏见，万物能够以最本然的状态呈现于心中。人心也能最客观地获得对万物的认识，即所谓"兼陈万物而中悬衡焉"。天地万物是复杂的，处于不断的变化过程中，人的知识也处于变化过程之中，不可能穷尽万物。但是，人心却需要并可以达到一种精神状态。它不偏执、停滞于任何知识形式、理论主张，而能以一贯的原则在对事物之变的自然因应中，使事物之理本然地显现出来。值得注意的是，荀子认为，一旦一个人的内心达到这种"大清明"的境地，所有的事物看上去都是那么清晰、独特、有序并且位置适当。换句话说，一种具有差别性和组织性的合理秩序将起因于这一"大清明"的心境：

> 万物莫形而不见，莫见而不论，莫论而失位。坐于室而见四海，处于今而论久远，疏观万物而知其情，参稽治乱而通其度，经纬天地而材官万物，制割大理而宇宙理矣。(《荀子·解蔽》)

这里描述了蒙蔽如何消失以及秩序整体和原则如何显现的问题，而秩序整体和秩序原则指示并规定了事物的秩序同时又使我们能够为了人类的目的（它本身必须是合理的）以一种利用并且保持事物秩序的方式而行动。这些利用之一就是，可以促成就"礼""义"而言的道德体系的产生，以使整个人类能够有所遵循从而达至繁荣昌盛。

---

① [美]史华兹：《古代中国的思想世界》，程钢译，江苏人民出版社2004年版，第298页。

显然，这一合理性的原则既可被看作知识原则又可被视为实践原则。宇宙中有大理，大清明之心乃可以认识宇宙之"大理"①。作为礼法政治核心的君子，是需要达至这样的"大清明"境界的。

四 儒家君子政治的现代意义

儒家君子政治具有怎样的政治哲学意蕴？笔者以为，政治哲学视域下的君子之德应该具有如下代表性内涵：

首先，君子之德指向安民、安百姓的社会政治责任。儒家讲："君子修身以道，修道以仁。""君子以仁存心。"都是主张，在位的君子首要的政治之德是对天下百姓的仁爱之心、爱民之德。对于孔子来说，无论是天子、诸侯及处在各个阶层的君子，都应该具有对天下百姓的仁爱之心，具有安民、安百姓的德行追求和修养。另外，执政的君子应认识到"小人喻于利"的现实，以兴百姓之利为自己的职责、自己之"义"。人们往往单纯从道德修养的角度简单地将义利置于非此即彼的对立态势，并得出儒家文化重义轻利的结论。事实上，"君子喻于义，小人喻于利"主要是从地位而言的事实性描述，应从政治哲学角度予以理解：不在位的小人即庶民"喻于利"；在位的君子则以"义"为其政治之德，所思所想在其政治责任，而不是一心想着个人之利。进一步，既然庶民百姓是"喻于利"的，那么负有"务民之义"的君子就应当思百姓之利。

其次，君子对行政职责的自觉和自认。曾子曰："君子思不出其位。"（《宪问》）孔子言："不在其位，不谋其政。"（《泰伯》）反过来说则是，在其位，谋其政。在位谋政的"君子"要具有各种能力和才干。曾子反思自己"为人谋而不忠乎"，即在位谋划是否尽心尽责。至于孔子所说的"君子不器"，主要是指君子不能成为某些诸侯谋利的工具。"君子有三畏"，其根本是要对自己的存在有自觉、有

---

① [美]成中英：《"德""法"互补：一个儒家——康德式的反思（下）》，《齐鲁学刊》2009年第4期。

第七章　君子之治:"道德的政治"之存在论意义

敬畏。敬畏天命,即反思自己的德性,要仰不愧于天、俯不怍于人;敬畏大人,即反思自己的政治职责、政治使命,是否做到了忠于职守、尽心尽力;敬畏圣人之言,即反思自己是否遵循了圣圣相传的一贯之道,是否继承了德性政治的传统。狄百瑞认为:"君子作为个体可以直接感悟'道'是最高的价值;君子富于灵感的言说见证了并不言说的上天;君子的使命感——实际上是受到上天的委托;君子对统治者提出警告,以免他们因为违背天命而遭受灭顶之灾。"[①] 儒家的君子,对待天命是一种人文的自觉,是对君子自身使命的自觉担当。在儒家政治哲学中,君子每天做的事、履行的职责都是"天之所命"。同时,我们也需要指出,既然有"畏",则有对于"不"的戒慎恐惧。君子之"思",既有积极的对于职责、使命的担当与筹划,亦有消极的对于不仁、不义、无信等的反思与警醒。

再次,"君子喻于义"的政治伦理内涵。孔子讲:"君子喻于义,小人喻于利。"(《里仁》)君子在对于正义、对于自己职责的自觉、领会与付出中,实现其自身的价值。在孔子看来,君子之入仕做官是追求和实现自己政治理想、政治抱负的行为。君子既能积极地辅助君王实现道德政治的理想,又能以其道义匡正现实政治,使其不至于偏离道德政治的轨道。

最后,从政治哲学的视角看,以往关于儒家君子的研究大体上具有如下特征:第一,偏重于对执政者道德义务的关注,使道德成为压在执政者肩头的沉重负担;第二,中国传统政治实践中专制君主对执政大臣进行严厉地防范和控制,使政治行为成为没有尊严和价值根据俗世的、功利的、自私的行为;第三,有鉴于西方政治哲学中权力总是趋向腐败等观念,则有对政府及执政者的不信任和防范,由此更加重对执政者的消极方面的关注;第四,由此带来的实践影响则是:从事政治的行为本身没有究极的意义和价值实现感,执政者在失去崇高的理想和价值追求的同时,堕落和沉沦于权力角逐、权力滥用的泥沼

[①] [美]狄百瑞:《儒家的困境》,黄水婴译,北京大学出版社 2009 年版,第 5 页。

而难以自拔。

  儒家"君子政治"则更具有积极的政治哲学意蕴。在儒家"君子政治"的思想中，君子有仁爱、正义、礼敬、智慧、诚信之德。"道德的政治"是君子的生活方式和德性实现方式。君子仁爱天下、爱民以德不只是消极的义务要求，更是积极的德性追求和理想实现。君子首先要有对"德"的追求。"德"作为一普遍性的、内在性的道德心性，必引起执政者及众人的倾心向往。《大学》言"明明德"是"皆自明也"。君子"居仁、由义"，一方面，个人之德、家庭伦理之德，是君子存在的意义所在，是其生命的根基、精神的居所；另一方面，作为执政者，君子把德性的政治行为、政治活动视作其价值和理想实现的方式。君子修己而安民安百姓、成己而成人、己立立人、己达达人。这是君子的德性实现方式，亦是执政者的价值实现方式。

  在儒家政治哲学中，君子从政、为政是有意义的。他每天做的事，履行的职责都是"天之所命"。所以，君子在政治中是有意义的，是有方向感和价值感的。

第八章

"道德的政治"之教化形态与法治路径

依照前辈学者的说法,中国社会的伦理、政治、宗教是合而为一的。梁漱溟指出:"一方面是安排伦理名分以组织社会;另一方面,设为礼乐揖让以涵养理性。在中国代替宗教者,实是周孔之'礼'。不过其归趣,则在使人走上道德之路,恰有别于宗教。"① 另外,古代中国乡土社会,安土重迁,人口流动很小,土地也很少变动,维持社会秩序的是不需要强制力量的传统的礼治规范。乡土社会是"礼治"的社会②。在此社会经济基础上,先秦儒家一方面重视孝悌之德、重视亲情伦理;另一方面主张要通过礼乐文明的涵养使天下人具有仁义的道德,孔子讲"克己复礼为仁"和"兴于诗,立于礼,成于乐",以此。他们认为,血缘亲情、家庭伦理是实现"仁者爱人"的基础,是实现天下秩序安定的基础和前提。可以说,"本来中国社会以务农为本,安土重迁,累世聚居,左右非亲即故,非族即友,从而情义为怀,交深谊重。"③ 概括地说,具有超稳定结构的中国传统宗族社会、自然经济社会既是道德的政治的因,也是其果。一方面,中国传统宗法社会、家国同构的特征决定了儒家政治为"道德的政

---

① 梁漱溟:《中国文化要义》,上海世纪出版集团2003年版,第127页。
② 费孝通:《乡土中国生育制度》,北京大学出版社1998年版,第49—51页。
③ 李泽厚:《历史本体论·己卯五说》,生活·读书·新知三联书店2006年版,第212页。

治"的特质；另一方面，儒家"道德的政治"又进一步型塑和巩固了中国社会重伦理、崇道德的社会特征。儒家"道德的政治"倡导德治、礼治，但并不排斥法。儒家代表荀子隆礼重法，但他仍提出"有治人，无治法"的著名观点。就实现社会的整体和谐与良善目标而言，道德与法律在作用上无疑是殊途同归。

第一节　儒家乐教及其对于道德政治形成的意义

每一个民族都有其独特的气质和精神，学术界称之为"民族精神"或"民族气质"。黑格尔（Hegel）指出："民族的气质是明确的和与众不同的，从一个民族的道德、政治组织、艺术、宗教和科学诸方面都能感受到民族气质的独特之处。"[1] 在中国，毫无疑问，我们可以用"礼乐文化"来概括这种精神气质，因为它圆融地蕴含了崇德、养性、重孝、贵民等一系列我们所重视的、并且潜意识贯彻在我们日常生活中的价值诉求。周代的礼乐文化强烈地表现出对宗族家庭的责任与情感、对国家和社会的义务和关爱、对道德与美的追寻。以至于在孔子那里，也非常重视礼乐，甚至可以说，礼乐是孔子的一种崭新的"理想"，"这种新的理想立足于对人们本性和力量的崭新的睿识洞见"[2]。因为礼乐的完满必然是人性的完满、礼乐与德与仁都是同一的。儒家乐教对于中国社会伦理与道德的建设具有非常积极和独特的作用。儒家乐教不仅仅是一种单纯的艺术教育，更是一种关于人格和政治德性的教育，它在促进人格和谐、社会和谐、人与自然的和谐上有重要的作用。而为了发挥乐的这种教化作用，在乐的选择上必须有所限定。在儒家看来，并不是所有的乐都有积极的教育意义，只有在内容和形

---

[1] 转引自［英］麦克斯·缪勒《宗教学导论》，金泽译，上海人民出版社2010年版，第60—63页。

[2] ［美］赫伯特·芬格莱特：《孔子——即凡而圣》，彭国翔译，江苏人民出版社2010年版，第59页。

式上都符合"和"的精神的"德音",才能在培养和谐人格、调节人的社会关系、实现人和社会的和谐发展上产生积极的影响。

一 乐的内涵及其传承与起源

在儒家思想传统中,各个时代的学者都试图理解和诠释"礼乐"问题,因为"离开了古代的礼乐传统,儒家中心思想的发生与发展都将是无从索解的"①。所以无论是孔子"恢复周礼"的尝试,还是现当代对礼乐问题的探讨,其实质都是"温故而知新",其目的都是为了寻求一种新的对社会有助益的生活方式和政治建议,"只有当我们在传统方式的一代又一代熏陶下真正成长起来,我们才能够成为真正的人;只有当我们复活了新的环境视之为不再有效的这个传统,我们才能够保存我们生命的方向和完整"②。《论语·泰伯》有言"兴于诗,立于礼,成于乐",礼与乐当然不可或分,但毕竟各自有各自的特别之处,礼重节制、乐爱和谐,节制之规范是成就生命之和谐的必需途径,因此说"成于乐"。徐复观先生亦认为先秦儒家是更看中乐的精神的,"礼乐并重,并把乐安放在礼的上位,认定乐才是一个人格完成的境界,这是孔子立教的宗旨"③。本节讨论乐,是在先秦儒家礼乐文化的大背景下探讨乐在政治教化、性情培养方面的作用。

(一) 释乐

"乐"字繁体做"樂",其字形起源大致可分为三个阶段:甲骨文 ▼——金文 ▼——篆文 ▼,其字形的起源与变化有助于我们理解它的涵义。若从字源学上考证,古今学者各有见解。这里列举三种较为合理的说法。

一是许慎《说文解字》:"乐,五声八音总名。象鼓鞞。木,虡也。"段玉裁在《说文解字注》中做解如下:

---

① 余英时:《士与中国文化》,上海人民出版社1987年版,第93页。
② [美]赫伯特·芬格莱特:《孔子——即凡而圣》,彭国翔译,江苏人民出版社2010年版,第60页。
③ 徐复观:《徐复观文集4·中国艺术精神》,湖北人民出版社2002年版,第12页。

《乐记》曰:"感于物而动,故形于声。声相应,故生变。变成方,谓之音。比音而乐之,及干戚羽旄,谓之乐。"音下曰:"宫、商、角、徵、羽,声也。丝、竹、金、石、匏、土、革、木,音也。"乐之引申,为哀乐之乐。象鼓鞞。鞞当作"鼙",俗人所改也。"象鼓鼙",谓𢆶也。鼓大鼙小,中象鼓,两旁象鼙也。乐器多矣,独像此者,鼓者,春分之音,《易》曰:"雷出地奋,豫,先王以作乐崇德。"是其意也。木,虡,谓從木。虡也。虍部曰:"虡,钟鼓之柎也。"五角切。古音在二部。①

其意认为"樂"的字形是象征着鼓鼙,鼓是大鼓,鼙是一种军用小鼓,在众多乐器之中以鼓鼙作为意象,是由于鼓鼙的动进生发之气,段玉裁以《易》之所载做注即是此意;《乐记》有"鼓鼙之声讙,讙以立动,动以进众。君子听鼓鼙之声,则思将帅之臣。君子之听音,非听其铿枪而已也,彼亦有所合之也。"亦与此意相合。

二是罗振玉在《增订殷虚书契考释》中作:"樂,从丝附木上,琴瑟之象也;或增'白',以象調弦之器,犹今弹琵琶、阮咸之拨矣。"这里是以琴作为意象来象征乐,郭沫若也认同此观点,并在其《甲骨文字研究》中言"樂字之本为琴","后人只知有音乐、和乐之乐,而不知有琴弦之象",究其本质,仍是用一种乐器来象征"五声八音",与许慎"鼓鼙"之说并无根本不同。

三是林桂榛认为"樂"字之造字应来源于铃鼓,是"悬铃建鼓"的实际摹写,"幺"之甲骨文"⚯"是"丝"的一半,应是铃绥之意,且建木而悬大鼓小铃的乐活动与古人的祭祀活动有关,也与乐的实际起源相符合。林桂榛从考古方向对此作出考察和解释,有其合理之处②。

考察以上三种说法可知,尽管在"樂"的字形意义上学者们各有

---

① (清)段玉裁:《说文解字注》,凤凰出版社2007年标点本,第466页。
② 参见林桂榛、王虹霞《"樂"字形、字义综考——〈释"樂"〉系列考论之二》,《南京艺术学院学报》2014年8月。

异议，但基本不会否定以下几个方面：首先，在字形上，"樂"应是取形于某种乐器，用以象征音乐；其次，在功用上，乐之实行必然是为了施用于民众，或鼓或琴，或歌或舞，五声八音，干戚羽毛，政治上的教化和人格上的感染皆以民众为对象；第三，在起源上，乐活动应与原始的巫术祭祀活动不可分割，感天通地或是祭祖祭神必然有一种仪式，这些仪式可能就是礼与乐最初的形态，但把这种仪式称之为"礼"是在周初才正式形成的，而乐之发生更在礼之前，由此更可看出，乐与宗教之不可分是由来已久的。

（二）乐的起源与传承

以上是从字源学来解释"樂"字。若从义理上解释乐，最合适不过《乐记》开篇："凡音之起，由人心生也。人心之动，物使之然也。感于物而动，故形于声。声相应，故生变。变成方，谓之音。比音而乐之，及干戚羽旄，谓之乐。"乐之所起，在于人心被外界事物所感动。人心本是好静寂而无挂碍，但人身处于外界事物环绕之中，不可避免有得失之处、有顺逆之境、有好恶之情，心为之感，则产生哀乐、喜怒、敬畏的情绪。欲将此种情绪宣之于口，即成声；调节声之转和次序，成就文章曲调，则是音；再以乐器演奏抒怀播之于众，以干戚羽毛为饰舞之蹈之，则最终被称之为乐。荀子在《乐论》开篇讲："夫乐者，乐也，人情之所必不免也，故人不能无乐。"也说明了乐起于人心人情，外界的事物有好坏之分、有善恶的属性，这些都能够作用于人心之上。善事感人向善，这是值得发扬的，但恶事惑人心、乱家国，是需要被压制和改正的，"是故先圣正礼正乐以防之，不欲以外境恶事感之"（《礼记注疏》），便是周公"制礼作乐"之意，我们在后文会详细讨论这个部分。

前文提到，原始的巫术祭祀活动所进行的一些仪式可能是礼与乐最原初的形态，我们在很多文献中能看到它们之间的相关性。

> 歌有恒舞于宫，酣歌于室，时谓巫风。疏云：巫以歌舞事神，故歌舞为巫觋之风俗也。（《尚书·伊训》）

大乐之野，夏后启于此舞九代，乘两龙，云盖三层，左手操翳，右手操环，佩玉璜。(《山海经·海外西经》)

司巫掌群巫之政令，若国大旱，则率巫而舞雩；国有大灾，则率巫而造巫恒。祭祀，则共匰主及道布及蒩馆。凡祭事，守瘗。凡丧事。掌巫降之礼。男巫掌望祀望衍授号，旁招以茅。冬堂赠，无方无算。春招弭，以除疾病。王吊，则与祝前。女巫掌岁时祓除，衅浴。旱暵则舞雩。若王后吊，则与祝前。凡邦之大灾。歌哭而请。(《周礼·春秋宗伯》)

以上三段，描绘和解释了巫术活动中的歌与舞。《说文解字》解释"巫"字时说道："巫，祝也。女能事无形，以舞降神者也。象人两褎舞形，与工同意。古者巫咸初作巫。凡巫之属皆从巫。"三代的巫的主要职责是事奉天地山川神灵、招神讨福，祛除灾病。在事神之时需要用一种能够完满的、饱满的表达心愿和情绪的语言和动作，而歌与舞恰好能满足这种强烈的情绪的外放需要，同时也很容易通过此种激昂情绪感染他人，因此在巫觋的活动中，必然是有歌有舞。也有学者从字源学上论证巫与舞的密切关系，如陈梦家在《商代的神话与巫术》一文中指出："舞巫既同出一形，故古音亦相同，义亦相合，金文舞无一字，说文舞无巫三字分隶三部，其于卜辞则一也。"[①] 杨向奎先生也有类似说法，皆是证实巫与舞不可分割。

巫觋文化在殷商时已经发展为祭祀文化，自然神祇也在祭祀中逐渐人格化，祖先神灵成为祭祀的主要对象。到西周时，这种祭祀活动已经建立起了完整而系统的规范体系，即礼乐文化。在乐的部分，严谨而完善的礼乐文化体系表现为在不同的祭祀活动中要采用不同的乐歌与乐舞，这在《周礼·春官·大司乐》中有详细的介绍：

---

① 转引自陈来《古代宗教与伦理》，生活·读书·新知三联书店2009年版，第38页。

第八章 "道德的政治"之教化形态与法治路径

歌大吕，舞云门，以祀天神。奏大簇，歌应钟，舞咸池，以祭地示。乃奏姑洗，歌南吕，舞大磬，以祀四望。乃奏蕤宾，歌函钟，舞大夏，以祭山川。乃奏夷则，歌小吕，舞大濩，以享先妣。乃奏无射，歌夹钟，舞大武，以享先祖。凡六乐者，文之以五声，播之以八音。凡六乐者，一变而致羽物及川泽之示，再变而致裸物及山林之示，三变而致鳞物及丘陵之示，四变而致毛物及坟衍之示，五变而致介物及土示，六变而致象物及天神。

祭祀用乐与先前的巫觋歌舞相比，相同之处仍然是用歌舞来招神纳福。区别在于，除了对自然天地山川神灵的崇拜，对先祖的祭祀也同样重要，祭祀活动中所用的歌舞在种类、次数等仪典上都有十分明确的规定，这表现了乐这一部分的重要性。

但当我们谈到礼乐的时候，当然不可能指的是事神行为意义上的原始的礼乐（尽管这种行为可以追溯到三皇五帝甚至更早时期），而是相传由周公制定的礼乐制度。前者仅仅是一种宗教行为的表征，并无道德及政治内涵；后者则超出了宗教礼仪的范围，"分明是指一套制度与文化的建构"①。

最早关于周公制礼作乐的说法记载于《礼记·明堂位》："武王崩，成王幼弱，周公践天子之位以治天下。六年，朝诸侯于明堂制礼作乐，颁度量而天下大服。"此种说法的真实性诚然可疑，但若说周公为周代的礼乐文化指明了大的方向、奠定了大的基础应无可疑之处。周公制礼作乐，"实现了中国早期文化由夏以前的巫觋文化，经由商的祭祀文化而向周的礼乐文化的转型"②。"制礼作乐"之时对各项典章制度及道德准则的制定，维护了传统的政治准则和道德规范，巩固了周代各阶层的等级制度，并为后世儒学提供了丰厚的思想基础。

到了春秋战国末期，新兴阶级的兴起冲击了原有的社会等级制度，

---

① 陈来：《古代宗教与伦理》，生活·读书·新知三联书店2009年版，第244页。
② 隋思喜：《礼乐的没落与重光——追寻儒家和谐秩序的生命韵律》，《孔子研究》2016年第3期。

周朝的统治者不再能够垄断"乐"这种表达形式,因此社会就到了一个"礼崩乐坏"的阶段,郑声卫声相继而出,这些新乐既不符合德的要求、也不满足礼的规范,很多贵族在礼乐活动中也徒有形式而没有内容、失却了礼乐的真精神。在这种背景下,孔子试图力挽狂澜:政治上他维护正统,一方面对西周礼乐文明进行合理的继承;另一方面则在此基础上对礼乐进行了符合社会发展要求的整改,也就是其"正乐"的主张:"吾自卫反鲁,然后乐正,雅颂各得其所。"(《论语·子罕》)孔子正乐主要表现为从乐的角度对《诗经》加以重新整理①:

> 古者诗三千余篇,及至孔子,去其重,取可施于礼义,上采契后稷,中述殷周之盛,至幽厉之缺,始于衽席,故曰:"《关雎》之乱以为《风》始,《鹿鸣》为《小雅》始,《文王》为《大雅》始,《清庙》为《颂》始"。三百五篇孔子皆弦歌之,以求合《韶》《武》《雅》《颂》之音。礼乐自此可得而述,以备王道,成六艺。(《史记·孔子世家》)

个人修养上孔子也极重乐之教化,这点可以从他自身对乐的学习而得到证实:

> 孔子学鼓琴师襄子,十日不进。师襄子曰:"可以益矣。"孔子曰:"丘已习其曲矣,未得其数也。"有间,曰:"已习其数,可以益矣。"孔子曰:"丘未得其志也。"有间,曰:"已习其志,可以益矣。"孔子曰:"丘未得其为人也。"有间,有所穆然深思焉,有所怡然高望而远志焉。曰:"丘得其为人,黯然而黑,几然而长,眼如望羊,如王四国,非文王其谁能为此也!"师襄子辟席再拜,曰:"师盖云《文王操》也。"(《史记·孔子世家》)

---

① 对"孔子删诗说"的不同意见可以参见杨向奎《宗周社会与礼乐文明》,人民出版社1997年版,第364—379页。

从"曲""数"之技术，到"志""人"之精神，这种在音乐学习中由技术深入到精神、由表现上升到人格的过程，正是孔子在个人修养中不断精进的功夫。孔子之所以重视礼乐，是因为他清楚地知道，以六经传六艺，以"诗书礼乐"作为教育的内容更能够帮助人"成人"，《论语·宪问》中有"若臧武仲之知，公绰之不欲，卞庄子之勇，冉求之艺，文之以礼乐，亦可以成人矣"。"成人"即自我的认知和人格的完成，这不仅需要个人的学习，也需要国家在政治和教育上的引导。

孟子关于"乐"的思想便是更多着眼在政治上，他的"与民同乐"的观点根本上是为了使君主通过得民心而王天下。孟子说："仁言不如仁声之入人深也，善政不如善教之得民也。善政，民畏之；善教，民爱之。善政得民财，善教得民心。"（《孟子·尽心上》）"乐"在孟子这里即是"善教"的手段，是行仁政的方式，所以他说"今之乐犹古之乐也"（《梁惠王下》），因为只要是能与民同乐，那么世俗之乐与先王之乐在审美的功能上是没有大区别的，它们也能够达到同样的目的即"得民心"。

孟子关于"乐"的思想显然是与他的性善论相关联的，而在荀子那里，人的自然欲望与理智分辨的能力是他一切思想的基础，也就是我们所说的"性恶论"和"化善起伪"。徐复观先生认为荀子学问的性格与乐是并不相近的，只是"因为要继承孔门的大传统，所以写出了一篇完整的《乐论》"①。其实不然，荀子之重视乐，是因为他也明确知道乐对人心及政治的重要性，因为乐的"足以感动人之善心"的特性，才能够担当起"足以率一道，足以制万变"（《荀子·乐论》）的政治责任。

二 乐的结构与礼乐制度

乐是五声八音之总名，段玉裁做注："宫商角徵羽，聲也。丝竹

---

① 徐复观：《徐复观文集 4·中国艺术精神》，湖北人民出版社 2002 年版，第 5 页。

金石匏土革木,音也。"(《说文解字注》)又有《尚书·尧典》载:"帝曰:'夔,命汝典乐,教胄子,直而温,宽而栗,刚而无虐,简而无傲。诗言志,歌永言,声依永,律和声,八音克谐,无相夺伦,神人以和。'"《礼记·乐记》载:"歌之为言也,长言之也。说之,故言之;言之不足,故长言之,长言之不足,故嗟叹之,嗟叹之不足,故不知手之舞之,足之蹈之也。"

从以上文字记载可以看出乐的几个主要构成元素:诗歌,曲调,乐器,舞蹈。诗便是《诗经》,作为士大夫之间交流问道的形式,《诗经》在春秋时期开始经常被士大夫使用,在《左传》和《国语》中我们可以看到很多相关的记载。孔子也常常运用诗来回应别人的问题,又以"不学诗,无以言"来要求弟子,可见诗之重要性。诗歌实际上是"歌诗",通过唱和的形式使用《诗经》来表达情感和见解、辅助仪典的完成。如《仪礼·乡饮酒礼》中有"间歌《鱼丽》,笙《由庚》",《仪礼·燕礼》中有"升歌《鹿鸣》"等。曲调就是节奏与韵律,通过恰当的节奏与韵律使诗能够和谐、流畅、动人地表现出来。因此曲调与诗是不可分割的,不同的节奏和韵律可以区分不同的场合和活动,或是庄严肃穆,或是欢快明朗,五声六律协调统一,也是乐重要的一部分。同时,五声六律也需要八音的辅助,即丝竹金石匏土革木,用八种材质来指代乐器。不同的仪式场合下的用乐需要用不同的乐器和舞蹈来搭配,如祭祀天神时要"奏黄钟,歌大吕,舞云门",祭祀先祖时要"奏无射,歌夹钟,舞大武"等。诗、曲、乐、舞,四者和谐而为"乐"之不可缺少的元素,《毛诗序》言:"诗者,志之所之也,在心为志,发言为诗,情动于中而形于言,言之不足,故嗟叹之,嗟叹之不足,故咏歌之,咏歌之不足,不知手之舞之足之蹈之也。"可谓说尽其中精妙。

乐的制度与礼制是分不开的,用乐之时必有礼的仪式。本节不可能也不企图对乐的制度做完整系统的研究,只是希望通过几个有文献记载的例子,来说明具体的礼乐制度的功用及意义。这里将列举两段具有代表性的,不同地位、不同仪式下的用乐制度。一是鲁国国君祭祀周公时所用的天子之礼,二是乡大夫待客宴宾时所用的乡饮酒礼。

(一) 天子礼乐

《礼记·明堂位》记载"天子礼乐"时关于用乐的文字有:

> 升歌《清庙》,下管《象》。朱干玉戚,冕而舞《大武》。皮弁素积,裼而舞《大夏》。《昧》,东夷之乐也。《任》,南蛮之乐也。纳夷蛮之乐于大庙,言广鲁于天下也。

其中,《清庙》乃是《周颂》的第一首。"颂"者,本来就是宗庙之上所用的乐歌,是为了将所颂之人的盛德成功之状告于神明。《清庙》一章只有八句:"於穆清庙,肃雍显相。济济多士,秉文之德。对越在天,骏奔走在庙。不显不承,无射于人斯。"据记载,《清庙》是洛邑告成之时,周公祭祀周文王所用的乐歌,而后成为了周王朝举行盛大祭祀以及其他重大活动的通用乐曲。整章的意思是说:这清静的宗庙庄严肃穆,助祭的公侯皆敬且和;执事之人全都秉承执行着文王的美德;既对越其在天之神,又骏奔走其在庙之主;传承颂扬着文王美德,万世信奉、无厌于人。《清庙》一章是以歌颂文王的美德为中心,在祭祀或者其他活动仪式之中,在庙堂之上歌此诗章就意味着要彰显德之盛,故《礼记·仲尼燕居》中说道:"升歌清庙,示德也。"

"下管《象》",下是堂下之意,管是匏竹乐器,在堂下以匏竹演奏《象》乐,彰显了帝王的武德。关于《象》乐的来源,有认为是文王之乐舞,如《史记·吴太伯世家》中季札观乐时"见舞象箾南籥者,曰:'美哉,犹有憾。'"《左传》所载:"见舞象箾南籥者"(襄公二十九年),杜注云"象箾舞所执,文王之乐"。也有学者认为《象》为武王伐纣之乐舞,如郑玄《〈毛诗传〉笺》:"象,用兵时刺伐之舞,武王制焉。"传闻不同,故所载有异,但象征和平与帝王武德之意皆同,故《礼记·仲尼燕居》有:"下管象,示事也。"

"朱干玉戚"是乐舞所用的饰物礼器,"冕"指的是周代冠冕,

· 303 ·

《大武》是歌颂武王伐纣的武乐。"皮弁"是三王时期的服饰，《大夏》是夏禹之文乐，所以要"裼而舞《大夏》"。《昧》《任》，是所谓的"蛮夷之乐"，孔颖达疏云："周公德广，非唯用四代之乐，亦为蛮夷所归，故赐奏蛮夷之乐于庭也。唯言夷蛮，则戎狄从可知也。"[①] 在庙堂之中演奏"蛮夷之乐"，既是为了向天下彰显鲁国君主的天子威仪，也是为了将先王的美德推行至四方之地。

"升歌《清庙》"一段，描述了鲁国国君按照天子之礼行祭祀活动时所可以享用的乐的制度，包括乐曲、诗章、舞具、舞服等等，这一套所谓的天子礼乐，实际上代表着当时最高一级的祭祀礼仪体系，《明堂位》在描述完乐的制度之后，又接着说明了天子的门制和庙饰，并追溯了上古虞、夏及至商周时期的各种礼乐制度的因袭和变化，如"夏后氏之鼓足，殷楹鼓，周县鼓"是各代乐器放置上的区别，而"拊搏、玉磬、揩击、大琴、大瑟、中琴、小瑟，四代之乐器也"则指出四代也有所共同的地方。因此，虽然《乐记》中有"五帝殊时，不相沿乐；三王异世，不相沿礼"，但我们仅仅以此段乐制的列举便可以知道，尽管四代的礼乐制度有差异，但这种差异基本只体现在细节规定上，而在结构和内涵上是相沿袭的，它们都有着非常重要的文化功能和政治功能。鲁国使用并传承着四代的各项礼乐制度，因此被认为是"有道之国"。

（二）乡饮酒礼

乡饮酒礼，即乡人会聚宴饮时所行之礼，有谋宾、献宾、乐宾、送宾等程序。《礼记·乡饮酒义》开篇即讲"乡饮酒之义，主人拜迎宾于庠门之外，入三揖而后至阶，三让而后升，所以致尊让也。"可以看出，乡饮酒礼的意义在于明长幼之序、见尊让之心，是非常重要和常用的礼仪，而其中乐的使用又十分有规则、有意义。

《仪礼·乡饮酒礼》中在用乐的程序上有记载：

---

① （唐）孔颖达：《唐宋注疏十三经·第二卷·礼记注疏》，中华书局1998年标点本，第367页。

第八章 "道德的政治"之教化形态与法治路径

工歌《鹿鸣》《四牡》《皇皇者华》。卒歌,主人献工。

笙入堂下,磬南,北面立,乐《南陔》《白华》《华黍》。主人献之于西阶上。

乃间歌《鱼丽》,笙《由庚》;歌《南有嘉鱼》,笙《崇丘》;歌《南山有台》,笙《由仪》。

乃合乐,《周南》:《关雎》《葛覃》《卷耳》;《召南》:《鹊巢》《采蘩》《采苹》。工告于乐正曰:"正歌备。"乐正告于宾,乃降。

宾出,奏《陔》。

这里所用的《诗经》的篇章都有其原因和意义,而不是乱奏滥歌。比如,首先在升歌的程序中,主人先向宾客举觯敬酒,而后四位乐工升堂歌唱《鹿鸣》《四牡》《皇皇者华》。这三首诗都收录于《小雅》。雅者,正也,正乐之歌也,因此《小雅》所收录的都是燕享之乐。《鹿鸣》一章文字欢快和悦,又有符合仪式的乐器相配,"鼓瑟吹笙""鼓瑟鼓琴",是宴饮礼中必用的乐曲。《四牡》一章在儒家看来是慰劳使臣的风尘劳顿,朱熹《诗集传》中说:"此劳使臣之诗也。夫君之使臣,臣之事君,礼也。故为臣者,奔走于王事,特以尽其职分之所当为而已,何敢自以为劳哉!然,君之心则不敢以是而自安也。故燕飨之际,叙其情以闵其劳。"《皇皇者华》一章的旨意则是"君教使臣",国君派遣使臣到四方之地,使其广询博访,既能宣扬国家的美德,又能多方求贤以辅助国君。在宴饮乐宾的程序中,根据宴饮的不同主旨而使用不同的乐诗,可见主人待宾客之心诚。其后笙奏、间歌的程序中使用的《南陔》《白华》《鱼丽》《南有嘉鱼》等也都属于《小雅》,是专门用于宴饮仪式上的乐诗。而合乐时所用的《关雎》《鹊巢》等则属于《国风》,是各地的民俗歌谣。《陔》指的是古乐曲《陔夏》,郑玄注:"《陔》,《陔夏》也。陔之言戒也。终日燕饮,酒罢,以《陔》为节,明无失礼也。"

孔颖达《礼记正义》作疏时认为乡饮酒礼主要用于四种情况:

"一则三年宾贤能，二则乡大夫饮国中贤者，三则州长习射饮酒也，四则党正蜡祭饮酒。"而宴饮之时所用之礼乐除了乡饮酒礼，还有飨礼、燕礼，它们在礼仪节次、程序的部分并无大的区别，只是在献宾的过程中要根据宾客的不同身份采用不同的献礼，在升歌作乐时也根据宾客的不同等级歌唱不同的乐诗。可以看出，在这些宴饮的礼乐仪式之中，十分重视地位和身份的差别，如《礼记·射义》中就指出："古者诸侯之射也，必先行燕礼；卿大夫士之射也，必先行乡饮酒之礼。故燕礼者，所以明君臣之义也；乡饮酒之礼者，所以明长幼之序也。"

另外，在乡饮酒礼、燕礼中所选用的诗乐，无论其内容是和乐欢欣还是忠诚庄严，在儒家的解读中都赋予了它们一定的政治意义，或者说，是将它们本身所体现在政治方面的寓意加以深化和扩大。《诗经》在儒家这里，就不仅仅是单纯的民间诗歌的集合，而是儒家弟子立言立行的标准、是抒发情志的途径、是反映社会现实状况的明镜，亦即孔子所说："诗，可以兴，可以观，可以群，可以怨。"（《论语·阳货》）

三 乐的政治教化功能

关于教化的功能，《礼记·经解》曰："入其国，其教可知也。其为人也温柔敦厚，诗教也；疏通知远，书教也；广博易良，乐教也；絜静精微，易教也；恭俭庄敬，礼教也；属辞比事，春秋教也。"儒家有诗、书、礼、乐、春秋之教，无论是哪一个方面，但凡提到"教化"二字，就不能与政治完全分割开。这里有一个大的前提即，此"政治"指的是儒家"道德的政治"。在此种视域下，教育的目的即是提高国民的人格、达成社会的和谐，所以梁启超认为："以目的言，则政治即道德，道德即政治。以手段言，则政治即教育，教育即政治。"[①] 也因此，乐教作为儒家教育的重要组成部分，其与政治有

---

① 梁启超：《先秦政治思想史》，东方出版社1996年版，第101页。

着密切的关系。而乐的教化与政治相关，是因为乐本身即与政治相关，这体现在两个方面。

一是乐与政治行为的关系，如前文所列举的在祭祀活动中使用乐歌、乐舞，这里不再重复描述；又如《国语·晋语五》所记载的"赵盾伐宋"，"赵宣子请师于灵公以伐宋……公许之。乃发令于太庙，召军吏而戒乐正，令三军之钟鼓必备。赵同曰：'国有大役，不镇抚民而备钟鼓，何也？'宣子曰：'大罪伐之，小罪惮之。袭侵之事，陵也。是故伐备钟鼓，声其罪也'。"这是乐在战争中的使用；"国之大事，在祀与戎"（《左传·成公十三年》）祭祀与战事都是非常重要的国家政治行为，而这两部分都不能缺少乐的参与。此外，还有一个比较重要的部分是国家的外交行为。春秋时期，各国外交使者和官员都善于运用《诗经》来表达诉求，这是非常有内涵和有意思的事情。如《左传·文公十三年》所载郑伯与鲁侯之间的对话就十分典型："冬，公如晋，朝，且寻盟。卫侯会公于沓，请平于晋。公还，郑伯会公于棐，亦请平于晋。公皆成之。郑伯与公宴于棐。子家赋《鸿雁》。季文子曰：'寡君未免于此。'文子赋《四月》。子家赋《载驰》之四章。文子赋《采薇》之四章。郑伯拜。公答拜。"郑伯想请鲁文公向晋国说情，因此郑大夫用《鸿雁》，取其"之子于征，劬劳于野。爰及矜人，哀此鳏寡"四句，以鳏寡自比，暗示郑国孤弱，欲得鲁文公之怜惜相助。而鲁国季文子用《四月》对答，取"四月维夏，六月徂暑。先祖匪人，胡宁忍予？"的行役之怨[1]来表示拒绝。郑大夫又赋《载驰》之第四章，取"控于大邦，谁因谁极"两句，表达郑国欲求援于大国晋，望因鲁而至。鲁季文子则对《采薇》"戎车既驾，四牡业业。岂敢定居？一月三捷"。义取其不安居，愿赴晋国为郑国谋成[2]。在国与国的交往中，外交人员使用《诗经》中适合的篇章来表达自己的观点，是乐与具体的政治行为相关的表现。

---

[1] 杨伯峻在《春秋左传注》中认为："《四月》固非大夫行役之怨，然古人赋诗，断章取义，不必拘泥。"

[2] 参见杨伯峻《春秋左传注（修订本）》，中华书局2009年标点本，第598—599页。

二是乐与政治道德的关系。儒家的政治是道德的政治,其根本在安民惠民、以民为本。因此,乐与政治道德的关系也表现在乐对人民的安抚和教化之上。《礼记·哀公问》中有:"孔子侍坐于哀公。哀公曰:'敢问:人道谁为大?'孔子愀然作色而对曰:'君及此言也,百姓之德也,固臣敢无辞而对。人道政为大。'公曰:'敢问:何谓为政?'孔子对曰:'政者,正也。君为正,则百姓从政矣。君之所为,百姓之所从也。君所不为,百姓何从?'"政治是人道的核心和关键。乐在实际的政治行为中表现出它的威仪,在现实的社会生活中作用于人的安顿,就是乐在达成儒家道德的政治的途径中所起的作用。乐、人、政三者就这样建立起了关系。《左传·襄公十一年》中有:"夫乐以安德,义以处之,礼以行之,信以守之,仁以厉之,而后可以殿邦国,同福禄,来远人,所谓乐也。"意思是说,用乐来安固人心德性,使人处位有义、行教有礼、抱信守仁、心平德和,这样才可以安邦定国、福禄同享、招四方之人,才可以使社会真正和谐、使人得到真正的快乐,这与孔子说诗"可以群"是同样的意思,乐不单单是形式上的乐,也是一种文化生活的方式,是儒家达成治道的政治途径。

说完乐与政治的关系,我们再来谈乐教。乐教,即"乐"之教化、"用乐"之教化。《经解》中"广博易良"这四个字,乃是一种由内至外、由心志至礼仪的教化规范,孔颖达疏云:"《乐》以和通为体,无所不用,是广博;简易良善,使人从化,是易良。"合理的乐教能够让人在意志上更加坚定广大,在学问和义理上得到增进和深入,在乐的形式上使人明白更应重视质朴的品质,在人的性情上也能够促进他善良的品格。可以说,无论在个体的人生、还是在家庭生活和社会政治上,合理的乐教都有着非常重要的作用。因此儒家学者十分重视乐教,并认为先王"制礼作乐""作乐崇德"都是为了教化人心,使其有礼有节而不至于偏颇激进,继而通过对人的教化影响整个国家和社会。《乐记》中"礼节民心,乐和民生,政以行之,刑以防之,礼乐刑政,四达而不悖,则王道备矣"就是此意,运用礼仪制度

第八章 "道德的政治"之教化形态与法治路径

来节制人心,让人在做事时知晓应该把握应有的尺度,免于过或者不及的状态;通过音乐来陶冶人的性情,使人不受极端情绪的干扰或控制;通过实施合理的政策法规,保证礼乐之道能够在社会里通行、能够深入人心;通过运用正当的刑罚手段,防止不符合社会伦理的行为、防止礼乐教化的荒废。这样,礼乐刑政四者相结合,一方面保证统治者对于国家和社会的统治;另一方面也能够使民心保持在应有的范围内。这即是礼乐教化与刑政手段的积极作用和社会意义。孔子重视乐教,正是因为乐"中正"的性质和"合同"的作用在教化社会的工作上能够有这样积极的表现,我们可以从其言行中看到这样的观点。如"关雎,乐而不淫,哀而不伤",《关雎》之乐,其忧虽深而不失于和、其乐虽盛而不失于正,因此能得到孔子的赞扬。出于上述原因,孔子提倡雅乐、重视乐之德,并且这两方面并不矛盾:雅乐是正统的宫廷用乐,这意味着在用乐的礼仪、形制、场合上都有着严格的要求。这些要求使乐能有"礼"的外加规范而不至于过度,但同时也十分强调内心仁爱的重要性。"乐云乐云,钟鼓云乎哉?"钟鼓乐器、礼节程序并不是乐的核心所在,乐的核心在仁德,即"人而无仁,如礼何?人而无仁,如乐何?"

继承了孔子的仁学体系并进一步将其发展为"王道政治"思想的孟子也同样重视乐教,不过在孟子那里,乐教的范围已经突破了孔子时期关于雅乐的论述,这主要是因为在孟子的王道思想体系中,制度层面的措施有着非常重要的地位,乐的教化的顺利施行,必须依赖于合理的制度结构,徒法不能使人自行,徒善也不足以为政。《离娄上》篇记载:"离娄之明,公输子之巧,不以规矩不能成方圆;师旷之聪,不以六律,不能正五音;尧舜之道,不以仁政,不能平治天下。今有仁心仁闻,而功不至于百姓者,不可法于后世者,不行先王之道也。"先王之道,不外乎礼、乐、刑、政四个方面,孟子的政治理想,也是期望能够重新焕发礼乐之生机、达到内圣外王之境界。

孟子欲实现其王道政治的理想,也需要乐教发挥它在国家政治上的功能。"治世之音安以乐,其政和;乱世之音怨以怒,其政乖;亡国之音哀以思,其民困。声音之道,与政通矣。"(《礼记·乐记》)音乐的风格与国家的状态、社会的风气是相互印证的。治世之音安以乐,这表现着国家的和谐,因为只有国家安定,才有余力通过音乐来展现自我。同时,乐也的确能够在推进社会教化上发挥积极的作用。孟子说:"仁言不如仁声之入人深也,善政不如善教之得民也。善政,民畏之;善教,民爱之。善政得民财,善教得民心。"(《孟子·尽心上》)乐教就是"善教",其和同天下的方式就是能够潜移默化地和顺人心。

为了能够进一步扩大乐教的影响范围,孟子还对古乐与今乐进行了一番探讨。《乐记》中原有对古乐和今乐的相关记载:"今夫古乐,进旅退旅,和正以广,弦匏笙簧,会守拊鼓。始奏以文,复乱以武,治乱以相,讯疾以雅。君子于是语,于是道古,修身及家,平均天下,此古乐之发也。今夫新乐,进俯退俯,奸声以滥,溺而不止。及优侏儒,獶杂子女,不知父子。乐终不可以语,不可以道古。此新乐之发也。"这里的今乐本指的是情绪易于偏向极端的郑卫之音,而孟子"今之乐犹古之乐"的言论不再仅限于孔子"雅乐"的特定领域,而是把民间的俗乐也纳入到了雅乐的范围中,独乐乐不如与民同乐。在孟子那里,雅乐不再只是在宗庙祭祀或其他重要活动场合中使用的乐歌、乐舞,也应该包含日常生活中的民间小调、乡野俚曲等——只要国君能够与民同乐,那么这些民间小调和乡野俚曲便也能够发挥与正统宫廷用乐类似的政治教化功能。孟子又说:"今王鼓乐于此,百姓闻王钟鼓之声、管籥之音,举欣欣然有喜色而相告曰:'吾王庶几无疾病与,何以能鼓乐也?'今王田猎于此,百姓闻王车马之音,见羽旄之美,举欣欣然有喜色而相告曰:'吾王庶几无疾病与,何以能田猎也?'此无他,与民同乐也。今王与百姓同乐,则王矣!"(《孟子·梁惠王下》)百姓对"王鼓乐"和"王田猎"的不同态度,就在于国君是否能以民为本、与民同乐。"'与民同乐'是音乐之作用于政治的根本方式。但这种政治作用方式却已不是儒家传统的风动教化意义上的性情陶冶，而纯然是感官享受与民共之的政治施惠。"① 孟子运用实际的政治施惠手段来展开乐的教化，是乐教的一大发展。

荀子在《乐论》篇讲："乐合同，礼别异，礼乐之统，管乎人心矣。"徐复观先生曾在文章《谈礼乐》中表达了自己对"乐合同"的观点："群体中的各组成分子潜伏着共同的情感，通过共同的情感以发挥群体之爱，凝聚群体之力，这对群体生活的维持、推进是非常重要的。这种潜伏在个人生命里的共同情感，是要通过乐的作用来加以发抒和合的。这即是所谓的'乐合同'。"② 乐教之目的在于达成道德的政治社会，而乐教之核心在于对人的德性的养成。这即是我们下一部分要讲的乐在人的性情培养上的功用。

（二）乐的性情培养功能

荀子《乐论》开篇便有"夫乐者，乐也，人情之所必不免也"，说明的即是乐与人的性情紧密相关。我们来谈乐与性情，首先需要简单了解儒家关于"性情"的思想的发展。

"性""情"思想的提出可以上溯到殷周时期。关于"性"，《尚书》中有一句："节性，惟曰其迈，王敬所作，不可不敬德。"可以把这里的"性"字理解为心性的意思，即是说人生来便有的性的初始状态，也确实是后期的性情论中"性"的基础；而关于"情"，《尚书》中也有一句"民情大可见，小人难保"，这里的"情"应是情况的意思，与之后性情论中的情则并不相关。而在《周易》《左传》中，我们能找到的"情"字也与后期性情观中"情"的内涵并不相符。因此，在《性自命出》一篇出土之前，对先秦时期性情观的探讨基本是以《论语》《孟子》等典籍中的文字为研究基础，其中，《论语》言"性"有两见：

---

① 张树业：《礼乐政教的心性论奠基——孟子礼乐论及其思想史效应》，《中国哲学史》2012 年第 3 期。
② 徐复观：《中国思想史论集》，上海书店出版社 2004 年版，第 208 页。

> 子贡曰:"夫子之文章,可得而闻也;夫子之言性与天道,不可得而闻也。"(《论语·公冶长》)
>
> 子曰:"性相近也,习相远也。"(《论语·阳货》)

言"情"亦有两见:

> 上好礼,则民莫敢不敬;上好义,则民莫敢不服;上好信,则民莫敢不用情。(《论语·子路》)
>
> 曾子曰:"上失其道,民散久矣。如得其情,则哀矜而勿喜。"(《论语·子张》)

根据这里的涵义来看,"性"只是浑然的一团秉气,并没有善恶之分,程子对"性相近也"的"性"有过注解:"此言气质之性,非言性之本也。若言其本,则性即是理;理无不善,孟子之言性善是也。"[①] 他认为孔子意义上的"性"与孟子性善论意义上的"性"还有一段距离,孔子时期对"性"的理解更偏向于一种自然的状态,"性"在经过学习培养之后,逐渐分出了善恶两种趋向,特别是到了孟子那里,孟子在与告子的辩论中和在他"尽心知性知天"的观念中,都在为其"性善论"寻找理论支持。而"情"也在儒家的发展中逐渐从"性"里抽离出来,最终成为具有独立品格的观念。

在楚简《性自命出》一篇出土之前,我们所了解的论述性情的大家还有荀子,荀子为"性"与"情"做过定义性的总结:"生之所以然者谓之性。""性之好恶喜怒哀乐,谓之情。"(《荀子·正名》)这里所体现的"性""情"之间的关系是一种类似于内与外的关系,其根基仍旧是一体的。因此,在荀子所谓"性恶论"的大框架之下,"情"就难免被纳入需要节制的范围之内。

《性自命出》一篇出土之后,我们看到了更多儒家有关"性情"

[①] (宋)朱熹:《四书章句集注》,中华书局1983年标点本,第176页。

第八章 "道德的政治"之教化形态与法治路径

方面的资料,这些记载向我们展示了孔孟之间的岁月里儒家有关"性情"的思考,为后世的研究提供了更多的帮助:

> 喜怒哀悲之气,性也。及其见于外,则物取之也。
> 性自命出,命自天降。道始于情,情生于性。
> 好恶,性也。所好所恶,物也。
> 四海之内,其性一也,其用心各异,教使然也。
> 凡性,或动之,或逢之,或交之,或厉之,或动之,或养之,或长之,凡动性者,物也;逢性者,悦也;交性者,故也;厉性者,义也;出性者,势也;养性者,习也;长性者,道也。
> 习也者,有以习其性也。

按照上面的说法,"性"是人的一种自然的、生而有之的秉气,是本来便存在的、纯真的、没有善恶之分的。这种纯真的秉气作用于物,则在外显现为"情"的状态,故曰"情生于性"。"性"与"情"二者虽然有内外的分别,但其根本是相联系的。性温则情和,性暴则情戾,这也就是儒家所说"习相远"的结果。因此为了保持性情的安定平和,必须重视人的教化、保持人性的纯真。性情是可以通过学习来培养的,那么如何学习呢?儒家的回答是通过"诗书礼乐"四种方式,在诗书礼乐的学习中懂得节制行为和情绪,使人的性情远离偏激急戾的状态。儒家言性情教化:"诗,有为为之也。书,有为言之也。礼乐,有为举之也。圣人比其类而论会之,观其先后而逆顺之,体其义而节文之,理其情而出入之,然后复以教。"[1] 说的便是通过诗书礼乐来教化大众。这四者中,"礼乐"二者总是并称,但较为明显的差异是,礼教重视行为规范,乐教则在人的情感、性格、情绪上直接发挥作用,人们能够通过音乐体察和品读它所希望表达的旨趣。我们可以在历史记载中发现相关的描述,如襄公二十九

---

[1] 李零:《郭店楚简校读记》,北京大学出版社2002年版,第137页。

年，吴公子札访问鲁国观乐：

> 使工为之歌《周南》《召南》，曰："美哉！始基之矣，犹未也，然勤而不怨矣。为之歌《邶》《鄘》《卫》，曰："美哉，渊乎！忧而不困者也。吾闻卫康叔、武公之德如是，是其《卫风》乎？"为之歌《王》，曰："美哉！思而不惧，其周之东乎！"为之歌《郑》，曰："美哉！其细已甚，民弗堪也。是其先亡乎！"为之歌《齐》，曰："美哉，泱泱乎！大风也哉！表东海者，其大公乎？国未可量也。"为之歌《豳》，曰："美哉，荡乎！乐而不淫，其周公之东乎？"为之歌《秦》，曰："此之谓夏声。夫能夏则大，大之至也，其周之旧乎！"为之歌《魏》，曰："美哉，沨沨乎！大而婉，险而易行，以德辅此，则明主也！"为之歌《唐》，曰："思深哉！其有陶唐氏之遗民乎？不然，何忧之远也？非令德之后，谁能若是？"为之歌《陈》，曰："国无主，其能久乎！"自《郐》以下无讥焉！为之歌《小雅》，曰："美哉！思而不贰，怨而不言，其周德之衰乎？犹有先王之遗民焉！"为之歌《大雅》，曰："广哉！熙熙乎！曲而有直体，其文王之德乎？"为之歌《颂》，曰："至矣哉！直而不倨，曲而不屈；迩而不逼，远而不携；迁而不淫，复而不厌；哀而不愁，乐而不荒；用而不匮，广而不宣；施而不费，取而不贪；处而不底，行而不流。五声和，八风平；节有度，守有序。盛德之所同也！"见舞《象箾》《南籥》者，曰："美哉，犹有憾！"见舞《大武》者，曰："美哉，周之盛也，其若此乎？"见舞《韶濩》者，曰："圣人之弘也，而犹有惭德，圣人之难也！"见舞《大夏》者，曰："美哉！勤而不德。非禹，其谁能修之！"见舞《韶箾》者，曰："德至矣哉！大矣，如天之无不帱也，如地之无不载也！虽甚盛德，其蔑以加于此矣。观止矣！若有他乐，吾不敢请已！"①

---

① 宋元人注：《四书五经》下册，中华书局2011年6月标点本，第400—402页。

第八章 "道德的政治"之教化形态与法治路径

公子札通过对诗乐、舞蹈的观赏来体会它们所表达的内容，比如先贤奠基教化时的勤劳无怨、面对问题时的忧思与勇敢、治理国家安定百姓时的宏大德行；又或者是在表达无所节制的情绪、混乱、欲望等状态。当乐在歌颂有德者、赞扬社会安定的时候，可以看到这时的乐曲的风格也都是正直宽广的，这代表着社会的安定和人心的平和。而当乐在表达无节制的、放纵的情绪时，也能以此看到当时社会的混乱与人心的焦灼。这两种不同的社会状况都能够通过诗乐表达出来，同时，诗乐的流传与扩散又反过来影响着人的情绪与生活、影响着社会的状态。

儒家重视雅乐（这里不单限于孔子对雅乐的限定）、拒斥郑声，就是看重雅乐在弘毅人的品格、激发人的意志上所能发挥的积极作用，"雅乐重'金石之声'，以钟鼓为节，故'君子以钟鼓道志'，原因即在于'鼓似天，钟似地'，'其清明象天，其广大象地'，在这种雅乐的熏染之下，'乐行而志清'，'志意得广'。"[1] 这里的"志"是人立于世间所必要的支撑，孔子言："志于道，据于德，依于仁，游于艺"（《述而》），又言"吾十有五而志于学"（《为政》），志在哪里便会心心念念为着这个方向努力而不知疲倦。若说"性情"是人生而有之的内外秉气，那么"志"就是此秉气通往道的路径，而乐作为修养志气的方式则与礼教共同成为儒家教化的方式。"礼也者，反其所自生。乐也者，乐其所自成。是故先王之制礼也，以节事。修乐以道志。故观其礼乐而治乱可知也。"（《礼记·礼器》）如此，能够表达旨趣、影响情绪的"乐"，就意味着可以养性怡情、弘扬志气，而性情和志气的状态却关系着人的伦理道德、关系着整个社会群体的善恶变化，这样一来，儒家重视乐的教化功能就不是偶然的了。

"移风易俗，莫善于乐；安上治民，莫善于礼"。儒家的礼乐文化因其在政治教化、性情培养等方面出色的表现，早已成为中华民族独特的精神气质的构成元素。然而在历史长河的传承过程中，礼乐的传

---

[1] 雷永强：《"广博易良，乐教也"——儒家"乐教"题解》，《前沿》总第294期。

统和精神不可避免有失落之处。这是所有儒家学者需要共同面对的问题，也是现代社会需要尝试思考和应对的问题。如何在现代的文化背景下重新发现礼乐的意义，使其能够"陶养涵育天机活泼而和乐恬谧的心理"①，是对我们每一个人都有重要意义和指引的问题。

第二节　隆礼重法：荀子"德性的法治"思想

虽然学界对先秦儒家"道德的政治"之特质取得了较为一致的认识，但是关于儒家政治哲学中"德治"与"法治"的关系仍难给出令人满意的解释。一方面，很多研究者认为儒家"德治"即是"人治"，德治与法治总是被视作二物，甚而是互相对立的两种治国主张；另一方面，多数学者认为儒家政治哲学可以采纳或接受法治作为一种治国的手段，至少并不否认和排斥法律的作用，如所谓"德主刑辅"的观念。这样的认识无疑是没有问题的。但当我们总是以儒家的视角将法治视为属于法家的、消极的、被动的治国方法而予以接受的时候，却限制了儒家政治哲学的进一步认识和发展。与此同时，在传统关于法的思想中，"法"只代表着刑罚和严刑峻法，而无崇高、超越的地位，即便在现实政治中实行法治，也是"犹抱琵琶半遮面"式的"阳儒阴法"做法。既是因又是果的现象是：中国古代思想文化中缺少法的理念和法治的精神。在这样的思想视域下，我们将研究视角转向儒家的荀子。作为先秦儒家的集大成者并为稷下学宫之"最老"，荀子思想具有极大的包容性。一方面，荀子具有与孔孟儒家尤其是与孔子相同的追求善治、养民、教民、礼治、乐教等主张；另一方面，荀子又吸收了道家、法家、名家等学派的思想，使其政治哲学具有客观化、理性化的倾向。由此，荀子政治哲学恰当地融合了德治与法治主张，可以称之为一种"德性的法治"思想。本节将在"德性的法治"视域下，对荀子法的政治哲学的发生逻辑、理性特质及德

---

① 梁漱溟：《人心与人生》，上海人民出版社2011年版，第86页。

性归趋予以基本的分析。

一　荀子"德性的法治"形成之社会历史背景

由春秋到战国时代，社会发展呈现为一种复杂和多变的趋势。社会发展变化的根本表现是宗法封建社会秩序的崩坏，以宗法等级制为主要内容及核心特征的"别异"之礼在此方面表现出不合时宜之处。同时，富国强兵的国家目标需要一种集中和统一的国家意志的表达，法应运而生。蒙文通言："儒家之传本于周，而法家之术大行于战国而极于秦，则儒法之争者为新旧两时代思想之争。"[①] 依牟宗三的看法，社会愈简单，客观的事业就少，管理这些事情的大体都是些直接的行为、个人的主观性行为。而社会复杂了，客观的事业多，则需要公共的事，需要有一客观的标准。所以，当时提出'法'的观念来作为办事的标准是必要的[②]。可以说，适应社会的复杂性变化而提出的对于法和合理性的要求是战国时期社会和政治思想领域的基本内容。关于春秋战国间宗法社会形态的变迁导致治国原则的改变，徐复观说："西周的封建政治，是以宗法制度为中心所建立起来的。而宗法中的'亲亲'，是维系封建政治的精神纽带，但经过春秋时代，上述礼仪中的亲亲精神，一天天地稀薄，并演变向权谋术数、凌弱暴寡的方向。"[③] 事实上，不独"亲亲"原则日趋衰落，即便"尊尊"的原则也适应新的社会变化而不得不有新的创制。在封建宗法制度下，维护国家稳定与秩序的因素是德与礼，但随着宗法制度之破坏，"儒家所提倡的道德礼教仿佛竟成为迂阔之论，于是便只得让那般政治家拿法来救时弊"[④]。梁启超云："盖自宗法政治破坏以后，为政者不能不恃法度以整齐其民，于是大政治家竞以此为务。"[⑤] 阎步克先生指

[①] 蒙文通：《古学甄微》，巴蜀书社1987年版，第295页。
[②] 牟宗三：《中国哲学十九讲》，上海古籍出版社1997年版，第158页。
[③] 徐复观：《两汉思想史》第一卷，华东师范大学出版社2001年版，第39页。
[④] 杨鸿烈：《中国法律思想史》，商务印书馆1936年11月第一版，1998年影印第一版，第82页。
[⑤] 梁启超：《先秦政治思想史》，东方出版社1996年版，第80页。

出:"处于诸侯争霸、天下一统大势下的战果后期的执政者,必然会选择更具普遍性和形式化的法作为治理国家的工具。另外,礼毕竟是维护旧的封建制度的,代表的是旧的宗族、宗法势力,对于新兴的奉行国家主义的君王或变法者而言,礼已经是不合时宜的、甚或成为绊脚石了。以更能代表新兴势力的法代替礼,就成为势所必然的事情了。"[1] 所谓法家有一个共同的特征即,在天下大争、诸侯争霸的局面下,提出"富国强兵"的诉求。追求国富兵强就不能按照一种松散的、自然主义的治国方式,甚至也不能用"为政以德"的方式,而必须在全国上下依照统一的目标与原则进行政治活动,实施集权式的、国家主义的治国方略。同时,春秋时期的管仲、子产、范蠡,战国时代的李悝、吴起、申不害、商鞅等,这些政治家的事功与主张往往影响于社会人心,成为法治思想产生的现实的、思想的根源。可以说,战国中后期集中出现的法治主张,不是凭空产生的法家治术,而是有其对客观之法要求的社会政治背景。

春秋到战国这一社会转变时期,法的产生表现为由"俗"至"礼"、由"礼"至"法"的发展过程。相对于更为传统的"俗"来说,礼是适应社会分化和复杂化形成的相对普遍性的制度形式;而相对于更为普遍和客观化的法来说,礼则是相对特殊而具体的仪则了。这是中国古代因社会进化、分化和复杂化而导致的政治文化形态变迁的独特路线。当然,需要强调指出的是,法的出现不是法对于礼的倾覆式的代替,法是从礼之中不断发展变化而出现的。礼治作为圣人制礼作乐、新旧相因而制定的政治制度和秩序规范不能说不具有普遍性及理性的考虑,但其宗法基础的深厚使其终于以"别异"为根本特点甚至是主要目标。法治则是适应新的社会情势的复杂性与新兴国家富国强兵需求,突破以宗法血缘为根基的礼治而产生和出现的,继承礼、融合礼并代替礼的客观性规范与普遍性制度。

"法"之出现,历史的逻辑在此。

---

[1] 阎步克:《士大夫政治演生史稿》,北京大学出版社2015年版,第148页。

二　荀子"德性的法治"哲学形成之思想逻辑

在战国中后期思想领域，政治思想家关注的核心问题是：如何保持国家政治统治的长期稳定？如何使国家处于和谐有序的状态？如何在列国纷争之中立于不败之地？基于这些问题的思考，思想家将目光转向了更具客观性的"法"，并提出了其核心主张即，国家政治秩序之实现、富国强兵目标之达成要通过建立恒常、客观的法律制度而非凭借君主之主观意志。可以说，战国中后期的思想界出现了一股主张公、反对私的思潮。儒、墨、道、法、名，诸家莫不如此。

帛书《黄帝四经》之《经法·君正》篇言："法度者，政之至也。而以法度治者，不可乱也。而生法度者，不可乱也。精公无私而赏罚信，所以治也。"该书认为法度、法制是政治的极致，是去除天下之乱的根本。其中，公正、无私，信赏必罚是进一步实现安定秩序的关键。该书主张"世恒不可释法而用我，用我不可，是以生祸"，以及"有仪而仪则不过，待表而望则不惑，案法而治则不乱"（《称》）的主张。同样的主张见于《鹖冠子·天权》："彼立表而望者不惑，按法而割者不疑。"根据客观的标准、工具判断高低、长短不会犯错，根据客观的法则进行治理就不会乱。乱，既是指社会秩序的动荡混乱，也指治理方法上因主观任意而导致的忙乱无据。君主用"我"而不用"法"，今日依此尺度治理国家，明日照彼准则裁断事物，则百姓无客观的准据、固定的制度可以遵循，不知何者当为、何者不当为，"无所措手足"。君主以法治国，则百姓行为有客观、明确的准则以遵循，不会迷惑和混乱，国家政治秩序也不会因之而混乱。稷下先生彭蒙等对于法治与人治的区别，进行了讨论：

> 田子读书，曰：尧时太平。宋子曰：圣人之治，以致此乎？彭蒙在侧，越次而答曰：圣法之治以致此，非圣人之治也。宋子曰：圣人与圣法何以异？彭蒙曰：子之乱名甚矣。圣人者，自己出也；圣法者，自理出也。理出于己，己非理也；己能出理，理

非己也。故圣人之治，独治者也，圣法之治，则无不治矣。(《尹文子》)

梁启超谓："此以严密论理法剖析人治法治两观念根本不同之处，可谓犀利无伦。"[①] 此处讨论，应为齐国威王变法前后，思想家对人治、法治问题进行的争论。彭蒙从"圣人之治"与"圣法之治"的区别出发，论说法治优于人治的道理。其论理的根本在于："圣人之治"是根据君主个人的主观意见"己"治理国家，而"圣法之治"则是根据客观化、形式化、普遍化的"理"裁断是非。理、法由人（己）而立，但理、法一经奠定则具有"不以人的意志为转移"的客观性和独立性。君主依靠个人德行、智慧治理国家，虽然也会使国家政治秩序和谐有序，但却将国家之治乱托付于一人身上。所以，"圣人之治，独治者也。圣法之治，则无不治矣"。这是人治与法治的根本区别。在主张治国用法而不用个人心智这一点上，管、慎、商、韩等人提出了基本相同的主张和思考：

有道之君，善明设法而不以私防者也。而无道之君，既已设法，则舍法而行其私者也……为人君者弃法而好行私，谓之乱。(《管子·任法篇》)

君人者舍法而以身治，则诛赏予夺，从君心出矣。(《慎子·佚文》)

先王悬权衡，立尺寸，而至今法之，其分明也。夫释权衡而断轻重，废尺寸而断长短，虽察，商贾不用，为其不必也。(《商君书·修权篇》)

释法术而任心治，尧不能正一国。去规矩而妄意度，奚仲不能成一轮。……使中主守法术，拙匠守规矩尺寸，则万不失矣。(《韩非子·用人》)

---

① 梁启超：《先秦政治思想史》，东方出版社1996年版，第176页。

第八章 "道德的政治"之教化形态与法治路径

以上管、慎、商、韩诸子，论人治与法治、用己与用法之区别，持论甚详。萧公权谓："国有经常之制度，君按制度以行赏罚，法治之原则不过如此。"① 中西政治思想家亦有共通的认识，在亚里士多德那里表现为："即使是最明智的统治者，也不能罢废法律，因为法律有一种不受个人情感左右的品质，这种品质是不论多么善良的人也不能得到的。法律是'不受欲望影响的智慧'。"②

在此，我们有必要基于法家的视角对法之起源等问题予以概要说明。关于法的起源和法的性质、地位问题，法律史专家多趋向于从"法即是刑"的角度理解，认为中国古代缺少一种理性的、逻辑的精神作为法产生的思想基础。美国汉学家D.布迪（Derk Bodde）指出，"刑"这一概念在早期法律中使用的频率——包括独立使用和作为"法"的替换词——表现了古代中国人这样的一种法律意识：法就是刑。在分析古代中国人对法律的起源持何种看法时，D.布迪说："中国人最初是以明显的敌意来看待法律的，似乎法律不仅是对人类道德的背叛，而且也是对宇宙秩序的破坏。"③ 梁治平指出："由最早的'文化自觉'中产生出来的新的法律理论，纵然包含了许多旧时所没有的内容，却根本上还是一种刑罚理论。……法家虽然顺应着时代的要求而发展出一套初具规模的法律理论，却未能塑造出法的独立性格，未能为中国古代法的发展开创出一种新的方向。"④ 此类认识使人们形成了关于中国古代法律的一些基本观念：第一，法只是刑罚，人对其只是寻思如何躲避，而不会在人格追求上有所努力；第二，从法律的根源上说，法只是最高统治者强制制定的维护统治的工具，而不具有神圣的根据和思想基础；第三，传统中国所谓"法治"不但

---

① 萧公权：《中国政治思想史》，台北联经出版事业公司1982年版，第213页。
② [美]乔治·赛班：《西方政治思想史》，李少军、尚新建译，桂冠图书公司1991年版，第109页。
③ [美]D.布迪：《中华帝国的法律》，朱勇译，江苏人民出版社1998年版，第7—8页。
④ 梁治平：《寻求自然秩序中的和谐》，商务印书馆2013年版，第274页。

在本质上不同于西方与现代之法治,而且丝毫不具有法治的精神。此基于现代、西方的立场对中国古代法的认识既不够客观,又淹没了中国古代法产生之历史和思想的逻辑。牟宗三曾批评申韩法家,"其所措定之'法'亦不本于理性,而乃本于功利与事便"[1]。但牟宗三等未及注意和揭示的是:法家诸派如稷下道法家及名家对法的论证中有一种客观化和理性化的趋势。战国中后期的众多思想家集中关注以"私""我"治国所具有的不利后果,亦注意到法治施行的关键也在于去私、无我。司马谈《论六家要旨》:"法家不别亲疏,不殊贵贱,一断于法。"可以说,"法"建立了一种非人格化的秩序,具有要求一切组织成员服从的权威。法家亦明了法治得以施行的关键是君主的无私和不干涉。故法家主张君主治国时要去私、无我,代之以更具客观性和普遍性的"法"。"法"可以是具体的法规法令,但是也可以理解为行政合理化的精神和原则。[2]

实际上,我们前面从历史的逻辑和思想的逻辑两个方面对此问题予以较为清晰的分析。荀子的时代,法治的施行势所必至,理所必然。法是历史的选择,也符合思想的逻辑。这也是我们理解荀子"德性的法治"思想的基础。法家的法治主张也可以称之为一种理性政治的诉求。我们之所以将荀子政治哲学概况为"德性的法治",根本在于其思想中贯穿着一种理性的精神和政治理性化的诉求。

三 荀子政治哲学之理性精神与制度追求

在儒家,荀子思想曾被目之为制度儒学。笔者以为,荀子之所以为制度儒家,不仅因其"隆礼重法"的礼治与法治的制度建构,更因其思想中透显出的重制度、重理性的精神。荀子思想所具有的经验的、理性的精神特质是其政治哲学及法治主张的基础。荀子在论天人关系时所显示的分析性,批判奸言、奸说、奸事时的理性主张,其法

---

[1] 牟宗三:《历史哲学》,台湾学生书局1988年版,第137页。
[2] 参见阎步克《士大夫政治演生史稿》,北京大学出版社2015年版,第153页。

第八章 "道德的政治"之教化形态与法治路径

后王与法先王之辨,其所用之道、理、名、法等概念,皆使其思想具有了理性的性质及提倡法治的可能。

在对法的论证过程中,荀子采用了道、理、名、法的概念结构。首先,荀子吸收道法家的思想,采取以道论法的方法。以道论法的逻辑表现于帛书《黄帝四经》等著作中。《黄帝四经》提出"道生法"及"执道者生法"的观念;《管子·心术上》有"法出乎权,权出乎道"的说法;《鹖冠子·兵政》则有"贤生圣,圣生道,道生法,法生神,神生明"的思想。这种以"道"论法的逻辑可以称之为一种本体论的论证。"道"是高度抽象的、为万物所依循的根据和法则,可以创发高度形式化的、作为普遍原则的"法"。证明"法"之神圣性、崇高性及合理性,必然要将"法"同哲理上的宇宙之源、万化之本紧密联系起来。"道"在法的产生逻辑中登场了。荀子思想中多有"道法"合用之处。在荀子那里,"道"是天地万物的根本,也是人的合理存在的根本。荀子认为,"道者,非天之道,非地之道。人之所以道也,君子之所道也"(《仲尼篇》)。所以治国的关键在于知"道","故治之要在于知'道'"(《解蔽篇》);君子要合于道、一于道而观察万物,"故君子一于道而以赞稽物"(《解蔽篇》);"未得道而求道者,谓之虚壹而静"。

在道、法之间,荀子以"理"论证"法"。虽然荀子没有明确地以"理"论"法",但在其思想的逻辑中无疑需要"理"这一环。而先秦诸子中,唯荀子喜言理[1],荀子哲学最具特点的便是其理性的、重理的特征。荀子所说之理,多指圣王传下之客观之礼乐制度而言。其所谓中理,即是合此客观制度之道之谓。荀子说:"言必当理,事必当务,是然后君子之所长也。凡事行,有益于理者立之,无益于理者废之,夫是之谓中事。"(《儒效》)荀子以有益、无益于理作为行事是否恰当及理论是否正确的标准。试若我们具体问:什么是理?理由谁定?则荀子的回答是:行事上,于后王之行事上见;历史经验上,于先王之统类中寻绎。荀子在多处言理:"少而理曰治。"(《修

---

[1] 唐君毅:《中国哲学原论》,台湾人生出版社1966年版,第10页。

身》）"天地生君子，君子理天地。"（《王制》）"心之所可中理，欲虽多奚伤于治。"（《正名》）"义者循理。"（《议兵》）诸语中所谓理，皆是指人心意志行为所遵之当然之理，而略同于"义"者。荀子言理之特色，则在其不仅指当然之理义为理，且以理字表状人心能中理或人修养所达至之内心之精神状态及生活态度，如"喜则和而理，忧则静而理"（《不苟》），"井井兮其有理也"（《儒效》），"见端而明，本分而理"（《非相》），"栗而理，知也"（《法行》）。荀子又说："礼也者，理之不可易者也。"（《解蔽篇》）作为制度规范的礼是理的固定的不可改变的形式。论述的中心已经是"理"。论理之集中、全面，重理之程度，荀子理性主义之特征，于此处卓然可见。

值得注意的是，除荀子外，先秦时期对理予以集中关注和阐发的是帛书《黄帝四经》。该书《名理》篇集中谈及理：

> 循名究理之所之，是必为福，非必为灾。是非有分，以法断之。虚静谨听，以法为符。审察名理终始，是谓究理。唯公无私，见知不惑，乃知奋起。故执道者之观于天下，见正道循理。

在此篇中，道、理、名、法、公、私等概念集中出现，是道法家政治哲学的集中表述。该书主张，所有的执政者，即便最伟大的圣贤之王，亦须在既有之法或理的基础上进行治理。就哲学形上学观点而言，每一事物必有其理，故治每一事物必因其理。法是其形式，是表现出来的理。理即法。而在荀子的法治哲学中，虽有法作为客观制度，但若没有对法的合理性和正当性进行论议，则有弃法而乱的结果。

与"理"处在同一层级的则是"名"，荀子极重视"名"，主张"正名"。关于荀子哲学的理性特点，在其"正名"思想中亦有集中表现。如果说孔子是要建设一种公认的是非真伪的标准，其建设下手的方法是"正名"[①]。那么荀子则是沿着孔子的道路继续前行。孔子

---

① 胡适：《中国哲学史大纲》，上海古籍出版社1997年版，第69页。

第八章 "道德的政治"之教化形态与法治路径

的正名是礼治主张，荀子的正名则是政治哲学对法的论证之必要。荀子说：

> 故王者之制名，名定而实辨，道行而志通，则慎率民而一。故析辞擅作名而乱正名，使民疑惑，人多辨讼，则谓之大奸，其罪犹为符节、度量之罪也。故其民莫敢讬为奇辞以乱正名，故壹于道法而谨于循令矣。如是，则其迹长矣。（《正名》）

牟宗三说："荀子诚朴笃实之心表现而为明辨之理智，故重礼义，亦深识于礼义。……其所重视者为礼义之统，即全尽之道。而根本处则在其深能把握住理性主义之精髓也。"荀子的"正名"思想确实不能从西方哲学的所谓"名实关系"角度去理解，而要"经由语言问题走向政治问题"，做政治哲学的理解。荀子的正名思想，第一是承认"名"作为是非标准、社会规范而存在；第二是要纠正"名实乖乱"是非颠倒的名不正的乱局，重新树立规范的、普遍的、理性的是非标准；第三，恐怕最重要的是荀子要重彰理性的精神，所以要反对"奸言""奸说"。但理与形名等虽较"道"具有一定的具体性，但仍嫌具有"形而上"的意味而难以具体操作。在此，"法"应时而生。由此，"一种非人格化的秩序和普遍主义精神，由之而被贯注于政事国务"[1]。

作为荀子政治理性化诉求及法治主张的表现，荀子继承前人思想重视"公"的精神。前已提及，政治思想家主张以法治理国家，反对用"我""私""己"。这种主张背后的精神实质即是"公"的精神。有此公的思想和原则，法治的主张和诉求才能是具有法治精神的、尊重规则的理性化主张。老子讲："知常容，容乃公，公乃王，王乃天，天乃道，道乃久。没身不殆。"（《老子》第 16 章）帛书《黄帝四经》之《经法·名理》篇有："唯公无私，见知不惑。"《经

---

[1] 阎步克：《士大夫政治演生史稿》，北京大学出版社 2015 年版，第 153 页。

法·道法》篇说:"公者明,至明者有功。"①

　　荀子说:"(君子)怒不过夺,喜不过予,是法胜私也。"君子不会以自己的喜怒之情而过分、过度地予或夺,以法度战胜私情、私利。"故君子……度己以绳,故足以为天下法则矣。"君子首先是尊法、守法的人,自己做得足够好才能成为天下人守法的典范。不受私意的干扰和破坏,是法制实行的根本。这种要求首先是针对君主的,在法的制定和执行过程中都需要保持法的客观性和普遍性。法律的制定最需要体现的是客观的普遍的理性,是公而不能是私,所以要"精公无私而赏罚信"。荀子主张治理天下的人才需要"公士":"不下比以闇上,不上同以疾下;分争于中,不以私害之,若是,则可谓公士矣。"在下结党以蒙蔽君王或上级,趋同谄媚于上以欺诈下层,这都是政治中私的表现。荀子主张政治中人,观点意见的不同和争执只源于对事物本身是否合理恰当(中),而不是由于私心、私利,这才是"公士"。荀子又说:"公生明,偏生闇,端悫生通,诈伪生塞。"荀子在思想根基上首先主张"公生明"。他认为,只有不带任何偏私的公,才会有事物判断上的明辨是非。阎步克认为,官僚制的基本精神是一种形式化的理性,它表现为有明确的目的、可计算的、可控制的、合于逻辑的、普遍主义的与系统达到目的的手段。这种理性把千变万化的具体情况化为高度形式化的规程;运用这种规程的,则是专家。这种非人格的、工具性的形式理性,决定了科层体制、行政雇员与成文法典的必要性。法家的"法治",正是这样一种理性指导下的行政。②荀子明确区分政治领域之公与私,主张欲行公德,则必行公理、公法。荀子欣赏秦国之公与法:

　　入其国,观其士大夫,出于其门,入于公门,出于公门,归于其家,无有私事也,不比周,不朋党,倜然莫不明通而公也,

---

　　① 帛书《黄帝四经》中有一句阙文,本文作者曾补为:"公生明,明生慧,慧则正,正则静,静则平,平则宁,宁则素,素则精,精则神。"
　　② 阎步克:《阎步克自选集》,广西师范大学出版社1997年版,第163页。

第八章 "道德的政治"之教化形态与法治路径

古之士大夫也。(《强国》)

荀子政治哲学另一值得注意的地方是其对于制度的重视。最典型的表现是如下这段话：

> 上莫不致爱其下而制之以礼。上之于下，如保赤子。政令制度，所以接下之人百姓，有不理者如毫末，则虽孤独鳏寡必不加焉。(《王霸》)

虽然先秦儒家都主张爱民、利民，荀子特殊之处在于指出君主表达爱民之意要"制之以礼"。爱民可以通过制民之产、省刑罚、薄税赋、深耕易耨等方式，然而爱民之意、爱民之心需通过政令制度、礼乐制度的方式来表达和实现。爱不能是偶然的、不定的、主观任意的。爱是"爱之礼""爱之法"，必循其理而施以制度化建构。在先秦儒家的"民之父母"思想中，孔子、孟子等都是从仁心、责任之心的角度倡导君王为百姓的父母，荀子提出的思路则不同。君王爱其百姓的表现是"制之以礼"，通过礼制的形式将君王之爱固定化。荀子在社会复杂化的背景下意识到上与下之间、君王与百姓之间已不再是直接面对、直接影响的简单关系，而是要通过政令制度的中介来联结的。君王对百姓"如保赤子"的爱，不只是通过他的爱心、仁心表达，而是要审慎地制定和审议政令制度是否合理以及是否足以表达、表现君王之爱。荀子说："礼乐则修，分义则明，举措则时，爱利则形。"(《强国篇》) 郝懿行曰："形，《韩诗外传六》作刑。刑者，法也。爱人利人皆有法，不为私恩小惠。"[1] 荀子提出，不合理的法律制度，即便细微如毫末也不施加给最普通、最底层的民众。荀子的思想已具有深刻的政治理性化、程序化的观念，这在他的礼治、法治思想中有更丰富的表达。

---

[1] 王先谦：《荀子集解》，中华书局1988年版，第295页。

四　隆礼重法："德性的法治"之制度要求与德性归趋

在历史发展与思想逻辑的双重推动下，荀子政治哲学必然地表现为对客观性、程序性、普遍性之政治制度的追求。徐复观指出："儒家的伦理道德是不断地向客观真理这方向去努力、去形成的，这也才能为人类立人极。"① 在其政治哲学中，荀子接纳和吸收了"法"，屡次以道法、礼法、师法并提。然而荀子并没有以法代替礼，其做法是将法的精神、理性的精神注入到礼之中，重视礼原本即有的规范义并使其政治制度（等同于广义的法）之义越发凸显。同时，荀子在这样做的时候，保留了礼（及乐）的教化之义，亦保持着儒家"道德的政治"之教化本质及对至善社会追求的理想。

在中国古代社会，礼起到"经国家，定社稷，序民人"的重要作用，是系统化、规范化、制度化的社会政治规范。"礼"是一套从生到死、从祭祀到起居，从军事、政治到日常生活的制度礼仪的总称。周公继承夏、商传统而"制礼作乐"，确立了嫡长子继承制、分封制等社会政治制度。礼的意义和作用，一是维护尊卑贵贱长幼的等级秩序，即孔子所说"君君臣臣，父父子子"之意；二是从更宽泛的意义上说，礼是人"成人"的方式和途径，只有经过礼的教化、薰养，人才实现为人。孔子承继周公之志，坚决维护周礼并主张以礼治国，他说："能以礼让为国乎，何有？不能以礼让为国，如礼何？"（《里仁》）

儒家"道德的政治"，就内在之德说是德治，就外在形式说是礼治。当然，礼治也不止是一种形式，而可以是一种礼让治国的精神。荀子的礼具有制度化、规范化、客观化的特征，其礼治为一种兼具法之客观性与礼之教化性的"德性的法治"。荀子认为礼、义是维护社会政治秩序及群体和谐之道。史华慈认为："儒家的礼、义，就是防止滥情而保证公共生活秩序的规定和道理。儒家的仁、义、礼、忠、

---

① 徐复观：《徐复观文集2》，湖北人民出版社2001年版，第78页。

第八章 "道德的政治"之教化形态与法治路径

敬、信等德目都是社会性、公共性的，适用于公共生活及其秩序建构的。"① 荀子认为"义"是人之为人的本质，是维系人类社会稳定与长久的根本。荀子说："人有气有生有知亦且有义，故最为天下贵也……人何以能群？曰：分。分何以能行？曰：义。"（《王制》）荀子进一步认为，人的"群""分""义"不但是使人同物区别开来的根本，而且是人能够控制和利用物类的优势所在。总之，人类因为有"义"的规定，才能形成有等级差别、有社会分工的和谐、稳定的群体。徐复观研究了封建宗法社会背景下以礼制规定社会等级名分的现象，他指出："为了便于统治的从属关系能够巩固，以血统的嫡庶及亲疏长幼等定下贵贱尊卑的身份，使每人的爵位及权利义务，各与其身份相称，这在当时称之为'分'；定'分'即所以建立当时的政治秩序。"②

荀子敏锐地认识到礼义之分对于社会秩序稳定的根本作用，所以他特别强调"礼"的地位和作用。荀子说："人之所以为人者何已也？曰：以其有辨也——故人道莫不有辨，辨莫大于分，分莫大于礼，礼莫大于圣王。"（《非相》）辨就是分别，人的根本特性就是分辨、思虑等理性的、理智的作用。在理性的分别、分辨之下，人知道什么是属于自己的，什么是属于他人的。不会出现"一兔走街，众人逐之"的纷争的局面。人根据什么知道事物是属于他人或是自己？根据在于礼。《礼记·乐记》言："礼别异，乐和同。"礼的作用在于分别，规定了各人之间的分别，包括等级、名分，由此而形成了社会的秩序。萧公权谓："封建宗法社会之中，关系从人，故制度尚礼。冠婚丧祭、乡射饮酒、朝会聘飨之种种仪文，已足以维秩序而致治安。及宗法既衰，从人之关系渐变为从地，执政者势不得不别立'贵贵'之制度以代替'亲亲'。"③ 质言之，亲亲与贵贵（即尊尊、尊贤）皆

---

① ［美］本杰明·史华慈：《古代中国的思想世界》，程钢译，江苏人民出版社2004年版，第30—31页。
② 徐复观：《两汉思想史》第一卷，华东师范大学出版社2001年版，第12页。
③ 萧公权：《中国政治思想史》，台北联经出版事业公司1982年版，第105页。

为礼所规定。《中庸》谓："亲亲之杀，尊贤之等，礼所生也。"《荀子》一书重视礼，极言礼之地位与作用之重要。荀子说："礼者，治辨之极也，强国之本也，威行之道也，功名之总也。……由其道则行，不由其道则废。"（《议兵篇》）荀子说：

> 礼者，所以正身也；师者，所以正礼也。无礼何以正身？无师吾安知礼之为是也？礼然而然，则是情安礼也；师云而云，则是知若师也。情安礼，知若师，则是圣人也。故非礼是无法也；非师，是无师也。不是师法而好自用，譬之是犹以盲辨色，以聋辨声也，舍乱妄无为也。故学也者，礼法也。夫师，以身为正仪而贵自安者也。（《修身》）

在荀子这里，礼法具有存在根本上的价值合理性，以及对于社会安定、天下平安的手段之合理性。"荀子的用心，是要以'礼'来建立一种'各尽所能，各取所值'的合理的社会秩序。"[①] 荀子多言礼义：

> 先王之道，仁之隆也，比中而行之。何谓中？曰：礼义是也。（《仲尼篇》）
> 国无礼则不正。礼之所以正国也，譬之犹衡之于轻重也，犹绳墨之于曲直也，犹规矩之于方圆也。既措之而人莫之能诬也。（《王霸篇》）
> 故为之立君上之势以临之，明礼义以化之，起法正以治之，重刑罚以禁之。（《性恶篇》）

在这里，礼义是和"君上之势""法正""刑罚"并用的政治手段，相对于临之、治之、禁之等强力、惩罚性手段，礼义之化是温和的、教化的手段。荀子以人性恶为基础，主张圣人应以礼义化民向

---

① 徐复观：《徐复观文集2》，湖北人民出版社2001年版，第228页。

第八章 "道德的政治"之教化形态与法治路径

善、以师法责民为善。在并非所有人都肯服从善政、善教的情况下，对于不从教者便须以刑罚的方式禁民为恶。荀子言及礼法之分并承认刑罚在维持社会秩序方面的不同于礼的功能。荀子说："以善至者待之以礼；以不善至者待之以刑。"（《荀子·富国篇》）韩东育认为，"人性本恶"是荀子全部方案的基本前提。在这一前提下，只能依靠后天的"伪＝人为"来实现对先天"恶"的改造，进而导人至善。他的逻辑简单而令人信服：如果不是因为人性本"恶"，那么，后天的社会制度和道德法规便没有设立的必要。荀子推出了以"礼"为标准的"秩序"设计①。这与其说是谈礼，毋宁说是谈法更为对准。荀子言君臣上下皆以礼相待：

> 请问为人君？曰：以礼分施，均遍而不偏。请问为人臣？曰：以礼待君，忠顺而不懈。请问为人父？曰：宽惠而有礼。请问为人子？曰：敬爱而致文。（《君道》）

父子在古代封建社会亦是君臣、上下的政治关系。礼成为政治社会中所有人的行为规范和准则。瞿同祖认为："儒家着重于贵贱、尊卑、长幼、亲疏之'异'，故不能不以富于差异性，内容繁杂的，因人而异的，个别的行为规范——礼——为维持社会秩序的工具，而反对归于一的法。法家欲以同一的、单纯的法律约束全国人民，着重于'同'，故主张法治，反对因贵贱、尊卑、长幼、亲疏而异其施的礼。两家出发点不同，结论自异。礼治、法治只是儒法两家为了达到其不同的理想社会秩序所用的不同工具。"② 我们必须时刻注意的是：作为维持社会秩序的政治之礼，不是取消了秩序和规范，而是在尊重人情差异基础上进行秩序与规范的设计。荀子在《王制篇》集中阐发了他的法治主张及法治精神：

---

① 韩东育：《荀子"性恶论"的政体改良指向》，《哲学研究》2012 年第 7 期。
② 瞿同祖：《中国法律与中国社会》，中华书局 2003 年版，第 309 页。

>故法法而不议，则法之所不至者必废。职而不通，则职之所不及者必坠。故法而议，职而通，无隐谋，无遗善，而百事无过，非君子不能。其有法者以法行，无法者以类举，听之尽也。故有良法而乱者有之矣，有君子而乱者，自古及今，未尝闻也。

我们将荀子关于"法"的思想概况如下：

第一，法是国家安定、社会有序的重要手段，荀子多处主张法法、师法、隆礼重法等，荀子提出："故有师法者，人之大宝也；无师无法者，人之大殃也"，认为"行法志坚，不以私欲乱所闻"的人可谓"劲士"。

第二，如果没有法度，政治行为需要"以类举"，用普遍的、可行的方法治理。此"以类举""以人度人，以情度情，以类举类"，必是依据一客观普遍之理性精神方可。此恰是一理性的行政精神，也可说是法治的精神。法的施行过程中也需要理性精神的贯注，以理性判断法是否为"义法"并补充法律所不及之处。

其三，君子之治，"法而议"，会减少不通不至的方面。关于"议"的意思，王先谦注：议谓讲论也。虽有法度而不能讲论，则不周洽。"法而不议"是法家的基本主张，但荀子却恰恰反对此原则。众人畏于上之威严而不竭其言尽其力，"法而不议""职而不通"，法律所涉及不到、考虑到的地方，社会则有废弃、坠落的乱局。荀子极重法之立、法之义，深以"义法""良法"为可贵，必须了解"法之义"及法之所从来，以及法是义法、良法否，故须"议"。荀子批评法家"尚法而无法"，大概基于此。

其四，荀子认为法之制定、执行以及法的内容和原则的决定者是君子。荀子深知君子对于立法、行法、议法及义法的重要，定夺'义法'与否的君子必须具备一些基本德行修养，如公而无私、知统类等。同时，行法不当、行法不得其人则有乱法。如果上下好利，没有公、义之德，则有法而无法，有法而乱。故荀子强调，必在法度之下，发挥君子的作用，以补法治之不足。或者说，法治欲发挥最大的效用，必须有君子贯彻实施。荀子提出最著名的主张：法者治之端也；君子者，治之原也。故有君子则法虽省，足以遍矣；无君子则法虽具，失先后之施，不能应事之变，足以乱矣。不知法之义而正法之数者，虽博，临事必乱。(《荀子·君道》) 荀子思想中的君子，不是与法对立的君子，而是在礼法世界中的君子。荀子的君子是以治世、养民之责任心，以理性、法治的精神，依礼法制度而行者。荀子极言君臣上下之德对于至平世界的重要：

> 故上好礼义，尚贤使能，无贪利之心，则下亦将綦辞让、致忠信而谨于臣子矣。如是则虽在小民，不待合符节、别契券而信，不待探筹投钩而公，不待衡石、称悬而平。不待斗、斛、敦、概而啧。故赏不用而民劝，罚不用而民服，有司不劳而事治，政令不烦而俗美，百姓莫敢不顺上之法，象上之志，而劝上之事，而安乐之矣。……夫是之谓至平。(《荀子·君道》)

在荀子这里，政治世界是一个由上（君）、下（臣）、民组成的政治共同体。实现共同体之有序、有德、和乐的关键在于君上之德与行。荀子指出礼义之化由上至下，及于小民的顺序。民众具有信、公、平、齐之德，是因礼义之化，不需要法律所规定的具体的事务，最后实现顺从尊重君主的意图，努力于君主（即国家）的事业，而有最后和乐之境。荀子主张：君子治治，非治乱也，与孟子所说"夫君子所过者化，所存者神，上下与天地同流，岂曰小补之哉？"二者可以相互发明理解。治乱，即是在乱的基础上从方法上完善，对其进行小修小补；治治则是从为政的根本上以君子之道导民向善。荀子将德性政治落得更具体：

> 天下归之之谓王，天下去之之谓亡。汤、武者，循其道，行其义，兴天下同利，除天下同害，天下归之。故厚德音以先之，

· 333 ·

明礼义以道之，致忠信以爱之，尚贤使能以次之，爵服赏以申重之，时其事、轻其任以调齐之。潢然兼覆之，养长之，如保赤子。(《王霸篇》)

这即是儒家所一直追求的王道政治。荀子的若干主张阐明了"君子足以为治之义也"。荀子的类似言论，皆与孔子之意相合，而足见荀学之根本异于法家。盖法家寓君权于械数之内，荀子则欲君主之人格透漏于法制之外。前者专重治法，后者则求治人以行治法。荀子在坚持儒家"礼"的基础上，吸收了"法"的治国手段，而在其对法的论说中，仍不失其儒者的风范。荀子虽然认同"以法治国"的合理性，但他仍然坚持儒家之礼、君子之德对于社会长期稳定的根本性。同时，他在对礼的解释和理解中，加入了类似于法的合理性、普遍性和客观性。如此，如徐复观所说："荀子虽然承儒家的传统，也不断提到仁义；但他的精神、思想，是偏于经验地合理主义的一面；对于孔学的仁，始终是格格不入的。"[1]荀子思想的现实主义特征使其理论在根本上存在着一种缺陷或隐忧：因为人性恶，所以个体的人便失去了基于人性的、选择的自由或者说是权利，圣王、君王（或曰政府）所做的一切都是对个体有利的。虽然它可能和个体人的本性或愿望是相对的，相反是个人所必须遵循的。由此，荀子自觉（尊君）或不自觉地成为所有国家主义、威权主义的理论上的庇护伞。荀子思想的理性主义特征使其在德性之知方面显示出理论的先天不足。虽然荀子也重道德修养（如《学》《庸》般重慎独），也知晓道德仁义须在心性上有根基。但是，他对道德建构的知性分析和客观要求，毕竟使他在内在价值心性本体方面有所欠缺。

当然，究其实质，荀子思想的重点与重心是政治哲学而非道德哲学。

---

[1] 徐复观：《徐复观文集2》，湖北人民出版社2001年版，第228页。

第九章

"道德的政治"形成之社会形态与当代实现

梁漱溟曾指出，中国古代的理想社会"就是人人在伦理关系上都各自做到好处（所谓父父子子），大家相安相保，养生送死而无憾"。① 依梁氏所言，中国社会带有鲜明的伦理本位特点，伦理、道德发挥着类似于宗教在欧洲的社会整合与教化的作用。因此，在传统中国社会，人在伦理道德中才具有真实的存在感和价值感，并获得人生的终极意义。所以，中国古代政治所做的事情，一是安排伦理名分来组织社会，二是设为礼乐揖让以涵养理性。而其最终的目标，则在使人走上道德之路。李泽厚指出："本来中国社会以'务农为本'，安土重迁，累世聚居，左右非亲即故，非族即友，从而情义为怀，交深谊重。"而中国社会现在的情况是："中国社会的生活实体现在正处在大改变之中。工业化、都市化、生活消费化带来的个人独立、平等竞争、选择自由、家庭变小、血缘纽带松弛、乡土观念削弱等状况，使人情淡薄，利益当先。数千年传统所依据的背景条件几乎全失，而且也使人情本身有了变化：不再是稳固的血缘亲情，而是不断变异着的个体关系之情，逐渐占据主导……"② 我们应在"道德的政治"思想中更多地思考当代社会变迁对传统政治的冲击。既然"道

---

① 梁漱溟：《中国文化要义》，上海世纪出版集团2003年版，第76页。
② 李泽厚：《己卯五说》，中国电影出版社1999年版，第100页。

德的政治"思想与理念是在中国古代乡土社会、伦理社会中形成和存在的,那么在已经发生深刻的社会形态变迁和社会经济发展变化的当代社会,如何在现代法治建设、思想建设中吸收和融汇"道德的政治"思想?如何以"道德的政治"思想理念引领和启发当代中国政治文明建设?这是我们需要思考的问题。

第一节 中国传统伦理本位的社会特征与道德政治之双向构成

对中国社会的伦理本位特质,中外思想史学者从不同的理论立场和学术角度均有深刻洞见。黑格尔在其《历史哲学》中,秉持理性主义的文化传统和西方中心论的观点剖析了中国社会的伦理特征。他认为,中国传统社会建立在一种"道德的结合上,国家的特性便是客观的'家庭孝敬'。中国人把自己看作是属于他们家庭的,而同时又是国家的儿女。在家庭之内,他们不是人格,因为他们在里面生活的那个团结的单位,乃是血统关系和天然义务。在国家之内,他们一样缺少独立的人格;因为国家内大家长的关系最为显著,皇帝犹如严父,为政府的基础,治理国家的一切部门"[1]。

梁漱溟对中国社会结构的看法是通过与西方社会的比较得出来的。他认为,"西洋近代社会是个人本位的社会——英美显其例;而以西洋最近趋向为社会本位底社会——苏联显其例。那么我们应当说中国是一'伦理本位底社会'。'家族本位'这话不恰当,且亦不足以说明之。只有宗法社会可说是家族本位,此见甄克斯《社会通诠》,中国却早蜕出宗法社会"[2]。

一 中国传统伦理本位的社会特征

何为伦理社会?梁漱溟说:"人一生下来,便有与他相关之人

---

[1] [德]黑格尔:《历史哲学》,王造时译,上海人民出版社1990年版,第138页。
[2] 梁漱溟:《中国文化要义》,上海世纪出版集团2003年版,第79页。

第九章 "道德的政治"形成之社会形态与当代实现

（父母、兄弟等）；人生且始终在与人的关系中而生活（不离开社会）。如此则知，人生实存于各种关系之上。此种种关系即是种种伦理关系。伦者，伦偶；正指人们彼此之相与。相与之间关系遂生。家人父子，是其天然基本关系；故伦理首重家庭。父母总是最先有的，再者有兄弟姐妹，既长则有夫妇，有子女；而乡党戚党亦即由此而生。出生到社会上，于教学则有师徒，于经济则有同伙，于政治则有君臣官民；平素多往返，遇事相扶持，则有乡邻朋友。随一个人年龄和生活之展开，而渐有其四面八方若近若远不尽底关系。是关系，皆是伦理；伦理始于家庭，而不止于家庭。"[①] 梁漱溟所说的"伦理关系"并非简单的人与人的关系，而是家族或拟家族关系。"伦理社会"也是指把一切社会关系家族化的社会。伦理关系的特点是在这种关系中的人之间有情分、有情义，"伦理关系即是情谊关系"[②]，是以义务相调节的关系。因此，梁漱溟所说的"伦理关系"，不只是家庭和家族，而是一切以义务相调节的情谊关系都属于"伦理关系"。他指出："举整个社会各种关系一概家庭化之，务使其情益亲，其义益重。由是乃使居此社会中者，每一个人对于其四面八方底伦理关系，各负有其相当义务。全社会之人，不期而辗转互相连锁起来，无形中成为一种组织。"[③] 这种基于伦理义务和伦理关系的社会即"伦理本位"的社会。

费孝通在其《乡土中国》一书中，将传统中国的社会生活诠释成"波纹宗亲网"和"差序格局"的"礼俗社会"。费孝通指出："我们的格局不是一捆一捆扎清楚的柴，而是好像把一块石头丢在水面上所发生的一圈圈推出去的波纹，每个人都是他社会影响所推出去的圈子的中心，被圈子的波纹所推及的就发生联系，每个人在某一时间和某一地点所动用的圈子是不一定相同的。"[④]

[①] 梁漱溟：《中国文化要义》，上海世纪出版集团2003年版，第79页。
[②] 同上书，第80页。
[③] 同上。
[④] 费孝通：《乡土中国》，上海人民出版社2007年版，第26—30页。

"差序格局"的概念可以概括中国传统社会中的社会结构特点和人际关系特点。在差序格局中，社会关系是私人联系的累加，社会范围是一层层私人联系所结成的网络。费孝通说："在我们传统里。群的极限是模糊不清的'天下'，国是皇帝之家，界线从来就是不清不楚的，不过是从自己这个中心里推出去的社会势力的一圈而已。"①"差序格局"本质上是以"己"为中心的："以己为中心，像石头一般投入水中，和别人所联系成的社会关系，不是团体中的一分子立在一个平面上，而是像水的波纹一般，一圈圈推出去，愈推愈远，也愈推愈薄"。"在这种富于伸缩性的网络里，随时随地是有一个'己'作为中心的，这并不是个人主义，而是自我主义。"②"差序格局"概念表明，中国传统社会的人际关系的形成，是以己为中心向外逐渐拓展，并逐层减弱，表明了自己和他人关系的亲疏差序。以家庭为核心的血缘关系拓展开来，形成逐次递减的亲缘关系，并逐渐形成了作为血缘关系投影的地缘关系。中国传统社会以血缘关系和地缘关系为基础，形成"差序格局"模式。差序格局呈现出的以"己"为中心拓展开来的关系和联系的实质，是伦理道德的关系，或者如梁漱溟所说的"义务"关系。从"己"的中心向外的逐层拓展，伦理道德的义务也随之逐渐减弱。

由此看来，作为"差序格局"中心的"己"，是被"家族和血缘"裹挟着从属于家庭的社会个体，作为社会结构的最小单位或社会关系的一个纽结，以伦理道德串联起不同的关系网络。即"己"是一种道德和伦理的关系体，只有在社会结构与关系中才具有意义与价值，才能够加以考量。同时，"己"的实在性，也需要在家族关系中予以确证，个体的伦理关系和道德义务在一圈圈网络中表现和现行为"家国天下"的价值诉求和道德关怀。因此，"己"也是"差序格局"中的道德实体表征。伦理关系是"己"存在的真实表达，伦理即真

---

① 费孝通：《乡土中国》，上海人民出版社2007年版，第27—28页。
② 同上。

第九章 "道德的政治"形成之社会形态与当代实现

实。因此，对于中国传统社会，伦理关系以及在此基础上发展而来的社会结构体系是内生自因的，而不是外在因素使然，维系传统社会自组织化和自我运行的机制也来自于中国传统社会内部。

一般而言的西方社会是以个人—城邦、个人—上帝、个人—国家为特征的，其中没有像中国这样浓厚的围绕家庭的道德伦理关怀。古希腊的主要德目为节制、勇敢、智慧等，基督教伦理则恰以放弃对家庭父母之爱为获得上帝之爱的前提。而中国传统社会以家族、宗族为核心的村落聚居的存在特征，使其政治德行总是以家庭伦理、个人道德为基础生发扩充而至家国天下的政治德行，其表现的方式即孔孟所言"孝悌为仁之本"及"亲亲、仁民、爱物"。中国传统伦理本位的社会，具有稳定的自我规定性和内生力量。使其发展维系了自有的逻辑和结构特征。中国传统社会是一个自组织化程度极高的社会，维系千百年来中国传统社会自我维系和运行的内生性因素主要体现为士绅、书院、乡约等社会文化因素。

费孝通认为，中国传统政治结构存在中央集权和地方自治的两层。乡村社会"天高皇帝远"，传统皇权是无为的。以皇权为核心的行政权力并不直接介入基层的社会管理，而是体现为伦理社会的自治团体管理。中国传统社会历来存在自上而下的政治轨道和自下而上的政治轨道，是双轨政治[①]。梁漱溟认为，传统中国"许多事情乡村皆自有办法；许多问题乡村皆自能解决：如乡约、保甲、社仓、社学之类，时或出于执政者之倡导，固地方人自己去做"[②]。有研究者甚至认为，中国传统乡村社会主要是通过介于官民之间、居于乡村权威和统治地位的绅士实现有效治理，是一种集权与分权有效统一、国家与社会平衡和良性互动基础上的乡村自治。

二 士绅自治——政权与社会的沟通桥梁

"皇权止于县政"。以君权为核心的政权体系并没有彻底将所有社

[①] 费孝通：《乡土中国》，上海人民出版社2008年版，第280页。
[②] 梁漱溟：《梁漱溟全集》，山东人民出版社1992年版，第585页。

会事务，尤其是基层社会管理纳入直接控制之下。政权对乡村社会的控制依靠单纯的行政权力的直接介入是行不通的，需要借助植根于乡土社会的内生力量，调动伦理社会中的自治因素，并将其纳入社会管理体系之中。历史上，秦朝形成郡县制的行政管理格局的同时，在基层社会实行乡（亭）里制以"三老"掌教化开始，以血缘关系和地缘关系为纽带，以伦理体系为有效内驱力的乡村社会的自治资源，就不断被王朝所强化，并逐渐演化成为将行政权与自治权耦合为一的乡村治理模式——士绅自治。

　　士绅阶层是中国传统社会结构中一个特殊的群体或阶层。他们是以君权为核心的行政政权向乡野社会延伸的重要桥梁。士绅阶层的价值理念核心是儒家的道德礼俗观念，秉承《荀子·儒效》强调的"在本朝则美政，在下位则美俗"儒者使命，将"在本朝"的"美政"与"在下位"的"美俗"作为自身的价值追求，并超越个人的"修身"与家族内部的"齐家"，担当起教化乡里、美化风俗之责。由于士绅同时拥有政权和乡野所认同的政治、经济、文化权利和社会参与权，他们既是政权官僚体系的后备军，政府官吏大多均出自这一阶层，又在一定程度上承担着平民与乡野社会代言人的责任。他们依托强大的家族伦理形成了乡野社会中无法替代的权威地位，既是道德礼俗的继承者和倡导者，也是礼俗文化的传播者和教化者，在维系社会秩序的稳定运行中发挥着举足轻重的作用。士绅凭借其在政权中的话语权和在乡野中的道德感召力，在国家政权和乡野社会之间共同构成一个稳定的架构体系，并且成为政权与乡野社会之间的缓冲地带，有效地维持了伦理本位社会结构的稳定和传统社会的自我治理。

　　首先，士绅是官民联系的桥梁和中介。"士绅是外在于国家行政系统的，在地方享有一定政治和经济特权的知识群体，涵盖了居乡的官员和所有科举功名之士。"[①] 士绅以其独特的政治优势和文化优势，

[①] 李世众：《晚清士绅与地方政治——以温州为中心的考察》，上海人民出版社2006年版，第13页。

第九章 "道德的政治"形成之社会形态与当代实现

一向为官民所重视,可上行下达,调节官民关系。政府通过士绅代其向乡民宣谕传达政令,士绅基于自身"修齐治平"和"以天下为己任"的儒家政治理念,使官府谕令在乡野百姓中得到有效的传达和解读,并通过士绅的示范和带动作用,使政令在乡野民众中得到普遍的奉行。这种看似自上而下的行政权对乡野社会的渗透,是经过了士绅政治理念梳理和调整后,基于士绅在乡野中的血亲家族影响力和道德感召力而发挥效果的柔性渗透。不同于纯粹的外在行政手段的直接干预与强制推行,其之所以能够得到乡民百姓的尊奉与认可,是基于对士绅道德品行的认可与信任。正是对士绅道德地位的信任,乡民亦得以通过士绅的政治话语权向官府陈情诉求。作为乡民和乡野社会代言人时,士绅同样以"为民请命"的儒家道德情怀,使百姓诉求能够上达官府,"天视自我民视,天听自我民听。"(《尚书·泰誓中》)实现民意与政权之间的沟通。士绅儒学本位的道德沟通成为政府与乡野社会之间沟通的桥梁,有效缓解了政权与乡野社会之间的二元对立,在"皇权至上"的政治格局下,士绅的"道德力量"为"乡野自治"提供了足够的空间,维系着乡野社会千百年来历经政权更迭始终保持稳定的"弹性"。

其次,士绅是乡野社会的道德引领者和教化者。士绅或致仕还乡,或待机入仕,居于乡野又有别于普通乡民,拥有良好的文化禀赋和高于普通乡民的道德自觉。作为乡野社会的"参照群体",士绅身体力行的道德践履以潜移默化方式,对于普通乡民形成了较强的行为参照和价值引领的作用。如士绅"耕读传家""忠孝仁义"等良善家风和"守望相助""敦亲睦邻"的善德义举,能够劝人向善,影响带动乡民形成和谐道德的民风民德。同时,很多士绅在乡野兴办义学,有些士绅直接就作为塾师,开馆教学,启发民智,"谨庠序之教,申之以孝悌之义"(《孟子·梁惠王上》),教人向善。士绅在所居乡野营造道德民风,是儒者"在下位则美俗"的道德实践,也是其政治实践的一部分。其在乡野所从事的道德教化,将乡野社会自发的血亲、家族伦理意识上升为家国天下的伦理意识,唤醒"差序格局"

中"己"的伦理关系自觉。伦理自觉是中国传统社会人的"自我"建构的主要形式，即将"己"还原在"群"中，考查"己"与"人"的内在关系，明确"己"的存在以"人"与"群"为前提，"己"相对于"人"与"群"来确定自身的界限。即如费孝通先生所言的水的波纹，相对于外"外圈"，"内圈"为"己"，波纹不断向外推进，"己"的界限也就不断扩大，从己身到家庭，到家族，乃至国家天下。缘于狭隘的血亲的伦理关怀推广开来，达致天下，构成了儒学"修齐治平""其道一也"的伦理本位体系。

士绅将自身禀赋的政治德性和道德理想通过有效的教化渗透到乡野社会生活，并逐渐积淀为乡野社会基本礼俗秩序，成为乡野社会世代传续的稳定观念基因。"礼失而求诸野"（《汉书·艺文志》），正是这种渗透于乡野社会的礼俗文化基因，使得中国传统社会能够在改朝换代中始终保持相对稳定的社会秩序，而不致分崩离析。

最后，士绅直接参与乡野社会治理。士绅参与乡野社会治理，即政治德性的实践和道德理想的践履。在行政权力不直接干预的乡野社会，士绅依靠族权承担着社会公共事务管理的责任。士绅在调节乡野纠纷、处理疑难和诉讼案件等方面发挥重要职能。据《澎湖厅志·风俗记》记载："大小俗事，悉听乡老处分，偶有鼠牙雀角，投绅缙洽望之，评其曲直。"士绅因其特殊的社会地位与身份，通常是名门望族或大的家族核心，在乡野具有较强的社会威望和影响力，其对乡野具体社会事务的处理能力强于行政权力。士绅对乡野纠纷的处理，不同于外在强制执行的刚性行政权力，而更具有顺应天理人情的伦理柔性色彩，如安徽桐城"七尺巷"就具有典型的礼教色彩。乡民对士绅仲裁权力的认可，一方面缘于对士绅宗族权力的接纳；另一方面来自于对自身"差序格局"的自发性皈依。

在基层社会事务方面，由于行政权力和行政指令的局限性，地方官员必须依靠士绅力量。由士绅操持社会事业，效率较高，成本较低，同时具有针对性较强和反应迅捷的特点。如在发生洪水、饥荒、瘟疫等天灾时，士绅可以直接操办救济事务，通过其经营的义仓赈济灾民，募捐赈灾资金，组织灾民开展抗灾自救。另外，士绅对发展乡里经济有重要职能，主要表现在士绅督促生产、兴修水利、植树造林、管理工商等；士绅维护乡里社会的政治安宁，组建地方民团。士绅在组建地方民团以保卫其身家财产所系的家乡的过程中，总是扮演领导角色。地方防务，这种需要强有力的权威和财务支持的任务就自然落到士绅的肩上。

士绅阶层"在本朝则美政，在下位则美俗"（《荀子·儒效》）。以其特有的身份和作用，沟通了政府与社会之间的关系，在最大限度上实现了政府与社会价值取向之间的一致性，即实现政治管理与社会治理的"美政"与"美俗"。以道德取向的"善"作为"治"的标准，政治管理与社会治理的手段和指向，就不再仅仅是外在规范强制下的秩序，而是源于内在驱动的自愿的和谐，"治"在中国政治语境中，既是社会治理的手段与过程，更是社会治理所要追求的理想状态，即"政通人和""长治久安"。

三 乡约体系——乡村善治的规范体系

士绅在乡野自治过程中，逐渐将自发形成的社会秩序体系规范化、制度化，形成了渗透伦理社会理想追求的乡约体系。"乡约"是在血缘关系和地缘关系前提下，邻里乡党以互助救济为目的互相劝勉、共同遵守的一种乡村自治的伦理制度，其价值追求指向为"出入相友，守望相助，疾病相扶持，则百姓亲睦"（《孟子·滕文公上》）的道德社会图景。

中国最早的成文乡约，是北宋吕大钧等制定的《吕氏乡约》。《吕氏乡约》遵循村民邻里自愿加入原则，推举年高德劭、正直不阿者为约正，两位有学行者为约副，作为监督乡约执行和评判村民德行的权威，对善行者加以奖励，对过者则加以劝改。乡约具有鲜明的"自治"色彩：自愿加入，自主约定，并形成了较为稳定的"自组织"规范体系和约束机制。"约"具有"约定""约束"和"邀约"等多重含义。其一，乡约的形成和发展，体现了乡村自治的"民主化","若约有不便之事"则进行民主讨论"共议更易",在村民共同认可的前提下,保证了乡约的有效性;其二,乡约基于血缘、地缘关系基础上的伦理价值诉求形成的规范体系,能够以道德共识为前提形成对乡民有效的行为规范和约束;其三,"乡约"以定期聚会的形式,增进乡民之间的情感和伦理联系,培育敦睦民风,"每月一聚,具食;每季一聚,具酒食";其四,在聚会中还进行公开赏罚:"遇聚会,则书其善恶,行其赏罚。"对于犯错误的,则记录在案以督促众人,而屡教不改、不可救药的,则开除出约。"有见过失,同约之人各自省察,互相规诫。小则密规之,大则众戒之,不听则会集之日,直言告于约正,约正以义理诲谕之,谢过请改则书于籍以俟,其争辩不服与终不能改者,听其出约"。"出约"意味着不被家族乡党所认可和接纳,否定其在伦理体系中存在的"合法性",从而失去其在伦理社会机构中的地位与身份,是对不服从"约定"或屡教不改的乡民个体严重的惩罚。《吕氏乡约》包含"德业相劝、过失相规、礼俗相交、患难相恤"等四方面的重要内容,承担教化、劝善、纠过、互助等多方面的功能,使乡民间结成德行有所规劝,患难有所恤托,交往以礼相待的"礼俗"共同体。通过共同体的"礼俗"自治,追求并达成儒家"里仁"的理想道德社会。萧公权在《中国政治思想史》中对《吕氏乡约》做出很高的评价:"吕氏乡约于君政官治之外别立乡人自治之团体,尤为空前之创制。"①

南宋朱熹在《吕氏乡约》基础上编写了《增损吕氏乡约》。明朝王阳明颁布的《南赣乡约》得到当时朝廷的大力推广。此外吕坤的《乡甲约》是把乡约、保甲都纳入到一个组织综合治理。明末清初,陆世仪提出以乡约为纲,保甲、社学、社仓为目的乡治系统。诚如萧公权所言,《吕氏乡约》与后世明清以来的乡约相比较,具有一定的差异性。其一,前者是乡民"自动自选自治"的乡村组织,"乡人相约,勉为小善";后者是一个政府干预或影响的乡村组织,具有鲜明

---

① 萧公权:《中国政治思想史》,台北联经出版有限公司1982年版,第570—571页。

第九章 "道德的政治"形成之社会形态与当代实现

的官治色彩。其二，前者是乡民自由参加，有的乡民可能参加，有的可能不参加；后者是政府强制性的、覆盖全乡村的组织。其三，乡约组织人员角色发生了改变。《吕氏乡约》中乡民推举的约正、约副是具有道德权威和感召力的精神领袖；后者由官府任命的约长、约副、约正等具有协助官府管理乡民的行政责任，其身份是准官方的行政角色。

从北宋《吕氏乡约》到明清乡约，一个显著的变化趋势是政府行政权力的逐渐介入。政府行政权力的介入，使乡约制度得以在更大范围推广，使之发展形成了以乡约、保甲、社学、社仓四者为一体的乡治系统，在中国传统社会治理中发挥了重要的作用。杨开道在《中国乡约制度》一书中曾设想，"假以时日，整个乡治或者可以立定基础，成为中国民治张本"[1]。以乡约为核心的乡村治理体系，以礼约人，以俗化人，以实现"百姓亲睦"的社会理想。既为乡野社会提供了系统的行为规范，同时也培育了道德的民风民德。德性的民风民德是乡约得以尊奉的内在动力，也是乡约价值追求的理想指向。乡约是"道德的政治"在乡野社会治理中制度化的具体体现。

四 书院文化——传统社会精英文化的枢纽

士绅和乡约是中国传统社会乡村治理的基础，而培育社会价值追求和理想境界的精英文化枢纽，则在于书院文化和书院制度。书院不同于乡居士绅教化乡里、开蒙民智而开办的私塾，也不同于被纳入行政体系之中直接培养官员的"官学"，是具有相对独立性的学术机构和教育机构。从唐至清的千年以来，书院积淀了以研究和传播经典文化为己任的精神，教人以修齐治平之道和经世安邦之策。书院承载着儒家学者传道授业的使命，培育和传播以儒家道德为核心的文化良知，沟通官方政治理念和社会价值诉求，并将二者相结合，作为对"道德的政治"的继承与发展，成为社会精英文化所倡行的主流

---

[1] 杨开道：《中国乡约制度》，商务印书馆2015年版，第266页。

文化。

书院始于唐,发展于北宋,繁荣于南宋,虽于元朝受到冲击,但依然不断发展。至明中叶,书院逐渐普及开来,清中期书院在中国教育体系中发展到顶峰,清朝后期逐渐衰落,至清末戊戌变法,书院最终退出历史舞台[①]。千余年来,书院制度和书院文化与中国传统社会相伴发展。从表面看,书院似乎与中国的科举取士制度伴生而行,但同时,书院文化更是中国传统文脉和价值赓续的有效载体。

(一)书院精神凝聚社会道德良知与价值关怀

书院最初虽为官办,但自北宋开始,民间书院地位日益显著,成为书院的主流。介于私学与官学之间的特殊地位,造就了书院独有的价值追求与文化取向。书院的教育在满足科举取士的要求,为官僚体系培养后备人才的同时,由于其具有的相对独立性,形成了其不同于官学的学术风气和书院精神。这是自唐以来中国文人,进而影响中国文官乃至传统政治理念的价值关照和政治情怀。这种情怀,直接表达为张载所说的"为天地立心,为生民立命,为往圣继绝学,为万世开太平"(《张子语录》)。

首先,书院承载价值关怀的人文精神。

"士志于道"。昌明儒家道德伦理是书院一直秉持的宗旨和使命。以学者的身份,研习儒家经典道德文章,是书院重要的学习和研究内容。这虽然与科举考试的内容一致,但并不意味着书院教育是"应试教育",而是以"明明德"实现"传道授业解惑"。继承与弘扬儒家核心道德,传承先贤德行,追求理想社会(天下太平)为书院的文化使命和自觉。因此,书院的教化与育人始终坚持"德业"的价值关怀,而将"举业"作为"道之所传"的检视方法和经世致用的实践途径。这种"弘道""传道"的价值追求和经世致用的文化态度的有机统一,使书院文化与欧洲中世纪"修道院"文化有明显的区分。在追求终极价值的同时,书院更体现其社会责任与使命,这也是儒学

[①] 白新良:《中国古代书院发展史》,天津大学出版社1995年版,第273页。

第九章 "道德的政治"形成之社会形态与当代实现

"人本"精神的集中体现。书院文化中的人文精神,超越了个人道德修养层面的提升,使之形成对政治参与者和社会大众广泛的影响力,从而以儒家"道德的政治"影响和引领社会心态。

其次,书院凝练理性追求的学术氛围。

儒学作为传统文化核心,其地位的形成与巩固,在于其观念认同建立在理性认知基础之上。书院为辩明真理、追求理性提供了难得的学术环境。自宋以来,非官办书院为诸贤大儒提供了砥砺学问的重要平台。张载横渠书院、程颢大程书院、程颐伊皋书院、朱熹白鹿洞书院、陆九渊香山书院、王阳明龙岗书院等等,这些书院,无不作为慎思明辨的学术场所,见证了宋明理学的"究天人之际、通古今之变、成一家之言"的学术盛事。大儒在不同的书院开坛讲授,也在书院进行学问交流和砥砺。朱熹与陆九渊在鹅湖书院的"鹅湖之会",开启了书院会讲的先河。书院展现的文化传承和教育模式,具有鲜活的生命力。内容涉及天理、心性、知行,从人与自身、人与自然、人与社会等多层面辩明天理人伦。同时,书院讲学并不盲从权威,而奉道德义理学问为圭臬。书院所凝练和营造的理性追求的学术氛围,在其所处的历史时期,塑造了社会文化相对独立的品格与精神,诚为难能可贵!

最后,书院培育知行合一的价值追求。

书院形成的学术传统,致力于理性认知的同时还要求学者躬身笃行。超越自身道德修养的儒学使命,就在于经世致用,"知行合一""止于至善"。因此,书院要求学者将自我道德完善与平治天下有机统一,"以天下为己任""为生命立民""为万世开太平"的社会政治责任感,成为儒家学人倡导和践行"道德的政治"的文化自觉。学院培养的大批德才兼备的人才,在其从政、治学过程中,始终秉持和坚守知行合一、经世致用的书院精神,成为后世人格典范与楷模。其中,王阳明应为典型代表。

(二)书院制度凸显自治管理理念与学术自由

书院有别于一般的私塾和官学,相对于行政权力和行政体系具有相对独立性,这使得书院在文化传播和教化育人过程中,确立了相对独立的自主管理模式,以保证学术研究的相对自由性。

第一是自主创建的书院初衷。书院产生之初,就有别于官学单纯培训官僚体系的目的,具有很强的学术研究和文化传承的价值指向。而其非官方的性质,使学者能够在自主创建并自主管理的书院,最大限度地突破中央集权对学术思想的直接掌控,从而从容表达自己的文化意志和精神追求。这既是书院为学者提供学术独立的平台,也是学者参与组织管理书院传道育人的主要动力。两宋乃至明清时期的学者,无不致力于创建和修复书院,以此为学术研究和传播的基地。宋明理学的发展,与当时朱熹、王阳明等博学大儒大力推动书院建设,并通过书院讲学进行思想传播,有着密切的关系。

第二是教学相长的教育模式。书院在传道育人的同时,更强调学术研究。书院突破了为科举储才的官学教育局限,注重通过独立的研究与传播儒家学术,使更多的学子能够深切认识"道"并最终在"达道"的前提下实现道德践履。为增进生徒对"道"的体悟和对学问的精进,书院往往采取较为灵活的教学模式。如两宋时期的岳麓书院在教学方法上,由传统单一的经典诵读转变为多种方法相结合,经学术研究与教学活动相结合,以达到"知行合一"。师者对生徒的指导过程中,多采取质疑问难的方式进行,在相互问答中激发生徒学习兴趣,帮助其建构完整知识体系。南宋岳麓书院采取的会讲的新型教学方式,"朱张会讲"成为岳麓书院学术史上的千古佳话。会讲与问答,学问的砥砺,思想的交融,使教学相长这种教育理念与教学模式,深植于传统文化的传承与发展之中。

第三是德才兼备的教育理念。书院对生徒的教育,超越"私塾""官学"科举考试的功利指向,将教育与文化传播回归为"以文化成"的初衷,即全方位地塑造人,强调德才兼备的教育理念。德性教育历来是儒家教育的重点,所谓"为生民立命",就是从儒学的道德本位,塑造人的生命意义。朱熹所做《岳麓书院学规》规定:"时常省问父母;朔望恭谒圣贤;气习各矫偏处;举止整齐严肃;服食宜从俭素；外事毫不可干；行坐必依齿序；痛戒讦短毁长；损友必须拒绝；不可闲谈废时；日讲经书三起；日看《纲目》数页；通晓时务物理；参读古文诗赋；读书必须过笔；会课按时早完；夜读仍戒晏起；疑误定要力争。"对生徒的言行操守、坐卧起居、为人为学等做出符合儒学伦理道德的明确规范。同时，书院所自聘山长主要是依据其道德修养和学术水平，选聘"经明行修，堪为多士模范者"。以师者身体力行，为生徒率先垂范。书院树立了道德品行、学问学识等全方位培养、德才兼备的教育理念

从基础层面的士绅自治，到制度层面的乡约体系，再到精英教育理念层面的书院精神，从形上的精神塑造与引领，到形下的乡野社会规范，中国传统社会将儒学家国一体伦理本位的社会治理思想贯彻到社会管理的不同层级，形成了以"道德的政治"为核心的相对完备的理念与社会运行机制。

第二节　中国社会经济结构变化与"道德的政治"之当代建构

如前文所述，中国传统社会具有其内在稳定基因，能够承受自身的政权更迭、改朝换代所造成的震荡，保持基本社会结构和社会关系不致发生剧烈改变。即使面对如蒙元、清朝入主中原，中国社会依然以其强大的文化包容力和社会弹性，保持着其发展的连续性和相对稳定性。

一　近代中国传统社会结构的逐渐瓦解

近代以来，西风东渐，中国社会开始面临社会结构、运行机制、价值观念的深刻转型。中国近代社会变迁，源于外来压力导致的思想观念的变迁。面对欧洲列强的坚船利炮和西洋文明的强势入侵，近代中国部分知识分子开始怀疑传统儒学理念与机制的可靠性，尤其是面对本属于传统中国文化圈、同样面对欧美列强威胁而选择"脱亚入

欧"的日本迅速崛起，一批近代"启蒙"思想者开始向西方学习。可以说中国近代的经济社会发展和结构变化始于观念的变迁。这也从另一方面证明了中国传统社会固有的稳定性。一般认为中国社会的资本主义萌芽开始于明朝中叶，但发展缓慢，没有对中国社会结构造成实质性影响。近代西方殖民和资本输出对中国社会经济结构的影响较大，但对于植根深远的中国伦理社会而言，其影响也是缓慢的。而影响较为显著的是社会精英阶层的观念形态。

无论是洋务派的"中体西用"还是维新派的"托古改制"，在观念上，依然尊奉传统"道统"的同时，寄希望于借鉴西方技术或制度层面的因素，维系社会发展。清朝末期到民国初年，中国社会政治层面的动荡，包括废除科举制和皇权的废黜，为西方文化进一步影响中国社会提供了契机。随之而来的新文化运动所倡导的"科学"与"民主"（"德先生"与"赛先生"）以及"自由"与"平等"等观念，对中国社会精英阶层的观念造成了深远的影响。之后三十余年战乱频仍，传统自然经济日趋解体，中国乡村社会日趋边缘化的尴尬境遇，其内生因素已经无法维持原有社会结构长期稳定运行。

二 社会主义时期社会结构的重构与发展

中国经济社会迅速发展、结构急剧变迁开始于20世纪中叶。战乱结束，百废待兴。社会主义制度在国家政权层面得以确立，"三大改造"的完成，使公有制在生产关系上得以确立，计划经济取代自然经济，并快速走上了工业化发展之路；"人民公社化"使高度行政化的社会组织取代了传统乡民自治的家族体系，社会成员的身份从传统"差序格局"中的"家族人"迅速转变为法律意义上的"公民"和组织意义上的"单位人"；"社教""四清"和"文化大革命"，从思想观念层面用"阶级斗争""革命"等"左"倾政治理念涤荡了传统伦理道德观念对基层社会残余的影响。

社会主义建设时期，中国共产党将其革命斗争经验运用在社会改造和社会建设进程中并不断发展完善。在取得经济社会发展成果的同时,也实现了社会结构体系飞跃式的变迁。一系列发展变化的达成,是通过暴力革命取得国家政权后,通过行政力量推动的自上而下的社会改造和社会控制。强有力的行政力量,源自于中国共产党的"为人民服务"的宗旨和"人民民主专政"的国家性质,源自于马克思列宁主义在中国的运用和发展以及关于中国革命和建设的正确的理论原则和经验总结。

20世纪70年代末,基于对中国国情和社会基本矛盾的考量,中国社会开始进入改革开放新的历史时期。社会主义市场经济逐渐替代计划经济,经济建设取得跨越式发展;从直接行政干预的"管控型"社会管理和"党政主导型"社会管理向"社会治理创新"的转变;从价值一元化到文化多元化和社会主义核心价值观的构建;中国社会正在经历着从社会结构、运行机制、价值观念等多维度深层次的社会转型。中国共产党人在改革开放进程中,不断丰富和完善马克思主义中国化的最新理论成果,实现了马克思主义中国化的又一次历史性飞跃,形成和不断发展完善着中国特色社会主义理论体系。

三 中国特色社会主义理论对"道德的政治"的理论吸收

中国特色社会主义理论体系是马克思主义普遍真理与中国建设发展具体国情相结合的理论成果,也是对中国优秀传统文化的继承与吸收。当代中国政治实践汲取着先秦儒家价值理想的精华。先秦儒家"道德的政治"之价值理想,能够为当代中国具有中国特色的政治实践提供源于自身的文化基础。基于这种文化基础所展开的中国特色社会主义政治文明建设应在积极建设和完善社会主义政治法律制度的同时发挥儒家重视乡土人情、人伦道德、道义担当、家国利益的德性作用,吸收儒家政治哲学的民本原则、仁爱原则、道义原则、公正均平原则等,使当代中国真正建设成为在客观、公正、清明的政治法律制度下,家庭稳定和睦、人际关系和谐、个人价值实现的充满亲和力、凝聚力和创造力的社会整体。如"三个代表"重要思想强调代表中国最广大人民的根本利益,体现了其对中国先秦儒学"民本"思想的继承与吸收。民本思想是"道德的政治"的重要内容，孟子"民为贵，君为轻"的思想，强调君主如果能够做到"老吾老，以及人之老；幼吾幼，以及人之幼"（《孟子·梁惠王上》），那么治天下就像在手心运转那样容易；君对民的要求不可忽视，因为"乐民之乐者，民亦乐其乐；忧民之忧者，民亦忧其忧"（《孟子·梁惠王下》），"桀纣之失天下也，失其民也；失其民者，失其心也"（《孟子·离娄上》）[1]。以"性恶论"为基础的荀子认为，为政在于得民心，统治者得到人民拼死效力，国家就可以富强，因为君和民的关系是舟和水的关系，"君者舟也，庶人者水也。水则载舟，水则覆舟"（《荀子·王制》）。又如，科学发展观"以人为本"的核心理念虽然首先是马克思主义价值追求的必然要求但也是对中国传统文化的批判继承。再比如，当代中国政治对道德的重视，可以说是具有儒家政治价值理想渊源的。党的十八大报告中提出的"要坚持依法治国和以德治国相结合"，"要坚持党管干部原则，坚持五湖四海、任人唯贤，坚持德才兼备、以德为先"，"抓好道德建设这个基础教育引导党员、干部模范践行社会主义荣辱观，讲党性、重品行、作表率，做社会主义道德的示范者、诚信风尚的引领者、公平正义的维护者，以实际行动彰显共产党人的人格力量"等论述都是重视道德在政治中的价值的体现，也可以说是与儒家政治哲学中的价值理想一致的。再有像"和谐社会""小康社会"等社会发展目标，从思想来源上也都离不开儒家的价值理想影响。这些正在被实现着的价值虽然在其现实来源上并不是传统的，但在价值的层面具有一致性。这些正在被实现着的价值所具有的当代意义是显而易见的。

四　"道德的政治"对当代社会道德建构的意义

在实现中华民族伟大复兴的中国梦过程中，有一个始终绕不开的

---

[1] 程建军、王锡伟：《试论"三个代表"重要思想的中国传统文化特色》，《南京农业大学学报》（人文社会科学版）2006年3月。

问题，这就是如何对待中华民族的优秀传统文化问题。因为中华民族的复兴不仅仅是成为在政治、经济、军事等方面居于世界前列的强国，更重要的是在文化上彰显其具有符合人的生命本性的世界领先性及人类社会发展规律的特征成为其他文化崇敬和景仰的文化。一种文化的核心是其内涵的价值，政治文化的核心也是如此。儒家"道德的政治"蕴含着高远的价值追求与价值理想，对当代社会的发展仍具有重要意义。

（一）儒家"道德的政治"之价值理想意义

儒家的"德治"在实质上是以"道德的政治"为指向的价值追求与价值理想。儒家政治思想在现代意义上说并不是系统的政治学，因为这些思想很少关于政治本身的知识及理论体系的思考。儒家思想中的主要成分是"道术"，"道"是政治方向，"术"是具体的为政方法。从先秦儒家的为政方法来看也并不是很系统很具体的技术性设计，而更多是原则性、方向性的。这种情况决定了儒家政治思想的原理性。儒家哲学在根本上是政治哲学。儒家政治哲学的特点在于，不是提供关于政治的知识，而是对政治之道的判定和对政治价值方向的希冀。换句话说，儒家思想并不在于回答政治"是什么"与"怎样做"的问题，而是要指出政治"应当"怎样做的问题。"应当"的指向总是具有价值性的，因为"应当"总是蕴含着人的主体需要。"应当"的价值指向常常表现为希冀实现的价值理想。通常来说理想总是实体性的，即理想总要得到某种具体东西或实现某种具体状态。但这些具体的实体性的存在对于人而言总是蕴含着价值，当某种价值得以实现时，其实体是怎样的其实对主体来说是无所谓的。比如，孔子的"正名"思想作为价值理想，其实体表现是"君君、臣臣、父父、子子"，但"君臣父子"并不是这种价值理想的实质与全部，而只是这种价值理想的某种表现与实现。在"君臣父子"之外，"正名"仍是一种价值理想，可以通过其他具体实体表现出来。价值与实体本是不可分的，但实体是总具有历史性的。生活条件、内容、方式等等都会随着历史的发展而发展，而价值却具有超越性。如果价值完全依附于实体就会随历史的进展而湮灭，那么历史的精神资源就是无意义的，人们就无须回到历史去汲取精神力量。另外，离开了实体的价值也是无法单独存在的，单独存在的价值是抽象空洞的东西。要成为现实中的价值就必须同现实生活的实际条件结合起来，在形式上（主要是话语上）也会有变化和转化，但其实质不会发生变化。按照这种对价值的理解，对于文化传统的继承关键是发掘其具有超越性的价值使这些价值在新的生活条件中重新实现出来。

（二）当代社会道德失范与"道德的政治"之引领与型塑作用

当代中国社会正在经历社会转型的加速期，社会结构、运行机制以及价值观念等方面所发生的深刻变化，反映到社会现实中，即为"社会失范"问题。"社会失范"是指社会既有的行为模式、制度规范与价值观念因社会变迁被普遍怀疑、否定或被严重破坏，逐渐失去了对社会成员的引导和约束的力量，而新的行为模式、制度规范和价值观念又尚未形成或尚未被人们普遍接受，对社会成员尚不具有引导、调节和约束的力量，从而使社会成员的行为缺乏明确的目标、方向和社会规范约束而表现出的一种相互冲突、无所适从的混乱状态。就当代中国而言，社会失范的突出表现即为道德失坠问题。究其逻辑原因，在于中国社会转型中价值观的变化和制度建设的滞后，社会快速发展和转型过程中出现的"文化堕距"问题。所谓文化堕距，是美国社会学家W. F. 奥格本（William Fielding Ogburn）提出的一个考察文化变迁的概念，指在社会变迁中，文化各部分内容变化速度不一致，其中部分内容落后于其他部分而呈现停滞的现象。

1. 道德失坠缘于结构的嬗变与失衡

当代社会道德失坠问题的根源在于，经济社会高速发展和社会结构急剧变迁与作为社会意识的道德体系构建相对滞后所导致的"失范"与"堕距"。如前文，中国传统社会具有独特的结构体系和维系其稳定的内在动力和机制，二者相互建构，共生发展。新时期社会结构的变迁，打破了二者长期的平衡。

第一，传统伦理本位的家族体系瓦解，更小规模的家庭成为社会基本单位。家庭在当代社会格局中不再是有机的伦理秩序化的组织体系，而更多表现为利益差异化的独立经济单元。社会整体突破了"差序格局"的有机整合，还原为"原子化"的机械整合模式，传统建立在血缘、地缘关系基础上以伦理道德为指导的礼俗社会让位于以业缘关系为基础、以明确契约为规范的法理社会。道德在社会生活中的规范性作用不断弱化。

第二，社会阶层分化程度不断提高，不同社会阶层价值诉求表现出多元化、异质化和多样化。传统中国社会具有鲜明的同质化特征，在整合价值诉求过程中能够较容易找到达成观念共识的基础。当代社会差异化、个性化的社会阶层及其价值指向，使社会整合难度加大的同时，不同阶层的价值诉求呈现多样性和多元化的特征。

第三，经济高速发展，刺激主体意识的价值转型。利益本位的功利取向取代了伦理本位的道德指向。传统伦理本位的道德价值追求，个人的社会价值实现有赖于自身道德践履以及社会道德评价，核心在于主体的道德自觉。利益本位的功利价值追求，则把个人利益的实现和对社会资源的占有作为人生价值的核心内容，并将其视为社会地位与身份改变的唯一途径。

第四，社会阶层流动性增强，社会结构的稳定性减弱，致使社会难以沉淀出有效的规范体系。社会阶层的合理流动是保证社会良性运行的条件之一，现代民主社会为社会阶层流动创造了法理上公平、平等的条件，社会转型为社会阶层的纵向流动提供了契机。但如果社会阶层流动过于剧烈，如暴力革命式的阶层重构，或者机会主义的阶层跃迁，刺激了社会和个人对既有规则的挑战，甚至于否定规范存在的合理性。

2. "道德的政治"是走出道德困境的路径选择

社会发展中的结构失衡不断刺激和加剧社会失范与道德失坠，是当今世界面临的共同挑战，处于转型加速期的中国社会表现尤为明显。而中国也是最有优势走出道德失坠困境并为世界摆脱困境提出解决方案的国家。其优势就是绵长的"道德的政治"思想及其所植根的优秀传统文化。

　　如前文所述,"道德的政治"理想是超越实体性的价值选择,而发掘其超越性的价值就要使这些价值同现实生活的实际条件相结合,在新的生活条件中重新实现出来。"凡益之道,与时偕行"。"道德的政治"理想价值与现实生活相结合的典型实现方式,即"道德的政治"对于当代社会道德引领与型塑作用的发挥,集中表现在社会主义核心价值观的培育和践行。社会主义核心价值观是"反映全国各族人民共同认同的价值观'最大公约数'"①。在整合当前社会各阶层的价值诉求,调节社会发展的深层次结构矛盾,实现社会转型过程中,道德体系重构必发挥重要的引领性作用。社会主义核心价值观是走出道德困境、解决道德失坠问题的一剂良药。社会主义核心价值观是对"道德的政治"思想的继承。

　　首先,社会主义核心价值观的基本内容与"道德的政治"价值理想相契合。社会主义核心价值观的确立是对中华优秀传统文化特别是对以儒学为核心的"道德的政治"价值理想的继承和吸收,以保持其生命力和影响力。从国家层面看,社会主义核心价值观中所倡导的"富强""民主""文明""和谐"与"道德的政治"强调的"民本""民惟邦本,本固邦宁""民为贵,社稷次之,君为轻"等思想都有一定的相通之处;从社会层面看,"自由、平等、公正、法治"的论述是儒家所崇尚的"天下大同""大道之行也,天下为公,选贤与能,讲信修睦""己所不欲,勿施于人""不患寡而患不均"等理念的体现与深化;从公民层面看,"爱国、敬业、诚信、友善"的要求,同样源于儒家文化中的"天下兴亡,匹夫有责""敬业乐群""忠于职守""君子喻于义,小人喻于利""君子坦荡荡,小人长戚戚""君子义以为质,礼以行之,逊以出之,信以成之""取诸人以为善,是与人为善者也""出入相友,守望相助""老吾老以及人之

---

① 习近平:《青年要自觉践行社会主义核心价值观——在北京大学师生座谈会上的讲话》,《人民日报》2014年05月05日02版。

老，幼吾幼以及人之幼"等思想理念。这些思想理念具有鲜明的民族特色，既随着时间推移和时代变迁而不断与时俱进，又有其自身的连续性和稳定性。在漫长的历史发展中，逐渐积淀为中华民族为政理念、社会道德、人格修养的文化基因和中国人的独特精神世界。

其次，社会主义核心价值观的层级结构与"道德的政治"整体化思维方式相一致。社会主义核心价值观突破了政治与社会二元对立的思维方式，将国家、社会、个人三个维度整合在统一的价值观范畴，体现为先秦儒家"成己—成人—成物"的整体性价值观的当代运用。个人道德修养自觉提升和个人价值的实现需要体现在"己"与"人""物"的"主体间性"上，即人在人伦关系以及人与世界、自然关系中的责任和义务。儒家认为，"家、国、天下乃是个人修身的目标与最终实现场域。只有在家、国、天下中充分展开，在家、国、天下中完整地履行其义务与责任人的实现才是完满的，才算是成人"[1]。个人与家、国、天下一体的道德修养和价值实现，在政治上则表现为"道德的政治"，即"为政以德"和"止于至善"，强调政治参与者的素养——"德性"、依据"至善"标准的政治行为——"德行"和最高理想政治目标追求——"至善"的高度统一。社会核心价值理念国家、社会、个人三个层面的概括，可以理解为"道德的政治"整体性思维的当代语境表达。

最后，社会主义核心价值观的践行路径与"道德的政治"实现方式相贯通。"道德的政治"的原则是"为政以德"。孔子说："道之以政，齐之以刑，民免而无耻；道之以德，齐之以礼，有耻且格。"（《论语·为政》）以道德的方式"德""礼""道之""齐之"，以实现"有耻且格"的道德目标。这就要求为政者"正人先正己"，即为政者要修养自身，不断提高执政能力和执政素养，规范自身的执政行为，做到"其身正，不令而行；其身不正，虽令不从"（《论语·子

---

[1] 荆雨、魏书胜：《先秦儒家"道德的政治"之价值理想及其当代意义》，《政治学研究》2013年第5期。

路》)。这与新时期全面从严治党,加强党员干部党性修养,提高党的执政能力一脉相承。要求为政者提高自身修养的目的,在于发挥为政者的示范带动作用的同时,施行教化功能,劝民向善和教民向善,以实现"至善"的政治理想。"道德的政治"不是"强迫的道德",一方面来自于为政者的引导;另一方面则要形成百姓的自觉,而这种道德自觉来自于教化。孔子强调"庶富后教",孟子认为"善政不如善教之得民也"(《孟子·尽心上》),优良的道德教化(善教)比良好的政治制度(善政)更能获得百姓的人心。社会主义核心价值观作为当代中国社会主流价值观,其贯彻和践行同样需要全民认同与自觉。这就需要将社会主义核心价值观融入国民教育的全过程,落实到经济发展实践和社会治理中,使之在全体社会成员中形成普遍认知的前提下,通过实践内化为每一个人的道德自觉,并指导社会生活和实践。通过认知认同、自觉实践,逐渐形成与我国当下和未来一段时期发展相适应的社会主义规范体系和道德理想。

综上,优秀传统文化是社会主义核心价值观的文化源泉和"固有的根本",社会主义核心价值观是"道德的政治"价值理想与现代性生长同频共振、相互耦合而形成的价值精神,也是普照当代中国社会的理性价值之光。"道德的政治"理想与当代中国社会发展理念相结合,对于马克思主义中国化及中国特色社会主义理论体系的进一步发展和丰富,对于实现两个一百年奋斗目标,实现中华民族伟大复兴的中国梦,具有价值引领的重要意义。就现实性而言,"道德的政治"观念的提出亦极具现实意义。中共中央十七届六中全会《关于深化文化体制改革推动社会主义文化大发展大繁荣若干重大问题的决定》指出,"没有文化的积极引领,没有人民精神世界的极大丰富,没有全民族精神力量的充分发挥,一个国家、一个民族不可能屹立于世界民族之林"。人命群众的精神力量、文化素养是实现中华民族伟大复兴和实现中国梦的强大精神力量。同时,我们也客观地认识到"一些领域道德失范、诚信缺失,一些社会成员人生观、价值观扭曲"的社会道德失坠问题以及少数政府官员的权力腐败问题。这些问题都需要党和政府予以高度的关注并采取实际可行的方略。毫无疑问，具有中国特色的社会主义政治文明建设，是要在法制建设的基础上发挥德治的力量。关于法治与德治关系问题，关于如何开展德治以及如何认识中国传统的德治思想的问题，众多学者进行了有益的研究和探索。然则，学者们的研究大多停留于把"以德治国"当作政治治理的首要乃至唯一方法进行研究。我们应该从学理上把"以德治国"思想研究推向更深层次。在当代社会背景下，在传统儒家人性论基础上，重新以"道德的政治"引领道德的个人、道德的社会、道德的民族之建设，使中国社会、中华民族成为以德相与、以德贯通的社会与民族。

参考文献

[1] 白奚:《稷下学研究》,生活·读书·新知三联书店1998年版。
[2] 白新良:《中国古代书院发展史》,天津大学出版社1995年版。
[3] (宋)蔡沈:《书经集传》,《四书五经(上)》,中国书店1985年标点本。
[4] 陈来:《古代宗教与伦理》,生活·读书·新知三联书店1996年版。
[5] 陈来:《古代思想文化的世界》,生活·读书·新知三联书店2002年版。
[6] 陈梦家:《殷墟卜辞综述》,科学出版社1956年版。
[7] 陈子展:《诗经直解》,复旦大学出版社1983年版。
[8] 慈继伟:《正义的两面》,生活·读书·新知三联书店2001年版。
[9] 丁原明:《黄老学论纲》,山东大学出版社1997年版。
[10] 杜维明:《杜维明文集》,武汉出版社1999年版。
[11] (清)段玉裁:《说文解字注》,凤凰出版社2007年标点本。
[12] 费孝通:《乡土中国 生育制度》北京大学出版社1998年版。
[13] 冯友兰:《冯友兰选集》,北京大学出版社2000年版。
[14] 高亨:《周易大传今注》,齐鲁书社1998年版。
[15] 郭沫若:《郭沫若全集》,人民出版社1982年版。

[16] 郭齐勇编《儒家文化研究》第三辑，生活·读书·新知三联书店2008年版。

[17] 郭齐勇：《中国哲学智慧的探索》，中华书局2008年版。

[18] 贺麟：《文化与人生》，商务印书馆1988年版。

[19] 侯外庐：《中国古代社会史论》，河北教育出版社2000年版。

[20] 胡厚宣、胡振宇：《殷商史》，上海人民出版社2003年版。

[21] 胡适：《中国哲学史大纲》，上海古籍出版社1997年版。

[22] 黄俊杰编《传统中华文化与现代价值的激荡》，社会科学文献出版社2002年版。

[23] （唐）孔颖达：《唐宋注疏十三经·第二卷·礼记注疏》，中华书局1998年标点本。

[24] 李长泰：《天地人和：儒家君子思想研究》，人民出版社2012年版。

[25] 李景林：《教化视域中的儒学》，中国社会科学出版社2013年版。

[26] 李零：《郭店楚简校读记》，北京大学出版社2002年版。

[27] 李明辉：《当代儒学的自我转化》，中国社会科学出版社2001年版。

[28] 李明辉：《儒家视野下的政治思想》，北京大学出版社2005年版。

[29] 李世众：《晚清士绅与地方政治——以温州为中心的考察》，上海人民出版社2006年版。

[30] 李泽厚：《历史本体论·己卯五说》，生活·读书·新知三联书店2003年版。

[31] 李泽厚：《论语今读》，生活·读书·新知三联书店2008年版。

[32] （宋）黎靖德编《朱子语类》，中华书局1986年标点本。

[33] 梁漱溟：《梁漱溟全集》，山东人民出版社1992年版。

[34] 梁漱溟：《中国文化要义》，上海世纪出版集团2003年版。

[35] 梁漱溟：《人心与人生》，上海人民出版社2011年版。

[36] 梁启超：《先秦政治思想史》，东方出版社1996年版。
[37] 梁治平编《法律的文化解释》，生活·读书·新知三联书店1994年版。
[38] （宋）陆象山：《陆九渊集》，中华书局1980年标点本。
[39] 刘泽华：《政治学简明读本》，南开大学出版社2001年版。
[40] 刘泽华、张荣明：《公私观念与中国社会》，中国人民大学出版社2003年版。
[41] 马承源主编《上海博物馆藏战国楚竹书（二）》，上海古籍出版社2002年版。
[42] 滕复编《默然不说声如雷——马一浮新儒学论著辑要》，中国广播电视出版社1995年版。
[43] 蒙文通：《古学甄微》，巴蜀书社1987年版。
[44] 牟宗三：《道德理想主义的重建》，中国广播电视出版社1992年版。
[45] 牟宗三：《中国哲学十九讲》，上海古籍出版社1997年版。
[46] 牟宗三：《心体与性体》，上海古籍出版社1999年版。
[47] 牟宗三：《政道与治道》，台湾学生书局1983年版。
[48] 钱穆：《中国文化史导论》，商务印书馆2000年版。
[49] 钱穆：《晚学盲言》，广西师范大学出版社2004年版。
[50] 渠敬东：《现代政治与自然》，上海人民出版社2003年版。
[51] 瞿同祖：《中国法律与中国社会》，中华书局2003年版。
[52] 任剑涛：《伦理王国的构造：现代性视野中的儒家伦理政治》，中国社会科学出版社2005年版。
[53] 上海大学古代文明研究中心：《上博馆藏战国楚竹书研究续编》，上海书店出版社2004年版。
[54] 上海师范大学古籍整理研究所校点：《国语》，上海古籍出版社1998年版。
[55] 石元康：《当代西方自由主义理论》，上海三联书店2000年版。
[56] （清）苏舆：《春秋繁露义证》，中华书局1991年标点本。

[57]（清）孙星衍：《尚书今古文注疏》，中华书局 1986 年标点本。

[58]（清）孙希旦：《礼记集解》，中华书局 1989 年标点本。

[59] 宋元人注：《四书五经》中华书局 2011 年标点本。

[60] 唐君毅：《中国哲学原论·原道篇》，中国社会科学出版社 2006 年版。

[61]（清）王夫之：《读四书大全说》，中华书局 2009 年标点本。

[62]（清）王先谦：《荀子集解》，中华书局 1988 年标点本。

[63] 韦政通：《中国思想史》，上海书店出版社 1999 年版。

[64] 王国维：《观堂集林》，河北教育出版社 2003 年版。

[65] 夏勇：《中国民权哲学》，生活·读书·新知三联书店 2004 年版。

[66] 萧公权：《中国政治思想史》，台北联经出版事业公司 1982 年版。

[67] 徐复观：《两汉思想史》，华东师范大学出版社 2001 年版。

[68] 徐复观：《中国人性论史（先秦篇）》，上海三联书店 2001 年版。

[69] 徐复观：《徐复观文集》，湖北人民出版社 2002 年版。

[70] 徐复观：《中国思想史论集》，上海书店出版社 2004 年版。

[71] 阎步克：《阎步克自选集》，广西师范大学出版社 1997 年版。

[72] 阎步克：《士大夫政治演生史稿》，北京大学出版社 2015 年版。

[73] 燕继荣：《政治学十五讲》，北京大学出版社 2013 年版。

[74] 杨伯峻：《春秋左传注（修订本）》，中华书局 2009 年标点本。

[75] 杨开道：《中国乡约制度》，商务印书馆 2015 年版。

[76] 杨宽：《西周史》，上海人民出版社 2003 年版。

[77] 杨向奎：《宗周社会与礼乐文明》，人民出版社 1997 年版。

[78] 姚大志：《何谓正义：当代西方政治哲学研究》，人民出版社 2007 年版。

[79] 余明光：《黄帝四经与黄老思想》，黑龙江人民出版社 1989 年版。

［80］余英时：《中国思想传统的现代诠释》，江苏人民出版社1998年版。

［81］余英时：《士与中国文化》，上海人民出版社2003年版。

［82］余英时：《朱熹的历史世界》，生活·读书·新知三联书店2004年版。

［83］余英时：《现代危机与思想人物》，生活·读书·新知三联书店2005年版。

［84］张岱年：《张岱年学术文化随笔》，中国青年出版社1996年版。

［85］（清）章学诚：《文史通义校注》，中华书局1994年标点本。

［86］张荫麟：《中国史纲》，上海古籍出版社1999年版。

［87］中央编译局：《马克思恩格斯选集》，人民出版社1995年版。

［88］周濂：《现代政治的正当性基础》，生活·读书·新知三联书店2004年版。

［89］周阳山：《知识分子与中国》，时报文化出版企业有限公司1980年版。

［90］（宋）朱熹：《四书章句集注》，中华书局1983年标点本。

国外文献

［1］［美］安乐哲：《主术——中国古代政治艺术之研究》，滕复译，北京大学出版社1995年版。

［2］［英］厄奈斯特·巴克：《希腊政治理论》，卢华萍译，吉林人民出版社2003年版。

［3］［英］以赛亚·伯林：《自由论》，胡传胜译，译林出版社2003年版。

［4］［美］狄百端：《儒家的困境》，黄水婴译，北京大学出版社2010年版。

［5］［美］赫伯特·芬格莱特：《孔子——即凡而圣》，彭国翔译，江苏人民出版社2010年版。

[6]［美］弗洛姆:《寻找自我》,陈学明译,工人出版社1988年版。

[7]［美］郝大维、[美]安乐哲:《通过孔子而思》,何金俐译,北京大学出版社2005年版。

[8]［德］黑格尔:《历史哲学》,王造时译,上海人民出版社1990年版。

[9]［加］金里卡:《当代政治哲学》,刘莘译,上海三联书店2004年版。

[10]［英］麦金太尔:《德性之后》,中国社会科学出版社1985年版。

[11]［英］麦克斯·缪勒:《宗教学导论》,金泽译,上海人民出版社2010年版。

[12]［美］罗尔斯:《正义论》,何怀宏等译,中国社会科学出版社1988年版。

[13]［法］卢梭:《社会契约论》,何兆武译,商务印书馆1980年版。

[14]［英］克里斯托弗·罗等:《剑桥希腊罗马政治思想史》,晏绍祥译,商务印书馆2016年版。

[15]［美］桑德尔著:《自由主义与正义的局限》,万俊人等译,译林出版社2001年版。

[16]［美］赛班:《西方政治思想史》,李少军等译,台北桂冠图书出版有限公司1992年版。

[17]［美］乔治·霍兰·萨拜因:《政治学说史》,邓正来译,商务印书馆1986年版。

[18]［美］本杰明·史华慈:《古代中国的思想世界》,程钢译,江苏人民出版社2008年版。

[19]［德］列奥·施特劳斯编《政治哲学史》,李天然等译,河北人民出版社1998年版。

[20]［德］列奥·施特劳斯:《霍布斯的政治哲学》,申彤译,译林出版社2001年版。

［21］［德］列奥·施特劳斯：《自然权利与历史》，彭刚译，生活·读书·新知三联书店 2003 年版。
［22］［德］马克斯·韦伯：《儒教与道教》，王容芬译，商务印书馆 1997 年版。
［23］［德］马克斯·韦伯：《学术与政治》，冯克利译，生活·读书·新知三联书店 2005 年版。

后　　记

本书是在我的国家社会科学基金项目结项成果基础上修改完善而成的。从 2012 年开始至今，项目的研究和问题的讨论乃至书稿的完成经历了 6 年多的时间，期间进行了或集中或散漫的研究和写作。书稿写作到最后，觉得既写出了初时的内容构想，将我所理解的儒家"道德的政治"之内涵基本展现了出来，同时又觉得现有问题、内容及材料使用尚有需大大丰富和加强之处。此当留待以后研究再进行补充和改进。

书中内容的有些部分曾以单篇论文刊发，写作时进行了不同程度的改动。在此，作者对曾编发本人论文的多位编辑表达深深的谢意。刘志敏、曾筱琪两位博士研究生帮助我写作了最后两章中的部分内容，在此对两位的写作以及其他同学的帮助表达感谢。中国社会科学出版社的徐沐熙编辑对于本书的出版极尽促成之功，并在编辑书稿过程中付出极大辛苦。在此一并致谢！

我常以"位卑未敢忘忧国"来表达自己近年政治哲学研究的旨趣。虽然不懂政治、离政治远得不能再远，学术研究也谈不上勤奋和精深，但总可以在多年中国哲学研究尤其是儒家哲学研究的基础上，对社会现实问题予以关注，并寻找些自认为可行的解决办法。这既是本书写作的初衷，也将是笔者以后研究的基点。

此时，五年一届的第 24 届世界哲学大会（WCP）正在首都北京如火如荼地召开着，中国及世界的哲学研究者、爱好者正在就各种各类问题热烈或冷静地讨论着。愿世界哲学、中国哲学、儒家哲学研究不断发展！愿哲学以哲学的方式帮助人类世界更美好！

公元 2018 年 8 月 17 日（农历戊戌年七夕日）
于长春市东北师范大学马克思主义学部 209 工作室